KB151466

한 권으로 읽는 중국

• 프로젝트 총괄 진행
  박은옥

• 총 감수(교열)
  중국국제방송국 조선어부 주임 김동광

• 감수
  중국국제방송국 조선어부 김금철, 이선옥

• 번역
  중국국제방송국 조선어부
  김훈, 김호림, 주정선, 이명란, 한경화, 임봉해, 한창송, 송휘, 조옥단, 권향화, 조연, 강옥

한 권으로 읽는 중국

초판 발행 2015년 12월 15일

지 은 이 중국국제방송국 조선어부

펴 낸 이 이대현
출판진행 이태곤
디 자 인 안혜진
편   집 이홍주 권분옥 이소희 문선희 박지인 오정대
마 케 팅 박태훈 안현진

펴 낸 곳 도서출판 역락
등   록 제303-2002-000014호(등록일 1999년 4월 19일)
주   소 서울시 서초구 동광로 46길 6-6(반포4동 577-25) 문창빌딩 2층(06589)
전   화 02-3409-2058(영업), 2060(편집)
팩   스 02-3409-2059
이 메 일 youkrack@hanmail.net
역락블로그 http://blog.naver.com/youkrack3888

ISBN 979-11-5686-253-6 03300
정가 20,000원

＊잘못된 책은 바꿔 드립니다.
＊이 도서의 국립중앙도서관 출판예정도서목록(CIP)은 서지정보유통지원시스템 홈페이지(http://seoji.nl.go.kr)와
 국가자료공동목록시스템(http://www.nl.go.kr/kolisnet)에서 이용하실 수 있습니다. (CIP제어번호: CIP2015033821)

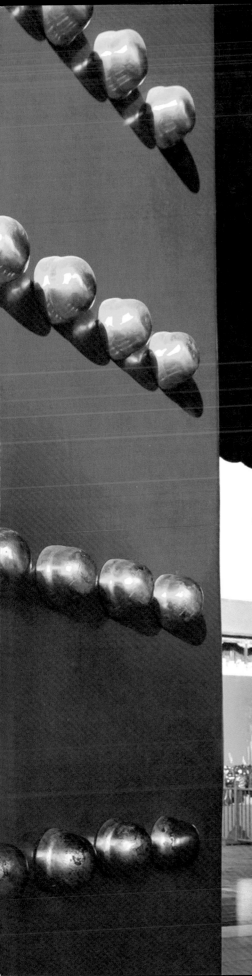

한 권으로
읽　　　는
중　　　국

중국국제방송국 조선어부

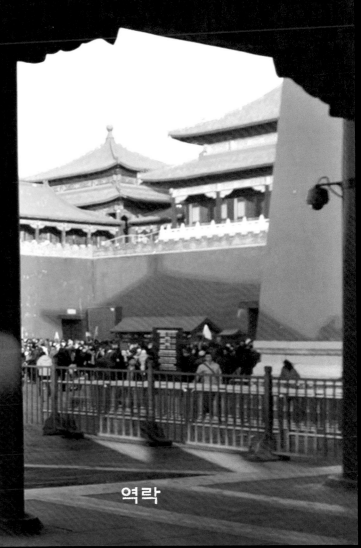

역락

머리말

　최근 들어 중한 양국은 국제화 시대의 변화에 맞게 전략적 협력 동반자 관계를 더 한층 강화하고 정치적 신뢰를 바탕으로 경제 협력과 인문 교류를 지속적으로 활성화 하는 국면을 맞이했습니다. 양국 고위층의 상호 방문이 빈번해졌고 양국 간의 자유무역협정도 정식으로 체결되었습니다. 또 아시아인프라투자은행 구도내에서의 합작도 새로운 진전을 이뤄냈으며 양국 간 인문 교류 수준도 꾸준히 향상되는 좋은 흐름을 보여 주고 있습니다.

　고도의 다양성과 개성이 요구되는 지구촌 시대를 열어가면서 중한 양국이 빠른 시일 안에 제반 분야에 걸쳐 이처럼 많은 가시적인 성과를 이룩할 수 있었던 것은 문화적 동질성에서 비롯된 정서적 친근감이 있었기에 가능했던 일입니다. 상호 이해와 존중 그리고 공유라는 큰 틀 안에서 쌓아올린 노력의 몫도 컸습니다. 이런 노력의 일환으로 저희 중국국제방송국 조선어부는 시종 다양한 형식으로 양국 간의 문화 교류 증진에 앞장서 왔습니다. 이번에 한국에서 출간되는 『한 권으로 읽는 중국』도 한국 국민들이 체계적으로 중국을 새롭게 이해하는데 필요하다고 판단되는 유익한 정보들을 정치, 경제, 외교, 문학, 민속, 교육, 전통의학, 건축 등으로 분리해 정리하고 서술했습니다. 또 시각적 감수성을 높이기 위해 많은 분량의 사진도 수록하게 되였습니다. 이 자리를 빌어『한 권으로 읽는 중국』한국어판 출판에 도움을 주신 모든 분들 특히 한국의 도서출판 역락 임직원 분들께 큰 고마움을 전합니다.

앞으로도 저희 중국국제방송국 조선어부는 계속 중한 문화교류의 다양한 현장에서 청취자들과 독자들이 필요로 하는 콘텐츠 제작을 위해 더 많이 고민하고 더 노력할 것입니다.

중국국제방송국 조선어부

2015년 11월

제3장 경제

제21장 세계유산

제22장 세계자연유산

제1장

국토와 자원, 인구

1. 국토

1) 국토 면적

중화인민공화국의 약칭은 중국(中國)이다. 중국은 아시아대륙의 동부, 태평양의 서안에 위치해 있다. 육지면적은 약 960만㎢이며 아시아에서 면적이 제일 큰 나라이고 세계에서도 러시아와 캐나다에 이어 세 번째로 큰 나라이다.

중국의 영토는 북쪽 막하(漠河) 이북의 흑룡강(黑龍江) 강심(북위 53도30분)으로부터 남쪽 남사(南沙)군도 남단의 증모암사(曾母暗沙, 북위4도)까지 49도 남짓한 위도에 걸쳐 있으며 남북 거리가 약 5,500㎞이다. 동쪽으로는 흑룡강과 우수리강(烏蘇里江) 합수목(동경 135도 5분)으로부터 서쪽으로 파미르고원(帕米爾高原, 동경 73도40분)까지 60여 도의 경도에 걸쳐 있으며 동서 간 거리가 약 5,000㎞이다.

중국육지의 국경선은 약 22,800㎞이다. 동으로 조선과 이웃하며 북으로 몽골, 동북으로 러시아, 서북으로 카자흐스탄, 키르기스스탄, 타지키스탄과 이웃해 있으며 서쪽과 서남쪽으로 아프가니스탄, 파키스탄, 인도, 네팔, 부탄 등 국가와 인접해 있고 남으로는 미얀마, 라오스, 베트남과 접경해 있다. 또 동부와 동남부로는 한국, 일본, 필리핀, 브루나이, 말레이시아, 인도네시아와 바다를 사이에 두고 있다.

2] 국기와 국장, 국가, 수도

국기 : 중화인민공화국의 국기는 오성홍기이며 가로와 세로의 비례가 3:2이다. 국기의 바탕은 붉은색으로 되었으며 이는 혁명을 상징한다. 국기에 새겨진 5개의 별은 노란색이고 그 중 4개의 작은 별은 모두 한 각이 가운데 큰 별을 향해 있는데 이는 중국공산당이 영도하는 혁명인민들의 대 단결을 상징한다.

국장 : 중화인민공화국 국장의 내용은 국기와 천안문(天安門), 톱니바퀴, 곡식이삭으로 되었는데 "5.4"운동 이래의 중국인민의 신민주주의 혁명투쟁과 노동자계급이 영도하는 노동자농민연맹을 기초로 한 인민민주독재의 새 중국의 탄생을 상징한다.

국가 : 중화인민공화국 국가는 《의용군 행진곡》이며 1935년에 작곡가 전한(田漢)이 작사하고 중국 새 음악운동의 창시자인 섭이(聶爾)가 작곡했다. 이 노래는 원래 영화《풍운의 아들딸》의 주제가였다. 영화《풍운의 아들딸》은 "9.18"사변 후 일본군이 중국의 동북 3성을 침범하여 중화민족이 생사존망의 위기에 처했을 때 일부 지식인들이 고민과 방황에서 벗어나 용감하게 항일전선에 나가는 정경을 묘사했다. 노래는 영화의 상영, 특히는 항일구국운동의 전개와 더불어 전국의 방방곡곡에 울려 퍼졌으며 중화민족해방의 나팔소리로 일컬어졌다.

　1949년 9월 27일, 제1기 중국인민정치협상회의 전원회의는 중화인민공화국 국가가 정식으로 확정되기 전까지 《의용군 행진곡》을 국가로 정하는 결의안을 통과했다. 2004년 3월 14일, 중국 제10기 전국인민대표대회 제2차 회의는 헌법 개정안을 통과하고 "중화인민공화국 국가는《의용군 행진곡》"이라고 규정했다.

중화인민공화국 국가

"일어나라!
종살이 원치 않는 사람들!
피와 살로 새 장성을 쌓아가자!
중화민족 앞에 위기는 닥쳐
사람마다 외치는 최후의 함성

모두들 일어나라! 일어나라! 일어나라!
철석같이 뭉쳐
적의 포화를 뚫고 전진!
적의 포화를 뚫고
전진 전진 전진 진!"

수도 : 중화인민공화국의 수도는 북경(北京)이다.

1949년 9월 29일, 중국인민정치협상회의는 전국인민대표대회 직권을 행사함을 선포하고 《중국인민정치협상회의 공동강령》을 만장일치로 통과했다. 10월 1일, 모택동(毛澤東) 주석은 천안문성루에서 중화인민공화국 중앙인민정부가 성립되었다고 전 세계에 장엄하게 선포했다. 이때부터 새 중국의 수도 북경도 공화국과 함께 중화민족의 기나긴 역사의 새로운 장을 열게 되었다.

3) 영해와 섬

중국대륙의 해안선은 북쪽의 요녕(遼寧) 압록강(鴨綠江) 입해구로부터 남쪽의 광서장족 자치구 북륜하(北侖河) 입해구에 이르는데 총 길이가 18,000 ㎞이다. 해안의 지세는 평탄하며 우질 항만이 많고 대부분이 1년 사계절 얼지 않는다.

중국의 영해는 발해(渤海, 내해)와 황해(黃海), 동해(東海), 남해(南海)로 구성되었으며 동부와 남부의 대륙 해안선은 18,000㎞이다. 해역면적은 473만㎢이고 해역에는 500㎡ 이상의 섬이 5,000여 개에 달한다. 그 중 제일 큰 섬은 대만 섬으로 면적이 36,000 ㎢이고 그 버금으로 해남도인데 면적이 34,000 ㎢이다. 대만섬 동북 해면의 조어도(釣魚島)와 적미도(赤尾島)는 중국 최동단의 섬이다. 남해에 널려 있는 섬과 바위, 모래톱을 총괄해 남해군도라고 부르며 이는 중국 최남단의 섬 무리로서 위치에 따라 동사(東沙)군도와 서사(西沙)군도, 중사(中沙)군도, 남사(南沙)군도라고 부른다.

▶ 산동 봉래 장도 구장애풍경구(長島九丈崖景區)

4) 지형과 지세

광서쫭족자치구 계림시의 회선전원경치(會仙田園風光)

　　중국은 산이 많은 국가로 산간지역의 면적이 전국 총면적의 약 2/3 를 차지한다. 여기서 말하는 산간지역은 산지와 구릉, 고원을 포함한다. 전국의 지형 중 산지가 약 33%, 고원이 약 26%, 분지가 약 19%, 평야가 약 12%, 구릉이 약 10%다.

　　수백만 년 전에 청해(青海)−티베트(西藏)고원이 융기하는 지구 역사상의 중대한 지각운동으로 중국의 지모가 형성되었다. 공중에서 중국대지를 살펴보면 지세는 계단처럼 서부에서 동부로 점차 낮아진다. 인도 대륙과 유라시아 대륙의 충돌로 청해−티베트고원은 끊임없이 융기하여 평균 해발이 4,000m 이상 되는 "세계의 지붕"으로 되었으며 중국 지형의 첫 계단을 구성했다. 고원 위의 히말라야산(喜瑪拉雅山) 주봉인 에베레스트는 높이가

8,844.43m에 달하는 세계 최고봉이다. 두 번째 계단은 내몽골(内蒙古)고원, 황토고원, 운귀(雲貴, 운남귀주)고원과 타림(塔里木)분지, 준갈(準噶爾)분지, 사천(四川)분지로 구성되었으며 평균 해발이 1,000~2,000m 이다. 두 번째 계단 동부 변두리의 대흥안령(大興安嶺)과 태항산(太行山), 무산(巫山), 설봉산(雪峰山)을 지나면 동으로 태평양 연안까지 이르는데 여기가 중국 대륙의 세 번째 계단이다. 이 계단의 지세는 500~1,000m 이하로 낮아지며 북에서 남으로 동북(東北)평원과 화북(華北)평원, 장강(長江)중하류평원이 분포되어 있고 평원의 변두리에는 낮은 산과 구릉이 분포되어 있다. 더 동쪽으로 가면 중국대륙붕의 천해구(淺海區)로서 여기가 네 번째 계단이 되며 수심은 대부분 200m 미만이다.

5] 산맥

높고 웅장한 산맥들이 각이한 주향으로 뻗어 중국지형의 "골격"을 이루었고 많은 산계를 형성했다. 중국의 유명한 대 산맥으로는 히말라야산과 곤륜산(崑崙山), 천산(天山), 탕굴라(唐古拉)산맥, 진령(秦嶺), 대흥안령, 태항산, 기련산(祈連山), 횡단산(橫斷山) 등이 있다.

히말라야산맥 : 중국과 인도, 네팔 등 나라의 국경에 아치형으로 분포돼 있으며 길이가 2,400여㎞, 평균 해발이 6,000m 이상으로 세계에서 제일 높은 산맥이다. 주봉인 에베레스트는 해발이 8,844.43m로 세계 최고봉이다.

곤륜산맥 : 서쪽의 파미르고원으로부터 동쪽으로 중국 사천성 서북부에 이르기까지 총 길이가 2,500㎞, 평균 해발이 5,000~7,000m이며 최고봉인 콘구르(公格爾)산은 해발이 7,719m이다.

천산(天山)산맥 : 중국 서북부의 신강위글(新疆維吾爾)자치구의 중부에 위치한 천산산맥은 평균 해발이 3,000~5,000m이고 최고봉인 토뮈르(托木爾)봉은 해발이 7,435.3m이다.

탕굴라산맥 : 청해-티베트고원 중부에 위치한 탕굴라산맥은 평균 해발이 6,000m이고 최고봉인 겔라다인동(各拉丹冬)봉은 해발이 6,621m이다. 중국에서 제일 긴 강인 장강의 발원지이다.

진령 : 서쪽의 감숙성(甘肅省) 동부로부터 동쪽으로 하남(河南)성 서부에 이르는데 평균

해발이 2,000~3,000m이고 주봉인 태백(太白)산은 해발 3,767m이다. 중국 남북을 가르는 중요한 지리적 분계선이다.

대흥안령 : 북으로 중국 동북부의 흑룡강성 막하 부근에서 남으로 라오하(老哈)강 상류에 이르기까지 남북 총 길이가 1,000㎞이며 평균 해발이 1,500m이다. 주봉인 황강량(黃崗梁)은 해발이 2,029m이다.

태항산맥 : 북에서 남으로 황토고원 동부 변두리에 가로놓였는데 남북 길이가 400㎞, 평균 해발이 1,500~2,000m이다. 주봉인 소오대(小五臺)산은 해발이 2,882m이다.

기련산맥 : 청해-티베트고원 동북 변두리에 있으며 평균 해발이 4,000m 이상이고 기련산 주봉은 해발이 5,547m이다.

횡단산맥 : 청해-티베트고원 동남부에 있으며 티베트와 사천, 운남(雲南) 등 3개 성과 자치구 인접지역으로 평균 해발이 2,000~6,000m이고 최고봉인 공가르(貢嘎)산은 해발이 7,556m이다.

대만산맥 : 대만섬 동쪽을 종주하고 있으며 평균 해발이 3,000~3,500m이고 주봉 옥산(玉山)은 해발이 3,997m이다.

그 외에도 황산(黃山), 태산(泰山), 화산(華山), 숭산(崇山), 형산(衡山), 항산(恒山), 아미산(峨眉山), 노산(蘆山), 무당산(武當山), 안탕산(雁蕩山) 등 명산들이 있다.

하천

중국 경내에는 많은 하천이 있는데 하천 유역면적이 1,000㎢ 이상인 하천이 1,500여 개이다. 하천은 외류하(外流河)와 내륙하(內陸河)로 나뉘어지며 바다로 흘러드는 외류하는 유역면적이 전국 육지 총면적의 약 64%를 차지한다. 장강, 황하(黃河), 흑룡강(黑龍江), 주강(珠江), 요하(遼河), 해하(海河), 회하(淮河) 등은 동으로 태평양에 흘러든다. 티베트의 야룽장푸(雅魯藏布)강은 동쪽으로 국경을 넘어 다시 남쪽으로 인도양에 흘러드는데 하천의 상류에는 길이 504.6㎞, 깊이 6,009m에 달하는 세계 최대 대협곡인 야룽장푸 대협곡이 있다. 신강의 얼치스(額爾齊斯)강은 북쪽으로 국경을 흘러지나 북빙양에 흘러든다. 내륙호 또는 사막, 염전에 의해 사라진 내륙하는 유역면적이 전국 육지 총면적의 약 36%를 차지한다.

장강은 중국에서 가장 긴 하천이며 아시아에서도 가장 긴 하천으로 총 길이가 6,300㎞

이다. 장강은 아프리카의 나일 강과 남미주의 아마존 강 다음으로 세계에서 세 번째로 긴 강이다. 장강의 상류는 고산협곡 사이를 흘러지나 수력자원이 풍부하다. 장강은 중국 동서 수상 운수의 대 동맥으로서 천연수로가 뛰어나 '황금수로'로 불리운다. 장강의 중, 하류 지역은 기후가 따뜻하고 습윤하며 강우량이 충족하고 토지가 비옥해 중국에서 공업과 농업이 발전한 지역이다.

황하는 중국에서 두 번째로 긴 하천으로서 총 길이가 5,500㎞이다. 황하유역은 토지가 비옥하고 목장이 많으며 광산자원이 풍부하다. 황하유역은 중국 고대문명의 중요한 발상지의 하나이기도 하다.

흑룡강은 중국 북부의 큰 하천으로서 총 길이가 4,350㎞이고 그중 3,420㎞가 중국 경내를 경유한다.

주강은 중국 남부의 하천으로서 총 길이가 2,210㎞이다.

신강 남부의 타림(塔里木)하는 중국에서 가장 긴 내륙하로서 총 길이가 2,137㎞이다.

자연하천을 제외하고 중국에는 또 유명한 인공하천이 있는데 바로 남북을 관통한 대운하(大運河)이다. 이 대운하는 기원 5세기부터 건설되었으며 중국 북부의 북경에서 시작해 중국 남부의 절강(浙江)성 항주(杭州)에까지 이르고 해하, 황하, 회하, 장강, 전당강(錢唐江) 등 5대 수계를 연결시키고 있다. 대운하의 총 길이는 1,801㎞이며 세계에서 최초로 건설된 최장의 인공하천이다.

6] 행정구역 획분체제

중화인민공화국 헌법의 규정에 따라 중국의 행정구는 다음과 같이 획분 되어 있다.

ㄱ. 전국을 성과 자치구, 직할시로 나눈다.

ㄴ. 성과 자치구를 자치주와 현, 자치현, 시로 나눈다.

ㄷ. 현, 자치현, 시를 향(鄕)과 민족향, 진으로 나눈다.

자치구와 자치주, 자치현은 모두 민족자치지방이다.

국가는 필요시 특별행정구를 설립한다.

怀柔区
(회유구)

延庆县
(연경현)

密云县
(밀운현)

昌平区
(창평구)

顺义区
(순의구)

平谷区
(평곡구)

门头沟区
(문두구구)

北京市
(북경시)

通州区
(통주구)

房山区
(방산구)

大兴区
(대흥구)

北 京

7) 중국의 성급 행정단위

현재 중국에는 총 34개의 성급 행정구역이 있는데 23개의 성과 5개의 자치구, 4개의 직할시, 2개의 특별행정구가 포함된다.

4대 직할시

북경

중화인민공화국 수도이며 약칭은 경(京)이다. 화북(華北)평원의 서북단에 위치해 있다. 고대에는 계(薊)라고 불렸으며 춘추전국(春秋戰國)시기에 연나라(燕) 수도였다. 요나라(遼) 시기에는 제2의 수도로 되었고 연경(燕京)이라고 불렀다. 금나라(金), 원나라(元), 명나라(明), 청나라(淸)로부터 민국(民國) 초반까지 수도였으며 선후로 중도(中都), 대도(大都), 북평(北平), 북경(北京) 등으로 불렀다. 1928년부터 시로 되었다. 지금 북경시에는 14개 구와 2개 현이 있으며 중앙 직할시이다. 전 시의 면적은 16,400㎢이다. 2012년 말 전 시의 상주인구는 2069만 3천 명, 호적에 등록된 인구는 1297만 5천 명이었다. 북경시는 중국의 정치중심이며 문화와 과학, 교육중심이고 교통중추이기도 하다. 북경은 또 국내외에 이름난 관광명승지로 많은 역사 명승고적과 인문경관을 보유하고 있다. 대표적인 곳으로는 장성(長成), 고궁(故宮), 천단(天壇), 13능(十三陵), 이화원(頤和園), 향산(香山) 등이다.

상해(上海)

상해는 호(滬)라고 약칭한다. 상해는 중국 동부 해안의 중부지역, 장강의 입해구에 위치해 있다. 상해는 역사적으로 해변의 어촌이었으며 춘추시기에는 오나라(吳) 땅이었고 전국시기에는 초나라(楚) 춘신군(春申君)의 봉읍으로 되었으며 송나라(宋) 때에 진을 설치하면서부터 상해라고 불렀다. 1927년에 시로 되었다. 지금은 중국 4대 직할시의 하나이며 16개 구와 1개의 현을 관할한다. 전 시의 면적은 6340.5㎢이다. 2012년 말 전 시의 상주인구는 2,380만 명, 호적에 등록된 인구는 1,420만 명에 달했다. 상해는 세계 대도시의 하나로도 꼽힌다. 상해는 중국에서 최대의 공업도시와 상업중심, 금융중심, 과학기술기지이다.

천진(天津)

천진은 진(津)이라 약칭한다. 천진은 화북평원의 동북부에 위치해 있으며 해하의 다섯 갈래 지류가 이곳에서 합류해 발해로 흘러든다. 금, 원(金元)시기에는 직고(直沽)라고 불리고 조운(漕運)의 요충지로 되었다가 후에 해진진(海津鎭)을 설립했다. 명나라 초기에 천자가 진을 지난다는 의미에서 천진이라 부르기 시작했으며 위(卫)를 설치했고 청나라시기에는 천진부가 통치했다. 천진은 1928년에 시로 되었다. 천진은 현재 13개 구와 3개 현을 관할하는 중앙 직할시이다. 시의 총면적은 약 12,000㎢이다. 2012년 말에 전시 상주인구는 1,413만 명, 호적에 등록된 인구는 993만 명에 달했다. 천진은 화북의 최대 공업도시로 석유와 천연가스, 바다소금자원이 풍부하며 일정한 공업기술기반이 형성돼 있다. 천진은 또 화북의 중요한 상업중심과 통상도시이다. 천진의 명승고적으로는 주로 시 구역의 녕원(寧園)과 천후궁(天後宮), 대고구포대(大沽口砲臺), 검현독락사(劍縣獨樂寺), 황아관(黃崖關) 옛 장성, '경동(京東)의 제1산'으로 불리우는 반산(盤山)풍경구가 있다.

중경(重慶)

중경은 유(渝)라 약칭한다. 중경은 서남지역의 동부, 장강의 상류에 위치해 있다. 춘추전국시기에 파국(巴國)의 땅이었으며 수당(隋唐)시기에는 유주(渝州)에 속했다. 항일전쟁시기에는 국민당 정부의 제2 수도로 되었다. 1997년에 원 사천성 중경시와 만현(万县), 배능(涪陵) 3개 지구급 시와 검강(黔江)지역의 행정구역을 합병해 중앙 직할시인 중경시를 설립했다. 중경시는 19개 구와 19개 현을 관할하고 있다. 전 시의 면적은 82,400㎢이다. 2012년 말 전시의 상주인구는 2,945만 명, 호적에 등록된 인구는 3,343만 명에 달했다. 중경은 종합 공업도시이며 장강삼협(三峽), 비파산(琵琶山), 진운산(縉雲山) 등 관광명소가 있다.

23개 성

성	약칭	소재지	성	약칭	소재지
하북(河北)	기(冀)	석가장(石家莊)	산서(山西)	진(晋)	태원(太原)
요녕(遼寧)	요(遼)	심양(瀋陽)	길림(吉林)	길(吉)	장춘(長春)

성	약칭	소재지	성	약칭	소재지
흑룡강(黑龍江)	흑(黑)	하얼빈(哈爾濱)	강소(江蘇)	소(蘇)	남경(南京)
절강(浙江)	절(浙)	항주(杭州)	안휘(安徽)	환(皖)	합비(合肥)
복건(福建)	민(閩)	복주(福州)	강서(江西)	감(贛)	남창(南昌)
산동(山東)	로(魯)	제남(濟南)	하남(河南)	예(豫)	정주(鄭州)
호북(湖北)	악(鄂)	무한(武漢)	호남(湖南)	상(湘)	장사(長沙)
광동(廣東)	월(粵)	광주(廣州)	해남(海南)	경(瓊)	해구(海口)
사천(四川)	천(川) 또는 촉(蜀)	성도(成都)	귀주(貴州)	금(黔), 귀(貴)	귀양(貴陽)
운남(雲南)	전(滇) 또는 운(雲)	곤명(昆明)	섬서(陝西)	섬(陝), 진(秦)	서안(西安)
감숙(甘肅)	감(甘), 롱(隴)	난주(蘭州)	청해(靑海)	청(靑)	서녕(西寧)
대만(臺灣)	대(臺)	대북(臺北)			

5개 자치구

명칭 : 내몽골자치구(內蒙古自治區)
약칭 : 내몽골(內蒙古)
성 소재지 : 훅호트(呼和浩特)

명칭 : 티베트자치구(西藏自治區)
약칭 : 장(藏)
성 소재지 : 라싸(拉薩)

명칭 : 광서장족자치구(廣西壯族自治區)
약칭 : 계(桂)
성 소재지 : 남녕(南宁)

명칭 : 녕하회족자치구(寧夏回族自治區)
약칭 : 녕(宁)
성 소재지 : 은천(銀川)

명칭 : 신강위글자치구(新疆維吾爾自治區)

약칭 : 신(新)

성 소재지 : 우룸치(烏魯木齊)

2개 특별행정구

홍콩

중국은 1997년 7월 1일에 홍콩에 대한 주권행사를 회복했으며 홍콩특별행정구를 설립하고 항(港)이라 약칭했다. 홍콩은 남해와 이웃하고 주강(珠江) 입해구의 동쪽에 있으며 광동성 심천시(深圳市) 심천하의 남쪽에 위치해 있다. 홍콩 섬, 구룡(九龍), 신계(新界) 및 부근의 섬들로 구성되었으며 총면적이 1,104㎢이다. 2012년 말 현재 홍콩의 총인구는 718만 명이다.

마카오

중국은 1999년 12월 20일에 마카오에 대한 주권행사를 회복했으며 마카오특별행정구를 설립하고 오(澳)라고 약칭했다. 마카오는 주강 입해구 서쪽 기슭의 반도에 위치해 있으며 부근의 감자섬(氹仔島)과 노환섬(路環島)을 포함해 총면적이 약 29.9㎢이다. 2012년 말 현재 마카오의 거주인구는 591,900명이다.

8) 토지자원

중국은 국토가 광활하고 토지자원 유형이 다양해 경작지, 임지, 초원, 사막, 간석지 등이 모두 대 면적으로 분포되어 있다. 하지만 중국은 산지가 많고 평원이 적으며 경작지와 임지의 비중이 적다. 각 유형 토지자원의 분포가 불균형하며 경작지는 주로 동부 계절풍지역의 평원과 분지에 집중되어 있고 임지는 대부분이 동북, 서남의 국경지역, 초원은 내륙의 고원과 산지에 대량 분포되어 있다.

경작지

중국에는 지금 1.21억ha의 경작지가 있는데 동, 중, 서부지역으로 나눌 때 동, 서부지역의 경작지 면적이 비교적 적고 중부지역이 상대적으로 많다. 경작지는 상대적으로 동북평원과 화북평원, 장강중하류평원, 주강삼각주, 사천분지에 집중되어 있다. 동북평원의 대부분은 흑색 옥토이고 밀, 옥수수, 수수, 콩, 아마, 사탕무 등 농작물이 생산된다. 화북평원은 대부분 갈색토양이며 밀, 옥수수, 조, 수수, 목화, 땅콩 등이 생산되고 장강중하류평원에서는 논벼, 밀감, 유채씨 등이 생산된다. 사천분지에서는 논벼, 유채, 사탕수수, 찻잎, 밀감, 유자 등이 생산된다.

산림

중국의 산림면적은 약 1.95억ha, 산림조성률은 20.36%이다. 중국은 산림이 적은 국가이며 세계 평균 산림율과 비할 때 많이 낮다. 중국의 천연림은 대부분 동북과 서남지역에 분포되어 있으며 인구가 밀집되고 경제가 발전한 동부의 평원과 광활한 서북지역에는 산림이 매우 적다.

환경을 보호하고 경제건설을 도모하기 위해 중국은 대규모적인 식수조림활동을 지속적으로 전개해 왔다. 지금 중국의 인공림 면적은 6천만ha에 달해 세계에서 인공림 면적이 가장 큰 나라로 되었다.

중국의 주요한 산림지구로는 동북임구의 대흥안령(大興安嶺)과 소흥안령(小興安嶺), 장백산지의 임구가 있으며 동북임구는 중국 최대의 천연림구역이다. 서남임구로는 횡단산구(橫斷山區), 히말라야산맥(喜馬拉雅山麓), 야룽장푸강(雅魯藏布江) 대 굽이 등지의 산림구역이 있으며 중국에서 두 번째로 큰 천연림구이다. 동남임구로는 진령-회하(秦嶺-淮河) 일선 이남과 운남고원(雲貴高原) 이동의 광활한 대 구릉 산림구역이 포함되며 이곳은 중국에서 제일 주요한 인공림지역이다. 그 외, 중국에는 광활한 보호림체계가 있다. 예를 들어 중국의 동북과 화북, 서북을 포함한 방호림대가 있으며 '세계 최대의 생태공정'으로 불리운다.

초원

중국에는 4억ha의 초원이 있어 세계에서 초원 면적이 큰 나라에 속한다. 중국의 천연초원은 주로 대흥안령-음산(陰山)-청해·티베트고원 동쪽 기슭 일선의 서쪽과 북쪽의 광활한 지역에 분포되어 있으며 인공초원은 주로 동남부지역에서 경작지, 임지와 교차적으로 분포되었다.

중국의 목축지역에는 주로 내몽골자치구, 신강위글자치구, 청해성 등이 포함된다. 내몽골자치구 목축지역은 중국 최대의 목축지역이며 우량 가축 종류로는 삼하말(三河馬), 삼하소(三河牛) 등이 있다. 신강 목축지역의 우량 가축 종류로는 신강 잔털양, 알타이(阿爾泰) 대미양(大尾羊)과 일리말(伊犁馬) 등이 있다. 청해 목축지역의 주요한 가축 종류로는 야크가 있으며 세계에 이름난 하곡말(河曲馬)도 있다. 티베트 목축지역은 야크의 주요한 산지이다.

9] 광산자원

중국은 광산자원이 풍부해 미국과 러시아 버금으로 세계 제 3위를 차지한다. 지금까지 발견된 광산은 도합 172종이고 매장량이 밝혀진 광산은 159종, 그중 20여 종 광산의 매장량이 세계 앞자리를 차지한다. 그러나 1인당 보유량은 비교적 적다.

중국 광산자원의 분포상황을 보면 석유와 천연가스는 주로 동북과 화북, 서북지역에 분포되어 있고 석탄은 주로 화북과 서북, 철은 동북과 화북, 서남, 동은 주로 서남과 서북, 화동, 연과 아연광은 전국에 분포되어 있다. 그 외 중석, 주석, 몰리브덴, 안티몬, 희토광은 주로 화남과 화북에 분포되고 금, 은광은 전국에 분포되었으며 대만에도 중요한 산지가 있다. 린광은 주로 화남에 분포되어 있다.

주요한 광산자원은 다음과 같다.

- **석탄자원**: 중국의 석탄 매장량은 세계 제1위이다. 전국에서 이미 조사된 석탄 매장량은 1조 3,778억t에 달하며 주로 화북과 서북지역에 분포되었다. 그중 산서, 섬서, 내몽골 등 성과 자치구의 매장량이 가장 풍부하다.
- **석유가스자원**: 주로 서북지역에 매장되어 있으며 그 버금으로 동북과 화북지역, 그리고 동남 연해의 얕은 바다의 대륙붕에 분포되어 있다. 2012년 중국국토자원공보에 따르면 2011년 말까지 중국에서 발견된 석유와 천연가스 지질 매장량은 각기 32.4억t과 4조㎥이다.
- **금속광산**

  *흑색금속: 매장량이 밝혀진 것으로는 철, 망간, 바나듐, 티타늄 등이 있는데 그중 철광 매장량이 743.9억t에 달하며 주로 요녕과 하북, 산서, 사천 등 성에 분포되어 있다.

  *유색금속: 세계적으로 이미 발견된 유색금속광 전부가 중국에서 발견되었다. 그중 희토와 안티몬광, 중석광의 매장량이 세계에서 앞자리를 차지한다.

10) 식물종류 및 분포

중국은 세계에서 식물자원이 가장 풍부한 나라의 하나로서 고등 식물만도 3만 2천여 종에 달한다. 북반구의 한대, 온대, 열대피복의 주요 식물을 중국에서 거의 다 볼 수 있다. 메타세쿼이아, 청각채, 은삼나무, 삼나무, 금송, 대만 삼나무, 복건 측백나무, 오동나무, 두충나무, 희수(喜樹) 등은 중국의 특유한 수목종류이다.

중국의 식용식물은 2천여 종, 약용식물은 3천여 종이며 장백산의 인삼, 티베트의 잇꽃, 녕하의 구기자, 운남과 귀주의 삼칠초 등은 모두 진귀한 약재로 쓰인다. 화훼식물도 종류가 매우 많다. "꽃 중의 왕"으로 불리는 모란은 중국 고유의 화훼식물로 꽃이 크고 꽃잎이 많으며 색채가 화려하여 중국 '국화'의 하나로 불린다.

11] 동물종류 및 분포

중국은 세계에서 야생동물 종류가 가장 많은 나라의 하나로서 척추동물만도 6,200여 종이다. 그중 육지에서 서식하는 척추동물이 2,400여 종, 어류가 3,800여 종으로 세계 척추동물 물종 총수의 10%를 차지한다.

통계에 따르면 약 500종의 육지 서식 척추동물이 중국 특유의 물종으로 중국 육지 서식 척추동물 물종 총수의 20%를 차지한다. 판다, 들창코원숭이, 화남호랑이, 갈색귀꿩, 두루미, 붉은 돌고래, 흰 돌고래, 양자강 악어 등 100여 종은 중국 특유의 진귀한 야생동물로 세계적으로 유명하다.

모피가 흑, 백 두 가지 색상으로 된 대형 포유동물인 판다는 체중이 135kg에 달하며 여린 참대와 죽순을 먹이로 하는데 지금 1,600마리 정도 생존해 있다. 판다는 진귀동물로 세계 야생동물 보호의 상징으로 되었다.

두루미는 체구가 1.2m 이상까지 달하며 몸은 백색의 깃으로 둘러싸였고 머리에 단홍색의 피부가 조금 드러나 있는데 동아시아지역에서 "장수"의 상징으로 되고 있다.

중국 동물의 분포는 대개 동북, 화북, 내몽골과 신강, 청해−티베트, 서남, 화중, 화남 7개 구역으로 나뉘며 각 구역의 지리조건의 각이해 여러 가지 유형의 동물이 생존하고 있다.

12] 인구현황

중국은 세계에서 인구가 가장 많은 국가이다. 중국국가통계국이 발표한 《중국 2012년 국민경제와 사회발전 통계공보》에 따르면 2012년 말까지 전국 대륙 총인구는 13억 5,404만 명으로 그 전해 말보다 669만 명이 증가했다. 2012년 한 해 동안의 출생인구는 1,635만 명으로 출생률이 12.10‰이고 사망인구는 966만 명으로 사망률이 7.15‰이며 자연 성장률은 4.95‰, 2014년 출생인구 성별비례는 115:88이다.

세계인구에서 차지하는 중국대륙 인구의 비중이 계속 하락해 2002년의 20.3%에서 2012년의 20% 미만으로 줄었다. 인구 분포지역으로 본다면 여전히 "동부에 인구가 밀집되고 서부에 인구가 적은" 인구분포를 유지하고 있으며 서부지역의 인구 성장이 중부지역보다 조금 빠르다.

제6차 전국인구보편조사 결과에 따르면 2010년에 중국 인구의 평균 기대수명은 74.83세에 달해 10년 전보다 3.43세 늘었다.

中华人民共和国第十二届

제2장

정치

1. 정치제도

중화인민공화국은 노동계급이 영도하고 노동자, 농민연맹을 기초로 하는 인민민주독재의 사회주의국가이다. 사회주의제도는 중화인민공화국의 근본제도이다.

1) 헌법

헌법은 나라의 근본법이며 통상 한 나라의 사회제도와 국가제도의 기본원칙, 국가기관의 조직과 활동의 기본원칙, 공민의 기본권리와 의무 등 중요 내용을 규정하고 국기와 국가, 국장, 수도 및 통치계급이 중요하다고 인정하는 기타 제도를 규정하며 국가생활의 각 분야를 망라한다. 헌법은 최고의 법률적 효력을 가지고 기타 법률을 제정하는 근거로 되며 모든 법률, 법규는 헌법과 저촉되어서는 안 된다.

중화인민공화국 건국에 즈음해 반포한《중국인민정치협상회의 공동강령》은 중국 인민민주 통일전선의 강령으로서 임시 헌법의 역할도 했다.《공동강령》은 중국인민정치협상회의 제1차 전원회의에서 통과되어 1949년 9월 29일에 반포되었다. 1954년《중화인민공화국헌법》반포 이전 실제상 임시헌법의 역할을 했다.

1949년 10월 1일 중화인민공화국 건국 후 1954년과 1975년, 1978년, 1982년 총 네 번에 걸쳐《중화인민공화국 헌법》을 제정, 반포했다.

중국의 네 번째 헌법은 현행 헌법으로서 1982년 12월 4일, 중국 제5기 전국인민대표대회 제5차 회의에서 통과, 반포했다. 이 헌법은 1954년 헌법의 기본원칙을 계승, 발전시켰으며 중국 사회주의 발전의 경험을 총화 했고 국제 경험을 받아들여 중국 특색의 사회주의 현대화건설 수요에 적응되도록 한 근본법이다. 이 헌법은 중화인민공화국의 정치제도, 경제제도, 공민의 권리와 의무, 국가기구의 설치와 직책 범위, 향후 국가의 기본임무 등을 명확히 규정했다. 이 헌법의 특징은 중국의 근본제도와 근본임무를 규정했고 네 가지 기본원칙과 개혁개방의 기본방침을 확정한 것이다. 헌법은 전국 각 민족과 모든 기구는 반드시 헌법을 기본 활동준칙으로 하고 그 어떤 기구 또는 개인도 헌법과 법률을 초월한 특권이 있을 수 없다고 규정했다.

이 헌법은 서언, 대강, 공민의 기본권리와 의무, 국가기구, 국기, 국장, 수도 5개 부분으로 나누었으며 도합 4개 장, 138조항이다.

현재 실행되고 있는 헌법은 1988년 4월 12일 제7차 전국인민대표대회 제1차 회의에서 통과된《중화인민공화국헌법개정안》과 1993년 3월 29일 제8기 전국인민대표대회 제1차 회의에서 통과된《중화인민공화국헌법개정안》, 1999년 3월 15일 제9기 전국인민대표대회 제2차 회의에서 통과된《중화인민공화국헌법개정안》, 2004년 3월 14일 제10기 전국인민대표대회 제2차 회의에서 통과된《중화인민공화국헌법개정안》에 근거해 개정한 것이다.

2) 인민대표대회제도

인민대표대회제도는 중국의 근본 정치제도로서 중국 인민민주독재 정권의 조직형식이며 중국의 정치체제이다. 전국인민대표대회는 서방의 '3권 분립' 체제의 의회와 다르며 중국 헌법에 의해 최고 국가권력기관으로 정해졌다. 무릇 만 18세 이상의 모든 중국 공민은 선거와 피선거를 통해 인민대표대회 대표로 될 수 있는 권리가 있다. 중국의 각급 인민대표대회 중 향과 진 두 개 급별의 인민대표는 직접선거를 통해 산생되며 그 위로 각급 인민대표들은 간접선거로 산생된다. 전국인민대표대회는 중국 각 성, 자치구, 직할시와 군대에서 선출된 대표들로 구성되었다. 각급 인민대표대회 임기는 5년이며 해마다 한 번씩 전체 대표대회를 소집한다.

해마다 소집되는 인민대표대회 연례회의에서 인민대표들은 정부업무보고 및 기타 일부 중요한 보고를 청취한다. 인민대표들은 이 보고를 심의하고 상응한 결의를 통과한다. 대회 폐회기간에는 각급 인민대표대회 상설기구인 인민대표대회 상무위원회가 대회가 부여한 직권을 행사한다. 전국인민대표대회 상무위원회 직권에는 헌법 해석, 헌법 감독실시, 전체 대표대회에서 제정한 법률 이외의 법률의 제정과 개정, 전국인민대표대회에 책임지고 업무보고를 진행하는 등이 포함된다.

중국인민대표대회 기본 직권에는 입법권, 감독권, 중대 사항에 대한 결정권, 인사 임명 및 파면권 등이 포함된다. 일정한 기간 동안의 국민경제와 사회발전 계획을 제정하는 것은 이미 중국의 사회발전을 추진하는 중요한 결정으로 되지만 이런 계획은 전국인민대표대회 비준을 받아야만 법적 효력을 가진다. 중국 법률에는 중국의 주요 지도자 예를 들면 국가주석, 전국인민대표대회 상무위원회 위원장 등 인선은 모두 전국인민대표대회 선거를 통해 선출된다고 규정했다. 국무원 총리, 각 부 부장의 인선도 전국인민대표대회에 제출해 임명을 받는다. 전국인민대표대회는 일정한 절차를 통해 선거되거나 혹은 결정된 전국인민대표대회 상무위원회 위원장, 국가주석, 국무원 총리 등 국가 지도자들에 대해 파면안을 제출할 수 있다.

3) 다당(多黨)협력 및 정치협상제도

중국공산당이 영도하는 다당협력 및 정치협상제도는 중국의 기본정치제도이다.

중국에는 집권당인 중국공산당 외에 8개 민주당파가 있다. 이런 민주당파들은 중화인민공화국 건국 전에 이미 존재했다. 그들은 정치적으로 중국공산당의 영도를 옹호하며 이는 정당들이 중국공산당과 장기간 협력, 공동 분투하는 과정에서의 역사적 선택이었다. 중국공산당과 각 민주당파는 반드시 헌법을 근본 활동준칙으로 해야 한다. 민주당파는 조직상 모두 독립적이며 헌법이 규정한 범위 내에서 정치적 자유와 조직적 독립, 법률지위의 평등을 향유한다. 중국공산당과 각 민주당파 협력의 기본방침은 '장기공존, 상호감독, 간담상조(肝膽相照), 영욕여공(榮辱与共)'이다.

다당협력과 정치협상회의 형식은 주요하게 다음과 같다.

첫째, 인민정치협상회의이다. 인민정치협상회의는 각 당파, 각 인민단체, 각계 대표인물들이 참정, 의정을 진행하는 중요한 장소이다.

둘째, 중국공산당중앙과 각급 지방 당위원회가 소집하는 민주당파와 무소속 인사 간담회는 중요한 상황을 통보하고 중대한 방침정책문제, 국가와 지방정부 지도자 입후보자명단, 인민대표대회대표, 정치협상회의 입후보자명단을 둘러싸고 각 민주당파와 협상을 진행하며 그들의 의견과 제안을 청취한다.

셋째, 민주당파 성원 중의 인민대표대회 대표는 각급 인민대표대회에서 인민대표의 신분으로 참정, 의정하며 감독역할을 발휘한다.

넷째, 민주당파 인사를 선출해 국무원 및 기타 부 위원회와 현 급 이상 지방정부 및 해당 부문에서 지도자 직무를 담임하게 한다.

다섯째, 조건에 부합되는 민주당파 인사를 추천 선거해 검찰, 심판기관의 지도자직무를 담임하게 한다.

2. 국가기구

1) 전국인민대표대회

인민대표대회제도는 중국의 근본정치제도이다. 전국인민대표대회는 최고 국가권력기관으로서 성, 자치구, 직할시, 특별행정구와 군대에서 대표를 선거해 구성되며 국가입법권을 행사하고 국가 정치생활 중 중대한 문제를 결정한다.

전국인민대표대회 주요 직권은 다음과 같다.

헌법개정, 헌법실시 감독, 형사, 민사, 국가기구와 기타 기본법률 제정과 개정, 국민경제와 사회발전계획 및 집행상황 보고의 심사와 비준 및 국가 예산과 예산집행상황 보고, 성과 자치구, 직할시 설립, 특별행정구 설립 및 그 제도 결정, 전쟁 및 평화문제 결정, 최고 권력기관 지도자 선거 결정, 전국인민대표대회 상무위원회 구성인원 선거, 국가주석, 부주석 선거, 국무원 총리와 기타 구성인원 인선 결정, 중앙군사위원회 주석과 기타 구성인원 인선 선거, 최고인민법원 원장 선거, 최고인민검찰원 검찰장 선거 등이다. 전국인민대표대회는 상술한 인원에 대한 파면권 등이 있다.

전국인민대표대회 임기는 5년이며 해마다 한 차례 전체회의를 소집한다. 전국인민대표대회 폐회 기간 그의 상설기관인 상무위원회가 최고 국가권력을 행사한다. 전국인민대표대회 상무위원회는 위원장, 부위원장, 비서장과 위원으로 구성된다. 제12기 전국인민대표대회 상무위원회 위원장은 장덕강(張德江)이다.

중국 입법에는 전국인민대표대회 및 그 상임위원회 입법, 국무원 및 그 부문 입법, 일반 지방 입법, 민족자치구 지역 입법, 경제특별구와 특별행정구 입법이 포함된다.

2) 중국인민정치협상회의

　중국인민정치협상회의(인민정협이라고 약칭)는 중국인민의 애국통일전선 조직이며 중국공산당이 영도하는 다당협력과 정치협상의 중요한 기구로서 중국 정치생활에서 사회주의 민주를 고양하는 중요한 형식이다. 단결과 민주는 중국인민정치협상회의의 2대 주제이다.

　중국인민정치협상회의 전국위원회는 중국공산당, 각 민주당파, 무소속인사, 인민단체, 가 소수민족과 각계 대표, 홍콩특별행정구 동포, 마카오특별행정구 동포, 대만동포와 귀국교포 대표 및 특별초청인사로 구성되며 임기는 5년이다.

　중국인민정치협상회의 제12기 전국위원회 주석은 유정성(兪正聲)이다.

　중국인민정치협상회의 전국위원회와 지방위원회 주요 기능은 정치협상, 민주감독, 참정의정이다.

정치협상회의는 국가와 지방의 대정방침 및 정치, 경제, 문화와 사회생활에서의 중요문제의 결정에 앞서 협상을 진행하고 결책 집행과정에서의 주요문제를 협상한다. 중국인민정치협상회의 전국위원회와 지방위원회는 중국공산당, 인민대표대회 상무위원회, 인민정부, 민주당파, 인민단체의 제의에 근거해 각 당파, 단체 책임자와 각 민족 각 계 인사대표들이 참가하는 회의를 소집하며 협상을 진행하고 상술한 단체가 해당 중요 문제를 제출해 협상하도록 제안할 수도 있다.

1949년 9월, 제1기 중국인민정치협상회의 제1차 전체회의는 전국인민대표대회의 직권을 대행하고 인민의 의지를 대표해 중화인민공화국 건국을 선포했으며 중요한 역사적 역할을 발휘했다. 1954년 중국 제1기 전국인민대표대회 소집 후부터 정협은 전국인민대표대회 직권을 대행하지 않지만 중국의 가장 광범위한 애국통일전선조직으로 계속해 존재했으며 국가의 정치생활과 사회생활 및 대외 친선활동에서 큰 역할을 발휘했고 중요한 기여를 했다 . 2004년 3월까지 중국 전국인민정치협상회의는 이미 세계 101개 나라의 170개 기구와 8개 국제적, 지역적 기구와 연계를 건립했으며 우호왕래를 유지했다.

3) 국무원 및 그 부와 위원회

중화인민공화국 국무원, 즉 중앙인민정부는 국가최고권력기관의 집행기관이며 최고국가행정기관으로서 총리, 부총리, 국무위원, 각 부 부장, 각 위원회 주임, 심계장, 비서장으로 구성되었다. 국무원은 총리책임제를 실시한다.

- 국무원 총리 : 이극강(李克强)
- 국무원 부총리 : 장고려(張高麗), 유연동(劉延東), 왕양(汪洋), 마개(馬凱)
- 국무위원 : 양정(楊晶), 상만전(常萬全), 양결지(楊潔篪), 곽성곤(郭聲琨), 왕용(王勇)
- 국무원비서장 : 양정(겸임)

헌법 제 89조의 규정에 따라 국무원은 다음과 같은 직권을 행사한다.
① 헌법과 법률에 따라 행정조치를 규정하고 행정법규를 제정하며 결정과 명령을 발표한다.
② 전국인민대표대회 혹은 전국인민대표대회 상무위원회에 의안을 제기한다.

③ 각 부와 각 위원회의 임무와 직책을 규정하고 각 부와 각 위원회 업무를 통일적으로 지도하며 각 부와 각 위원회 소관 외의 전국적인 행정업무를 지도한다.

④ 전국 지방 각급 국가기관의 업무를 통일적으로 지도하고 중앙과 성, 자치구, 직할시의 국가행정기관의 직권을 구체적으로 획분한다.

⑤ 국민경제 및 사회발전계획과 국가예산을 작성, 집행한다.

⑥ 경제발전과 도시 및 농촌 건설을 지도, 관리한다.

⑦ 교육과 과학, 문화, 보건, 체육, 산아제한을 지도, 관리한다.

⑧ 민정과 공안, 사법행정, 감찰 등을 지도, 관리한다.

⑨ 대외사무를 관리하고 외국과 조약과 협정을 체결한다.

⑩ 국방건설을 지도, 관리한다.

⑪ 민족 관련 사무를 지도, 관리하고 소수민족의 평등관리와 민족자치지방의 자치권리를 보장한다.

⑫ 화교의 정당한 권리와 이익을 보호하고 귀국 교포와 해외 동포의 국내 거주 가족의 합법적인 권리와 이익을 보호한다.

⑬ 각 부와 각 위원회에서 반포한 적합하지 않는 명령과 지시, 규정을 개변하거나 폐지한다.

⑭ 지방 각급 국가행정기관의 적합하지 않은 결정과 명령을 개변하거나 폐지한다.

⑮ 성, 자치구, 직할시의 구역 획분을 비준하고 자치주, 현, 자치현, 시의 설립과 구역 획분을 비준한다.

⑯ 법률 규정에 근거해 성과 자치구, 직할시 범위 내의 일부 지역의 비상상태 진입을 결정한다.

⑰ 행정기구의 편제를 심의하고 법률규정에 근거해 행정인원에 대한 임명과 파면, 양성, 평가, 상벌 등을 정한다.

⑱ 전국인민대표대회와 전국인민대표대회 상무위원회가 부여한 기타 직권을 행사한다.

국무원의 기구 설치
① 중화인민공화국 국무원 판공청(辦公廳)
② 국무원 구성부문(25개): 외교부, 국방부, 국가발전개혁위원회, 교육부, 과학기술부, 공

업정보화부, 국가민족사무위원회, 공안부, 국가안전부, 감찰부, 민정부, 사법부, 재정부, 인력자원사회보장부, 국토자원부, 환경보호부, 주택도농건설부, 교통운수부, 수리부, 농업부, 상무부, 문화부, 국가위생계획생육위원회, 중국인민은행, 심계국.

감찰부와 중공중앙규율검사위원회 두 기관이 합치어 사무를 처리하며 기구는 국무원 서열에, 편제는 중공중앙 직속기구에 속한다.

③ 국무원직속 특설기구: 국무원 국유자산감독관리위원회.

④ 국무원직속기구: 중화인민공화국 세관총국, 국가세무총국, 국가상공행정관리총국, 국가품질감독검험검역총국, 국가보도출판과 라디오영화 및 텔레비전방송총국, 국가체육총국, 국가안전생산감독관리총국, 국가식품약품감독관리총국, 국가통계국, 국가임업국, 국가지식재산권국, 국가관광국, 국가종교사무국, 국무원참사실, 국가기관사무관리국, 국가부패예방국은 국무원직속기구 서열에 편입되며 감찰부 타이틀을 함께 사용한다. 국가보도출판과 라디오영화 및 텔레비전방송총국은 국가판권국의 타이틀을 함께 사용한다.

⑤ 국무원사무기구: 국무원화교업무판공실, 국무원홍콩마카오사무판공실, 국무원법제판공실, 국무원연구실

⑤ 국무원 대만사무판공실과 중공중앙 대만사무판공실, 국무원 보도판공실과 중공중앙 대외선전판공실, 국무원 사이비종교문제 방범 및 처리 판공실과 중공사이비종교문제 방범 및 처리 지도소조판공실은 한 개 기구에 두 타이틀을 사용하며 중공중앙직속기구 서열에 편입되었다.

⑥ 국무원직속사업단위: 신화통신사, 중국과학원, 중국사회과학원, 중국 공정원, 국무원발전연구센터, 국가행정학원, 중국지진국, 중국기상국, 중국은행업감독관리위원회, 중국증권감독관리위원회, 중국보험감독관리위원회, 전국사회보장기금이사회, 국가자연과학기금위원회

⑦ 국무원 부, 위원회가 관리하는 국가국: 국가신방국, 국가식량국, 국가에너지국, 국가국방과학기술공업국, 국가담배전문판매국, 국가외국전문가국, 국가공무원국, 국가해양국, 국가지리정보탐측국, 국가철도국, 중국민용항공국, 국가우정국, 국가문물국, 국가중의약관리국, 국가외환관리국, 국가탄광안전감독국, 국가당안국과 중앙당안관, 국가기밀국과 중앙기밀위원회판공실, 국가비밀번호관리국과 중앙비밀번호사업지도

소조판공실은 한 개 기구에 두 개 타이틀을 사용하며 중공중앙 직속기관 소속기구에 열거되었다.

⑧ 국무원의사조정기구

4) 중앙군사위원회

중국공산당 중앙군사위원회는 중국공산당이 영도하는 최고 군사영도기구이며 약칭은 중앙군위이다. 그 구성인원은 주석, 부주석, 위원 약간 명이다. 중앙군사위원회는 중국공산당 중앙위원회가 결정하고 주석 책임제를 실행한다. 그 주요직능은 전국의 무장력을 직접 영도하는 것이다. 현임 중공중앙군사위원회 주석은 습근평(習近平)이다.

중화인민공화국 중앙군사위원회는 국가의 군사영도기관이며 전국의 무장역량을 영도하는 책임을 가진다. 중앙군사위원회는 주석, 부주석, 위원 으로 구성되었다. 중앙군사위원회는 주석 책임제를 실행한다. 주석은 전국인민대표대회 선거를 통해 산생되며 전국인민대표대회 및 그 상무위원회에 대해 책임진다. 중앙군사위원회 임기는 5년이지만 연임 제한은 없다. 중화인민공화국 중앙군사위원회 현임 주석은 습근평이다.

5) 인민법원

인민법원은 국가의 심판기관이다. 국가가 최고인민법원을 설립하고 각 성, 자치구, 직할시에 고급인민법원을, 그 산하에 중급인민법원과 기층인민법원을 설립한다. 최고인민법원은 국가의 최고심판기관이며 독립적 심판권을 행사하는 동시에 지방 각급 인민법원과 전문인민법원 심판업무의 최고 감독기관이다. 최고인민법원은 전국인민대표대회 및 그 상무위원회에 책임지고 업무보고를 제출하며 최고인민법원 원장, 부원장 임명 및 최고인민법원 심판위원회위원의 임명은 모두 전국인민대표대회에서 결정한다.

최고인민법원의 직책은 다음과 같다. 지방법원의 판결이나 결정에 불복해 상소, 항소하는 안건 및 최고인민검찰원에서 심판, 감독 절차에 따라 제출한 항소안건에 대해 책임지고 심판하며 사형을 심사, 비준한다. 각급 인민법원에서 이미 발생한 법률효력을 가지고 있는 판결, 결정에서 확실한 착오를 발견했을 경우, 심판을 하거나 하급법원에 재심명령을 내릴 권리를 가지고 있다. 형법에 명확하게 규정되어 있지 않은 범죄에 대해 적용유추에서 심사 비준권을 가지고 있다. 또 심판과정의 구체적인 법률사용문제에 대한 해석을 진행한다.

최고인민법원 현임 원장은 주강(周强)이다.

6) 인민검찰원

인민검찰원은 국가의 법률 감독기관이다. 인민검찰원은 검찰권행사를 통해 자신의 임무를 완수한다. 국가배반사건, 국가분열사건과 기타 중대한 범죄사건에 대한 검찰권을 행사하며 공안기관이 수사한 사건에 대해 심사를 진행하고 체포, 기소 혹은 기소면제여부를 결정한다. 형사사건에 대해 공소를 제출하고 공소를 지지한다. 공안기관, 인민법원과 감옥, 구치소, 노동개조기관의 활동이 합법적인지 여부에 대해 감독한다.

인민법원이 독립적으로 심판권을 행사하는 것과 마찬가지로 인민검찰원은 법률에 근거해 독립적으로 검찰권을 행사하며 행정기관과 사회단체, 개인의 간섭을 받지 않는다. 모든 공민에 대한 법률적 평등원칙을 적용한다. 국가에서 최고인민검찰원, 지방 각급 인민 검찰원과 군사검찰원 등 전문인민검찰원을 설립한다. 중국의 인민검찰원은 4급 즉 기층, 중급, 고급, 최고인민검찰원으로 나뉜다. 최고인민검찰원은 국가의 최고검찰기관으로서 국가를 대표해 독립적으로 검찰권을 행사한다. 그 업무는 전국인민대표대회 상무위원회에 직접

책임진다. 그 주요임무는 각급 인민검찰원과 전문인민검찰원을 영도해 법에 의해 법률감독기능을 이행하여 국가법률의 통일과 정확한 실시를 보증하는 깃이다.

　최고인민검찰원 현임 검찰장은 조건명(曹建明)이다.

3. 중국의 정당

1] 중국공산당

중국공산당은 중국 노동계급의 선봉대인 동시에 중국 인민과 중화민족의 선봉대이며 중국특색 사회주의 사업의 영도핵심이다. 중국공산당은 중국 선진생산력의 발전요구를 대표하고 중국 선진문화의 발전방향을 대표하며 중국의 가장 광범위한 인민의 근본이익을 대표한다. 당의 최고 이상과 최종목표는 공산주의를 실현하는 것이다.

중국공산당은 마르크스-레닌주의와 모택동사상, 등소평이론, "세 가지 대표"의 중요사상, 과학발전관을 행동지침으로 한다.

과학발전관은 마르크스-레닌주의, 모택동사상, 등소평이론, '3가지 대표' 중요사상과 일맥상통하며 시대와 함께 발전하는 과학이론이다. 과학발전관은 발전의 세계관과 방법론에 관한 마르크스-레닌주의의 집중적인 구현이며 마르크스주의 중국화의 최신 성과이다. 과학발전관은 중국공산당의 집단적 지혜의 결과물이며 중국특색사회주의를 발전시키는데 있어서 반드시 견지하고 관철해야 하는 지도사상이다.

개혁개방 이래 중국이 거둔 일련의 성과와 진보의 근본원인을 종합한다면 그것은 바로 중국특색의 사회주의 길을 개척하고 중국특색의 사회주의 이론체계를 형성했으며 중국특색의 사회주의 제도를 확립한 것이다.

사회주의 초급단계의 중국공산당의 기본노선: 전국 각 민족 인민을 영도하고 단합하며 경제건설을 중심으로 네 가지 기본원칙을 견지하고 개혁개방을 견지하며 자력갱생하고 간고하게 창업해 중국을 부강, 민주, 문명, 조화의 사회주의 현대화국가로 건설하기 위해 분투한다.

중국공산당은 독립자주의 평화외교정책을 견지하고 평화발전의 길을 견지하며 호혜상생의 개방전략을 견지하고 국내외 전반적인 정세를 총괄하고 대외관계를 적극적으로 발

전시키며 중국의 개혁개방과 현대화건설을 위한 유리한 국제환경을 형성하기 위해 노력하고 있다. 국제사무에서 중국의 독립과 주권을 수호하고 패권주의와 강권정치를 반대하며 세계평화를 수호하고 인류 진보를 추진하며 항구적인 평화와 공동번영의 조화로운 세계를 건설하기 위해 노력한다. 상호 주권존중과 영토완정 존중, 상호 불가침, 상호 내정 불간섭, 평등호혜, 평화공존 다섯 가지 원칙에 기초해 세계 각국과의 관계를 발전시키는 것을 견지한다. 주변 국가들과의 선린친선관계를 계속 발전시키며 개발도상 나라들과의 단결과 협력을 강화한다. 중국 공산당은 독립자주, 완전평등, 상호존중, 상호 내부사무 불간섭 네 가지 원칙에 따라 세계 각 나라 공산당과 기타 정당과의 관계를 발전시킨다.

중국공산당의 중앙조직에는 당의 전국대표대회와 중앙위원회, 중앙정치국, 중앙정치국 상무위원회, 중앙서기처, 중앙군사위원회, 중앙기율검사위원회가 포함된다. 당의 전국대표대회는 5년에 한 번씩 소집된다. 전국대표대회 폐회 기간 중앙위원회는 중국공산당의 최고 영도기관이다.

중국공산당은 현재 8,500여 만 명의 당원을 보유하고 있다. 중국공산당 제18기 중앙위원회 총서기는 습근평이다.

2] 중국민주당파

중국에는 중국공산당 외에 민주당파로 통칭하는 8개 정당이 있다. 이 정당들로는 중국국민당 혁명위원회, 중국민주동맹, 중국민주건국회, 중국민주촉진회, 중국농공민주당, 중국치공당, 93학사, 대만민주자치동맹이다. 이런 정당들은 대부분 항일전쟁과 전국해방전쟁중에서 점차 형성되고 발전되었다. 중국 공산당과 각 민주당파 협력의 기본방침은 '장기공존, 상호감독, 간담상조, 영욕여공'이다.

각 민주당파는 야당이나 반대당이 아니라 정치참여정당이다. 현재 중국 각급 인민대표대회 상무위원회, 정협 위원회, 정부기구와 경제, 문화, 교육, 과학기술 등 부문에서는 많은 민주당파 인사가 영도직무를 담임하고 있다. 예를 들면 8개 민주당파의 현임 중앙위원회 주석은 각기 전국인민대표대회 상무위원회 부위원장 혹은 중국인민정치협상회 전국위원회 부주석 직무를 담임하고 있다. 동시에 각 민주당파 성원들도 크게 늘었으며 각 성, 자치구, 직할시와 각 대중도시에 모두 민주당파 지방조직과 기층조직을 설립했다.

① 중국국민당혁명위원회

중국국민당의 민주파 인사들과 기타 애국민주인사들이 1948년 1월 1일 정식으로 중국국민당 혁명위원회(약칭 민혁)를 창설했다. 민혁은 정치연맹의 특징을 가지고 있고 중국특색의 사회주의와 조국통일을 위해 노력하는 정당이다. 주요 창시인은 송경령(宋慶齡), 하향응(何香凝), 이제심(李濟深)이다. 중국국민당혁명위원회 제12기 중앙위원회 주석은 만악상(萬鄂湘)이다.

② 중국민주동맹

중국민주동맹(약칭 민맹)은 주로 문화교육 및 과학기술업종에 종사하는 지식인들로 구성되었다. 1941년 3월에 설립되었으며 정치연맹의 특징을 가지고 사회주의 사업에 이바지하는 정당이다. 주요 창시인은 장란(張瀾), 심균유(沈鈞儒), 황염배(黃炎培), 장백균(章伯鈞) 등이다. 중국민주동맹 제11기 중앙위원회 주석은 장보문(張寶文)이다.

③ 중국 민주건국회

주로 경제계 인사들로 구성된 중국 민주건국회(약칭 민건)는 1945년 12월 설립되었으며 정치연맹의 특징을 가지고 있고 사회주의사업에 이바지하는 정당이다. 창시인은 황염배(黃炎培), 호궐문(胡厥文), 장내기(章乃器), 시복량(施復亮) 등이다. 중국 민주건국회 제10기 중앙위원회 주석은 진창지(陳昌智)이다.

④ 중국민주촉진회

중국민주촉진회(약칭 민진)는 교육문화출판사업에 종사하는 지식인들을 위주로 1945년 12월에 설립되었다. 정치연맹의 성격을 띠고 있으며 중국특색의 사회주의 건설을 위해 이바지하는 정당이다. 주요 창시인은 마서륜(馬敍倫), 왕소오(王紹鏊), 주건인(周建人), 허광평(許廣平) 등이다. 중국민주촉진회 제13기 중앙위원회 주석은 엄준기(嚴雋琪) 여사이다.

⑤ 중국농공민주당

중국농공민주당(약칭 농공당)은 의약, 보건 분야의 고급, 중급 지식인을 위주로 하고 정치연맹의 특징을 가지고 있으며 중국특색의 사회주의 건설에 이바지하는 정당으로서 1930년 8월에 설립되었다. 주요 창시인들로는 등연달(鄧演達), 황기상(黃琪翔), 장백균 등이다. 중국농공민주당 제15기 중앙위원회 주석은 진죽(陳竹)이다.

⑥ 중국치공당

중국치공당(약칭 치공당)은 귀국교포, 화교권속을 위주로 구성되고 정치연맹의 특징을 가지고 있으며 중국특색의 사회주의 건설에 이바지하는 정당으로서 1925년 10월에 설립되었다. 주요 창시인으로는 사도미당(司徒美堂), 진기우(陳其尤)이다. 중국치공당 제14기 중앙위원회 주석은 만강(萬鋼)이다.

⑦ 93학사

과학기술계 지식인들을 주요 성원으로 하는 93학사는 정치연맹의 특징을 가지고 있으며 사회주의 건설에 이바지하는 정당으로서 1946년 5월에 설립되었다. 주요 창시인들로는 허덕형(許德珩), 반숙(潘菽), 도장망(塗長望) 등이다. 93학사 제13기 중앙위원회 주석은 한계덕(韓啓德)이다.

⑧ 대만민주자치동맹

대만민주자치동맹(약칭 대맹)은 대만성 인사들로 구성되었으며 사회주의 노동자와 사회주의를 옹호하는 애국자들의 정치연맹이며 사회주의를 위해 봉사하는 정당이다. 1947년 11월에 설립되었다. 주요 창시인들로는 사설홍(謝雪紅), 양극황(楊克惶) 등이다. 대만민주자치동맹 제9기 중앙위원회 주석은 임문기(林文漪) 여사이다.

제3장

경제

1. 경제개관

　　1949년 중화인민공화국 건국 후 중국경제는 비교적 빠른 발전을 가져왔다. 특히 1978년에 개혁개방을 실시한 후 중국경제는 9% 이상의 연간 성장률을 기록하며 지속적이고 안정하게 발전했다. 2012년 중국의 국내총생산(GDP)은 8조 2,622억 달러에 달하고 일인당 GDP는 6,102달러에 달했으며 경제총량은 미국 버금으로 세계 2위를 차지했다.

　　현재 중국의 국내 투자와 소비는 모두 양호한 추세를 보이고 있다. 2012년 중국의 사회 고정자산투자는 인민폐 37조4,676억 원에 달했고 전 사회 소비품 소매총액은 인민폐 21조 307억 원에 달했다. 또한 수출입 총액은 3조 8,668여억 달러로 세계 1위를 차지했다. 2012년 말까지 중국의 외환보유고는 3조 3,116억 달러로 연속 4년간 세계 제1위를 차지했다.

　　30여 년간의 개혁개방과 현대화건설을 통해 중국은 이미 계획경제로부터 사회주의 시장경제로의 전환을 기본상 실현했고 사회주의 시장경제체제를 점차 구축하고 보완했다. 이에 적응해 중국의 법률과 법규도 끊임없이 완벽해지고 시장개방 정도가 지속적으로 확대되었으며 투자환경도 계속 개선되고 금융체제 개혁이 온당하게 추진되었다. 이런 변화는 중국경제의 지속적인 발전에 믿음직한 담보를 제공했다.

　　새로운 세기에 들어선 후 중국은 인간과 자연, 인간과 사회, 도시와 농촌, 동부와 서부, 경제와 사회를 전면적이고 조화롭게 발전시킬 데 관한 이념을 제기했다. 2012년 중국공산당 제18차 전국대표대회는 2020년까지 중등생활수준의 사회를 전면 실현하는 분투목표를 제기했다. 동시에 처음으로 2020년까지 국내총생산과 도시주민의 일인당 소득을 2010년의 2배로 높이는 목표를 실현할 것을 제기했다.

2. 산업구조

　　1949년 중화인민공화국이 창건된 후 중국의 산업구조는 세 개 발전단계를 거쳐 왔다. 첫 단계는 지난 세기 50년대 초부터 70년대 말까지이며 이 기간 중국은 반식민지 경제의 특징을 신속히 개변시키고 공업화의 기초를 초보적으로 마련했다. 제 2단계는 1979년부터 90년대 초반까지이며 이 기간 중국은 개혁개방정책을 실시하고 산업구조를 끊임없이 조정해 중국을 산업화 중반단계에 들어서게 했다. 제 3단계는 중국에서 사회주의 시장경제체제를 구축하기로 한 지난 세기 90년대 초부터 2020년까지인데 이 기간 중국은 산업화를 실현하는 동시에 정보화를 실현할 것이다.

　　60여 년간 중국의 3차 산업간 비례관계에는 비교적 큰 변화가 나타났다. 지난 세기 50년대 초부터 2012년까지 중국의 농업비중은 45.4%로부터 10.1%로 하락하고 공업비중은 34.4%에서 45.3%로 상승했으며 서비스업 비중은 20.2%에서 44.6%로 상승했다.

1) 농업

　　중국은 농업인구가 절대 다수를 차지하는 나라로서 농업은 중국 경제에서 매우 중요한 자리를 차지한다. 중국은 육지 총면적이 960만㎢에 달하지만 경작지 면적은 127만㎢로 세계 경작지 면적의 약 7% 정도이다. 중국의 경작지는 주로 동부 계절풍지역의 평원과 분지에 집중되어 있다. 재배업은 중국에서 가장 중요한 농업생산부문이다. 주요한 곡물로는 벼, 밀, 옥수수, 콩이 있으며 경제작물로는 목화, 땅콩, 유채, 사탕수수, 사탕무 등이 있다. 중국의 농업은 1978년에 농촌개혁을 실시한 후부터 신속히 발전하기 시작했다. 현재 중국의 알곡과 목화, 유채씨, 잎담배, 수산물, 채소의 생산량은 세계 1위를 차지한다. 최근 연간 중국정부는 농업발전을 가장 중요한 사업으로 삼고 농업에 대한 투입을 부단히 늘이고 농민들의 수입을 제고하여 농촌과 도시의 조화로운 발전을 점진적으로 실현하고 있다.

2) 공업

중국에서 공업의 신속한 발전은 지난 세기 50년대 초부터 시작되었다. 1949년 중화인민공화국 건국 후 중국의 공업은 전면적인 회복과 발전시기에 들어섰다. 1978년 개혁개방 전까지 중국은 이미 완벽한 공업경제체계를 초보적으로 형성했다. 전통산업인 석유공업과 신흥 산업인 화학공업, 전자공업은 모두 비교적 빠른 발전을 가져왔으며 하이테크산업인 핵공업과 우주공업도 빠른 발전을 가져왔다.

1996년부터 철강, 석탄, 시멘트, 농업용 화학비료, 텔레비전의 생산량은 줄곧 세계 1위를 차지했다. 2012년 중국의 공업 증가치는 동기대비 8.1% 성장한 인민폐 23조 5,319억 원에 달했다. 현재 중국은 비행기, 선박, 자동차 제조능력을 구비했을 뿐만 아니라 인공위성과 현대화한 공업설비를 제조할 수 있다. 중국은 이미 일정한 기술수준을 갖추고 분류가 완벽하고 독립적인 공업체계를 구축했다. 향후 중국은 정보화로 산업화를 추진하는 전략을 진일보 실시하고 공업이 중국의 경제발전을 보다 추진하도록 이끌 것이다.

3) 서비스업

지난 세기 70년대 말부터 중국의 서비스업은 큰 발전을 가져왔다. 서비스업의 발전은 주로 두 부분에서 나타났다. 하나는 서비스업의 규모가 부단히 확대된 것이다. 통계에 의하면 1978년부터 2012년까지 중국의 서비스업 증가치는 인민폐 860.5억 원에서 23조 1,626억 원으로 늘어나 260여 배 증가했으며 연평균 성장 폭이 10% 이상에 달해 같은 시기 국내총생산의 성장율을 초과했다. 서비스업 증가치가 국내총생산에서 차지하는 비중도 1979년의 21.4%에서 2012년의 44.6%로 늘었다. 2012년 중국의 서비스업은 비록 국제금융위기의 영향을 받았지만 여전히 빠르게 발전했다. 다른 한편으로 중국의 서비스업은 이미 일자리 창출의 주요 경로로 되었다. 서비스업 종사인원은 1978년의 4,890만 명에서 2011년의 7.6억여 명으로 급증했으며 서비스업이 처음으로 농업을 능가해 일자리 창출의 최대 업종으로 되었다.

현재 중국의 서비스업은 요식업, 관광업, 소매업, 금융업, 보험업, IT업, 운수업, 광고업, 법률, 회계, 아파트 관리 등 여러 분야와 관련된다. 중국의 발전 계획에 따르면 2020년까지 서비스업의 증가치가 국내총생산에서 차지하는 비중은 지금의 1/3정도에서 1/2이상으로 제고될 전망이다.

3. 사회주의 시장경제체제

지난 세기 70년대 말, 중국은 계획경제체제에 대한 개혁을 시작했다. 1978년 중국은 농촌지역에서 가정 도급제를 위주로 하는 책임제를 실시했다. 1984년 경제체제개혁은 농촌에서 도시로 확대되었다. 1992년 중국에서는 사회주의 시장경제체제를 수립할 데 관한 개혁방향을 확정했다. 2003년 10월, 중국은 사회주의 시장경제체제를 보완할 데 관한 목표와 과업을 보다 명확히 했다. 그것은 바로 도시와 농촌 발전, 지역 발전, 경제 사회 발전, 인간과 자연의 조화로운 발전, 국내 발전과 대외개방을 전면적으로 계획하는 요구에 따라 자원배분에서 시장의 기초역할을 보다 많이 발휘하고, 기업 활력과 경쟁력을 강화하며, 국가의 거시적 조절과 통제를 건전히 하고, 정부의 사회관리와 공공서비스 기능을 완벽히 하여 중등권 생활수준을 전면적으로 건설하는데 체제적인 담보를 제공하는 것이다. 주요한 과업은 공유제를 주체로 하고 여러 가지 소유제 경제가 공동 발전하는 기본 경제제도를 완벽하게 하며, 도시와 농촌의 이원화 경제구조를 점차 개변하는데 이로운 체제를 수립하고, 지역 경제의 조화로운 발전을 추진하는 체제를 형성하며, 통일되고 개방적이고 경쟁적이며 질서 있는 현대 시장체계를 형성하고, 거시적 조절통제 체계, 행정관리 체제와 경제법률 제도를 보완하며, 취업, 소득분배와 사회보장제도를 건전히 하고 경제사회의 지속가능한 발전을 추진하는 체제를 구축하는 것이다.

예정 계획에 따라 중국은 2020년까지 비교적 성숙된 사회주의 시장경제체제의 구축을 완성하게 될 것이다.

4. 소유제구조

중국의 헌법규정에 따라 국가에서는 사회주의 초급단계에 공유제를 주체로 하고 여러 가지 소유제 경제가 공동으로 발전하는 기본 경제제도를 견지하며 노동에 따른 분배를 주체로 하고 여러 가지 분배방식이 병존하는 분배제도를 견지한다. 현재 중국의 소유제 경제에는 국유경제, 집단경제, 사영경제, 개인경제, 합영경제, 주식제경제, 외국실업가경제와 홍콩·마카오·대만투자경제가 포함된다.

국유경제는 생산수단이 국가에 소유된 일종의 경제유형이다. 집단경제는 생산수단이 공민집단에 소유된 경제유형이다. 사영경제는 생산수단이 공민 개인에게 소유되고 고용 노동력을 기초로 하는 경제유형이다. 개인경제는 생산수단이 근로자 개인에 소유되고 개체노동을 기초로 하고 노동성과가 근로자 개인에 속하고 지배되는 경제유형이다.

합영경제는 부동한 소유제 성격의 기업 간 혹은 기업과 사업단위가 공동으로 투자하여 새로운 경제실체를 구성하는 경제유형이다. 주식제경제는 모든 등록자본을 전체 주주가 공동으로 출자하고 지분 형식으로 투자하여 기업을 설립하는 일종의 경제유형이다. 외국실업가투자경제는 국외투자자가 섭외경제에 관한 중국의 해당 법률, 법규에 근거해 합자, 합작 혹은 독자의 형식으로 중국 경내에서 기업을 설립하는 경제유형이다.

외국실업가투자경제에는 중외합자경영기업과 중외합작경영기업, 독자기업 세 가지 형식이 있다. 홍콩·마카오·대만투자경제는 홍콩·마카오·대만지역 투자자들이 섭외경제에 관한 중화인민공화국의 해당 법률, 법규에 따라 합자, 합작 혹은 독자의 형식으로 대륙에서 기업을 설립하는 일종의 경제유형이다. 홍콩·마카오·대만투자경제는 외국실업가투자경제를 참고해 합자경영기업과 합작경영기업, 독자기업 세 가지 형식으로 분류된다. 중국의 헌법은 그 어떤 조직이나 개인도 나라와 집단의 재산을 침해하거나 파괴하는 행위를 해서는 안 된다고 규정했다. 또한 국가에서는 개인경제, 사영경제 등 비공유제경제의 합법적 권리와 이익을 보호하며 공민의 합법적인 사유재산은 침범을 받지 않는다고 규정했다.

5. 발전전략

1987년 10월, 중국공산당 제13차 전국대표대회는 중국의 현대화건설에 관해 대체적으로 '3단계'로 나누어 진행하는 전략배치를 명확히 제기했다. 구체적 목표는 다음과 같다. 첫 단계는 1981년부터 1990년까지 중국 국내총생산을 2배로 늘리고 국민들이 배불리 먹고 입는 문제를 해결한다. 두 번째 단계는 1991년부터 20세기 말까지 국내총생산을 2배 더 늘리며 인민들의 생활수준이 중등권 생활수준에 도달하게 한다. 세 번째 단계는 21세기 중엽까지 중국의 일인당 국내총생산이 중등 선진국수준에 도달하게 하여 국민들의 생활을 비교적 윤택하게 하고 현대화를 기본적으로 실현하는 것이다. 1997년 9월, 중국공산당 제15차 전국대표대회는 세 번째 단계의 분투목표를 한층 구체화했다. 그것은 바로 21세기의 첫 10년 동안 중국의 국내총생산을 2000년보다 배로 늘려 인민들의 중등생활수준 생활을 보다 윤택하게 함으로써 비교적 완벽한 사회주의 시장경제체제를 형성하는 것이다. 이어 또 10년간의 시간을 들여 국민경제를 더욱 발전시키고 각종 제도를 한층 보완한다. 2050년에 가서 중국은 현대화를 기본적으로 실현하고 부강하고 민주적이고 문명한 사회주의국가 건설을 기본적으로 마칠 것이다.

6. 기반시설 건설

1) 도로

중국은 국토가 광활하고 도로가 사통팔달하게 뻗어 있다. 그중 가장 주요한 것은 동서를 가로지르고 남북을 관통하는 고급도로로 구성된 '5종(縱) 7횡(橫)'의 12갈래 국도 주간선이며 길이가 35,000㎞이고 현재 이미 절대다수가 건설되었다. 최근 20년간 중국은 줄곧 도로 건설을 기초시설 건설 가속화의 중요한 내용의 하나로 추진해 고속도로 건설의 비약적인 발전을 실현했다. 북경(北京)-상해(上海), 북경-심양(瀋陽), 북경-석가장(石家莊)-태원(太原), 상해-남경(南京)-합비(合肥), 상해-항주(杭州)-영파(寧波) 등 일련의 각 성과 자치구를 잇는 장거리 고속도로가 연이어 개통되어 중국의 주요 도로 운수통로의 교통이 압력을 받던 상황이 뚜렷하게 완화되었으며 장기간 운송능력이 취약하던 상황이 크게 개선되었다. 고속도로의 빠른 발전으로 여러 성과 주요 도시들 간 시공간 거리가 크게 단축되고 지역 간 인원과 상품, 기술, 정보교류가 빨라짐으로써 생산운송 단가가 낮아지고 더 큰 공간에서 자원의 효과적인 배치가 실현되어 시장이 확장되었다. 이는 기업의 경쟁력을 높이고 국민경제 발전과 사회진보를 추진함에 있어서 중요한 역할을 발휘했다. 오늘날 고속도로의 속도와 편리함이 주민생활의 시공간 개념과 생활방식을 개변시키고 있다.

2) 철도

2012년 말까지 중국의 철도 총 운영 연장길이는 98,000㎞로 세계 2위, 고속철도 운영 총 연장길이는 9,356㎞로 세계 1위를 차지했다. 현재 중국 철도의 여객회전율과 화물발송율, 화물회전율, 환산회전율은 세계 1위이다. 고속철도가 점차 중국 철도운송의 새로운 활력소가 되고 있다. 2007년에 D급 고속열차가 처음으로 중국에서 운영에 투입되어서부터 지금까지 전국 철도의 D급 고속열차의 여객 운송규모는 연인원 15억 명에 달해 전국 철도 여객 운송 총량에서 차지하는 비중이 2007년의 불과 5% 미만에서 지금의 약 27%로 증가했다.

3) 항만

중국의 연해항구건설은 석탄, 컨테이너, 수입 철광석, 식량, 심수출해항로 등 위주로 중점적으로 건설되었으며 특히 컨테이너 운송계통의 건설을 강화했다. 정부에서는 역량을 집중해 대련(大連)과 천진(天津), 청도(靑島), 상해, 영파(寧波), 하문(廈門), 심천(深川) 등 항구에 컨테이너 심수부두를 건설하여 중국의 컨테이너 중추항구 형성에 기초를 마련했다. 또한 석탄운송시스템 구축을 가일층 강화해 일련의 석탄 하역 부두를 새로 건설함과 동시에 일련의 수입 원유와 철광석 부두를 재건하고 확장했다. 2012년 중국의 항구 화물 물동량은 107.8억 톤, 그중 대외무역 물동량이 30.6억 톤으로 각기 1978년의 38배와 51배 증가했으며 항구 물동량이 다년간 연속 세계 1위를 차지했다. 물동량이 억 톤에 달하는 항구는 29개에 달하며 8개 항구가 세계 10대 항구 반열에 올랐다. 그중 상해항은 세계 최대 컨테이너 항구이다.

4) 민항

중국의 민항항로는 세계 각 대주로 통한다. 2012년 말까지 중국민항의 정기항로 운영공항은 180여 개, 정기 운항노선은 2,457개에 달했다. 그중 국제항로는 381개에 달하며 52개 나라의 121개 도시를 포함하고 있다.

5] 전화

2012년 말까지 중국의 고정전화 가입자 수는 2억7,815만 명이다. 그중 도시 전화 가입자 수는 1억8,893만 명에 달하고 농촌 고정전화 가입자 수는 8,922만 명에 달한다. 중국은 1987년에 이동통신업무를 시작했으며 1990년 이후 연평균 100% 이상의 증속을 유지했다. 현재 이동전화망은 이미 중국의 모든 대·중도시 및 2천여 개 소도시와 현 소재지를 커버했다. 2012년 중국의 이동전화 가입자 수는 1억 2,590만 명 늘어 연말까지 이동전화 가입자 총수가 11억 1,216만 명에 달했다. 2012년 말까지 중국의 고정전화 및 이동전화 가입자 총수는 13억 9031만 명에 달해 그 전해보다 1억 1,896만 명 증가했고 전화 보급률은 백명당 103.2대에 달했다.

6] 인터넷

2013년 6월 말까지 중국의 네티즌 수는 5억 9,100만 명에 달했다. 이는 2012년 말에 비해 2,656만 명 늘어난 수치이다. 인터넷 보급률은 44.1%로 2012년 말에 비해 2% 높아졌다. 신증 네티즌 중에서 모바일 온라인 접속 네티즌 비례가 70.0%로 기타 설비를 통한 온라인 접속 네티즌 비례를 초과했다. 주목할 만한 것은 중국 농촌에서의 인터넷 보급률이 비교적 빨라 반년간 신증 네티즌 중 농촌 네티즌이 54.4%를 차지했다. 동시에 2013년 말까지 중국의 모바일 네티즌 수는 4.64억 명으로 2012년 말에 비해 4,379만 명 증가했으며 모바일 인터넷 접속 네티즌 수가 78.5% 증가했다. 3G의 보급과 무선인터넷의 발전, 모바일 애플리케이션의 혁신은 중국 모바일 네티즌 수가 급속하게 늘어난 요인이다.

7. 투자정책

중국은 세계에서 외자를 가장 많이 유치하고 있는 나라의 하나이다. 국제금융위기의 영향으로 국제투자가 대폭 감소한 상황에서 중국이 외자 유치에서 뚜렷한 성과를 거둘 수 있은 주요한 원인은 중국정부가 합리한 투자 특혜정책을 대량 출범한데 있다. 지난 세기 80년대 초부터 중국은 인력과 물력, 재력을 일련의 기반시설 건설에 투입했다. 이는 외국실업가들이 중국에 투자해 공장을 설립하는데 양호한 환경을 조성했다. 이와 동시에 중국정부는 선후로 500여 개의 섭외 경제법규를 반포해 외국실업가들의 중국투자에 법률적 근거와 담보를 제공했다. 1997년 말, 중국정부는 또《외국실업가 투자산업 지도 목록》을 수정, 반포해 외국실업가들이 농업종합개발, 에너지, 교통, 중요한 원자재, 첨단기술, 자원종합이용, 환경보호 등 분야에 투자하도록 권장했다. 세계무역기구 규칙과 중국의 대외 승낙에 따라 중국은 약 2,300건의 법규문건을 정리하였는데 그중 830건을 폐지하고 325건을 수정했다. 이로써 섭외 경제법률법규의 정리수정작업을 기본상 완성했다. 또한 중외합자경영기업법, 중외합작경영기업법, 외자기업법 등 3대 기본 법률과 그 실시 세칙을 주체로 하는 외국실업가 투자법률체계를 대체적으로 형성했다. 2012년 말까지 이미 200여 개 나라와 지역의 외국실업가들이 중국에 투자했고 외국실업가 투자기업이 40여 만 개로 늘었다. 국제 대형 재단, 다국적 회사들은 모두 중국 시장의 전망성을 높이 평가하고 있으며 세계 500대 기업 대부분이 중국에 투자했다. 중국은 지금 세계 투자가와 금융계로부터 투자환경이 가장 좋은 나라의 하나로 평가받고 있다.

8. 경제특구와 연해개방도시

  중국정부는 1978년 경제체제를 개혁하기로 결정한 동시에 계획적이고 절차 있게 대외
개방을 실행하기 시작했다. 1980년부터 중국은 선후로 광동(廣東)성의 심천, 주해(珠海),
산두(汕頭), 복건(福建)성의 하문과 해남(海南)에 각기 5개 경제특구를 설립했다. 1984년
에는 또 대련(大連), 진황도(秦黃島), 천진(天津), 연대(煙臺), 청도(靑島), 연운항(連雲港), 남
통(南通), 상해, 영파(寧波), 온주(溫州), 복주(福州), 광주(廣州), 담강(湛江), 북해(北海) 등
14개 연해도시를 추가 개방했다. 1985년 이후 또 장강(長江)삼각주와 주강(珠江)삼각주,
민남(閩南)삼각주지역, 산동(山東)반도, 요동(遼東)반도, 하북(河北), 광서(廣西)를 경제개
방구로 정함으로써 연해경제개방벨트를 형성했다. 1990년, 중국정부는 상해 포동(浦東)
신구를 개발, 개방하기로 확정함과 동시에 장강 연안의 일부 도시를 진일보 개방함으로써
포동을 선두로 하는 장강개방벨트를 형성했다. 상술한 경제특구와 연해개방도시들은 부
동한 우대조치의 실시로 수출 지향형 경제 발전과 수출을 통한 외화 창출, 선진기술 도입
등 분야에서 창구역할과 내지에 대한 복사역할을 발휘했다.

9. 국가경제기술개발구

경제기술개발구는 중국 대외개방지역의 구성부분이다. 그 방식을 보면 개방도시에서 작은 구역을 지정한 후 역량을 집중해 완벽한 기반시설을 건설하고 국제수준에 부합되는 투자환경을 조성한다. 그리고 외자를 유치하고 이용해 첨단산업을 위주로 하는 현대 산업 구조를 형성하고 소재 도시와 주변지역이 대외경제무역을 발전시키는 중점지역으로 되게 하는 것이다. 1988년에 국무원은 14개 연해개방도시에서 우선적으로 국가급 경제기술개발구를 설립하도록 비준했다. 이 중에는 대련, 진황도, 천진, 연대, 청도, 연운항, 남통, 민항(閔行), 홍교(虹橋), 조하경(漕河涇), 영파, 복주, 광주, 담강 등이 망라된다. 2013년 8월까지 중국의 국가급 경제기술개발구는 도합 192개이고 내지의 모든 성과 자치구에 분포되어 있다. 그중 강소성에 23개로 가장 많고 절강성에 17개, 산동성에 13개가 있다.

10. 국가급 첨단산업개발구

현재 중국은 이미 국가급 첨단산업개발구 105개를 건설했으며 성(省)·부(部)급 이상의 1,000여개 과학연구성과 첨단산업개발구에서 산업화를 실현했다. 중국 첨단산업개발구는 주요 경제지표의 연평균 성장률이 연속 10년 동안 60%를 유지해 이미 국민경제성장을 이끄는 중요한 일익을 담당했다. 북경 중관촌과학기술단지와 천진, 상해, 흑룡강(黑龍江), 강소, 안휘(安徽), 산동, 호북(湖北), 광동, 섬서(陝西), 대련, 하문, 청도와 심천 등 성과 시의 일부 국가급 첨단산업개발구는 그 성장속도가 빠르고 여러 가지 조건이 양호하며 첨단기술제품의 수출성장이 비교적 빨라 국가의 제1진 수출기지로 인정되었다. 그중 주강삼각주, 장강삼각주와 북경, 천진지역은 첨단기술제품 수출기지가 밀집되었고 이런 지역의 수출액은 이미 전국 첨단기술제품 수출의 80% 이상을 차지한다.

11. 보세구

    보세구는 중국국무원의 비준을 거쳐 국제무역과 보세업무를 전개하는 구역이며 국제적인 자유무역구와 비슷하다. 보세구는 외국기업가가 국제무역경영, 보세창고 저장으로 수출가공 등 업무에 투자하는 것을 허용한다. 현재 중국에는 상해 외고교(外高橋) 보세구 등 30여 개 보세구가 있으며 이들은 중국 경제와 세계 경제가 융합되는 새로운 연결 고리로 되었다.

12. 상해자유무역구

중국(상해)자유무역시험구는 약칭이 상해자유무역구이며 중화인민공화국 상해시의 자유무역구인 동시에 중국 대륙 경내의 첫 자유무역구이다. 2013년 8월, 국무원이 정식으로 중국(상해)자유무역시험구 설립을 비준했다. 이 시험구는 설립 시 상해 외고교 보세구를 핵심으로 하고 공항보세구와 양산항(洋山港) 임항 신도시를 보충으로 하는 중국경제의 새로운 시험구이다. 이 시험구에서는 정부 기능의 전환과 금융제도, 무역서비스, 외국인투자, 세수정책 등 여러 가지 개혁조치를 실시하며 상해시의 중계업무와 오프쇼어 금융의 발전을 전폭적으로 추동할 전망이다. 2013년 9월 29일, 상해자유무역구가 공식 출범했다.

13. 수출입상황

중국경제가 지속적으로 빠르게 성장하면서 대외무역도 계속 발전되었다. 세계무역순위에서 중국은 1978년의 제32위에서 1989년의 15위, 1997년의 10위, 2012년의 2위로 상승했다. 세계 화물무역액이 0.2% 성장에 머무른 상황에서 2012년 중국의 화물무역액은 여전히 세계 2위를 차지하고 세계 점유율이 한층 상승했다. 그중 수출이 세계적으로 차지하는 비중은 11.2%로 그 전해 대비 0.8% 증가되어 연속 4년간 세계 1위를 확보하고 수입이 세계적으로 차지하는 비중은 9.8%로 그 전해보다 0.3% 제고되어 연속 4년간 세계 2위를 차지했다. 중국의 대외무역발전은 국내 경제사회발전에서 중요한 역할을 발휘할 뿐만 아니라 세계 무역성장과 경제회복에 긍정적인 기여를 했다. 현재 중국과 무역거래를 하고 있는 국가와 지역은 도합 200여 개이며 유럽연합과 미국, 아세안, 홍콩특별행정구, 일본, 한국, 대만성, 오스트레일리아, 러시아, 브라질은 중국의 10대 무역동반자이다.

14. 외자이용

중국이 외자를 이용하는 경로와 형식은 다양하며 주로 세 가지로 나뉜다. 대외차관에는 외국정부, 국제금융기구의 차관과 외국상업은행의 차관, 수출신용대출, 대외발행채권 등이 포함된다. 외국실업가투자에는 중외합자기업과 중외합작기업, 외국실업가 독자기업, 합작개발프로젝트 등이 포함된다. 외국실업가의 기타 투자에는 국제임대와 보상무역, 가공조립, 대외주식발행 등이 포함된다. 개혁개방이후 외자는 장기간 중국 고정자산투자의 주요 자금내원이었으며 외국실업가 투자기업의 신속한 확장은 중국의 산업화를 추진했고 필수적인 세수내원이 되었으며 대량의 일자리를 창출했다. 2012년까지 중국은 이미 연속 20년간 외자를 가장 많이 유치한 개도국으로 자리매김했다. 국제금융위기의 영향으로 최근 2년간 중국의 대외무역 유치추세가 다소 둔화되었다. 2012년 중국이 새로 비준 설립한 비 금융류 외국인 직접투자기업은 24,925개로 그 전해에 비해 10.1% 줄고 실제 외자사용액은 1,117억 달러로 3.7% 줄었다.

15. 은행과 그 감독관리

현재 중국은 이미 중앙은행이 조절, 통제하고 국가은행을 주체로 하며 정책성 금융과 상업성 금융으로 분업을 실현하고 여러 가지 금융기구가 협력하며 기능 면에서 상호 보완하는 금융체계를 기본적으로 형성했다. 중국인민은행이 중앙은행의 기능을 행사하며 전국 금융업에 대해 거시적 조절통제와 감독을 진행한다. 중국공상은행과 중국은행, 중국농업은행, 중국건설은행 이 4개 은행은 국유상업은행이다. 동시에 중국농업발전은행과 국가개발은행, 중국수출입은행 등 3개 정책성 은행이 선후로 설립되었다. 1995년 중국은 《상업은행법》을 반포하고 상업은행체계와 조직기구 구성에 조건을 창조함과 동시에 국가전문은행이 국유상업은행으로 전환하는데 법률적 근거를 제공했다. 1996년부터 금융업기구체계가 점차 건전해졌고 국유독자상업은행은 화폐를 경영하는 현대금융기업으로 바뀌었으며 육속 120여 개 주식제 중소상업은행을 증설하고 구조 조정했으며 증권류와 보험류 금융기구를 한층 규범화하고 발전시켰다. 중국은행업감독관리위원회는 중국은행업계의 감독관리기구이다. 2003년 4월 28일, 중국은행업감독관리위원회가 정식 출범했다. 이 위원회는 은행업 금융기구감독관리에 관한 해당 규칙과 방법을 책임지고 제정하며 은행업 금융기구에 대해 현장과 원격 감독관리를 실시하고 불법행위를 조사 처리한다.

16. 증권 및 증권의 감독관리

　1990년과 1991년, 중국은 상해와 심천에 증권거래소를 설립했다. 20여 년간, 중국 자본시장은 융자루트를 확장하고 자본형성을 추진하며 자원배치를 최적화하고 시장 리스크를 분산하는 분야에서 대체할 수 없는 중요한 역할을 발휘했다. 또 실물경제의 양호하고 빠른 발전을 힘 있게 추진함으로써 중국 사회주의 시장경제체제의 중요한 구성부분이 되고 중국 경제 사회의 지속적이고 건전한 발전을 지지하는 중요한 플랫폼이 되었다.

　1998년 중국은 증권감독관리위원회를 설립했다. 전국 증권선물시장의 주관부서로서 증권감독관리위원회는 통일적인 증권선물감독관리체계를 세우고 규정에 따라 증권선물 감독관리기구에 대해 수직관리를 실시한다. 또한 증권선물업에 대한 감독관리를 강화하고 증권선물거래소와 상장회사, 증권선물경영기구, 증권투자펀드관리회사, 증권선물투자 자문기구, 증권선물 중개 업무에 종사하는 기타 기구에 대한 감독관리를 강화하며 정보발표의 질을 제고한다. 현재 중국 A주식시장에는 이미 2,500여 개의 상장회사가 있으며 주식 총 시가가 세계 3위를 차지한다. 국유주식통제회사 혹은 주식참여의 중요 기간기업은 대부분 상장회사가 되었고 국유자산 증가치 효과가 뚜렷하며 국유경제의 활력과 통제력, 영향력이 뚜렷하게 증강되었다. 차스닥 상장회사 중 민영기업이 80% 이상을 초과해 민영기업이 대중회사의 요구에 따라 현대기업제도를 구축하도록 추동했다. 자본시장 플랫폼을 빌어 경제의 향후 발전방향을 대표하는 대량의 과학기술형, 혁신형 기업들이 두각을 나타내 중국의 산업구조조정을 추동하고 자주혁신을 진행하는데 있어서 중요한 지지를 제공했다. 동시에 자본시장의 발전은 중국의 현대금융체계를 한층 보완해주었고 중국 경제 운행의 질과 효율을 제고시켰다. 자본시장의 구축과 발전은 중국 금융업이 현대 금융체계에로 전환하도록 추동했다. 자본시장이 사회자금을 모아 기업자본을 충실히 함으로써 국가 경제발전에 수조원의 장기자금을 모아주었고 중국 경제발전의 내적 동력을 증강했다.

17. 보험 및 보험 감독관리

중국 보험업은 20여 년간 답보상태에 있다가 1980년에 회복되기 시작했다. 1981년 중국인민보험회사는 정부의 한 부처에서 전문회사로 독립했고 동시에 본사에서 성, 자치구, 직할시 자회사와 현 자회사에 이르는 체계를 형성했다. 1988년 연해지역을 주요한 활동지역으로 하는 평안(平安)보험회사와 태평양(太平洋)보험회사가 창립되었다. 1996년 중국인민보험회사는 관리체제와 경영방식을 전환하고 현대기업제도를 수립하고 국제시장과 접목하는 등 여러면에서 중요한 발걸음을 내디뎠다. 1985년《보험법》의 반포와 1988년 중국보험감독관리위원회의 설립은 보험시장의 운행에 법률적 근거와 운행규칙을 제공했다. 보험업은 국민경제에서 성장이 가장 빠른 업종의 하나이다. 2012년 말까지 중국의 보험회사는 110개에 달했다. 그중 외자회사가 43개로 2002년 말의 22개에서 21개 늘었고 전년 보험회사의 기존 보험료 수입이 인민폐 1조 5,488억 원으로 그 전해에 비해 8.0% 성장했다. 거대한 잠재력를 가진 중국은 대외에 완전 개방한 시장으로서 국제보험자본이 주목하는 시장이며 많은 국제 유명 보험기업들이 이미 중국에서의 업무발전을 중요한 전략으로 배치하고 있다. 중국보험업은 이미 고속발전기에 접어들었고 보험업의 경영방식도 다원화되고 있다.

18. 인민폐와 외화관리

인민폐는 중국의 공식 화폐이며 중국인민은행에서 통일적으로 발행하고 관리한다. 인민폐 환율은 중국인민은행이 정하고 국가외화관리국에서 대외에 발표한다. 중국은 외화에 대한 통일적인 경영을 실시하고 국가외화관리국에서 외화에 대한 관리직권을 행사한다. 2005년 7월에 가동된 인민폐 환율 형성체제개혁은 외화관리체제의 개혁심화에 새로운 활력을 부여했다. 기업과 개인의 외화 소지와 사용정책이 더욱 편리해지고 외환시장이 빠르게 발전했다. 동시에 외환관리방식이 외화유출을 중점적으로 관리하던 데로부터 유출과 유입의 균형적인 관리에로 전환했으며 자본유동의 양방향 균형관리제도의 틀을 점차 구축했다. 2012년 말까지 중국의 외환보유액은 3조 3,116만 달러에 달해 그 전해 말보다 1,304억 달러 증가했다. 2012년 말 달러 대 인민폐 환율은 1달러 대 6.2855원에 달해 그 전해 말보다 0.25% 평가 절상했다. 인민폐 환율의 탄력이 뚜렷하게 증강되고 인민폐 환율의 기대치가 총체적으로 평온해졌다.

19. 주민소득과 소비

  60년 전과 비교해 볼 때 중국인들의 생활에는 천지개벽의 변화가 일어났으며 20여 년 전과 비교해도 그 변화가 크다. 국민들의 소득이 부단히 늘어나고 개인자산이 지속적으로 증가했다. 주택, 자가용승용차, 컴퓨터, 주식, 출국관광은 이미 주민들의 일상생활에서 투자 혹은 소비의 주요한 내용으로 되었다. 1979년 이후의 30여 년은 중국의 경제발전이 가장 빠르고 주민 소득성장이 가장 많은 시기였다. 통계에 따르면 농촌 주민들의 일인당 소득은 인민폐로 1978년의 134원에서 2012년의 7,917원으로 증가해 연평균 실제 성장률이 7.0%에 달했다. 하지만 도시 주민들의 일인당 가처분 소득은 343원에서 24,565원으로 증가해 연평균 실제 성장률이 10%에 달했다.

  주민 소비구조에도 큰 변화가 나타났다. 주민들의 전반 소비지출에서 기본 생존수요를 반영하는 식품과 의류, 생필품 지출이 차지하는 비중이 대폭 줄어든 반면 경제성장수준과 소비의 수요를 반영하는 주택, 교통통신, 의료보건, 문화교육오락, 레저관광 등 분야의 지출이 차지하는 비중이 신속히 상승하여 생활의 질이 한층 제고되었다.

20. 사회보장

1] 양로보험

최근 연간 중국의 기본양로보험의 보급범위가 부단히 확대되어 주로 국유기업, 집체기업에 집중되던 데로부터 여러 유형의 기업과 기업화 관리를 하는 사업단위에로 확대되었으며 비국유기업 종업원의 권익도 담보되었다. 2012년 말까지 중국의 도시 종업원 기본양로보험 가입자 수는 3억 379만 명으로 그 전해 말보다 1,988만 명 늘었다. 그중 보험에 가입한 종업원 수는 2억 2,978만 명, 보험에 가입한 퇴직인원 수는 7,401만 명에 달했다. 전국적으로 도시주민 사회양로보험 가입자 수는 4억 8,370만 명으로 1억 5,187만 명 늘었다. 그중 보험 향수자 수가 1억 3,075만 명에 달했다.

2] 의료보험

기본의료보험은 이미 도시의 여러 유형의 기업과 사업단위, 국가기관과 사회단체에 보급되어 중국에서 보급 범위가 가장 넓은 사회보험제도의 하나가 되었다. 2012년 중국의 의료, 보건, 방역 등 위생기구는 95만 4,389개, 병상수는 516만 개로 늘었다. 북경, 상해, 천진, 중경 등 대도시에는 종양, 심뇌혈관, 안과, 치과, 중의 및 전염병 등을 치료하는 수준 높은 각종 전문 병원과 많은 종합병원이 있다. 각 성, 자치구의 중등도시에는 현대화시설이 구전한 종합병원 혹은 전문병원이 있다. 현재 현, 향, 촌 3급 의료예방 보건망이 광범위한 농촌에서 일정한 기반을 갖추었고 전국에 지역별 의료보건기구는 91만 8,000여 개에 달한다. 2012년 말 중국의 도시 기본의료보험 가입자 수는 5억 3,589만 명에 달해 6,246만 명 증가했다. 한편 도시 기본의료보험에 참가한 농민노동자 수는 4,996만 명으로 355만 명 늘었다.

3) 실업보험

중국은 인구가 많고 취업 압력이 크다. 취업 압력을 완화하기 위해 중국정부는 1993년부터 노무시장 정책을 실행하고 취업 방도를 널리 확대했다. 특히 최근 연간 산업구조 조정으로 국유기업 종업원의 정리해고 현상이 나타난데 비추어 중국정부는 재취업 공정을 실시했다. 1998년부터 국유기업 정리해고자 3,000여 만 명이 선후로 여러 가지 루트와 방식을 통해 재취업을 실현했다. 2012년 말 도시의 등록실업률은 4.1%였다. 한편 여러 유형의 사업단위들이 실시한 실업보험제도는 노동력의 합리한 유동과 노동력 통일시장의 형성을 추진했다. 2012년 말까지 전국적으로 실업보험 가입자 수는 1억 5,225만 명에 달해 그 전해보다 908만 명 늘었다.

4) 최저 생활보장

최저 생활보장이란 가정의 일인당 소득이 현지 정부가 공시한 최저생계비보다 낮은 주민에 대해 중국정부가 일정한 현금원조를 제공함으로써 저소득층이 기본적인 생활을 보장받도록 필요한 급여를 제공해주는 제도이다. 최저 생활보장기준선은 빈곤선이라고도 한다. 다년간의 노력을 거쳐 중국의 최저 생활보장은 역사적인 성과를 이룩했다. 전국의 도시와 농촌 저소득층은 기본상 7,500만 명 정도이다.

제4장

외교

1. 외교개관

1949년 중화인민공화국 건국 후 중국의 외교관계는 새로운 지평을 열었다.

1949년부터 1950년대 말까지 중국은 소련을 비롯한 사회주의국가들과 수교하고 우호협력관계를 발전시켰다. 1955년 인도네시아 반둥에서 아시아·아프리카회의가 열린 후 일부 아시아, 아프리카 나라들이 중국과 수교했다. 1956년 중국과 수교한 나라는 25개로 늘었다.

1950년대 후반부터 60년대 말까지 중국은 선후로 기니, 가나, 말리, 콩고, 탄자니아 등 나라들과 우호조약과 경제기술협력 협정을 체결했고 앙골라, 기니비사우, 모잠비크, 짐바브웨, 나미비아 등 국가들의 독립무장투쟁과 남아프리카공화국 인민들의 백인인종주의 반대투쟁을 지지했다. 또한 선후로 미얀마, 네팔, 몽골, 아프가니스탄과 역사적으로 남아 내려오던 국경문제를 해결하고 국경조약을 체결했으며 파키스탄과는 중국 신강과 파키스탄 실제 통제지역 간의 국경협정을 체결했다. 1969년에 이르러 중국과 수교한 나라는 50개에 달했다.

중화인민공화국 외교의 중요한 전환점은 1971년 10월이다. 당시 많은 개도국들의 지지하에 제26차 유엔총회는 압도적인 다수표로 2758호 결의를 통과하고 유엔에서의 중화인민공화국의 모든 합법적 권리를 회복했으며 즉석에서 국민당집단의 대표를 유엔 및 그 모든 기구로부터 축출했다. 그 후 중국은 절대다수 서방 국가들과 외교관

계를 수립했다. 따라서 세 번째 수교 고봉기가 나타났다.

1970년대 말부터 80년대 말까지 등소평(鄧小平) 외교사상의 지도하에 중국은 미국, 일본, 서유럽과의 정상적인 관계를 발전시켰고 소련과의 관계를 개선했으며 제3세계 국가들과의 관계를 전면적으로 발전시켰다. 또한 주변국과 많은 개도국들과의 관계를 개선, 발전시켰다. 홍콩문제와 마카오문제를 타당하게 해결하기 위해 중국은 영국, 포르투갈과 외교 담판을 거쳐 상술한 두 나라와 1984년 12월과 1987년 4월에 각기 공동성명을 발표했으며 중화인민공화국정부가 1997년 7월 1일과 1999년 12월 20일에 각기 홍콩과 마카오에 대한 주권행사를 회복한다고 확인했다.

지난 세기 90년대부터 강택민(江澤民)을 핵심으로 한 중국 제3세대 지도집단은 등소평의 외교사상과 독립자주적인 외교정책을 계승하고 창조적으로 관철하여 평화공존 다섯 가지 기본 원칙을 기초로 세계 여러 나라들과 우호협력관계발전을 적극 모색하면서 새로운 국제 정치와 경제 질서의 수립을 공동으로 추진했다. 이 시기 인도네시아와의 외교관계를 회복했고 싱가포르, 브루나이, 한국과 수교하고 베트남, 몽골과 관계정상화를 실현했다.

1996년, 강택민 주석이 남아시아 3개국을 방문했다. 방문기간 협상을 통해 중국과 인도는 21세기를 지향하는 건설적 동반자관계를 구축하고 중국과 파키스탄은 21세기를 지향하는 전면 협력 동반자관계를 구축했으며 중국과 네팔은 세대 우호 선린 동반자관계를 구축하기로 확정했다. 중국은 아시아, 아프리카, 라틴아메리카와 동유럽, 중유럽 나라들과의 관계를 적극 발전시켰다. 사하라 이남의 아프리카 국가들과의 관계를 한층 돈독히 하고 강화했다. 중국은 라틴아메리카 나라들과의 관계를 끊임없이 발전시켰다. 중국과 수교한 라틴아메리카 나라는 19개로 늘었다. 중국과 수교하지 않은 일부 나라들도 중국과의 수교를 고려하기 시작했다.

새로운 세기에 들어선 세계는 여전히 평화와 발전을 주제로 한다. 중국은 세계 각국과 함께 '조화로운 세계'를 건설하려는 소망을 전했다. 2005년 9월, 호금도(胡錦濤) 국가주석은 유엔 본부에서 발표한 연설에서 '조화로운 세계'의 깊은 함의를 전면적으로 논술했다.

중국은 조선반도 핵문제에 적극 대응하기 위해 조선반도 핵문제 6자회담을 추진하고 회담에 참여했다. 2003년 4월 베이징에서 개최된 중국, 조선, 미국 3자회담을 시작으로 2003년 8월에 있은 중국, 조선, 미국, 한국, 러시아, 일본이 참가한 제1차 6자회담, 2007년 7월에 있은 제6차 6자회담에 이르기까지 중국은 주변국과의 '선린 친선' 외교 방침을 계속 견지하고 다자 및 양자 등 채널을 통해 주변국과의 선린친선과 호혜협력을 강화했다. 중국은 상해협력기구(The Shanghai Cooperation Organization)의 회원국으로서 이 기구의 체제 건설을 적극 추진하고 안보, 경제무역 등 영역에서 여러 회원국들과의 협력을 확대 심화했다.

중국은 러시아와의 관계 발전을 중요시한다. 2001년, 중국과 러시아 양국 정상이 《중러 선린우호협력조약》을 체결해 양자관계가 중요한 진전을 이룩했다. 중국과 러시아는 또 다극화 세계를 추진하고 국제 사무에서 유엔의 주도적 역할을 수호하며 새로운 국제 정치 경제 질서를 수립하는 등 분야에서 긴밀히 소통하고 상호 협조하고 있다. 또한 일부 중대한 국제 및 지역 문제에서 상호 협력하면서 지역과 세계 평화와 안정을 수호했다.

중국이 아세안 '10+1', '10+3', 동아시아정상회의 등 행사에 적극 참가함에 따라 중국과 아세안 나라들과의 관계는 전면적이고 심도 있게 발전하는 양호한 추세가 나타났다. 중국은 또 아프리카 나라를 포함한 많은 개발도상국과 우호협력 관계를 강화, 발전시켰다. 중국이 창도한 '중국−아프리카 포럼'의 개최와 더불어 중국과 아프리카 국가 간 관계가 새로운 단계로 격상했다.

중미 관계가 이 시기 안정적으로 발전했고 양국은 신형의 대국관계 건설을 모색하기 시작했다. 중미 양국은 고위층 상호 방문이 이어졌고 대 테러 영역에서의 협상과 협력이 점차 강화되었으며 양자 경제무역 관계도 신속히 발전했다. 2013년 6월 7일부터 8일까지 습근평(習近平) 중국 국가 주석은 미국 캘리포니아주 서니랜즈 애넌버그 별장에서 버락 오바마 미국 대통령과 회담을 가졌다. 회담에서 양국 정상은 신형의 중미 대국관계 구축에 대해 논의했고 중미 관계의 미래 발전 방향을 제시한 한편 미래 청사진을 구상하고 '태평양을 뛰어넘는 협력'의 새로운 장을 열었다.

새 세기에 진입한 후 세계적 범위의 문제가 끊임없이 나타나고 있고 국부적이고 지역적인 문제도 전반 국면과 세계에 자주 영향을 미치고 있다. 중국은 여러 영역에서 세계적인 측면과 지역적 측면의 다자 외교에 전면 참여했다. 중국은 유엔, G20정상회담, 다보스 세계경제포럼, 아시아태평양경제협력체(APEC), 브릭스(BRICs)회의 등 국제무대에서 활약하는 한편 조화로운 세계를 건설하기 위해 계속 노력하고 있다.

2. 중국의 외교정책

중국은 독립자주적인 평화적 외교정책을 확고하게 실시한다. 이 정책의 기본 목표는 중국의 독립과 주권, 영토완정을 수호하며 중국의 개혁개방과 현대화 건설을 위해 양호한 국제환경을 조성하고 세계 평화를 수호하고 공동 발전을 이룩하는 것이다.

그 주요내용은 다음과 같다.

시종 독립자주적인 원칙을 고수하여 그 어느 대국이나 국가와도 동맹을 결성하지 않고 군사집단을 형성하지 않으며 군비경쟁에 참가하지 않고 군사적 확장도 하지 않는다.

패권주의를 반대하고 세계평화를 수호한다. 나라가 크든 작든, 국력이 강하든 약하든, 가난하든 부유하든지를 막론하고 모든 나라는 국제사회의 평등한 일원임을 주장한다. 나라들 간 분쟁과 의견 상이는 협상을 거쳐 평화적으로 해결해야 하며 무력을 행사하거나 무력으로 상호 위협하지 말아야 하며 어떠한 구실로든지 타국의 내정에 간섭하지 말아야 한다.

공정하고 합리한 새로운 국제 정치 경제 질서의 수립을 적극 추동한다. 평화공존의 다섯 가지 원칙과 기타 공인하는 국제관계 준칙은 응당 새로운 국제 정치 경제 질서 수립의 기초로 되어야 한다.

주권과 영토완정에 대한 상호 존중, 상호 불가침, 내정에 대한 상호 불간섭, 평등호혜, 평화공존 이 다섯 가지 원칙에 기초하여 모든 나라들과 우호협력관계를 수립하고 발전시킬 의향이 있다.

전방위적인 대외개방정책을 실시하며 평등호혜의 원칙에 기초하여 세계 각국, 각 지역과 무역왕래와 경제기술협력, 과학문화교류를 광범위하게 전개하여 공동번영을 추진한다.

다자간 외교활동에 적극적으로 참여하는 것은 세계평화와 지역안정을 수호하는 확고한 역량이다.

중화인민공화국 건국 60여 년간 중국의 외교정책은 보강과 발전, 조정을 거쳐 더욱 완벽해졌으며 중국 특색의 외교풍격을 형성했다.

새 세기에 들어선 후 중국은 국제관계에서 시종 평등과 상호 신뢰, 포용과 상호 참조, 협력과 상생의 정신을 고양하고 국제 공평 및 정의를 수호해 왔다. 중국은 계속해 평화, 발전, 협력, 상생을 지향하고 세계 평화를 수호하고 공동 발전을 추진하기 위해 확고하게 진력할 것이다. 또한 시종일관하게 평화발전의 길을 걷고 독립자주의 평화외교정책을 확고하게 실시할 것이다. 앞으로 시종일관하게 호혜상생의 개방 전략을 실행하고 협력을 심화해 세계경제의 강력하고 지속적이며 균형적인 성장을 촉진할 것이다.

중국은 평화공존 다섯 가지 원칙을 기반으로 각국과 우호협력 관계를 전면적으로 발전시키고 있다. 중국은 선진국과의 관계를 개선, 발전시켜 협력 영역을 넓히고 의견 상이를 타당하게 처리함으로써 장기적이고 안정적이며 건전하게 발전하는 신형의 대국관계를 구축할 것이다. 또한 중국은 주변국과 우호관계와 동반자 관계를 유지하고 선린우호관계를 공고히 하며 호혜협력을 강화해 자체 발전이 주변국에 더 큰 도움이 될 수 있도록 노력할 것이다. 중국은 또 개도국들과의 단합 및 협력을 강화해 개도국의 정당한 권익을 공동으로 수호하고 국제 사무에서 개도국의 대표성 및 발언권 향상을 지지하며 영원히 개도국의 믿음직한 친구와 진정한 파트너가 될 것이다. 중국은 다자 사무에 적극 동참하고 유엔, 주요 20개국(G20), 상해협력기구, 브릭스국가 등이 적극적인 역할을 발휘하도록 지지하며 국제질서와 국제체계가 공정하고 합리한 방향으로 발전하도록 추진할 것이다. 중국은 공공외교와 인문교류를 착실히 추진하고 해외에서의 중국의 합법적 권익을 수호할 것이다. 중국은 각국 정당 및 정치조직과 우호적으로 왕래하고 인민대표대회, 정치협상회의, 지방, 민간단체의 대외 교류를 확대해 대외관계발전의 사회 기반을 공고히 할 것이다.

3. 중국과 국제기구

1) 아세안과 중국

아세안의 전신은 1961년 7월 31일에 설립된 동남아시아연합이다. 1967년 8월, 인도네시아, 태국, 싱가포르, 필리핀, 말레이시아 다섯 개 나라가 방콕에서 회의를 열고 《방콕선언》을 발표하여 동남아세아국가연합의 설립을 정식 선포했으며 약칭은 아세안이라고 했다. 그 후 말레이시아, 태국, 필리핀 세 나라가 쿠알라룸푸르에서 장관급회의를 열고 동남아시아국가연합으로 동남아시아연합을 대신하기로 결정했다.

성원

아세안에는 브루나이, 캄보디아, 인도네시아, 라오스, 말레이시아, 미얀마, 필리핀, 싱가포르, 태국, 베트남 등 10개국이 있다.

중국과의 관계

중국은 이미 모든 아세안 회원국과 외교관계를 설립하고 1996년에 아세안의 전면 대화동반자국이 되었다.

2000년 11월 25일, 제4차 중국-아세안 '10+1' 정상회의가 싱가포르에서 개최되었다. 당시 주용기 중국 총리가 처음으로 중국-아세안 자유무역구 건설에 관한 구상을 제기했다. 2002년 11월 4일 제6차 아세안과 중일한 '10+3' 정상회의와 제6차 중국과 아세안 '10+1' 정상회의가 캄보디아 수도 프놈펜에서 개최되었다. 회의는 《중국과 아세안 전면 경제협력 기본협의》를 체결하고 2010년까지 중국-아세안 자유무역구를 설립하기로 결정했다.

2003년 10월 제7차 중국과 아세안 '10+1' 정상회의가 인도네시아 발리섬에서 개최되었다. 중국정부는 《동남아 우호협력조약》에 가입한다고 선포함과 동시에 아세안과 '평화와 번영을 지향하는 전략동반자관계' 구축을 선포하는 공동선언을 체결했다.

2009년 8월, 중국과 아세안은 《중국과 아세안 자유무역구 투자협의》를 체결했다. 협의의 체결은 쌍방이 중국과 아세안 자유무역구 협의의 주요 담판을 성공적으로 완성했음을 의미한다. 2010년 1월 1일, 중국과 아세안 자유무역구가 정식으로 가동되었다. 이는 19억 인구가 혜택을 보고 6조 달러의 GDP가 창출되며 무역총액이 4조 5천억 달러에 달하고 개도국으로 구성된 최대 자유무역구이다.

2011년 7월, 양결지(楊潔篪) 중국 외교부장이 인도네시아 발리섬에서 열린 중국과 아세안 '10+1' 외교부장회의에 참석했다. 회의는 《남해 각 측 행동선언》실행 지도방침을 통과함으로써 《선언》의 진척을 추동하고 남해 실무협력을 추진하기 위한 길을 열었다.

2) 상해협력기구와 중국

2001년 6월, 중국, 러시아, 카자흐스탄, 키르기스스탄, 타지크스탄, 우즈베키스탄 6개국 정상이 상해 회동에서 《상해협력기구 설립 선언》에 서명하고 '상해 협력기구 5개국' 체제를 기반으로 새로운 지역다자협력기구인 상해협력기구를 설립한다고 선포하였다. 이 기구는 각 회원국들이 상호 신뢰와 선린친선을 강화하고 정치, 경제무역, 과학기술, 문화, 교육, 에너지, 교통, 환경보호 등 기타 영역에서 효과적인 협력을 진행하도록 권장하며 세계와 본 보장지역의 평화와 안전, 안정을 수호하기 위해 공동으로 진력함으로써 민주적이고 공정하며 합리한 새로운 국제 정치와 경제 질서를 구축하는데 그 취지가 있다. 회의 참가 각 측은 북경에 기구 사무국을 설립하기로 결정했다.

2002년 10월, 중국과 키르기스스탄은 상해협력기구 틀 내에서 대 테러 연합 군사훈련을 진행했다. 2003년 8월 상해협력기구 회원국은 첫 다자 대 테러 연합 군사훈련을 진행했으며 중국, 카자흐스탄, 키르기스스탄, 러시아, 타지키스탄 등 5개국 무장인원 약 1,300명이 훈련에 참가했다.

2004년 1월 상해협력기구 상설행정기구인 북경 사무국이 정식 가동되었다. 6월 17일, 호금도 주석이 상해협력기구 타슈켄트 정상회의에 참석해 중요한 연설을 발표했다. 9월

23일, 온가보 총리가 상해협력기구 회원국 총리 제3차 회의에 참석했고 6개국 총리가 비슈케크에서 11개 영역의 127개 프로젝트가 망라된 다자 경제무역협력요강 실시조치계획을 비준했다. 이는 상해협력기구가 안보와 경제무역을 중점으로 한 실무협력시기에 진입했음을 의미한다.

2007년 8월 16일, 호금도 주석이 비슈케크에서 상해협력기구 정상회의에 참석해 중요한 연설을 발표했으며 6개국 정상이《상해협력기구 회원국 장기 선린우호협력조약》을 체결했다. 2009년 6월 15일부터 16일까지 호금도 주석이 러시아 예카테린부르크에서 상해협력기구 정상회의에 참석해 중요한 연설을 발표했으며 6개국 정상은《대 테러공약》등 문서에 서명하고 회원국들의 반테러협력에 법적 기초를 마련했다. 2012년 6월 7일 상해협력기구 회원국 정상 이사회 제12차 회의(북경정상회의)가 인민대회당에서 열렸으며 호금도 주석이 의장국 정상으로서 회의를 주재했다. 회의에 참석한 각국 정상들은 회원국들의 친선협력 심화와 중대한 국제와 지역 문제와 관련해 심도 있게 견해를 나눔과 동시에 상해협력기구의 향후 발전을 계획하고 새로운 중요한 공통인식을 달성했다. 상해협력기구의 창시국이자 적극적인 추동자로서 중국 측은 이 기구 기본틀 내의 여러 가지 행사에 적극적으로 참가했으며 이 기구의 발전과 강화를 위해 많은 건설적인 주장과 원칙을 내놓음으로써 중요한 기여를 했다.

3) 유엔과 중국

1945년 4월 25일, 50여 개 나라 대표들이 미국 샌프란시스코에서 유엔국제기구회의를 열었고 6월 25일《유엔헌장》을 통과했다. 6월 26일 중국, 프랑스, 소련, 영국, 미국과 기타 다수 체약국들이 비준서를 교부한 후 헌장이 자동적으로 효력을 발생해 유엔이 정식으로 설립됐다. 1947년 유엔총회는 10월 24일을 유엔의 날로 정했다.

유엔의 취지는 국제 평화와 안전을 수호하고 각국 국민들의 평등권리 및 자주결정원칙에 기초한 국제간 우호관계를 발전시키며 국제적 협력을 진행해 국제간 경제, 사회, 문화와 인도주의 성격의 문제를 해결하며 전 인류의 인권과 기본 자유에 대한 존중을 촉진하는 것이다. 2002년 9월에 이르러 유엔 회원국은 191개, 그중 창시 회원국이 49개이다. 유엔 본부는 미국 뉴욕에 두고 스위스의 제네바, 오스트리아의 윈, 케냐의 나이로비, 태국의 방콕에 사무국을 설치했다.

1991년 11월 서울에서 진행된 APEC 제3차 장관급 회의에서 통과된 "서울선언"은 본 지역 국민들의 공동 이익을 위해 경제 성장과 발전을 유지하고 회원 간 경제의 상호 의존을 촉진하며 개방된 다자무역 체제를 강화하고 지역무역과 투자 장벽을 줄이는 APEC의 취지와 목표를 정식으로 확정하였다. 중국은 개도국이자 안보이사회 상임이사국으로서 국제사무에서 일관하게 원칙을 견지하고 정의를 주장했으며 유엔과 국제무대에서 중요하고 독특한 지위를 향유하고 있다. 현재 공정하고 합리한 국제 정치 경제 새질서를 구축하는데서 유엔이 어떤 역할을 발휘하는가 하는 것은 국제사회가 관심하는 초점이다. 새로운 국제 정치 경제 질서를 구축하고 평화를 수호하며 발전을 촉진하고 패권주의를 반대할 데 관한 중국의 주장과 다섯 개 상임이사국의 조율과 협력에 대한 강조는 세계 평화와 발전에 유리한 것이다.

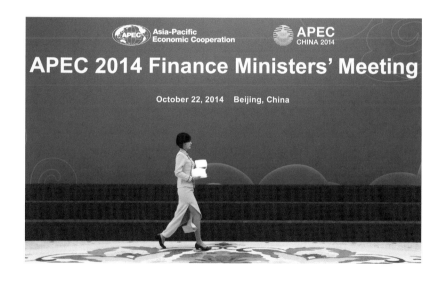

4) 아시아태평양경제협력체와 중국

1989년 1월 밥 호크 오스트레일리아 총리는 한국방문 중 제기한 《서울구상》에서 아시아태평양지역 장관급 회의를 소집해 경제협력을 강화할 문제를 논의할 것을 제안했다. 해당 국가와의 협상을 거쳐 오스트레일리아, 미국, 일본, 한국, 뉴질랜드, 캐나다 그리고 당시 아세안 6개 나리가 오스트레일리아 수도 캔버라에서 아시아태평양경제협력체 첫 장관급 회의를 열었다. 이때로부터 아시아태평양경제협력체(Asia-Pacific Economic Cooperation, 약칭APEC)가 공식 출범했다.

1991년 11월 서울에서 진행된 APEC 제3차 장관급 회의에서 통과된 《서울선언》은 본 지역 국민들의 공동 이익을 위해 경제 성장과 발전을 유지하고 회원 간 경제의 상호 의존을 촉진하며 개방된 다자무역체제를 강화하고 지역무역과 투자 장벽을 줄이는 APEC의 취지와 목표를 정식으로 확정하였다.

이 기구의 회원은 도합 21개이다.

중국과의 관계

중국은 1991년에 APEC에 가입한 이래 APEC의 여러 가지 활동에 적극 참가함으로써 중국의 개혁 개방에 양호한 외부적 환경을 마련했으며 중국과 APEC 해당 회원 간 양자관계의 발전을 힘 있게 추동했다. 1993년부터 중국 국가주석이 해마다 열리는 APEC지도자 비공식회의에 참석하고 회의에서 중국의 주장과 원칙적인 입장을 제기해 회의의 성공적인 개최에 적극적이고 건설적인 역할을 했다.

5) 세계무역기구와 중국

1986년 중국이 무역 및 관세에 관한 일반 협정 체결국 지위 회복을 제기한 이래 중국은 무역 및 관세에 관한 일반 협정(세계무역기구)에 가입하기 위해 끊임없는 노력을 경주했다. 2001년 1월부터 9월까지 WTO 중국실무팀은 4차례의 회의를 열고 중국의 WTO 가입 다자담판을 마치고 중국의 WTO 가입 법률서류를 통과했다. 그해 11월 9일부터 14일까지 WTO 제4차 각료회의가 카타르 수도 도하에서 개최되었다. 석광생(石廣生) 중국대외경제무역부 부장이 대표단을 인솔해 회의에 참석했으며 11일 중국은 가입의정서에 서명했다. 12월 19일과 20일, 중국은 WTO의 정식 회원 자격으로 WTO 일반이사회에 출석했다.

2002년 1월 1일, 중국 국무원 관세세칙위원회가 새로운 관세세칙을 발표 실시했다. 1월

22일, WTO 섬유감시기구(TMB)가 제86차 회의를 개최해 중국이 교부한 방직품과 의류 수입 과도성 보장조치를 보류할 데 관한 통지를 심의했으며 회의에 참석한 회원들이 이 통지에 이의를 표시하지 않았다. 2월 1일,《중화인민공화국 외자금융기관 관리조례》와《중화인민공화국 금융기관 관리조례》가 실시되었다. 2월 11일, 국무원이《외국투자자 투자방향지도규정》을 발표했고 2002년 4월 1일부터 실시했다. 6월 30일, WTO 주재 중국대표단이 미국, 캐나다, 일본, 유럽 등 23개 회원들에게 중국에 서비스무역 시장을 개방할 것을 WTO성원에 요구하는 서비스무역 가격제시서를 제기했다. 11월 1일,《대외무역장벽 조사 잠정규칙》이 실시되었다. 12월 10일 WTO 일반이사회가 중국에 대한 최종 심의를 마쳤다.

2004년 6월 1일《외국투자자 상업분야 투자관리방법》이 정식 실시되었다. 7월 1일,《대외무역법》수정본과《대외무역 경영자 등록접수방법》이 약속시간보다 반년 앞서 정식 실시되었다. 12월 11일, 중국은 외자가 기초 텔레콤 시장에 진입하는 것을 허용했으며 휘발유 판매시장을 외자에 개방했다. 2005년 1월 1일, 중국의 농산물 관세가 WTO 가입 전의 23.2%에서 WTO 가입 시 약속한 최저점인 15.35%로 하락했다. 동시에 중국은 수입 자동차 할당액 허가증제도를 취소하고 자동차제품에 대해 자동 수입 허가관리를 실시했다. 한편 수입자동차의 관세수준을 30%로 낮추었다. 이로써 중국은 WTO 가입 시에 한 비관세조치 취소 약속을 전부 이행했다. 2006년 11월, 수정된《중화인민공화국 외자은행 관리조례》가 발표돼 2006년 12월 11일부터 실시되었다. 따라서 외자은행이 국민대우를 받게 되었다.

2007년 11월 29일, 중국이 WTO에《(무역관련 지식재산권협정) 의정서 수정 비준서》를 정식으로 교부해 전매특허 약품을 제조하고 수출하는 권리를 획득했다. 12월 28일, 중국정부는 중국의 WTO 가입《정부구입협의(GPA)》신청서에 서명했다. 2008년 5월 21일부터 23일까지 WTO 대 중국 제2차 무역정책 심의가 스위스 제네바의 WTO 본부에서 열렸다. 2009년 9월 14일, 중국정부가 정식으로 중국 타이어 수입을 제한하는 미국의 세이프가드조치를 WTO 분쟁해결 절차에 제소했다. 2010년 1월 1일, 중국은 신선한 딸기 등 6개 세목 상품의 수입관세 인하를 통해 WTO 가입 시에 한 관세 양허 약속 의무를 전부 이행했다.

제5장

관광

1. 관광자원개관

중국은 국토가 광활하고 산천이 수려하며 문화가 찬란하다. 또한 서로 다른 풍속을 가진 많은 민족이 살고 있으며 특산물이 풍부하고 맛있는 요리는 해외에서도 그 명성이 높다. 중국의 관광자원은 더없이 풍부해 무한한 잠재력과 광활한 발전전망을 가지고 있다. 중국의 경제가 발전하고 개방이 심화됨에 따라 관광업은 경제발전의 새로운 성장점으로 부상했다. 현재 중국 각지의 관광명소가 지속적으로 늘어나고 관광인프라도 점차 보완되면서 중국을 여행하는 외국인들이 갈수록 많아지고 있다.

중국의 관광자원은 종류가 많고 유형이 다양하다. 지모경관으로 보아도 바다수면보다 155m 낮은 투루판(吐魯番)분지의 아이딩호(艾丁湖) 바닥으로부터 해발 8,848.13m의 세계 최고봉인 에베레스트에 이르기까지 절대적인 높이 차이가 9,003m이다. 이는 세계적으로 유일무이하다. 관광기후자원을 예로 보면 중국은 뚜렷한 입체적인 기후특징을 가지고 있다.

중국의 많은 명승고적 중 진시황병마용(秦始皇兵馬俑)과 청동차마(銅車馬)는 세계 제8대 기적으로 불린다. 해마다 수백만 명의 관광객이 병마용 박물관을 찾는다. 돈황막고굴(敦煌莫高窟)의 벽화는 공인된 세계 예술의 보물고이다. 세계적으로 유명한 만리장성은 중국을 찾는 외국인들이라면 누구든 한번은 볼 수 있기를 바라는 웅장한 경관이다.

2013년 6월 22일 현재 중국이 보유한 세계문화유산은 45곳이다. 그중 문화유산이 31곳, 자연유산이 10곳, 문화와 자연 이중유산이 4곳이다. 이런 세계적인 유산들에는 중국의 산수와 제전, 종유동굴이 있으며 또 사당, 전당, 석굴이 있을 뿐만 아니라 황실원림, 정교한 민가도 포함된다. 유산들에는 미학에 대한 중국인들의 독특한 심미관이 들어 있으며 중국인의 신앙과 정취가 담겨 있다.

▶ 상해 칠보고진의 옛거리(上海七寶古鎭老街)

이밖에 중국에는 56개 민족이 있는데 모든 민족들이 독특한 역사문화와 풍속습관을 가지고 있어 다채롭고 풍부한 인문경관을 형성하고 있다.

2. 중국유명자연경관

1) 계림(桂林)의 산수

중국 서남부의 광서장족(廣西壯族)자치구에 위치한 계림시(桂林市)는 기후가 온화하고 습윤하다. 겨울에 엄한이 없고 여름에 혹서가 없으며 사계절 녹음이 우거지고 연평균 기온이 19℃이다.

계림은 양호한 자연생태환경을 보유하고 있다. 지질학 연구에 의하면 약 3억 년 전에 계림은 원래 바다였는데 지각(地殼)운동으로 침적했던 석회암석이 상승해 육지로 되고 후에 풍화 및 용식의 작용으로 선인(仙人) 모양의 아름다운 산봉과 아늑하고 수려한 동굴, 신비하고 깊이를 알 수 없는 지하수를 형성하게 되었다. 이런 특수한 지모와 천태만상의 이강(漓江) 그리고 사람을 도취시키는 주변의 전원 경치는 국내외에 이름난 '산청(山靑), 수수(水秀), 동기(洞奇), 석미(石美)'(산이 푸르고 물이 맑고 동굴이 기이하며 돌이 아름다운)의 계림산수를 형성하면서 '계림산수 갑천하(桂林山水甲天下)'라는 미칭을 얻었다.

2천여 년의 역사가 있는 옛 도시 계림은 찬란하고 유구한 역사문화를 보유하고 있다. 현재 계림시에는 국가급, 자치구급, 시급 중점보호 문화재가 109곳 있다. 역대 문인들이 계림산수의 아름다움을 노래한 시와 불상들이 암석과 동굴에 가득한데 그중 '계해비림(桂海碑林)', '서산마애석각(西山摩崖石刻)' 등이 가장 유명하다. 계림시의 유명 명소로는 벽련봉(碧蓮峰), 칠성(七星)공원, 용승(龍勝)온천, 노적암(蘆笛岩), 상비산(象鼻山) 등이다.

현재 계림시에는 고급호텔 28개, 국제여행사 18개, 외국어통역 가

이드 1,000여 명이 있다. 최근 몇 년간에 걸쳐 계림시의 관광시설은 한층 보완되었는데 현재 국내외 대도시로 통하는 항공노선 40여 갈래가 있다.

2) 장백산

장백산은 중국 동북부의 길림성(吉林省)에 위치, 중국과 조선의 국경선을 상징하는 산이고 두만강(圖們江), 압록강(鴨綠江), 송화강(松花江) 3개 하천의 발원지이다. 일망무제한 수림의 바다, 그 속에서 서식하는 진귀한 동물들을 보유한 장백산은 일찍 1980년에 유엔 국제생물권보호구로 지정되었다. 현재 장백산은 중국국가 AAAAA급 풍경구이다.

장백산은 '관동제일산(關東第一山)'으로 불리고 또한 중국 동북 제1산의 미칭도 가진다. 역사적으로 장백산은 동북인들이 살아온 장소였고 또한 만족(滿族)의 발원지이기도 하다. 때문에 중국의 청(淸)왕조는 장백산을 '성지(聖地)'라 했다. 장백산은 관광명승지, 만족의 발원지, 조선족의 성산(聖山)으로 세상에 널리 알려졌다.

장백산은 주봉이 흰색의 부석으로 되어있고 사시장철 흰 눈으로 덮여있다 하여 지어진 이름이다. 장백산은 휴화산으로 사서의 기재에 의하면 기원 16세기 이후 세 차례 분출되었다고 한다. 장백산의 독특한 자연경관은 신기하고 수려하며 아름답기 그지없다. 이 산의 대표적인 명소로는 천지(天池), 봇나무숲(岳樺林), 지하산림, 미인송(美人松), 대협곡, 고산화원, 주봉, 온천, 흑풍구(黑風口), 부석림(浮石林) 등이다.

3) 중국의 유명 관광도시

중국은 국토가 광활하고 민족이 많으며 도시 건설도 각자의 특색을 가진다. 화북(華北)지역에 중국의 수도 북경(北京)이 있고 동부에는 중국의 경제중심지인 상해(上海), 서부에는 경치가 아름답고 민족특색이 뚜렷한 라싸(拉薩), 남부에는 사계절 봄과 같은 곤명(昆明) 등이 있다. 아름답고 화려한 수많은 도시들이 진주마냥 960만㎢의 중국 땅에서 빛을 발하고 있다.

중국에는 현재 전국 우수관광도시 칭호를 수여받은 도시가 도합 137개이며 그중에는 상해시, 북경시, 천진(天津)시, 중경(重慶)시, 심천(深圳)시, 항주(杭州)시, 대련(大連)시, 남경(南京)시, 하문(廈門)시, 광주(廣州)시, 성도(成都)시, 심양(沈陽)시, 청도(靑島)시, 녕파(寧波)시, 서안(西安)시, 하얼빈(哈爾賓)시, 제남(濟南)시, 장춘(長春)시, 라써시 등이 포함된다. 이밖에 하얼빈시, 길림(吉林)시, 정주(鄭州)시, 조경(肇慶)시, 류주(柳周)시, 청도시 등 수십 개 도시가 중국 역사문화 유명 도시로 선정되었다.

북경(北京)

북경은 중국의 수도이며 중국의 정치, 문화중심지이다. 화북(華北)평원의 북부에 위치한 북경은 이탈리아의 로마, 스페인의 마드리드와 같은 위도에 있다. 북경은 온대 대륙성 계절풍 기후로 겨울과 여름이 길고 봄과 가을이 짧고 건조하며 연평균 기온은 11.8°C이다.

북경의 도시 역사는 3,000년 전으로 거슬러 올라간다. 일찍 춘추전국(春秋戰國, 기원전 770년~기원전 221년)시기에 북경지역은 제후국의 도읍이었고 진(秦)과 한(漢), 삼국(三國)시기에 북경지역은 중국 북방의 주요 도시의 하나였다. 북경이 수도로 되기는 금나라(金)때부터였고 그 후의 원(元), 명(明), 청(淸)은 모두 북경을 수도로 정했는데 34명의 황제가 북경에서 천하를 호령하고 전국을 통치하였다.

중화인민공화국 건국 후 특히 중국에서 개혁개방정책을 실시한 30여 년간 북경은 날로 새로워졌으며 국제 대도시로 빠르게 탈바꿈했다. 오래된 역사와 현대화된 모습이 완벽하게 결합된 북경은 세계 곳곳의 관광객들의 발길을 끌고 있다. 최근에는 해마다 수백만 명의 해외 관광객과 수천만 명의 국내 관광객이 북경을 찾고 있다.

현재 북경의 관광 명소로는 자금성(紫禁城), 천단(天壇)공원, 명십삼릉(明十三陵), 이화원(頤和園), 팔달령(八達嶺)장성, 북해(北海)-경산(景山), 원명원(圓明園), 향산(香山), 중화민족원(中華民族園), 북경동물원, 북경식물원, 국가박물관, 중국미술관, 수도박물관 등이 있다. 2008년 북경올림픽 주경기장인 새둥지 경기장과 수립방(水立方, 워터큐브) 수영경기관도 관광객들의 필수 코스이다. 북경에 온 외국 관광객들은 또 후해(後海), 남라고항(南羅皷巷), 오도영(五道營) 등 곳에서 북경의 특색 있는 후통(골목)문화를 즐긴다.

서안(西安)

중국 섬서(陝西)성의 소재지 서안은 중국의 서북부에 위치, 중국의 서북지역과 내륙지역의 정치, 경제, 교통중심지이다.

서안시는 중국 6대 고도(서안, 낙양, 남경, 개봉, 항주, 북경) 중 도읍으로 존재한 시간이 가장 이르고 도읍으로 삼은 조대가 가장 많고 도읍사가 가장 긴 도시이다. 중국 역사에서 사학계가 공인하는 서주(西周), 진(秦), 서한(西漢), 전조(前趙), 전진(前秦), 후진(后秦), 서위(西魏), 북주(北周), 수(隋), 당(唐) 등 10개 조대가 서안에 도읍을 정했다.

세계 4대 고도인 서안은 이름난 관광명승지이다. '세계 8대 기적'으로 불리는 진시황병마용(秦始皇兵馬俑)이 바로 서안시 임동구(臨潼區)에 위치, 병마용 6,000여 점을 보유해 20세기 가장 위대한 발견으로 인정되었다. 이밖에 대안탑(大雁塔), 비림(碑林), 화청지(華淸池), 화산(華山) 등 풍경명소가 있다. 서안에는 특색 있는 음식이 아주 많다. 그중 양고기 떡국이 특히 유명한데 서안에 가면 꼭 먹어봐야 할 음식이다.

라싸(拉薩)

중국 티베트자치구 소재지 라싸는 면적이 29,052㎢이며 히말라야산 북쪽에 위치했다. 1년 사계절 맑은 날씨이며 강수량이 적고 겨울에 엄한이 없고 여름에 혹서가 없다. 고원 계절풍 반 가뭄 기후에 속하며 연평균 기온은 7.4℃, 강수량은 7~9월에 집중되고 연간 강수량은 500mm, 연간 일조시간은 3,000시간 이상으로 '햇빛의 도시(日光城)'로 불린다. 라싸는 공기가 맑고 햇빛이 찬란하며 낮이 따뜻하고 밤이 차서 더운 여름철에 좋은 피서명소이다.

라싸는 '세계의 지붕'으로 불리는 청해-티베트고원에 위치, 평균 해발이 3,600m이상으로 기압이 낮고 공기밀도가 작고 산소함량이 내지에 비해 평균 25%~30% 적다. 4~10월은 티베트 관광에 가장 적합한 계절이다.

티베트어에서 라싸는 선인이 거주하는 성지(聖地)라는 뜻이다. 라싸 시는 역사가 유구하며 짙은 종교적 분위기가 느껴진다. 라싸시의 주요 명소로는 대소사(大昭寺), 팔곽가(八廓街), 포탈라(布達拉)궁전 등이다.

3. 매력적인 중국의 소도시

　중국의 도시들은 유구한 역사를 보유하고 있다. 특히 백여 년의 역사를 자랑하는 완정하게 보전된 소도시는 아주 매력적이다. 예를 들어 운남(云南)의 여강(麗江)은 세계 문화유산에 등재되었다. 소도시의 역사와 문화, 소도시의 어제와 오늘은 많은 해내외 관광객들이 잇달아 소도시를 찾는 이유가 되었다. 하여 주장(周庄), 봉황옛성(鳳凰古城), 양삭(陽朔), 오진(烏鎮), 남심(南潯), 대리(大理) 등은 점차 국내외 관광객에게 알려지기 시작했다.

▶ 절강성 가흥시 수상장터(浙江省嘉興市, 水上集市)

1] 주장(周庄)

주장(周庄)진은 중국 동부의 강소(江蘇)성에 위치, 고도 소주(蘇州)와 38㎞ 떨어져 있다. 중국의 이름난 화가 오관중(吳冠中)은 일찍 글에서 '황산(黃山)은 중국 산수의 아름다움을 한몸에 모았고 주장은 중국 물의 고향의 아름다움을 한몸에 지녔다'고 묘사했고 해외 언론들은 주장을 '중국 제일의 물의 고향'이라고 부르고 있다.

주장 주변에는 등호(登湖), 백연호(白硯湖), 정산호(淀山湖), 남호(南湖)와 30여 갈래 하천이 있다. 주장의 모든 건물이 강을 따라 자리 잡았는데 깊숙한 뜰은 고색이 찬연하고 아늑하게 밝은 환경을 연출한다. 60% 이상의 민가가 명청(明淸)시기 건물인데 0.4㎢의 옛성에 약 100개의 고전정원과 60여 개의 벽돌조각문루가 있다. 주장에는 또 특색 있는 14개의 옛 다리도 있어 전형적인 강남의 '작은 다리(小橋), 흐르는 물(流水), 인가(人家)' 경관을 자랑한다.

주장의 주요 명소로는 전복사(全福寺), 징허도원(澄虛道院), 심청(沈廳), 부안교(富安橋), 미루(迷樓) 등이다.

2] 봉황고성(鳳凰古城)

봉황(鳳凰)진은 중국 중부의 호남(湖南)성 상서(湘西)투쟈족(土家族) 자치주에 위치, 뉴질랜드 작가 루이에리로부터 '중국의 가장 아름다운 소도시의 하나'로 묘사되었다. 봉황옛성(鳳凰古城)은 청나라(淸) 건륭(乾隆)제 기간에 건설, '호남서부의 명주'로 불리며 작은 도시 안에 그럴듯한 거리는 동서대가(東西大街) 하나밖에 없지만 이 거리는 녹색 회랑을 이루고 있다.

봉황옛성은 신구 두 도시구역으로 나뉜다. 구 도시는 산을 등지고 물가에 있는데 맑고 옅은 타강(沱江)이 도시를 가로 흘러 지나고 붉은 사암(砂岩)석으로 구성된 성이 강기슭에 솟아 있으며 남화산(南華山)이 성루(城樓)의 고유함을 돋보이게 한다. 성루는 청나라 때 축조한 것이다.

봉황옛성의 주요 명소로는 동령영휘(東嶺迎暉, 동쪽 산마루에서 보는 햇빛), 남화첩취(南華疊翠, 남쪽의 첩첩한 푸름), 산사신종(山寺晨鍾, 사찰의 아침 종소리), 용담어화(龍潭漁火, 용담

고기잡이배의 불빛), 기봉정수(奇峰挺秀, 우뚝 솟은 기이하고 아름다운 산봉), 난경초가(蘭徑樵
歌, 아늑한 산길에서 들리는 초부의 노래 소리), 범각회도(梵閣回濤, 불교 누각에서 들리는 파도소
리), 계교야월(溪橋夜月, 시냇물 위의 다리에서 보는 달) 등 8경이다.

▶ 봉황고성 타강에 위치한 투자족의 고상가옥(沱江河土家吊脚樓)

4. 중국요리개관

중국요리는 많은 유파가 있다. 그중 가장 영향력 있고 대표적이며 사회적으로 공인하는 요리로는 산동(魯), 사천(川), 광동(粤), 복건(閩), 소주(蘇), 절강(浙), 호남(湘), 안휘(徽) 요리이고 중국 '8대 요리'로 불린다.

한 가지 요리의 형성은 그 오랜 역사와 독특한 조리법과 연관된다. 또한 그 지역의 자연 지리, 기후 여건, 자원 특산물, 음식 습관 등의 영향도 받는다.

일부 사람들은 '8대 요리'를 의인화된 수법으로 이렇게 묘사한다. 소주요리와 절강요리는 청순하고 아름다운 강남의 미인이고 산동요리와 안휘 요리는 소박한 북방의 사나이이며 광동요리와 복건요리는 우아한 귀공자이고 사천요리와 호남요리는 내적 함의가 풍부하고 충실하며 재능이 넘치는 명인이다.

중국 8대 요리

사천요리(四川)

유파 : 성도(成都), 중경(重慶) 두 개 유파가 있다

특징 : 맛 종류가 많고 다양하며 강한 맛과 짙은 맛으로 우명하다.

유명요리 : 궁폭계정(宮爆鷄丁, 기름에 볶은 닭고기 요리), 일품웅장(一品熊掌, 상등 곰 발바닥 요리), 어향육사(魚香肉絲, 실 모양의 돼지고기 볶음), 간소어시(干燒魚翅, 즙 없는 상어 지느러미 요리), 향랄초해(香辣炒蟹, 매운 맛의 게 볶음)

▶ 샤천의 샤브샤브 요리

산동요리(山東)

유파: 제남(濟南)과 교동(膠東) 두 지방의 요리로 구성되었다.

특징: 맛이 짙고 파와 마늘을 많이 쓰며 특히 해산물과 국, 동물 내장 요리에 능하다.

유명요리: 유폭대합(油爆大蛤, 기름에 볶은 대합), 홍소해라(紅燒海螺, 바다소라 요리), 탕초
리어(糖醋鯉漁, 설탕과 식초를 넣어 볶은 잉어 요리)

강소요리(江蘇)

유파: 양주(陽州), 소주(蘇州), 남경(南京)의 지방 요리가 발전하여 형성된 요리이다.

특징: 요리법은 약한 불에 뜸을 들이고 오래 삶는 것으로 유명, 수프를 중시하고 원 맛을
살린다.

유명요리: 계탕자간사(鷄湯煮干絲, 닭고기 수프에 삶은 요리), 수정효제(水晶肴蹄, 투명한 돼
지족발 요리), 청돈해분사자두(淸燉蟹粉獅子頭, 맑은 수프의 게살 고기완자 요리)

절강요리(浙江)

유파: 항주(杭州), 녕파(寧波), 소흥(紹興) 등의 지방 요리로 구성, 그중 항주요리가 가장
유명하다.

특징: 맛이 연하고 부드럽고 매끄럽고 담백하며 느끼하지 않다.

유명요리: 용정하인(龍井蝦仁, 새우살 요리), 규화계(叫花鷄, 흙에 싸서 불에 구운 닭 요리), 서
호초어(西湖醋魚, 생선 요리)

광동요리(廣東)

유파: 광주(廣州), 조주(潮州), 동강(東江) 세 개 유파, 광주요리가 대표적이다.

특징: 굽고 튀기고 삶는 등 조리법이 특징적이다. 맛은 시원하고 담백하며 바삭바삭하고
신선하다.

유명요리: 삼사용호봉대회(三蛇容虎鳳大會), 소유저(燒乳猪, 새끼 돼지 요리), 고로육(古老
肉)

호남요리(湖南)

특징: 향기로운 매운맛, 얼얼한 매운맛, 신맛, 매운맛, 싱싱한 맛을 중시하고 특히 시고 매운맛이 많다.

유명요리: 빙탕상련(氷糖湘蓮), 홍외어시(紅煨魚翅, 상어 지느러미 요리)

복건요리(福建)

유파: 복주(福州), 천주(泉州), 하문(廈門) 등지에서 발전, 복주요리가 대표이다.

특징: 해산물 위주의 재료로 달고 시고 짠맛을 중시하며 색상이 보기 좋고 맛이 싱싱하다.

유명요리: 설화계(雪花鷄, 닭고기 요리), 길즙가길어(桔汁加吉魚, 귤즙 참돔 요리), 태극명하(太極明蝦, 새우 요리), 간소어(干燒魚, 생선 요리)

안휘요리(安徽)

유파: 안휘 남부, 장강(長江) 일대와 회하(淮河) 일대의 지방 요리로 구성, 안휘 남부 요리가 대표이다.

특징: 소시지 맛의 조미료를 사용하고 얼음사탕으로 맛을 내며 볶음과 삶은 것에 능하며 불의 강약을 중시한다.

유명요리: 호로압자(葫蘆鴨子, 오리 요리), 부리집소계(符離集燒鷄, 닭고기 요리)

5. 중국여행비자 주의사항

중국여행의 첫 절차로 비자가 아주 중요하다. 외국인이 중국을 관광하려면 외국 주재 중국 대사관 및 영사관에 관광비자를 신청해야 한다. 2013년 9월부터 실시한 최신 규정에 따르면 중국의 일반 비자는 C, D, F, L, G, J, M, R, Q, S, X, Z 등 12가지로 나뉘며 각기 거주, 취업, 유학, 방문, 여행, 과경(過境), 승무, 기자, 친지방문 등 사안에 해당한다. 그중 L비자는 입경 관광비자이며 단체형식의 입경 관광비자는 '단체L'비자이다.

9명 이상의 단체를 묶어 중국을 관광할 경우 단체 관광비자를 신청할 수 있다. 심천(深圳), 주해(珠海), 하문(廈門) 경제특구를 방문하는 외국인은 상술한 통상구의 비자발급 기구에 가서 직접 '특구 관광비자'를 신청할 수 있다. 해남(海南)성 관광의 경우 체류기한이 15일을 초과하지 않는 관광객은 임시로 해구(海口) 혹은 삼아(三亞) 통상구에서 입국 비자를 받을 수 있다. 홍콩 체류 외국인들이 단체로 심천특구를 관광할 경우 72시간 내에는 입국 비자를 신청할 필요가 없다.

현재 티베트자치구의 교통과 관광 기반시설, 유치능력에 비추어 티베트로 관광할 때는 티베트 입경 확인서 수속을 밟아야 한다. 해외 관광단체가 티베트에 올 경우 티베트자치구 국제여행사의 티베트 입경 확인 수속절차를 거쳐야 한다. 신청수속은 약 10~14일이 걸린다. 티베트에 온 외국 관광객 또는 등산객은 모두 자국에서 발급한 여권과 외국 주재 중국 영사관에서 발급한 비자를 소지해야 한다. 하지만 중국과 무비자협정을 체결한 나라의 관광객은 예외이다.

또 미국, 캐나다, 러시아 등 45개 나라의 제3국 비자와 항공티켓을 소지한 외국인은 북경, 상해, 광주, 성도 등 도시에서 72시간 무비자 체류가 가능하며 무비자기간 지정 행정구역 내에서 활동할 수 있다.

비자에 기재된 중국 체류기한 내에 중국을 여행할 수 있으며 체류기한 만기 뒤에도 여행을 계속할 경우 현지 공안기관에 가서 중국 체류기한 연장을 신청해야 한다. 여행이 끝난 뒤 비자 유효기간 내에 외국인에 개방한 국제통상구의 국경검사기관의 검사를 거친 뒤 출경한다.

유념해야 할 것은 중국 최신 법률 규정에 따라 비자와 체류증명의 최장 체류기간은 180일을 초과하지 않으며 취업류 거주증명과 비취업류 거주증명의 유효 기간은 가장 짧아서 각기 90일과 180일이고 최장 5년이다.

6. 중국서 화폐 사용 시 주의사항

1) 중국 화폐

인민폐(人民幣)라고 하는 중국 화폐는 중국인민은행이 발행한다. 인민폐 단위는 원(元), 보조 화폐는 각(角)과 분(分)이다. 1원은 10각이고 1각은 10분이다. 원은 액면가 1, 2, 5, 10, 50, 100원짜리가 있고 각의 액면가치는 1, 2, 5각이 있으며 분의 액면가치는 1, 2, 5분이 있다. 인민폐 약어와 부호는 RMB¥이다.

2) 외화태환

중국에서 현재 태환이 가능한 화폐로는 파운드, 유로, 달러, 스위스 프랑, 싱가포르 달러, 스웨덴 크로네, 노르웨이 크로네, 일본 엔, 덴마크 크로네, 캐나다 달러, 호주 달러, 필리핀 페소, 태국 바트, 한국 원 그리고 홍콩 달러, 마카오 달러, 대만 원 등 17가지 화폐이다. 이밖에 일부 중국은행에서 한화, 루블, 인도네시아 루피 등 외화 태환 업무를 본다.

중국의 현행 외환관리법령의 규정에 따라 중화인민공화국 경내에서 외화유통을 금지, 외화로 정산이 불가능하다. 중국 관광 외국 손님과 홍콩, 마카오, 대만 동포들의 화폐사용에 편리를 주기 위하여 중국은행(Bank Of China) 및 기타 외화 지정은행은 외화 여행자 수표, 외국 신용카드의 인민폐 태환 업무를 접수, 처리하는 외 20종 외화 현찰과 대만 새 화폐의 태환 업무도 처리한다. 이밖에 사용자 편의를 위하여 은행 외 일부 호텔 혹은 백화점들에서도 외화의 인민폐 태환 업무가 가능하다. 태환 후 사용하지 않은 인민폐는 출국 시 6개월 내에 유효한 외화 태환 문서에 근거하여 외화로 태환하여 출국할수 있다.

3) 중국에서 대행하는 외국 신용카드

현재 중국에서 대행하는 외국 신용카드로는 주로 마스터 카드(Master Card), 비자 카드(Vise Card), 아메리칸 엑스프레스 카드(American Express Card), JCB 카드, 다이너스 카드(Diners Card)이다.

제6장

민족과 종교

1. 중국민족 개관

중국은 통일된 다민족국가이며 또한 세계적으로 인구가 제일 많은 나라이기도 하다. 현재 중국에는 13.54억 인구에 총 56개 민족이 있다.

중국 민족에는 한족(漢族), 몽골족(蒙古族), 회족(回族), 티베트족(藏族), 위구르족(維吾爾

族), 묘족(苗族), 이족(彝族), 장족(壯族), 부이족(布依族), 조선족(朝鮮族), 만족(滿族), 뚱족(侗族), 요족(瑤族), 바이족(白族), 투쟈족(土家族), 하니족(哈尼族), 카자흐족(哈薩克族), 따이족(傣族), 리족(黎族), 리수족(傈僳族), 와족(佤族), 써족(畲族), 고산족(高山族), 라후족(拉祜族), 수이족(水族), 둥샹족(東鄕族), 나시족(納西族), 징퍼족(景頗族), 키르기스족(柯爾克孜族), 투족(土族), 다우르족(達翰爾族), 머로족(仫佬族), 챵족(羌族), 부랑족(布朗族), 쌀라족(撒拉族), 모난족(毛南族), 거로족(仡佬族), 시버족(錫伯族), 아창족(阿昌族), 푸미족(普米族), 타지크족(塔吉克族), 누족(怒族), 우즈베키족(烏孜別克族), 러시아족(俄羅斯族), 어원커족(鄂溫克族), 더앙족(德昂族), 보안족(保安族), 위구족(裕固族), 징족(京族), 타타르족(塔塔爾族), 더룽족(獨龍族), 오로천족(鄂倫春族), 허저족(赫哲族), 몬바족(門巴族), 로바족(珞巴族), 지노족(基諾族)이 망라된다. 이밖에 중국에는 아직 민족이 식별되지 않은 소수의 인구가 있다.

한족이 총인구의 91.5%를 차지하며 소수민족 인구가 8.5% 정도이다. 한족 외의 55개 민족은 상대적으로 한족보다 인구수가 적기 때문에 습관적으로 '소수민족'이라 부른다. 소수민족은 주로 중국의 서북, 서남, 동북 등 지역에 분포되어 있다.

오랜 역사 발전과정에서 중국 각 민족은 점차 한족을 주체로 한 대 잡거(大雜居), 소 집거(小集居)의 분포를 형성했다. 다년간 56개 민족은 960만㎢의 국토에서 함께 노동하고 생활하면서 중국의 유구한 역사와 찬란한 문화를 창조했다.

2. 인구 5백만 이상의 민족

2010년 제6차 중국인구보편조사수치에 따르면 인구 500만 명 이상의 민족은 한족, 장족, 회족, 만족, 위구르족, 묘족, 이족, 투쟈족, 티베트족, 몽골족 등 10개 민족이다.

1) 한족(漢族)

한족은 중국 56개 민족 중 인구가 제일 많은 민족이며 세계적으로 인구가 제일 많은 민족이기도 하다. 현재 한족인구는 12억2천여 만 명에 달한다. 한족은 원래 '화하(華夏)'로 지칭된 중원 주민으로서 지금까지 5천년의 문명사를 갖고 있으며 기타 민족과 점차 동화, 융합되었다. 한나라(漢) 때부터 한족이라고 불렸고 언어, 문자가 있다. 한어는 시노티베트어족에 속하며 북방어, 오어(吳語), 상어(湘語), 감어(贛語), 학카어(客家語), 민남(閩南)어, 민북(閩南)어, 광동어(粵語) 등 8대 방언으로 나뉘며 공통어는 중국 표준어이다. 한자는 세계적으로 제일 오랜 문자의 하나로서 갑골문(甲骨文), 금문(金文)이 점차 변화되어 오늘날의 네모꼴 글자로 되었으며 글자는 도합 8만자 이상이고 통용되는 글자는 7천자 정도이다. 한어는 지금 국제적으로 통용되는 문자의 하나이다.

한족의 기본음식 구조는 곡물을 주식으로 하고 각종 육류와 야채를 부식물로 한다. 장기간의 발전과정에 한족은 하루 세끼의 식사습관을 형성했다. 쌀 음식과 가루 음식은 한족의 대표적인 주식이다. 이밖에 기타 곡물, 예하면 옥수수, 수수, 잡곡류, 감자류 등도 일부 지역에서 주식의 구성부분으로 된다. 여러 가지 조건의 영향을 받아 한족은 음식 습관에서 상이한 유형의 요리체계를 형성하였다. 사람들은 늘 한족과 기타 해당 민족의 음식 맛을 '남쪽은 단맛, 북쪽은 짠맛, 동쪽은 매운맛, 서쪽은 신맛'이라는 말로 개괄한다. 현재 중국은 여러 지역의 입맛을 토대로 호남요리, 사천요리, 동북요리, 광동요리 등 8대 요리체계를 이루었다.

술과 차는 한족의 주요한 두 가지 음료이다. 중국은 차의 고향이며 또한 세계적으로 술 양조기술을 제일 먼저 발명한 나라의 하나이다. 술 문화와 차 문화는 중국에서 역사가 길다. 술과 차 이 두 가지 주요한 음료 외 일부 과일제품 음료도 지역별, 계절별로 즐겨 마시는 음료로 되고 있다.

한족은 명절이 많다. 음력설(구정)은 제일 전통적인 명절이다. 이밖에 큰 명절로는 또 음력 정월 보름날의 원소(元宵)절, 양력 4월 5일의 청명, 음력 5월 초 닷새의 단오, 음력 8월 보름날의 중추절 등이 있다.

2) 장족(壯族)

장족은 중국 소수민족 중에서 인구가 제일 많은 민족으로서 현재 1692만여 명에 달한다. 주로 중국 남방의 광서장족(廣西壯族)자치구에 집거하고 있으며 장족 언어를 사용한다. 장족의 언어는 시노티베트어족 장－둥어군 장－타이어파에 속하며 남북 두 가지 방언으로 나뉜다. 남송시기 한자를 토대로 '토속글자'가 만들어졌지만 사용범위가 넓지 않고 대부분 한자를 사용한다. 1955년 라틴자모를 토대로 장족문자가 만들어졌다. 1957년 11월, 주은래(周恩來) 총리가 정무원 제63차 전체회의를 소집하고《장문방안》을 비준함으로써 장족은 자신의 합법적 문자가 없었던 역사에 종지부를 찍었다. 중국 남방의 토속민족인 장족은 유구한 역사를 가지고 있으며 수 만 년 전부터 장족의 선민들이 중국 남방에서 생활했다. 1958년 광서장족자치구가 설립되었다. 장족은 주로 벼와 옥수수 재배를 위주로 한 농경에 종사한다. 장족은 노래를 좋아해서 장족의 동네는 '노래의 해양'이라는 미칭을 갖고 있다. 아름다운 장족비단은 장족의 전통적인 수공예품이다.

3) 회족(回族)

회족의 현재 인구는 1,058만여 명으로서 주로 중국 서북부의 녕하(寧夏)회족자치구에 집거하고 있다. 중국 기타 지방에도 회족들이 많이 집거 혹은 산재해 있다. 회족은 중국 전역에 분포되었으며 중국에서 인구분포가 넓은 소수민족의 하나이다. 회족은 한족과 장기적으로 함께 생활했고 따라서 대부분 한어를 사용한다. 기타 민족과 함께 생활하는 회족은 또 그 민족의 언어를 사용한다. 일부 회족인은 아랍어와 페르시아어에 능하다. 회족의 역사는 기원 7세기로 거슬러 올라간다. 당시 아랍과 페르시아 상인들이 장사하러 중국에 와서 중국 동남연해의 광주(廣州), 천주(泉州) 등 지방에 머물렀고 수백 년 동안의 발전을 거쳐 점차 회족의 일부로 되었다. 이밖에 13세기 초반, 전쟁 때문에 중국 서북부에 대량으로 이주한 중아시아인, 페르시아인, 아랍인들이 통혼, 종교 신앙 등 형식으로 한족, 위구르족, 몽골족과 융합하면서 점차 회족을 형성했다. 이슬람교를 신앙하는 회족은 도시와 시골에 모두 이슬람 사원을 짓고 그 주변에 주거한다. 그들은 특수한 음식습관을 갖고 있는데 사람들은 늘 '회민(回民)', '청진(淸眞)'이라는 간판을 단 식당, 식품가게를 볼 수 있다. 이런 식당과 식품가게는 전문 회족을 위해 서비스한다.

4) 만족(滿族)

만족의 현재 인구는 1,038만여 명이다. 중국 전역에 분포되어 있으며 그중 동북부의 요녕(遼寧)성에 제일 많다. 만족이 사용하는 만족어는 알타이어족에 속한다. 한족과 섞여 살고 왕래가 밀접했기 때문에 만족은 모두 습관적으로 한어를 사용한다. 다만 일부 편벽한 집거 마을에서 아직도 일부 노인들만이 만족어를 구사할 줄 안다. 만족은 여러 신의 샤머니즘을 신앙했다. 만족은 역사가 유구한 민족으로서 그 선민의 역사는 2천여 년 전으로 거슬러 올라간다. 그들은 줄곧 중국 동북의 장백산 북쪽, 흑룡강 중하류, 우수리강 유역에 이르는 광활한 지역에서 생활하였다. 기원 12세기 당시 '여진(女眞)'이라고 불렸던 만족이 금나라를 세웠다. 1583년, 누르하치가 여진 각 부를 통일하고 팔기(八旗) 제도를 세웠으며 만족문자를 창제하고 1635년 민족을 '만주(滿洲)족'이라고 했다. 1636년, 누르하치는 황제로 등극했으며 국호를 '청(淸)'이라고 고쳤다. 1644년, 청군이 산해관내에 쳐들어왔다. 청나라는 중국에서 통일된 중앙집권제의 제일 마지막 봉건왕조이다. 1911년 신해혁명 후 공식적으로 '만족'이라는 칭호를 가지게 되었다.

5 위구르족(維吾爾族)

위구르족의 인구는 약 1,006만 명이다. '위구르'는 위구르족의 자칭이며 '단결' 혹은 '연합'이라는 뜻이다. 위구르족은 주로 신강(新疆) 위구르자치구(維吾爾自治區) 천산(天山) 이남의 카스(喀什), 호탄(和田) 일대와 아크쑤(阿克蘇), 코를라(庫爾勒)지역에 집거, 나머지는 천산 북쪽의 일리(伊犁) 등지에 흩어져 살고 있으며 일부는 호남(湖南), 도원(桃源), 상덕(常德) 등지에 거주하고 있다.

위구르족의 역사는 기원전 3세기로 거슬러 올라간다. 당시 중국 북방과 서북 바이칼호(貝加爾湖) 남쪽, 어르티시강(額爾齊斯河)과 바르카스호(巴爾喀什湖) 사이의 '정령(丁零)'인이 바로 위구르족의 선민이다. 9세기 중반에 서역(西域)에로 이주해온 '회홀(回鶻)'인이 천산 북쪽과 서부 초원에서 유목생활을 하는 돌궐(突厥) 각 부락과 한나라(漢) 때 이곳에 이주해온 한(漢)인을 융합해 원래 남강(南疆)의 광범한 지역에서 거주하고 있던 조언기(操焉耆), 구자(龜玆), 우전어(於田語)의 사람들과 함께 그 뒤에 이주해온 토번인(吐蕃人), 거란인(契丹人), 몽골인(蒙古人)과 장기적으로 접촉하면서 점차 현재의 위구르족을 형성했다.

위구르족 고유의 언어인 위구르어는 알타이어족 튀르크어군에 속하며 문자는 아랍문자를 토대로 한 표음 문자를 사용하고 있다. 중화인민공화국 건국 후 라틴자모를 토대로 하는 새로운 문자의 사용을 널리 보급해 현재 두 가지 문자를 모두 사용하고 있다.

위구르족은 이슬람교를 신앙한다. 전통명절로는 라마단, 쿠르반, 초설절(初雪節)등이 있다.

6 묘족(苗族)

묘족은 인구가 약 942만 명이며 주로 귀주(貴州), 운남(雲南), 사천(四川), 광서(廣西), 호남(湖南), 호북(湖北), 광동(廣東) 등 여러 곳에 집거하고 있다. 묘족은 시노티베트어족에 속하는 묘족어를 사용한다. 지난날 묘족은 통일된 문자가 없었다. 1956년, 묘족은 4종 방언의 라틴 표음 문자를 창제, 개혁하여 통일된 묘족문자를 형성했다. 묘족은 중국에서 역사가 유구한 민족의 하나이며 4,000여 년 전의 사서에 이미 관련 기록이 있다. 사서에 의하면 황제, 염제와 연합하거나 싸웠던 치우가 바로 묘족이 모시는 선조이다. 전쟁과 기근, 질병 그리고 인구의 확대, 농경지의 황폐화 등 여러 가지 원인으로 묘족은 부단히 거주지를 이동하였다. 이로 하여 묘족은 분포가 광범하고 방언, 옷 장식, 머리 장식, 습관에서 큰 차이를 형성하였다. 각 지방에 분포된 묘족은 많은 자칭을 가지고 있는데 일례로 상이한 옷 장식에 따라 장군묘(長裙苗), 단군묘(短裙苗), 장각묘(長角苗), 홍묘(紅苗), 흑묘(黑苗) 등으로 부른다. 묘족은 거의 모두 만물이 영험하다고 하는 원시종교를 믿는다. 묘족은 벼와 옥수수 재배를 위주로 하며 겸하여 기름오동, 유채 등 경제작물과 삼칠, 천마 등 약재도 재배한다.

7) 이족(彝族)

이족은 인구가 871만 명이며 주로 운남, 사천, 귀주, 광서 등 네 개 성과 자치구에 분포되어 있다. 이족어는 시노티베트어족 티베트 미얀마어군 이어파에 속하며 6가지 방언이 있다. 이족은 자체 문자가 있으며 이족 문자는 중국에서 최초의 음절(音節) 문자이다. 한 개 문자가 하나의 뜻을 대표하며 문자 총수는 1만여 자에 달한다. 그중 자주 사용하는 문자가 1천여 자이며 약 13세기에 형성되었다. 1957년 이문(彝文)규범방안이 통과되고 규범 이족 문자 819개를 확정, 사용하기 시작했다. 한족과 함께 거주하는 이족은 한어에 능하다. 이족은 중국에서 인구가 비교적 많고 분포가 비교적 넓으며 오랜 역사를 자랑하는 소수민족이다. 2,000여 년 전 북쪽에서 남하한 저족, 창족이 남방 토착 부락에 융합되어 새로운 민족인 이족을 형성했다. 역사상 이족의 중요한 사회특징은 바로 장기적으로 노예제도를 유지한 것이다. 1949년, 중화인민공화국 건국 후 민주개혁을 진행해서야 이족사회에 남아있던 노예제도가 점차 없어졌다.

8) 투쟈족(土家族)

투쟈족(투자어로 '비즈카')의 인구는 약 835만 명이며 주로 호남, 호북, 중경(重慶), 귀주와 인접한 무릉산(武陵山)지역에 분포되어 있다. 1957년 1월, 정식으로 단일 소수민족으로 확정되었다. 투쟈어는 시노티베트어족 티베트 미얀마어군의 독립된 언어이며 투쟈족은 본 민족문자가 없이 한문을 사용한다. 투쟈족은 주로 농업에 종사한다. 직물(織物)과 자수(刺繡)예술은 투쟈족 여성들의 전통공예이다. 투쟈족의 전통공예는 이 외에도 조각, 회화, 전지, 납염(蠟染) 등이 있다. 투쟈족의 채색 견직물을 일명 '시란카프(西蘭卡普)'라고 하는데 중국 3대 유명 비단 중의 하나이다.

투쟈족은 산노래(山歌)를 부르길 좋아하는데 산노래에는 사랑가(情歌), 곡가가(哭稼歌), 파수가(擺手歌), 노동가(勞動歌), 반가(盤歌) 등이 있다. 전통무용에는 '파수무(擺手舞)'와 '팔보동령무(八寶銅鈴舞)', 가무 '모고사(茅古斯)'가 있다. 악기들로는 새납(哨吶), 목엽(木葉), '동동규(咚咚喹)', '타가호(打家夥)' 등이 있다.

9] 티베트족(藏族)

티베트족의 인구는 약 628만 명이며 주로 중국 티베트자치구와 청해, 감숙, 사천, 운남 등 지역에 거주하고 있다. 티베트족이란 한어로 된 명칭이고 자체로는 '버[bod]'라고 한다. 티베트어는 상이한 거주지역의 사람들에 대해 서로 다른 칭호를 사용한다. 티베트 아리(阿裏)지역의 사람들은 '웨바'라고 지칭하고 후장(後藏)지역의 사람들은 '캉바'라고 하며 티베트 북쪽 변경지역과 사천 서북부, 감숙 남부, 청해지역에 거주하는 사람들은 '암도와(安多娃)'라고 부른다. 이들의 통칭은 '버바(博巴)'이다.

티베트어는 시노티베트어족 티베트 미얀마어군 티베트어파에 속한다. 지역적으로 위장(衛藏), 캉(康), 암도(安多) 세 가지 방언으로 나뉜다. 티베트문은 기원 7세기 전기(前期)에 만들어졌다. 4개 원음부호와 30개 자음자모로 구성된 표음 문자이다.

티베트족이 거주하는 지역은 높은 산들이 줄지어 있고 첩첩 설산으로 지세가 험악하다. 청장(청해-티베트)고원은 평균 해발이 약 4,000m이다. 중국과 네팔왕국 사이에 높이 솟은 에베레스트는 해발이 8844.43m로 세계 최고봉이다.

10] 몽골족(蒙古族)

몽골족 인구는 약 598만 명이며 주로 내몽골자치구와 신강(新疆), 청해(青海), 감숙(甘肅), 흑룡강(黑龍江), 길림(吉林), 요녕(遼寧) 등 성과 구의 몽골족자치주, 현에 집거하고 있다. 몽골족은 알타이어족에 속하는 몽골어를 사용한다. 몽골이라는 칭호는 최초로 당나라 때 사용되었다. 그때 몽골은 한 부락의 명칭이었다. 이 부락의 발상지는 어르구나강 동쪽 기슭 일대인데 그 후 점차 서쪽으로 이동했다. 각 부락들은 서로 인구와 가축, 재부를 약탈하였으며 그로 인해 부락전쟁이 그칠 새 없었다. 1206년, 테무진(鐵木眞)이 몽골 대칸으로 추대되었으며 칭기즈칸으로 호칭하고 몽골제국을 세웠다. 이로써 중국 북방에 최초로 안정적으로 발전하는 강대한 민족인 몽골족이 나타났다. 그 후 칭기즈칸은 몽골족 각 부락을 통일하고 중국을 통일했으며 원나라를 세웠다. 몽골족은 자체 언어와 문자가 있다. 몽골어는 알타이어족 몽골어군에 속하며 내몽골, 어여르트, 바르호부리야트 세 가지 방언이 있다.

▶ 내몽골 훅호트시 칭키즈칸 광장에 세워진 칭키즈칸 동상

3. 인구 10만 명 미만의 민족

2010년 제6차 중국인구보편조사수치에 따르면 인구 10만 명 미만의 소수민족은 도합 19개이다. 각기 타지크족, 푸미족, 아창족, 누족, 어원커족, 징족, 지노족, 더앙족, 보안족, 러시아족, 위구족, 우즈베크족, 몬바족, 오로첸족, 더룽족, 허저족, 고산족, 로바족, 타타르족이다.

1) 타지크족(塔吉克族)

타지크족은 인구가 약 5만여 명이며 대부분 신강 타시코르간타지크(塔什庫爾幹塔吉克)자치현에 집거하며 기타는 남강(南疆)의 포쓰캄(澤普)과 야르칸트(莎車), 아크토(阿克陶), 카르길리크(葉城), 피산(皮山) 등지에 살고 있다. 이런 현들에 모두 타지크민족향이 있다.

'타시코르간'은 타지크어로서 '돌의 성'이라는 뜻이며 옛 타지크족이 세세대대로 집거해 온 지역이다. 타지크어는 인도 유럽어족 이란어군 파미르어파에 속하며 사리콜리(Sarikoli)어와 와한(瓦罕)어 두 개 방언이 포함된다. 본 민족 문자가 없으며 대개 위구르문자를 사용한다.

2) 푸미족(普米族)

푸미족의 인구는 42,000여 명이다. 운남에 집중 분포되어 있는 외 기타 성과 자치구, 직할시에도 분포되어 있다. 푸미족은 주로 운남성 서북부 고원의 란핑(蘭坪)바이족푸미족자치현과 닝랑(寧蒗)이족자치현에 집거해 있다. 소수 인구가 리쟝(麗江)시 위룽(玉龍)나시족자치현, 융성(永勝)현, 데첸(迪慶)티베트족자치주의 웨이시(維西)리수족자치현, 샹그릴라(香格裏拉)현, 임창(臨滄)지역의 운(雲)현 및 사천 양산(凉山)이족자치주의 염원(鹽源)현, 무리(木裏)티베트자치현, 감제(甘孜)티베트족자치주의 쥬룽(九龍)현 등에 흩어져 현지 기타 민족과 함께 살고 있다. 그중 운남 푸미족의 인구는 전국 푸미족 총인구의 대부분을 차지한다. 푸미족어는 시노티베트어족 티베트 미얀마어군 강(羌)어파에 속한다. 푸미족은 본 민족 문자가 없다. 푸미족은 다민족 환경에서 생활하고 있으며 남자가 대부분 이족과 바이족, 나시족, 한족 등 여러 민족 언어를 구사할 줄 안다. 현재 젊은 세대는 보편적으로 한어를 일상 교류언어로 사용한다.

3) 아창족(阿昌族)

아창족은 운남에서만 생활하고 있는 인구가 비교적 적은 7개 소수민족 중의 하나이다. 현재 인구는 약 4만 명이다. 주로 운남성 더훙(德宏)타이족징퍼족자치주 룽촨(龍川)현 후싸(戶撒)아창족향, 양하(梁河)현 낭숭(囊宋)아창창족향, 쥬보(九保)아창족향에 집거하고 있으며 일부는 로서(潞西), 영강(盈江), 등충(騰沖), 용릉(龍陵), 운룡(雲龍) 등 현에 산재해 살고 있다. 이밖에 미얀마에도 일부 아창족이 살고 있다. 아창족은 문자가 없고 언어만 있다. 아창어는 시노티베트어족 티베트 미얀마어군에 속하며 어파는 아직 밝혀지지 않았다. 방언으로 양하 방언과 후싸 방언이 있다. 장기간 한족, 타이족 등 민족과 함께 살면서 아창족은 대부분 한어와 타이족 등 기타 민족 언어와 방언, 한자를 사용할 줄 안다.

4) 누족(怒族)

누족의 인구는 현재 약 37,000여 명이다. 주로 운남성 누쟝(怒江)리수족자치주의 루수이(瀘水), 푸궁(福貢), 궁산(貢山)두룽족누족자치현, 란핑(蘭坪)바이족푸미족자치현, 데첸(迪慶)티베트족자치주의 웨이시(維西)현과 티베트자치구의 차위(察隅)현 등지에 분포되어 있으며 리수족, 두룽족, 티베트족, 바이족, 한족, 나시족 등 민족과 함께 살고 있다. 누족 역시 다국가 거주 민족이다. 중국의 인국인 미얀마 카친방 북부와 엔멘카이 강 상류지역에도 누족이 살고 있다. 누족은 누어를 사용한다. 누어는 시노티베트어족 티베트 미얀마어군에 속한다. 누족은 본 민족 문자가 없으며 대부분 한어를 사용한다.

5) 어원커족(鄂溫克族)

어원커족은 현재 인구가 3만여 명이다. 주로 내몽골자치구의 어원커족자치기, 진바라그기(陳巴爾虎旗), 모린다와다우르족(莫力達瓦達翰爾族)자치기, 건허(根河)시, 오로천(鄂倫春)자치기, 아룬기(阿榮旗), 잘란툰(紮蘭屯)시와 흑룡강성의 눌하(訥河)현 등지에 집거하고 있다. 어원커어는 알타이어족 만주-퉁구스어군 퉁구스어파에 속하며 하일라(海拉爾), 진바라그, 오루구야(敖魯古雅) 세 가지 방언이 있고 문자가 없다.

6) 징족(京族)

징족은 인구가 약 28,000명이다. 주로 광서장족자치구 방성항(防城港)시에서 거주하고 있다. 그중 둥싱(東興)시에 징족인구가 비교적 많은데 주로 둥싱시 장핑진의 완웨이(澫尾), 산신(山心), 우터우(巫頭) 세 개 바다섬에 집거하고 있어 이를 '징족 3도(島)'라고도 부른다. 기타 징족은 한족, 장족과 함께 둥싱시 쟝핑(江平), 탄지(譚吉), 홍칸(紅坎), 헝왕(恒望), 주산(竹山) 등지와 방성항시의 기타 시와 현에서 살고 있다. 흠주(欽州)시에도 일부 징족이 살고 있다. 징족은 본 민족 언어가 있지만 언어가 복잡한 원인으로 언어학자들은 그 언어의 소속을 밝히지 못하고 있다. 문자가 없으며 대부분 징족인은 한어(광주 방언)와 한문을 사용하고 있다.

7) 지노족(基諾族)

지노족의 현재 인구는 23,000여 명이며 운남성에서 인구가 비교적 적은 7개 소수민족 중의 하나이다. 1979년 국가로부터 정식으로 단일민족으로 인정받았다. 지노족은 주로 운남성 시쌍반나(西雙版納)따이족자치주 징훙(景洪)시 지노산지노족민족향과 인접한 맹왕

(猛旺), 맹양(猛養), 맹한(猛罕), 맹랍(猛臘)현의 맹륜(猛倫)에 집거하고 있으며 상명(象明)에도 일부 지노족이 흩어져 살고 있다. 지노족은 시노티베트어족 티베트 미얀마어군 이어파에 속한다. 어음과 단어는 이어파, 미얀마어파와 모두 뚜렷한 대응관계가 있지만 어음과 단어, 어법에는 본 민족만의 특징이 있다. 지노족은 일상생활에서 지노어를 사용한다. 지노족은 문자가 없다.

8] 더앙족(德昂族)

더앙족은 현재 인구가 2만여 명이다. 보산(保山)지역의 보산시, 더훙타이족징퍼족자치주의 루시(潞西)시, 루이리(瑞麗)시, 잉장(盈江)현, 룽촨(隴川)현, 량허(梁河)현, 린창(臨滄)지역의 융더(永德)현, 쩐캉(鎭康)현, 겅마(耿馬)타이족와족자치현에 집거하고 있다. 그중 루시시의 삼대산(三臺山)더앙족자치향과 린창시전캉현의 쥔눙(軍弄)향은 더앙족이 더 많이 집거하는 지역이다. 더앙족의 언어는 남아(南亞)어족 몽－크메르(孟高棉)어군 와더앙어파에 속하며 '부레이(布雷)', '루마이(汝買)', '뤄진(若進)' 세 가지 방언으로 나뉜다. 더앙족은 본 민족 문자가 없으며 장기간 타이족, 한족, 징퍼족 등 민족과 어울려 생활하면서 많은 사람들은 이 세 민족의 언어에 능하다.

9] 보안족(保安族)

보안족의 인구는 약 2만 명이며 대부분 감숙(甘肅)성 린샤(臨夏)회족자치주 보안족 둥샹족 쌀라족자치현에 집거하고 있다. 주로 다허쟈(大河家)향의 다둔(大墩), 간허탄(甘河灘), 메이파(梅坡) 세 개 마을(습관적으로 '보안3장(莊)'이라 부름)과 류지(劉集)향의 고조리가(高趙李家)촌, 류거우(柳溝)향의 세토우(斜套)촌에 분포되어 있다. 나머지는 린샤회족 자치주의 기타 각 현과 란주(蘭州)시 및 청해(靑海), 신강 등지에 흩어져 생활하고 있다. 보안족의 언어는 알타이어족 몽골어군에 속하며 투족, 둥샹족의 언어와 비슷하다. 주변의 한족, 회족과 장기간 왕래하면서 보안족의 언어 속에는 한어 단어들이 비교적 많이 섞여 있다. 한문을 사용하는 보안족은 한문을 사회교제의 도구로 삼고 있다.

10) 러시아족(俄羅斯族)

중국의 러시아족은 인구가 약 15,000명이며 신강, 내몽골, 흑룡강, 북경 등지에 흩어져 살고 있다. 그중 신강위글자치구에 가장 많이 살고 있는데 타청(塔城), 우룸치, 일리(伊犁), 창지(昌吉), 커라마이(克拉瑪依)시 등지에 분포되어 있다. 또 내몽골자치구의 12개 맹(盟)과 시에 분포되어 있는데 그중 훌룬베르시에 가장 많다. 훌룬베르시 소속의 어르구나(額爾古納)시의 실위(室韋)러시아족민족향은 중국에서 유일한 러시아족민족향이다. 러시아족의 언어는 인도유럽어족 슬라브어(斯拉夫語)군 슬라브어파에 속한다. 중국 러시아족은 러시아문을 사용하며 그들은 대부분 러시아어, 한어, 위구르어, 카자흐어 등 여러 가지 언어에 능하다. 사회적으로 그들은 한어와 한문을 사용하며 가족들과는 러시아어와 러시아문을 사용한다.

11) 위구족(裕固族)

감숙 하서(河西) 회랑의 중부지역, 웅장한 기련산(祁連山) 북쪽 기슭에 유구한 역사의 위구족이 살고 있다. 인구는 도합 14,000여 명이며 주로 감숙성 수난(肅南)위구족 자치현과 주천(酒泉)황니푸(黃泥堡)지역에 집거하고 있다. 위구족은 대부분 기련산지역에 거주하고 있는데 평균 해발은 3,200m 정도 된다. 해발 4,700m 이상의 고산지역에는 일 년 내내 흰 눈이 쌓여 있고 빙하가 덮여 있다. 이곳은 하서회랑의 많은 하천의 발원지다. 산에는 풀이 무성해 천연 목장으로 불리운다. 황니푸와 밍화(明花)향은 사막 오아시스의 지세에 속한다. 동해자(東海子)와 서해자(西海子)는 사막 위의 두 명주와 흡사한 초원의 천연 수원지다. 위구족은 지역별로 세 가지 언어 즉 알타이어족 튀르크어군의 요후얼(堯乎爾)어, 알타이어족 몽골어군의 언거얼(恩格爾)어와 한어를 사용한다. 본 민족의 문자가 없으며 일반적으로 한문을 사용한다.

12) 우즈베키족(烏孜別克族)

우즈베키족은 현재 인구가 1만여 명이며 신강위구르자치구 여러 현과 시에 흩어져 살고 있다. 그중 일부만 농촌에 살고 있을 뿐 대부분은 도시에 거주하고 있다. 주로 일리, 카스가르(喀什), 우룸치, 타청 등지에 분포되어 있다. 도시인구는 주로 남강(南疆) 야르칸트(莎車)현과 북강(北疆)의 이닝(伊寧)시에 분포되어 있다. 우즈베키어는 위구르, 카자흐, 타타르등 언어와 함께 알타이어족 튀르크어군에 속한다. 우즈베키어는 위구르어와 비슷하다. 우즈베키인들은 일찍 아랍자모를 기초로 하는 표음 문자를 사용했다. 1929~1940년 기간 라틴자모를 사용했고 1940년 이후에는 우즈베키문자를 사용했다. 신강으로 이주한 우즈베키인들은 1949년까지 여전히 아랍자모를 기초로 한 표음 문자를 사용했다. 1949년 이후 각지에 흩어져 여러 민족과 어울려 살면서 언어문자의 사용이 점차 변화하기 시작했다. 남강의 우즈베키인들은 위구르족과 함께 살면서 대부분 위구르어와 위구르문자를 사용했다. 목축지역에서 생활한 우즈베키인들은 장기간 카자흐족과 함께 생활하면서 점차 카자흐어와 카자흐문을 사용했다.

13) 몬바족(門巴族)

몬바족은 현재 인구가 약 1만 명이며 주로 중국 티베트자치구 동남부의 먼위(門隅)와 메도그(墨脫)지역에 분포되어 있다. 초나(錯那)현의 러부(勒布)는 몬바족의 주요 집거지역이다. 몬바족은 자체의 언어인 몬바어가 있으며 시노티베트어족 티베트미얀마어군 티베트어파에 속한다. 방언은 차이가 비교적 크며 본 민족 문자는 없다. 몬바족과 티베트족은 장기간 사이좋게 지내면서 통혼(通婚)을 해왔다. 정치, 경제, 문화, 종교 신앙, 생활습관 등 면에서 모두 밀접한 관계가 있기 때문에 대부분 티베트어와 티베트문에 능하다.

14) 오로천족(鄂倫春族)

오로천족은 중국 동북부지역에서 살고 있는 인구가 가장 적은 민족의 하나이다. 중화인민공화국 건국초기 인구는 도합 1천여 명밖에 안되었다. 최근 수십 년간 인구 성장이 빨라 현재 오로천족의 인구는 8,600여 명이다. 오로천어는 알타이어족 만주-퉁구스어(滿-通古斯語)군 퉁구스어파에 속하며 문자가 없다. 현재 주로 한어와 한문을 사용하고 있다. 오로천족은 주로 내몽골자치구 훌룬뷔르맹(呼倫貝爾盟) 오로천자치기, 부터하(布特哈)기, 모린다와(莫力達瓦)다우르족자치기, 흑룡강성 북부의 후마(呼瑪), 쉰크(遜克), 아이후이(愛輝), 쟈인(嘉蔭) 등 현에 분포되어 있다.

15) 두룽족(獨龍族)

두룽족은 현재 인구가 약 7천 명이다. 중국에서 인구가 비교적 적은 민족이며 운남성에서 인구가 가장 적은 민족이다. 운남성 누쟝(怒江)리수족자치주 궁산(貢山)두룽족누족자치현(이하 궁산현이라 약칭)은 두룽족의 유일한 자치현이다. 그중 두룽쟝향은 이 현에서 두룽족이 가장 많이 집거하는 지역이다. 나머지는 운남성 데칭티베트족자치주 웨이시리수족자치현 치러(齊樂)향의 '츄바카(俅扒卡)'촌과 티베트자치구 자위현의 차와롱(察瓦龍)향에 흩어져 살고 있다.

두룽어는 시노티베트어족 티베트 미얀마어군에 속하며 어파는 아직 밝혀지지 않았다. 두룽족은 역사상 문자가 없었으며 주로 나무에 새기거나 새끼에 매듭을 지어 기록하는 결승 등 방식으로 소식을 전달했다. 1979년 두룽족의 염원에 따라 궁산현 문화관의 두룽족 간부 무리먼 존(木裏門·約翰)은 운남성 소수민족언어지도사업위원회의 용승운(龍乘雲)의 도움으로 일왕문(日旺文)에 두룽쟝향 쿵당(孔當)촌 일대의 언어를 표준 음점(音點)으로 삼아 두룽족 병음 방안을 만들었다.

16) 허저족(赫哲族)

허저족은 중국에서 인구가 적은 민족의 하나로 현재 인구는 약 5,300명이다. 주로 흑룡강, 송화강(松花江), 우수리강(烏蘇裏江) 합수목에 형성된 삼강(三江)평원과 완달산(完達山) 여맥에 분포되어 있다. 대부분 제진커우(街津口)허저족향, 바차(八岔)허저족향, 쌍압산(雙鴨山)시 요하(饒河)현 스파이(四排)허저족향과 가목사(佳木斯)시 오치(敖其)진 오치허저족촌, 부원(扶遠)현 좌지(抓吉)진 좌지허저족촌 등 동강(同江)시 세 개 향과 두 개 마을에 집기해 생활하고 있다. 허저족 언어는 알타이어족 만주-퉁구스어군 만주(滿)어파에 속하며 문자가 없다.

17] 고산족(高山族)

고산족은 중국의 통일된 다민족 대가정에서 빼놓을 수 없는 한 부분이다. 장기간 그들은 한족과 함께 생활하고 풍상고초를 겪으면서 대만을 아름다운 보물섬으로 건설했으며 외래 침략과 역대 지배계급의 압박에 함께 맞서면서 중국의 역사와 문화발전에서 중요한 기여를 했다. 대만의 소수민족에 대해 중국 정부는 '고산족'이라 정식으로 칭하며 대만당국은 그들을 '원주민'이라 부른다. 고산족은 자신의 언어가 있으며 본 민족 문자가 없다. 현재 대륙에 거주하고 있는 고산족은 약 4,000명이다.

18] 로바족(珞巴族)

로바족은 인구가 3,600여 명으로서 주로 티베트자치구 동남부에 분포되어 있다. 메도그현 북부에 거주하고 있는 로바족은 티베트어를 사용하고 기타 로바족은 모두 로바어를 사용한다. 로바어는 시노티베트어족에 속한다. 로바족은 지역에 따라 서로 다른 방언을 갖고 있다. 로바라는 단어는 티베트어에서 비롯된 것으로서 '남방사람'이라는 뜻이며 티베트족이 그들을 부르는 호칭이다. 본 민족의 문자가 없으며 소수가 티베트문을 사용한다.

19] 타타르족(塔塔爾族)

타타르족은 중국에서 인구가 적은 민족 중의 하나다. 현재 인구는 약 3,500명이다. 주로 신강위구르자치구 경내 천산(天山)북부지역에서 흩어져 살고 있으며 일리카자흐자치주, 창지회족자치주, 우룸치시 등 지역에 인구가 비교적 많다. 우룸치, 이녕, 타청, 치타이, 짐싸르(吉木薩爾), 알타이(阿勒泰), 창지(昌吉) 등지에 비교적 집중적으로 분포되어 있다. 신강위구르자치구 창지회족자치주 치타이현 다취안(大泉)타타르향은 중국에서 유일하게 타타르족을 주체로 하는 민족향이다.

타타르어는 알타이어족에 속한다. 예전에는 아랍자모를 기초로 하는 문자를 사용했었으며 현재 위구르문과 카자흐문자를 통용한다.

4. 중국의 민족정책

　　중국의 민족정책의 출발점과 귀착점은 민족평등을 기초로 각 민족의 단합과 국가통일을 수호하며 민족구역자치를 실시하고 소수민족의 경제문화를 발전시키며 소수민족간부와 각 유형의 인재를 양성하고 소수민족의 종교 신앙과 풍속습관을 존중하는 것을 기본 내용으로 하며 각 민족의 공동번영을 실현하는 것이다.

　　민족평등은 중국민족정책의 초석이다.

　　민족평등을 실행하는 것은 중국의 헌법이 규정한 원칙이다. 중국에서 각 민족이 모두 평등하다는 말에는 세 가지 뜻이 포함된다. 첫째, 각 민족은 인구, 역사, 거주지역의 크기, 경제발전정도, 언어문자, 종교 신앙과 풍속습관 등이 서로 다르지만 정치적 지위는 모두 평등하다. 둘째, 각 민족은 정치, 법률적으로 평등할 뿐만 아니라 경제와 문화, 사회생활 등 모든 영역에서 평등하다. 셋째, 각 민족 공민은 법률적용에서 평등하며 동등한 권리를 누리고 동등한 의무를 지닌다. 다년간의 끊임없는 노력을 거쳐 중국은 중국특색의 민족평등을 보장하는 법률규범체제를 기본상 형성했으며 각 민족평등권리가 법적인 보장을 받고 있다.

　　민족단합은 중국이 민족문제를 해결하는 근본원칙이며 중국민족정책의 핵심내용이다. 다민족국가인 중국에서 민족단합을 수호하는 것은 특히 중요한 의의를 가지고 있다. 민족구역자치는 중국이 민족문제를 해결하는 기본정책이며 중국의 기본정치제도이기도 하다. 중국의 민족구역자치는 국가의 통일된 지도하에 여러 소수민족이 집거지역에서 구역자치를 실행하고 자치기관을 설립하며 자치권을 행사하는 것을 말한다. 2008년 말까지 전국적으로 도합 155개 민족자치지방을 건립했는데 5개 자치구, 30개 자치주, 120개 자치현(기)이 포함된다.

　　민족자치지방의 인민대표대회와 인민정부는 자치기관인 동시에 국가의 1급 지방정권

기관이며 본 지방의 실제상황에 근거해 국가의 법률정책을 관철, 집행한다. 민족구역자치는 국가가 통일적으로 지도하는 자치이며 각 민족자치지방은 모두 국가의 떼어놓을 수 없는 부분이다. 각 민족자치지방의 자치기관은 모두 반드시 중앙의 영도를 따라야 한다.

민족의 공동발전을 견지하는 것은 중국민족정책의 근본입장이다.

중국 헌법은 '국가는 최선을 다해 전국 각 민족의 공동번영을 촉진한다'고 규정했다. 민족구역자치법은 민족지역의 빠른 발전을 지지하고 도움을 주는 것을 상급국가기관의 법률적 의무로 규정했다. 다년간 중국정부는 소수민족과 민족지역의 경제 및 사회의 빠른 발전을 지지하는 것을 국가발전건설의 중요한 내용으로 삼아 끊임없이 정책조치를 출범해 소수민족과 민족지역발전을 지지하고 있다.

5. 소수민족간부선발과 양성

    소수민족간부와 인재는 소수민족의 우수한 대표들이다. 중국정부는 소수민족간부의 양성과 선발을 아주 중시한다. 민족구역자치지방의 소수민족간부 배치는 모두 일정한 비례에 달하며 일련의 우수한 소수민족간부들이 각급 지도직위에 올랐다.

    현재 소수민족간부는 이미 2,900여 만 명에 달하며 1978년에 비해 3배 정도 늘었다. 전국 공무원 중에 소수민족이 9%를 초과했다. 155개 민족자치지방의 인민대표대회 상무위원회에는 모두 구역자치를 실시하는 민족의 공민이 주임 혹은 부주임을 담임하고 있으며 민족자치지방정부의 주석, 주장, 현장 혹은 기장은 모두 구역자치 민족의 공민이 담당하고 있다.

6. 중국의 민족경제

중국경제의 지속적인 성장과 더불어 민족지역의 경제도 날로 발전되었다. 중국정부는 민족지역의 실제상황에 따라 일련의 특별 정책과 조치를 제정, 실시했으며 민족지역을 도와 경제를 발전시키고 발전한 한족지역이 민족지역을 지원하도록 동원하고 조직했다. 계획적으로 소수민족지역에 일부 중점 프로젝트를 배치하고 소수민족지역의 경제구조를 조정하고 여러 가지 산업을 발전시키며 종합경제실력을 제고했다. 특히 최근 중국의 개혁개방이 심화 발전됨에 따라 정부는 소수민족지역에 대한 투자를 늘렸고 소수민족지역의 대외개방을 추진했으며 소수민족지역의 경제발전이 새로운 활력을 띠게 하고 인민생활수준을 크게 향상시켰다. 민족지역의 경제총량, 도시주민들의 일인당 가처분소득, 농민, 목축민의 일인당 순수입이 모두 대폭 늘어났다.

최근 몇 년간 소수민족과 민족지역을 발전시키기 위해 정부는 서부대개발전략을 실시하고 《흥변부민(興邊富民)행동》을 실행했으며 인구가 비교적 적은 민족의 발전을 중점적으로 도와주는 등 조치를 취해 양호한 효과를 보았다. 민족지역의 경제사회가 빠른 속도로 발전했으며 여러 민족의 번영발전에 튼튼한 물질적 기초를 마련해 주었다. 소수민족의 건강상황이 크게 개선되고 기대 수명이 많이 늘었다.

7. 중국의 민족교육

　　교육은 과학기술진보의 기초이다. 중국정부는 일련의 특수한 정책과 조치를 취해 민족교육을 발전시켰다. 여기에는 소수민족을 도와 교육사업을 발전시키고 민족교육 관리 전문기관을 설립하며, 소수민족과 민족자치지방에 자주적으로 민족교육을 발전시키는 권리를 부여하고 그 권리를 존중하며 또한 민족언어문자 수업과 이중 언어 강의를 중시하고 소수민족 문자교과서 편찬을 강화하고, 소수민족 교사진의 양성을 강화하며 경비투입에서 소수민족과 민족지역에 특별한 배려를 주며 민족지역과 소수민족의 실제로부터 출발하여 각종 유형의 민족학교를 설립하고, 목적성 있게 학생을 모집하는 방법을 취하여 민족지역을 위해 인재를 양성하고 학생모집과 생활에서 소수민족 학생들을 적당하게 배려하며 발전한 지역이 민족지역을 지원하도록 하는 등이 망라되었다.

　　민족지역은 이미 유아교육으로부터 대학교육까지의 완벽한 교육체계를 형성했으며 소수민족인구의 교육 연한이 뚜렷이 제고되었다. 2012년 말까지 전국 각급 각 유형의 학교들 중 소수민족 재학생 총수가 2,384만4,800명으로서 학생 총수의 9.27%에 달했다. 서북, 동북, 서남 등 소수민족의 집거지에는 모두 민족대학이 있어 각 민족 대학생들을 대거 양성하고 있다.

8. 중국의 민족문화

소수민족문화의 전승과 발전을 위해 각 민족자치구, 자치주는 자체의 상황에 따라 본 지역의 작가협회, 연극협회, 음악협회, 무용협회, 미술협회, 영화협회, 촬영학회 등 기구를 세웠다. 일부 소수민족 자치지방의 대학과 민족대학에서는 소수민족 문학학과를 개설하였으며 어떤 곳에서는 또 음악대학, 연극대학, 영화대학 등 예술학교를 세우고 많은 소수민족 문학예술인재들을 양성하였다. 민족의약을 일례로 지금까지 티베트, 내몽골, 신강에서는 각각 티베트 의학, 몽골 의학, 위구르족 의학대학과 일부 민족의약 전문학교를 설립하였다.

최근년래 중국정부는 공공문화서비스시스템을 보강하고 소수민족 대중문화생활을 풍부히 하고 개선했다. 2012년 5월 현재, 민족자치지방들에서는 73개 라디오방송국에 441개 채널을 보유, 그중 민족어 채널이 105개에 달한다. 또 90개 텔레비전 방송국에 489개 채널을 보유하고 있는데 그중 민족언어 채널이 100개에 달했다.

중국정부는 또한 소수민족의 우수한 전통문화를 적극 보호한다. 500여 년의 역사를 자랑하는 티베트 극이 보호를 받고 고양되고 있다. 해마다 가무와 연극이 어울리는 초설(雪頓)절은 티베트족의 즐거운 종합예술제로 되고 있다. 몽골족의 '나담 페어(那達慕)', 회족, 위구르족의 라마단, 쿠르반나이트, 장족 등의 '3월 3일절', 타이족의 살수절(潑水節), 이족의 횃불축제(火把節) 등 전통명절 행사가 계승, 발전되었다. 290여 개 민족전통스포츠종목들이 이미 발굴, 수집, 정리되었고 여러 가지 활동이 활발히 진행되고 있다. 티베트족 벽화예술이 계속 풍부해지고 탕카(唐卡)예술이 보호를 받고 있으며 위구르족, 몽골족의 카펫, 벽걸이가 전국에서 널리 판매되고 있다. 또한 부이족, 묘족, 요족, 거로족 등 민족의 납염(蠟染), 투쟈족, 장족, 따이족, 리족, 뚱족 등 민족의 채색 견직물공예의 도안과 꽃무늬, 종류가 모두 크게 발전했으며 소수민족 전통공예가 다시 활기를 띠고 있다.

이밖에 중국 정부는 또한 거액의 자금을 투입해 티베트 라싸의 드레풍사원(哲蚌寺), 세라사원(色拉寺), 간덴사원(甘丹寺), 청해의 타르사(塔爾寺), 신강의 커즈얼(克孜爾)천불동(千佛洞) 등 대량의 전국 중점 문화재보호단위에 대해 보수를 진행했다. 현재 민족자치지방에는 전국 중점보호문화재 300여 개가 있으며 세계문화유산으로는 라싸 포탈라궁전(布達拉宮) 역사 건축군락, 여강고성(麗江古城) 등이 있다. 세계 자연유산으로는 구채구(九寨溝)와 황룡(黃龍)풍경명승구, '삼강병류(三江并流)'자연경관 등이 있다.

9. 중요한 민족명절

이족의 살수절, 이족의 햇불축제, 리족의 3월 3일절, 장족의 노래장, 몽골족의 나담 페어 등이다. 일부 지방정부에서는 또 티베트 신년, 쿠르반 나이트 등 일부 민족명절을 법정 휴일로 정하였다.

1) 살수절

살수절은 따이족의 신년이며 시쌍반나(西雙版納)에서 가장 성대한 전통명절 중의 하나이다. 일반적으로 따이족력법 6월 중순(즉 음력 청명전후 10일 정도)에 진행되며 3~4일간 지속된다. 보통 양력 4월 13일부터 15일 사이에 개최된다.

따이족 살수절은 일명 '욕불절(浴佛節)'이라고 하며 따이어로 '비마이(比邁, 신년이라는 뜻)'라고 부른다. 시쌍반나 더훙지역의 따이족은 이 명절을 '상한(尚罕)' 또는 '상젠(尚鍵)'이라고도 부른다. 이 두 명칭은 산스크리트어(梵語)에서 유래되었는데 회전, 변경 혹은 이전의 뜻이 담겨져 있다. 이는 태양이 이미 황도(黃道) 12궁에서 한 주간 운행한 후 새해로 과도한다는 것을 의미한다. 아창족, 더양족, 부랑족, 와족 등 민족이 이 명절을 경축한다. 캄보디아, 태국, 미얀마, 라오스 등 나라도 살수절을 쇤다.

살수절에는 물을 뿌리는 외에 간파(趕擺), 용주대회, 욕불(浴佛), 경 읽기, 닭싸움, 공작새춤 추기, 코끼리춤 추기, 공명등(孔明燈) 띄우기 등 민속 행사를 조직하며 기타 예술공연과 경제무역교류행사 등을 개최한다.

2) 횃불축제

이족의 횃불축제는 모든 이족지역의 전통명설이며 운남과 귀주, 사천 등 이족지역에서 널리 전해지고 있다. 바이족, 나시족, 지노족, 라후족 등 민족도 이 명절을 경축한다. 음력으로 6월 24일에 진행되는 횃불축제는 이족의 가장 성대하고 장관을 이루는 축제이다. 이는 참여인수가 가장 많고 민족특징이 가장 짙은 명절일 뿐만 아니라 민족의 성대한 의식이기도 하다. 횃불축제는 음력으로 6월 24일 혹은 25일에 진행되며 3일간 지속된다.

음력으로 6월 24일, 북두칠성의 손잡이부분이 위를 향하는 때 이어파(彝語支)의 민족들은 모두 횃불축제를 즐긴다. 일부 학자들은 이 명절은 이족의 10월 역법에서 기원되었다고 인정한다. 횃불축제는 일명 성회절(星回節)로도 불리우며 이족 역법의 신년과 같다. 때문에 설을 쉰다고도 한다.

횃불축제에는 주로 사람들이 밤중에 횃불을 밝혀 하늘에 제를 지내면서 길상을 빌고 혹은 모닥불을 피워놓고 함께 성대한 가무 오락 활동을 조직한다. 명절기간 경마, 투우(鬥牛), 활쏘기, 씨름, 줄다리기, 그네뛰기 등 놀이도 있고 장터도 개설한다.

3) 장족가우(歌圩)

'가우'란 장족들이 특정된 시간과 장소에서 명절 집회를 조직하고 노래를 부르는 활동으로 장족어로 '웨이환(圩歡)', '웨이펑(圩逢)', '룽둥(籠峒)', '워퍼(窩坡)' 등으로 일컫는다. 가우는 장족지역에서 명칭이 다양하지만 모두 '비탈 위의 집회', '비탈에서의 노래경연' 혹은 '즐거운 명절' 등의 뜻이 담겨져 있다. 이는 장족 민간전통문화행사이면서 청년남녀들이 교제하는 장소이기도 하다. 이런 행사에서 시나 노래를 서로 주고받고 일문일답식의 노래를 부르기 때문에 옛날에는 '돈우(嗽圩)'라고 불렸다.

비교적 큰 장족 집거지역에는 모두 가우가 있으며 가우의 개최시간은 주로 봄과 가을 두 계절이다. 봄철 가우는 3~4월에 많이 열리는데 음력으로 3월 3일 진행하는 경우가 제일 많다. 가을철 가우는 음력 8~9월에 집중되는데 특히 추석날에 많이 진행한다.

가우행사는 일문일답식 노래를 부르는 외에 연극, 곡예, 스포츠 등 문화 오락행사도 조직한다. 또한 다양한 게임도 진행하는데 여기에는 채색공(繡球) 던지기, 붉은 물감을 들인 달갈 깨기, 흥성이는 폭죽 놀이 그리고 대중들이 즐기는 장족 전통연극 구경하기 등이 있다.

4) 리족의 3월 3일절

3월 3일절(음력 3월 3일)은 해남성 리족의 가장 성대한 민간전통명절인 동시에 리족 청년들의 달콤한 날, 일명 사랑의 명절, 연애하는 날이라고도 부른다. 리족어로 '부낸부(孚念孚)'라고 부른다. 해마다 음력으로 3월 3일에 진행되는데 이는 해남 이족들이 부지런하고 용감한 선조를 그리워하고 사랑과 행복에 대한 소망을 표현하는 전통명절이다.

이날 리족들은 일문일답식 노래 부르기, 씨름, 줄다리기, 사격, 그네뛰기 등 유희를 놀면서 즐겁게 지낸다. 그들은 노래와 춤으로 생활을 찬미하고 노동에 대한 사랑, 사랑에 대한 추구를 나타낸다. 명절의 즐거운 분위기는 사람들을 취하게 한다.

리족의 3월 3일절은 광범한 대중적 기초를 가지고 있다. 시대의 흐름과 더불어 경축 내용도 날로 다양해졌다. 하지만 일문일답식 노래 부르기, 민간스포츠경기, 민족가무, 결혼 풍속표현은 여전히 가장 기본적인 내용으로 남아 있다.

5) 쿠르반나이트

쿠르반나이트는 이슬람교의 전통적인 명절로서 아랍어에서는 '우 에이드 알 아드하'라고 부른다. '에이드'는 명절이라는 뜻이며 '알 아드하'는 '가축 도살, 희생물 헌납'이라는 뜻을 가진다. 때문에 이 명절을 '희생제' 다시 말하여 가축을 도살하여 제사에 올리는 명절이라고 하기도 한다. 쿠르반나이트는 중국에서 회족, 위구르족, 카자흐족, 우즈베키족, 타지크족, 타타르족, 키르기스족, 쌀라족, 둥샹족, 보안족 등 이슬람교를 신앙하는 민족의 공동 명절이며 시간은 이슬람교 역법의 12월 10일이다. 이때가 되면 집집마다 집을 깨끗이 청소하고 각종 명절 음식을 만들기에 분주하다. 명절날 이른 새벽 이슬람 신자들은 목욕재계하고 이슬람사원에 가서 이맘(阿訇)이 설교하는 《코란경(古蘭經)》교의를 듣는다. 집집마다 또 양이나 낙타, 소를 잡고 친지, 벗들에게 나눠주며 손님을 대접하고 함께 양고기, 과자, 과일 등을 먹으면서 화기애애하게 담소한다. 신강의 위구르족은 쿠르반나이트를 지낼 때 또 성대한 가무 모임을 가진다. 카자흐족, 키르기스족, 타지크족, 우즈베키족 등 민족은 명절기간에 말타고 양 빼앗기, 경마, 씨름 등 경기를 가진다.

6] 라마단

라마단은 아랍어로 '에이드 피투르'라는 말의 의역이다. 라마단은 중국에서 회족, 카자흐족, 우즈베키족, 타지크족, 타타르족, 키르기스족, 쌀라족, 둥샹족, 보안족 등 소수민족이 공동으로 즐겁게 쇠는 명절이며 시간은 이슬람역법의 10월 초이다. 해마다 이슬람역법으로 9월을 라마단이라고 한다. 음식을 금하는 날자는 29일간이며 30일 되는 때도 있다. 라마단 기간에 이슬람 신자들은 해가 뜨기 전에 모두 라마단 시작 전의 식사를 하고 일출 후 옹근 하루 낮 동안 아무리 배고파도 음식을 먹지 못하며 물도 마실 수 없다. 평소에 담배를 피우는 사람도 이 기간에는 잠시 금연해야 한다. 이밖에 또 이슬람교 신자들은 이 기간에 방사를 금하고 일체 사욕을 억제하며 사악한 마음을 단절함으로써 알라신에 대한 신앙심을 보여준다. 어린이와 노약자들은 금식하지 않아도 되며 여성들도 월경기간에 금식하지 않아도 된다. 그러나 음식을 절제하여야 하며 절대 공개장소에서 먹고 마시지 못한다. 병이 있거나 길을 가는 사람들은 금식하지 않아도 되지만, 훗날 꼭 금식기일을 보충해야 한다. 보충하지 않은 사람은 재물을 바치는 것으로 속죄하여야 한다. 저녁이 되어 이슬람사원에서 금식을 끝내는 종소리가 울리면 사람들은 음식을 먹을 수 있다. 심지어 길가는 사람이 낯선 집에 찾아 들어가도 주인의 환대를 받을 수 있다.

라마단의 경축활동은 아주 성대하다. 라마단이 시작되기 전에 사람들은 집에 회칠을 하고 뜰을 청소하며 이발이나 목욕을 한다. 많은 젊은 남녀들은 이 기간을 선택하여 혼례를 치르곤 한다.

7] 티베트력 신년(藏曆新年)

티베트력 신년은 티베트족의 제일 성대한 명절로서 티베트력 1월 1일부터 시작하여 일반적으로 15일간 지속된다. 신년 첫날, 날이 밝기 전에 명절 옷차림을 한 청년 남녀들이 서로 새해인사를 하며 새해에 그 집에 복이 깃들기를 기원한다. 명절 옷차림을 한 티베트족들은 부근 사찰에 가서 부처님을 공양하거나 떼를 지어 거리에 나가 노래하고 춤을 춘다. 그러나 이날은 손님으로 친지나 벗의 집에 찾아갈 수 없다.

8) 나담 페어

나담 페어는 내몽골, 감숙, 청해, 신강에 있는 몽골족이 한 해에 한 번씩 쇠는 전통적인 명절이다. 해마다 7, 8월, 물이 많고 풀이 우거지며 가축이 살찌고 날씨가 쾌청한 황금계절에 진행된다. 나담 페어는 몽골어로 '오락'이거나 '게임'이라는 뜻을 가진다. 나담 페어는 오랜 역사를 가지고 있다. 과거에는 나담 페어 기간에 대규모 제사를 지냈는데, 라마들은 분향하고 등불을 켜며 경을 읽고 부처를 노래하면서 신령에게 자기들을 보우하고 재난을 없애줄 것을 빈다. 지금 나담 페어에는 주로 씨름, 경마, 활쏘기 등 민족 전통종목이 망라된다. 어떤 곳에서는 또 육상경기, 줄다리기, 배구, 농구 등 체육 경기종목도 추가한다.

10. 중국 종교현황

중국은 종교가 다양한 나라이다. 중국 종교 신자들이 신봉하는 것은 주로 불교, 도교, 이슬람교, 천주교, 기독교이다. 중국공민은 자신의 신앙과 종교 신분을 자유롭게 선택하고 표현할 수 있다.

불완전한 집계에 의하면 중국에는 약 36만 명의 교직인원이 있으며 법에 의해 등록, 개방한 종교 활동장소가 140,000곳에 달하며 종교 신자들의 수요를 기본적으로 만족시키고 있다. 종교단체가 5,500개에 달하고 각 종교 교무활동이 질서 있게 전개되고 있다. 비준을 거쳐 회복되거나 설립된 각 유형의 종교 학교가 97개에 달하여 비교적 완벽한 종교 학교 교육체계를 형성했다. 종교 경전, 종교 간행물 등 종교 출판물이 법에 따라 인쇄, 유통되고 있다. 2012년까지 중국《성경》인쇄량이 1억여 권에 달하여 중국은 세계에서《성경》을 가장 많이 인쇄한 나라의 하나로 되었다.

전국적인 종교단체로는 중국불교협회, 중국도교협회, 중국이슬람교협회, 중국천주교애국회, 중국천주교 주교단, 중국기독교 '3자'애국운동위원회, 중국기독교협회 등이 있다. 각 종교 단체는 각자의 규약에 따라 지도자와 지도기구를 선거, 산생하며 자주적으로 종교 사무를 처리한다. 그리고 필요에 따라 종교학교를 개설하고 종교 경전을 인쇄, 발행하며 종교 간행물을 출판하고 사회 봉사활동을 진행한다.

11. 중국 주요한 종교

1) 불교

불교는 기원 1세기 전후에 중국에 들어왔으며 기원 4세기 후부터 널리 전해져 점차적으로 중국에서 영향력이 제일 큰 종교로 되었다. 중국 불교는 3대 언어계로 구성되었다. 즉 한어계 불교, 티베트어계 불교, 파리(巴利)어계(또 남방전 불교라고 한다) 불교이다. 이 3대 언어계의 출가 승려들은 20만 명에 달한다. 현재 중국에서 개방된 불교 사찰은 2만여 곳이다.

티베트 불교는 중국 불교의 한 갈래로서 주로 티베트자치구, 내몽골자치구, 청해성 등 곳에서 전해진다. 티베트족, 몽골족, 위구르족, 몬바족, 로바족, 투족은 보편적으로 티베트 불교를 신앙하는데 그 인구는 약 700여 만 명이다. 남방전 불교는 주로 중국 서남부의 운남성 시쌍반나 따이족자치주, 더훙 따이족−징퍼족자치주, 사모(思茅)지역 등에 분포되어 있다. 타이족, 부랑족, 아창족, 와족의 대부분은 남방전 불교를 신앙한다.

2) 도교

도교는 중국 본토 종교로서 1,700여 년의 역사를 가지고 있다. 도교는 중국 고대의 자연숭배와 조상숭배를 계승, 답습하였는데 역사상 교파가 가장 많은 종교중 하나이다. 훗날 점차 전진(全眞)도와 정일(正一)도 두 큰 교파로 변화, 발전되었으며 한족 가운데서 일정한 영향을 갖고 있다.

도교는 엄격한 입교 의식과 규정이 없기 때문에 신자들을 집계하기 어렵다. 중국의 기존 도교 궁전과 도관(觀)은 3,000여 곳이며 도관의 도사들은 남녀 도합 5만여 명 된다.

3] 이슬람교

이슬람교는 기원 7세기에 중국에 들어 왔다. 중국의 회족, 위구르족, 타타르족, 키르기스족, 카자흐족, 우즈베키족, 둥샹족, 쌀라족, 보안족 등 소수민족중 대부분이 이슬람교를 신앙한다. 현재 중국의 이슬람 신도는 2,100만 명을 초과했으며 대부분은 신강위글자치구, 녕하회족자치구 그리고 감숙, 청해, 운남 등 성에 집거하고 있다. 또 기타 각 성과 시에도 분포되어 있다. 현재 중국에는 35,000여 개의 청진사가 있으며 아훙, 이맘 등 교직자는 4만여 명이다.

4] 천주교

천주교는 기원 7세기부터 중국에 들어왔으며 1840년 아편전쟁이후 대규모적으로 중국에 들어왔다. 현재 중국 천주교회 신자가 530만 명을 초과하고 6,000여 개 교회당과 교회소가 있다.

5] 기독교

기독교는 기원 19세기에 중국에 들어왔으며 아편전쟁이후 그 규모가 크게 확대되었다. 1950년 기독교는 "3자(三自)"운동을 전개하고 기독교 계층에서 제국주의의 영향을 숙청하며 애국주의정신을 육성하고 중국 기독교의 자치(自治), 자양(自養), 자전(自傳)을 위해 노력할 것을 호소하였다. 현재 중국의 기독교 신자는 1,600여 만 명을 초과했다.

12. 중국의 종교정책

1949년 중화인민공화국 건국 후 중국정부는 종교 신앙의 자유 정책을 제정, 실시하였으며 국정에 부합되는 정교(政教)관계를 구축하였다. 중국 공민은 자유롭게 신앙을 선택하고 표현할 수 있으며 종교 신분을 밝힐 수 있다. 각종 종교는 지위가 평등하고 조화롭게 공존하며 종교 간 분쟁이 발생한 적이 없다. 종교를 믿거나 믿지 않는 공민들은 서로 존중하고 단합하며 화목하게 보내고 있다.

《중화인민공화국 헌법》에는 하기 규정이 있다. '중화인민공화국 공민은 종교 신앙자유가 있다.', '그 어떤 나라 기관이나 사회단체, 개인이든지 중국 공민에게 강제적으로 종교를 신앙하거나 신앙하지 않도록 할 수 없으며 종교를 신앙하는 공민과 종교를 신앙하지 않는 공민을 차별시해서는 안 된다.', '국가는 정상적인 종교 활동을 보호한다.', '그 어떤 사람이든지 종교를 이용하여 사회질서를 파괴하고 국민의 건강을 해치며 국가교육제도를 방해하는 활동을 해서는 안 된다.', '종교단체와 종교사무는 외국세력의 지배를 받지 않는다.'

중국의 《민족구역자치법》,《민법통칙》,《교육법》,《노동법》,《의무교육법》,《인민대표대회 선거법》,《촌민위원회 조직법》,《광고법》 등 법률에는 이런 규정이 있다. 국민은 종교 신앙에 관계없이 모두 선거권과 피선거권을 가진다. 종교단체의 합법적인 재산은 법률보호를 받는다. 교육과 종교는 서로 분리하며 국민은 종교 신앙에 관계없이 법에 의해 평등하게 교육을 받을 기회를 가진다. 각 민족 인민들은 모두 서로 언어문자, 풍속습관, 종교 신앙을 존중해야 한다. 국민은 취업에서 신앙으로 인해 차별 받지 않는다. 광고, 상표는 민족, 종교에 대한 차별 내용을 포함해서는 안된다.

종교 활동 장소의 합법적인 권익을 수호하기 위해 중국정부는 《종교 활동 장소 관리조례》를 반포하였다. 종교 활동 장소에서 종교 활동을 진행할 경우에도 반드시 법률과 법규를 준수해야 한다. 중국정부는 또 《중화인민공화국 경내 외국인 종교 활동 관리규정》을 반포하고 중국 경내 외국인의 종교 신앙 자유를 존중하고 외국인이 종교 측면에서 중국 종교계와 진행하는 우호적인 내왕과 문화학술 교류활동을 보호한다. 외국인은 중국 경내에서 종교 활동을 진행함에 있어서 반드시 중국의 법률, 법규를 준수해야 한다.

　중국의 종교사업은 중국 각 종교단체와 교직자, 신도들이 진행하며 중국의 종교사무와 종교단체는 외국세력의 지배를 받지 않는다. 중국정부는 헌법과 법률의 규정에 따라 중국 각 종교의 독립 자주적인 활동을 지지한다.

　중국 법률의 규정에 따르면 공민은 종교 신앙 자유의 권리를 누리는 동시에 법률이 규정한 의무를 반드시 이행해야 한다. 중국에서 그 누구든, 모든 종교를 포함한 어떤 단체든 모두 국민의 이익을 수호해야 하며 법률의 존엄을 수호하고 민족단결을 수호하며 국가통일을 수호해야 한다. 이는 유엔 인권문서와 공약의 관련 내용과 일치하다.

제7장

건축

1. 중국건축개관

중국건축은 서양건축, 이슬람건축과 함께 세계 3대 건축체계를 이룬다. 그중 중국건축은 세계적으로 유일하게 목조(木造) 구조를 중심으로 발전한 건축체계이며 중국인의 윤리관과 심미관, 가치관, 자연관을 잘 보여주고 있다. 오랜 문화전통에 기초한 중국 건축예술은 다음과 같은 몇 가지 주요한 특징을 가지고 있다.

황제 지고무상의 사상과 엄격한 신분제도의 영향으로 궁전과 도읍건설에서 성과가 가장 크다. 전반적인 조화의 미를 중요시하면서 건축물들이 가운데 축을 중심으로 서로 대칭이 되는 정원식 구조를 보여주고 있다. 자연을 존중하고 자연과의 고도의 조화를 중요시한다. 중화, 평이, 함축, 무게감의 미를 특별히 추구한다.

건축은 고도로 농축된 역사문화의 예술표현이다. 유교전통사상의 영향으로 중국 고전건축은 완벽하고 중정조화(中正和諧)의 미학적 특징을 보여주고 있다. 한편 '도법자연(道法自然, 본연의 자연스러운 욕망을 따라 자신의 의지로 스스로 그러한 삶을 살아가라)'과 '반자도지동(反者道之動, 반전하는 것이 도의 움직임임. 사물은 극에 달하면 그로부터 반전하는데 그것이 곧 도의 움직임이라는 말)'을 숭상하는 도가사상에 산, 수, 초, 목, 새, 짐승, 벌레, 물고기, 정자, 누각을 망라한 선비원림의 풍격도 함

축되어 있다. 남송 후, 세계적으로 독보적인 '풍수론'을 형성해 건축의 부지선정에서부터 배치와 조림, 금기에서도 역할을 발휘했다.

역사적으로 중국건축은 예술적 특징과 기법에서 다른 나라와의 교류를 중요시했으며 일본, 조선, 베트남, 몽골 등 여러 나라 건축에 큰 영향을 주었다. 오늘에 와서 중국 현대건축은 전통적인 건축양식의 체계를 유지하는 동시에 서양의 건축양식과 특색을 가미해 중국만의 독특한 새로운 건축양식을 형성하고 부단히 진화하고 있다.

한(漢)민족 건축 외에 중국 여러 소수민족 건축도 이색적이어서 전반적인 중국 건축체계의 풍격을 풍부히 하고 있다.

건축유형으로 볼 때 중국건축은 주로 궁전건축, 사찰건축, 원림건축, 능묘건축, 일반 민가 등 5가지 유형으로 나눌 수 있다.

1) 궁전건축

궁전건축은 또 궁정(宮庭)건축이라고도 하는데 황제가 자신의 통치를 공고히 하고 황권의 위엄을 드러내며 정신생활과 물질생활을 누리기 위해 축조한 규모가 거대하고 기세가 웅장한 건축물이다. 이런 건축들은 대부분 금과 옥으로 휘황찬란하게 꾸몄으며 위엄이 있고 그 규모가 크다.

진나라(秦) 때부터 '궁(宮)'은 황제와 황족이 거주하는 곳이었으며 궁전은 황제가 조정의 일을 처리하는 곳이었다. 진나라의 아방궁(阿房宮), 서한의 미앙궁(未央宮) 등은 모두 역사적으로 유명한 '궁'이다. 그 후 중국 궁전건축의 규모는 날로 커졌으며 그 전형적 특징은 바로 큰 지붕에 금빛의 오지기와, 현란한 채색그림과 정교하게 조각이 된 천정, 순백색의 옥돌로 조각한 기반(臺基), 기둥 및 주변의 건축소품 등이다.

황권의 지고무상함과 황권을 핵심으로 한 등급관념을 드러내기 위해 중국 고대 궁전건축은 엄격한 중추대칭의 구도방식을 취했다. 중추선 위에 놓인 건물은 크고 화려하며 양측의 건물은 상대적으로 작고 간단하다. 중국의 예의제도는 조상을 존경하고 효도를 제창하며 오곡을 중시하고 지신에게 제사를 지내는 내용들이 포함되어 있기 때문에 중국궁전의 좌측 앞편에는 일반적으로 조상묘(태묘, 太廟)를 설치해 황제가 조상에게 제사를 지내도록

하고 우측 앞편에는 사직단(社稷壇)을 마련해 황제가 지신과 알곡신에게 제사를 지내도록 한다. 이런 구조를 '좌조우사(左祖右社)'라고 한다. 고대 궁전건축물은 그 자체도 두 부분, 즉 '전조후침(前朝後寢)'으로 나뉜다. '전조(前朝)'란 황제가 조정의 일을 처리하고 큰 의식을 올리는 곳이라는 뜻이고 '후침(後寢)'이란 황제와 황후, 비빈이 거주하는 곳이라는 뜻이다.

북경(北京)의 고궁(故宮)

북경 고궁은 중국 궁전건축의 대표주자이다. 고궁은 또 자금성(紫禁城)이라고도 부르는데 명, 청 두 조대 황제의 궁궐이며 선후로 24명 황제가 이곳에 거주하고 정무를 처리했다. 고궁은 부지면적이 72만㎡이고 9천여 칸의 방이 있으며 주위에는 몇 미터 높이의 붉은 성벽이 둘러싸였는데 둘레가 약 3,400여 미터이고 성 밖에는 호성하가 있다.

고궁은 전후 두 부분으로 나뉜다. 앞부분은 황제가 중대한 의식을 거행하거나 명령을 반포하는 곳으로서 주요건축으로는 태화전(太和殿), 중화전(中和殿), 보화전(保和殿)이 있다.

이런 건축물들은 모두 한백옥으로 된 8m 높이의 기반(台基) 위에 건축되어 있다. 고궁의 뒷부분 – '내정(內廷)'은 황제가 정사를 처리하고 황후와 비빈들이 거주하는 곳으로서 이 부분의 주요 건축물인 건청궁(乾淸宮), 곤녕궁(坤寧宮), 어화원(御花園)은 모두 짙은 생활정취가 묻어난다. 이곳 건축물들은 흔히 화원이나 서재, 관사, 산석 등이 포함되어 있어 각자가 정원을 이룬다.

조대가 바뀌고 전란이 일어나면서 현재까지 남아 내려온 중국 고대 궁전건축은 그리 많지 않다. 현존하는 북경고궁을 제외하고 심양고궁(沈陽故宮)이 있으며 서안(西安)에 한나라, 당나라 두 조대 궁전 유적지 몇 곳이 남아 있다.

2) 사찰건축

사찰은 중국 불교건축물의 하나이다. 인도에서 기원된 사찰건축은 북위(北魏) 때부터 중국에서 흥기하기 시작했다. 중국 봉건사회 문화의 발전과 종교의 흥망을 담은 이런 건축물은 중요한 역사적 가치와 예술적 가치가 있다.

고대 중국인의 건축구조를 통해 심오한 음양우주관과 대칭, 질서, 안정을 숭상하는 심미관을 엿볼 수 있다. 따라서 중국의 불교사원은 중국 고유의 조상과 천지에 제사를 지내는 기능을 접목해 평면 네모 모양과 남북 중추선 구조를 형성하고 엄밀하게 대칭된 건축물의 군락으로 구성되어 있다. 이밖에 정원형식으로 된 불교사찰 건축구도도 적지 않다. 이 두 가지 건축예술구도로 하여 중국의 사찰은 우아하고 장엄한 절의 분위기를 유지하는 동시에 자연의 정취와 함께 심원한 의미도 지닌다.

고대 중국의 사찰구조는 대부분 정면의 중심선에 산문(山門)이 있고 산문 내 좌우에 각각 종루(鐘樓)와 고루(鼓樓)가 위치하며 정면에 천왕전(天王殿)이 있으며 전내에는 4대 금강의 소조상이 있다. 그 뒤로는 대웅보전(大雄寶殿)과 장경루(藏經樓), 승려방(僧房)과 재당(齋堂)이 각기 사찰 중심선 좌우 양측에 있다. 대웅보전은 불교사찰 중 제일 중요하고 방대한 건축이다. '대웅(大雄)'은 불교의 시조 석가모니를 뜻한다. 수나라와 당나라 이전의 불교사찰은 일반적으로 사찰의 앞쪽이나 저택정원의 중심에 탑을 세웠는데 수나라와 당나라 후에는 불당이 보편적으로 불탑을 대신했고 사찰 내에 별도로 된 탑원이 설치되어 있었다.

낙양 백마사(洛陽 白馬寺)

한나라(漢) 때 건축된 하남(河南) 낙양 백마사는 중국에서 관이 주도해 세운 최초의 불교 사찰이다. 사원은 장방형 구도이며 부지가 약 40,000㎡에 달한다. 백마사의 건설은 중국과 동아시아, 동남아지역에서의 불교 발전을 크게 추진했다. 때문에 백마사는 지금까지도 많은 나라 불교 신자들의 참배 성지이다.

오대산(五臺山) 불교건축

산서성(山西省) 오대산은 중국의 유명한 불교 성지로서 고대 불교 건축물이 총 58곳이나 보존되어 있다. 그중 비교적 유명한 사찰건축으로는 당나라 때 건축한 남선사(南禪寺)와 불광사(佛光寺) 등이 있다. 남선사는 중국에 현존한 최초의 목조사찰이고 불광사는 중국의 각 시기 건축양식을 집대성했으며 사찰 내의 건축물과 조각상, 벽화, 필적은 '4절(四絕)'로 불린다.

3) 원림건축

중국의 원림건축은 역사가 유구하여 세계 원림역사에서도 높은 명성을 지니고 있다. 3천여 년 전의 주나라(周) 때 중국에는 이미 최초의 궁중원림이 있었다. 특히 위진(魏晉) 후에 원림을 만드는 기풍이 흥하기 시작하여 원림을 조성하고 즐기며 원림을 감상하는 분위기가 성행했다. 중국의 도시 원림은 종류와 내용이 풍부하고 다채로워 세계 3대 원림체계 중 중요한 자리를 차지한다.

산수를 위주로 하는 중국의 원림건축은 풍격이 독특하며 그 배치 또한 다양해 인공미와 자연미의 융합을 자랑한다. 산과 물을 끼고 건설된 건물은 자연의 미를 최고 경지에로 이끌어 간다. 중국 원림건축에는 방대한 황실원림(皇家園林)과 정교한 개인원림(私家園林)이 포함되는데 치세(治世)와 신선(神仙), 자연(自然) 등 세 가지 경지로 나뉜다.

유가학설 중 실제를 중시하고 높은 사회적 책임감과 윤리도덕적 가치를 중요시하며 정치적 의미의 사상을 원림건축에 반영한 것이 치세경지인데 이런 경지는 황실원림에서 흔히 볼 수 있다. 또한 중국의 도가사상에서 강조하는 명예나 물욕을 탐내지 않는 심신수양의 내용이 원림건축에서는 낭만주의의 심미관으로 구현된다. 신선의 경지는 황가원림과 사찰원림에서 모두 구현이 된다. 예하면 원명원의 봉도요대(蓬島瑤台), 사천 청성산의 고상도관(古常道觀), 호북 무당산의 남암궁(南岩宮) 등이다. 자연경지는 사의(寫意)를 추구하며 원림소유자의 정서나 감정을 중요시한다. 이런 경지는 대부분 문인의 원림에서 흔히 볼 수 있다. 송나라 때의 소순흠(蘇舜欽)의 창랑정(滄浪亭)과 사마광(司馬光)의 독낙원(獨樂園) 등이 대표적인 사례이다.

소주원림(蘇州園林)

1997년에 《세계유산명록》에 등재된 소주 고전원림은 중국 원림건축의 예술특징을 잘 보여준다. 소주원림의 역사는 2천여 년을 거슬러 올라 갈 수 있으며 현존하는 원림은 10여 곳이나 된다. 소주원림은 대부분 부지가 작으며 변화가 현란하고 하나의 예술수법에 얽매이지 않는 수법을 보여주며 중국 산수화조의 정취로 당시(唐詩), 송사(宋詞)의 경지를 표현한다. 특히 제한된 공간에 가산, 수목, 정자, 누각, 연못, 작은 다리 등을 배치하여 작은 것을 통해 큰 것을 보여주는 예술적 효과를 얻어낸다. 그중 널리 알려진 원림건축으로는 창랑정(滄浪亭), 사자림(獅子林), 졸정원(拙政園), 유원(留園) 등이다.

원명원(圓明園)

중국 최고의 황실원림이며 '원림 중의 원림'으로 불리는 북경 원명원은 중국 각지의 원림예술을 집대성하고 서방건축풍격도 일부 받아들였다. 원림 내의 건축은 정교롭고 각이한 모습을 자랑했다. 그러나 화려함을 자랑하던 원명원은 1860년에 영국, 프랑스 연합군의 침탈로 전부 훼손되고 현재는 기와조각과 이리저리 떨어져 나간 담장을 보면서 과거의 아름다웠던 모습을 상상할 수밖에 없다.

원명원의 유적지는 북경 서북부에 있다. 보통 우리가 말하는 원명원은 그에 부속된 장춘원(長春園)과 기춘원(綺春園, 일명 만춘원萬春園이라고도 함)을 포함하는데 이를 '원명삼원(圓明三園)'이라고도 한다. 원명원은 청나라 때 북경 서북부 교외에 있는 궁궐을 벗어난 5개 화원인 '삼산오원(三山五園)'인 향산 정의원(香山靜宜園), 옥천산 정명원(玉泉山靜明園), 만수산 청의원(萬壽山淸漪園), 원명원(圓明園), 창춘원(暢春園) 중에서 규모가 가장 큰 곳으로 면적이 347ha에 달한다.

원명원은 당시 중국에서 제일 훌륭한 원림이었다. 또한 선교사들의 서신이나 보고서 중의 소개를 통해 유럽에까지 그 명성을 떨치면서 18세기 유럽 자연풍경원의 발전에도 일정한 영향을 주었다.

4) 능묘건축

능묘건축은 고대 중국건축의 중요한 건축 양식 중 하나이다. 고대 중국인들은 사람은 죽어도 영혼은 살아있다는 영혼불멸 사상의 영향을 받아 보편적으로 장례를 중요시했다. 때문에 계층을 막론하고 능묘를 만드는 데 정성을 기울였다. 오랜 역사 속에서 중국의 능묘건축은 장족의 발전을 거듭했고 이로 인해 세계적으로 보기 드문 방대한 고대의 황제, 황후 능묘군을 탄생시켰다. 또한 역사 발전 과정에서 점차 회화, 서예, 조각 등의 다양한 예술형식을 능묘건축에 접목하면서 능묘건축은 단순한 묘비건축에서 벗어나 당시 여러 가지 예술성과를 종합적으로 보여주는 복합체로 부상했다.

능묘건축은 중국 고대건축에서 제일 웅장하고 방대한 건축양식 중 하나이다. 능묘건축은 일반적으로 자연지형을 이용해 산과 가까운 곳에 건축한다. 그러나 예외로 평지에 건축하는 사례도 있다.

중국 능원의 배치를 보면 대개 사면에 벽을 쌓고 사면에 문을 내며 네 귀퉁이에 누각을 쌓는다. 능묘 앞에는 돌이 깔린 용도(甬道)가 있고 용도의 양쪽에는 석인(石人)과 석수(石獸)조각상이 있으며 능원 안에는 푸른 소나무가 울창한 숲을 이루어 보는 사람들에게 숙연하고 경건한 느낌을 준다.

진시황릉

섬서(陝西)성 서안(西安)시 여산(驪山) 북쪽 기슭에 위치한 진시황릉은 중국에서 제일 유명한 능묘로서 2천여 년 전에 건축되었다. '세계 8대 기적'으로 불리는 진시황병마용은 바로 진시황릉을 호위하는 '부대'이다. 진시황의 병마용은 기세가 당당하고 조각과 제조기법에서 높은 평가를 받고 있다. 진시황릉은 1987년에 《세계유산명록》에 등재되었다. 세계유산위원회는 진시황의 병마용에 대해 이렇게 평가했다. "진시황릉 주위를 에워싼 병마용은 그 형태가 각각 다르고 그들의 전마와 전차, 무기도 현실에 입각해 만들어진 완벽한 걸작이다. 병마용은 또한 매우 높은 역사적 가치를 보존했다."

섬서성 서안 부근은 중국 제왕능묘가 비교적 집중된 곳이다. 진시황릉을 제외하고도 이곳에는 서한(西漢)의 11명 황제 능묘와 당나라(唐) 18명 황제의 능묘가 있다.

명청황릉

명나라와 청나라 황제의 능은 중국 제왕들의 능묘 중에서 보존이 가장 잘 돼 있다. 명나라 황제들의 능묘는 주로 북경의 창평현(昌平縣)에 있으며 명나라가 북경을 도읍으로 정한 후의 13명 황제의 능묘군이라고 해서 '13능'이라 불린다. 13능은 부지가 40㎢에 달한다. 능묘군 내에는 13명의 황제와 23명의 황후 및 수많은 비빈, 황태자, 공주, 순장 궁녀 등이 묻혀있다.

명13능은 국내에 현존하는 제일 집중되고 완정한 능묘건축군이다. 그중 규모가 제일 웅장한 것은즉 명성조(明成祖) 주체(朱棣)의 능묘인 장릉(長陵)과 명신종(明神宗) 주익균(朱翊鈞)의 능묘인 정릉(定陵)이다. 발굴을 통해 정릉 지하 궁궐의 아치형 벽이 단단할 뿐 아니라 사면에 배수설비가 잘 되어 물이 고인 곳이 적으며 아치형 벽이 한 곳도 허물어지지 않았다는 것을 발견했다. 이는 고대 중국인들이 지하 건축물 축조에서 뛰어난 기술을 장악했음을 단적으로 보여준다.

5] 중국민가

중국 각지의 거주건축물을 일명 민가라고 한다. 거주건축은 제일 기본적인 건축유형으

로 제일 일찍 출현하고 분포가 제일 넓으며 그 수도 가장 많다. 중국 각 지역의 자연환경과 인문상황이 다르기 때문에 각기 다양화한 특징을 나타낸다.

북경 사합원(四合院)

중국 한족지역의 전통민가는 대부분 규칙적인 주택이다. 주로 중추선과 대칭의 방식이며 북경 사합원이 대표적 구조이다. 북경 사합원은 전후 두 부분으로 나뉘고 가운데 본채가 가장 존귀하다. 본채는 가정에서 의식을 진행하거나 손님을 접대하는 곳이고 곁채는 모두 정원을 향해 있는데 안채와 회랑을 통해 연결되어 있다. 북경 사합원은 중국 봉건사회의 종교 법률관념과 가정제도를 구현하고 있다. 그중에서 정원은 넓고 척도가 맞춤하며 조용하고 친근감이 들 뿐만 아니라 꽃과 나무도 심어 아주 이상적인 실외 생활공간으로 활용되고 있다. 화북(華北), 동북(東北)지역의 민가는 대부분 넓은 정원을 가지고 있다.

정방(堂屋)과 토루(土樓)

중국 남방의 주택은 구조가 비교적 빽빽하고 층집이 많은데 작은 장방형 천정을 중심으로 이루어진 정방(堂屋)이 대표적이다. 이런 주택은 외관이 네모난 인장처럼 소박하고 간결하며 남방 각 성에 많이 분포되어 있다.

민남(閩南)과 악북(粵北), 계북(桂北)의 학카(客家)인들이 거주하는 대형 주택군은 원형, 장방형 등으로 되어 있다. 가운데 단층건축과 주변의 4, 5층 건물로 구성된 이런 건축은 방어성격이 강하다. 복건(福建) 영정현(永定縣)의 학카 토루가 그 대표주자이다. 영정에는 정방형, 원형, 8각형, 타원형 등 형태의 학카 토루가 도합 8천여 채나 있는데 규모가 크고 조형이 아름다우며 과학적이면서도 실용적인 특징을 보여주어 기묘한 민가의 세계를 이루고 있다.

복건 토루는 현지의 흙과 모래, 나무로 단층집을 지어 큰 집으로 이어나가 궁극적으로 두텁고 폐쇄적인 '방어성' 보루식 주택인 토루가 이루어진다. 토루는 견고하고 안전하며 폐쇄적이고 또한 강한 종교적 특성을 갖고 있다. 토루 안에는 우물과 양식창고가 있어 전란이나 화적떼의 공격을 당해도 대문만 닫으면 수개월 동안 양식과 물이 바닥날 우려가 없다. 또한 겨울에는 따뜻하고 여름에는 시원하며 내진성이 강하고 바람을 막을 수 있는 특징이 있기 때문에 토루는 학카족이 대대로 내려가며 삶을 이어가는 터전으로 되었다.

소수민족 민가건축

　중국 소수민족지역의 거주건축도 아주 다양하다. 예를 들면 서북부 신강 위구르족의 주택은 대부분 지붕이 평평하고 흙으로 담을 쌓으며 1층에서 3층 높이로 짓고 외부는 정원으로 둘러싼다. 티베트족의 대표적인 민가인 '조방(碉房)'은 돌로 외벽을 쌓고 내부는 목조 평지붕으로 짓는다.

　몽골족은 보통 이동이 가능한 파오에서 생활하지만 서남의 여러 소수민족들은 산이나 강변에 목조구조로 된 누각 모양의 층집을 지어 아래층은 비우고 위층에서 산다. 그중 운남(雲南) 따이족(傣族)의 죽루(竹樓)가 제일 특색 있다. 중국 서남지역의 민가는 묘족(苗族), 투쟈족(土家族)의 조각루(吊脚樓)가 가장 특색 있다. 조각루는 산비탈에 지어 있으며 지반 없이 나무로 전반 건축물을 받든다. 집은 2층이나 3층으로 나뉘어 제일 윗층은 아주 낮아 식량만 두고 사람은 살지 않으며 아래층에서는 잡동사니들을 두거나 가축을 기른다.

▶ 안휘성 황산시 굉촌의 민가

북방의 토굴집과 고성(古城)의 민가

중국 북방 황하 중상류지역에는 토굴식 주택이 많다. 섬서성, 감숙성, 하남성, 산서성 등 황토고원지역의 현지 주민들은 천연적인 토벽을 뚫어 여러 동굴을 이어 놓으며 동굴벽에 벽돌을 붙여 토굴집을 만든다. 토굴집은 방화, 방음 효과가 뛰어날 뿐만 아니라 겨울에는 따뜻하고 여름에는 시원하며 부지도 절약할 수 있어 경제적이다. 특히 자연과 생활을 유기적으로 접목하고 지역조건에 적합한 완벽한 건축형식으로 황토지에 대한 사람들의 사랑과 믿음이 담겨있다.

이밖에 중국에는 비교적 완벽하게 보존된 고성도 있는데 이런 고성 내에는 대량의 고대 민가도 있다. 그중 산서(山西) 평요(平遙)고성과 운남(雲南) 여강(麗江)고성은 1998년에 《세계유산명록》에 등재되었다.

평요(平遙)고성

평요고성은 현존한 가장 완정한 명청시대 고성으로서 중국 한족의 중원지역 고성의 대표작이다. 현재 도시의 성벽, 거리, 민가, 점포, 사찰 등 건축물은 여전히 완정하게 보존되어 있으며 그 건축구조와 특징도 거의 변하지 않았다. 평요는 중국의 정치, 경제, 문화, 군사, 건축, 예술 등 분야의 역사발전을 연구하는 살아있는 표본이다.

여강(麗江)고성

남송(南宋)시기에 건설된 여강고성은 나시족(納西族)의 전통건축과 외래건축의 특징을 융합한 유일한 도시이다. 여강고성은 중원의 도시건축에서 흔히 볼 수 있는 국가예식의 영향을 받지 않아 도시 도로망이 불규칙적이고 삼엄한 성벽도 없다. 흑룡담(黑龍潭)은 고성의 주요한 수원지이다. 담수는 수천 갈래의 물줄기로 갈라져 고성을 에돌아 수로망을 형성해 고성의 곳곳에서 강물이 맴돌고 강가에 수양버들이 물결을 스치는 정경을 볼 수 있다.

2. 중국 고대건축 개관

중국 고대건축은 한족의 목조구조건축을 중심으로 여러 소수민족의 우수한 건축도 포함된다. 기원전 2세기부터 기원 19세기 중엽까지 폐쇄적이고 독립적인 체계를 형성했으

며 높은 심미적 가치와 공예수준으로 심원한 인문적 의미를 가진다. 중국 고대건축 예술은 세계적으로 역사가 가장 유구하고 분포지역도 가장 넓으며 그 풍격도 뚜렷해 독특한 예술체계를 형성하고 있다. 일본, 한국, 조선, 베트남 등 나라의 고대건축은 모두 그 직접적인 영향을 받았으며 17세기 이후의 유럽건축에도 어느 정도 영향을 미쳤다.

중국은 지역이 광활하고 민족이 많기 때문에 고대 중국인들은 상이한 자연과 지리조건에 따라 부동한 양식과 각각의 예술풍격을 띤 고대건축을 창조했다. 중국 북방의 황하 유역에서 옛사람들은 목재와 황토로 집을 지어 추위와 바람을 막았고 중국 남부지역에서는 흙과 나무 외에도 참대와 갈대 등 건축자재를 사용했으며 일부 지방에서는 습기를 막고 공기유통을 강화하기 위해 가옥 하단에 난간식 구조를 선택했다. 이밖에 산속에 거주한 중국 고대인들은 석재 건축물, 수림 속에서는 우물식 건축구조를 많이 활용했다.

중국 고대건축의 발전은 진한(秦漢)시기, 수당(隋唐)시기, 명청(明淸)시기 등 세 개 전성기를 겪었다. 이러한 시기의 건축발전사를 보면 공통점이 있는데 바로 시기마다 대량의 대표성을 띤 건축물을 건설한 것이다.

그러나 건축연대가 오래고 비바람의 침습과 전란으로 인한 훼멸로 역사가 유구한 일부 고대건축은 이미 중국 땅에서 사라졌으며 현재 보존된 중국 고대건축은 대부분 당나라(기원 7세기)와 그 이후의 건축물이다.

1) 당나라 건축

당나라(기원 618년~기원 907년)는 중국 봉건사회 경제문화발전의 전성기였고 건축기술과 건축예술에도 큰 발전을 가져왔다. 당나라 건축은 기세가 웅장하고 엄밀하며 명쾌한 특징이 있다.

당나라 건축은 규모가 방대하고 설계가 엄밀하다. 중국 건축군락의 전반적인 설계특징도 이 시기에 점차 성숙단계에 들어섰다. 당나라 도읍인 장안(長安, 지금의 서안)과 동부 도읍 낙양(洛陽)은 규모가 거대한 궁전과 관청이 건축되어 있고 건축물의 분포 또한 규범적이고 합리적이다. 장안은 그 당시 세계적으로 가장 웅장한 도시로서 그 설계도 중국 고대 도읍 중에서 가장 엄밀하다. 장안성의 제왕 궁전인 대명궁(大明宮)은 아주 웅장한데 그 유적지의 범위는 명청시기 고궁인 자금성의 3배를 훌쩍 넘는다.

당나라 목조건축은 예술가공과 구조조형의 통일을 실현했다. 천정, 기둥, 대들보 등을 망라한 건축물 구성부분은 힘과 미의 완벽한 조화를 이룬다.

당나라의 벽돌건축도 그 성과가 크다. 불탑은 대부분 벽돌을 사용했는데 서안 대안탑(大雁塔)과 소안탑(小雁塔), 대리 천심탑(大理天尋塔)을 포함한 현존하는 당나라 때의 탑은 전부 벽돌탑이다.

2) 원나라 건축

　원나라(기원 1206년~기원 1368년)시기의 중국은 몽골통치자들이 세운 광활한 지역을 소유한 군사제국이었다. 하지만 이 시기, 중국의 경제와 문화발전이 더디고 건축에서의 발전도 쇠퇴기에 처해 대부분 건축은 간단하고 거친 특징을 보인다.

　원나라의 도읍인 대도(오늘의 북경 북부에 위치)는 규모가 크고 그 건축형태도 후세에 이어졌다. 명나라와 청나라 두 시기의 황성인 북경의 규모는 바로 이 시기에 형성되었는데 정방형의 도시구도는 기하도형의 개념을 구현했다. 현존한 원나라 태액지(太掖池) 만세산(萬歲山, 북해경도 北海瓊島)도 원나라의 유명한 건축이다.

　원나라 통치자들은 종교를 숭상하고 특히 불교에 대한 숭배가 강했기 때문에 이 시기에는 종교건축이 유난히 각광을 받았다. 북경의 묘응사 백탑(妙應寺白塔)이 바로 네팔 공예가가 설계하고 건축한 라마탑이다.

3] 송나라 건축

송나라(기원 960년~기원 1279년)는 고대 중국에서 정치와 군사가 비교적 쇠락한 조대이다. 하지만 경제나 수공업, 상업분야에서는 큰 발전을 보였으며 과학기술에서도 비약적인 발전을 이룩했고 그 건축은 새로운 수준에 도달했다. 이 시기의 건축은 당나라의 웅장한 건축풍격과 달리 정교하고 수려하며 장식을 중요시하는 특징이 있다.

송나라의 도시는 거리마다 점포가 분포되어 있고 업종에 따라 거리가 이루어진 구도로 도시소방, 교통운수, 상가, 다리 등 건축이 새로운 발전을 가져왔다. 예하면 청명상하도(淸明上河圖)는 바로 북송의 도읍인 변량(汴梁, 현재의 하남성 개봉河南省開封)의 상업도시 풍격을 잘 표현한 작품이다. 이 시기에 중국 각지에서는 규모가 거대한 건축물을 짓지 않고 건축조합에서의 공간적 층차를 두드러지게 건축하는데 주력해 주체건축물을 돋보이는 동시에 장식과 색채를 더욱 중시했다. 실용적 가치와 형상이 아름답고 입체적인 변화가 다양한 누각도 새로운 경지를 보여주었다. 황학루(黃鶴樓)와 등왕각(滕王閣)에 보존된 그림에서 당시 누각의 흔적을 찾아볼 수 있다.

산서성 태원(太原)시 진사(晉祠)에 있는 정전(正殿)과 어소비량(魚沼飛梁)이 바로 전형적인 송나라 건축이다.

4) 명나라 건축

명나라(기원 1368년~기원 1644년) 때부터 중국은 봉건사회 말기에 들어섰다. 이 시기의 건축은 대부분 송나라의 구조를 계승하여 뚜렷한 변화가 없다. 하지만 건축설계는 규모가 크고 기세가 웅장한 특징을 가진다.

이 시기의 도시설계와 궁전건축은 모두 후세에 전해졌다. 수도 북경과 중국에서 현존한 규모가 가장 큰 옛 도시 남경도 모두 명나라 때 설계, 운영되고 보존된 것이다. 청나라 황제의 궁전도 명나라 궁전을 바탕으로 점차 확장, 보완한 것이다. 이 시기의 수도 북경은 기존 바탕에서 재건된 것인데 외성과 내성, 황성 세 부분으로 나뉘었다. 이밖에 사직단(社稷壇, 현재의 중산공원), 태묘(太廟, 현재의 노동인민문화궁), 천단(天壇) 등은 모두 명나라 때의 걸출한 건축작품이다.

명나라는 웅장한 방어성벽인 장성을 대대적으로 축조했다. 장성의 중요한 구간의 성벽과 보루는 모두 벽돌로 쌓아 그 건축수준도 절정에 달했다. 명나라시기 장성은 동쪽의 압록강(鴨綠江)변으로부터 서쪽 감숙 가욕관(甘肅嘉峪關)에 이르며 총 길이가 5,660㎞에 달한다. 산해관(山海關), 가욕관 등 유명한 관성(關城)은 중국 건축예술에서의 독특한 풍격을 보여주는 걸작이며 북경 팔달령(八達嶺) 장성과 사마대(司馬臺)구간의 장성 등은 또한 비교적 높은 예술적 가치가 있다.

명나라 때에 와서 중국 건축군의 배치는 더욱 성숙되었다. 남경 명효릉(南京明孝陵)과 북경 13릉(北京十三陵)은 지형과 환경을 잘 이용하여 능묘의 엄숙하고 경건한 분위기를 살려낸 빼어난 건축물들이다.

5│ 청나라 건축

청나라(기원 1616년~기원 1911년)는 중국의 마지막 봉건왕조이다. 이 시기 건축은 대체로 명나라의 전통을 본받고 발전과 혁신을 가미해 정교해지고 화려함을 더욱 돋보이게 했다.

청나라의 수도 북경성은 대체로 명나라시기 건축의 원 상태를 보존했으며 성에는 도합 20개의 크고 웅장한 성문이 지어졌으며 이중 대표적인 것은 내성(內城)의 정양문(正陽門)이다. 명나라의 황제궁전을 전승하면서 청나라 황제는 대규모적인 황실원림을 건설했는데 이 모든 원림 건축들이 청나라 시대 건축의 정수라 할 수 있다. 이중에는 화려하고 아름다운 원명원(圓明園)과 이화원(頤和園)이 포함된다. 청나라 건축은 건축군락의 배열과 장식 설계

수준이 상당히 성숙되었다. 특히 원림건축은 지형과 공간을 결부해 조형을 변화함에 있어서 모두 높은 수준을 과시했다. 건축공법에서 이 시기 일부 혁신이 있었다. 오지기와를 도입, 사용했고 벽돌건축에서도 상당한 발전을 보였다. 이 시기 중국 민가건축은 풍부하고 다채로운 자유식형태의 건축이 많이 나타났다.

이 시기에는 풍격이 독특한 티베트 불교건축이 각광을 받았다. 이러한 불교 사찰들은 조형이 다양했는데 기존 사찰건축의 전통적이고 단일한 정형화에서 벗어나 풍부하고 다채로운 건축형식을 창조했다. 북경 옹화궁(雍和宮)과 승덕에 있는 티베트 불교사찰이 대표적이다.

3. 중국 근현대 건축개관

중국 근대건축이란 1840년 아편전쟁이 발발해서부터 1949년 중화인민공화국 건국 전까지의 건축을 말한다. 역사상 중국 전통 건축문화는 20여 개 왕조의 교체 속에서도 여전히 연속성을 유지해 왔지만 1840년 아편전쟁 후 이런 연속성은 전례 없는 도전에 직면하게 되었다.

현대건축은 1949년 중화인민공화국 건국 후 중국건축의 새로운 역사시기를 말한다. 대규모적이고 계획적인 국민경제건설은 건축업의 번영을 추진했다. 중국 현대건축은 수량과 규모, 유형, 지역분포 및 현대화 수준에서 근대의 제한성을 탈피하고 새로운 형태를 보였다.

1] 중국 근대 특색건축

중화인민공화국 건국 전 비록 전통적인 중국의 기존 건축체계가 여전히 수적으로 우세를 차지했지만 극장이나 식당, 여관 등 유흥업과 서비스업 건축, 백화점, 상가, 채소시장과 같은 상업건축들이 나타났다. 서양건축의 풍격도 중국의 건축에서 그 양상을 보였다. 예를 들면 상해, 천진, 청도, 하얼빈, 대련 등 도시의 조계지지역이나 강점된 도시에서 외국영사관과 무역회사, 은행, 레스토랑, 클럽 등 외래건축들이 나타났다. 그중 교회는 이 시기에 최초로 나타난 서양건축유형이다.

주민주택의 변화는 이 시기의 가장 중요한 특징이다. 근대시기 주택패턴은 주로 두 가지로 나뉘는데 하나는 전통적인 민용 주택에서 유래한 것으로 예를 들면 골목, 앞뜰, 대통집, 기루(騎樓, 길이나 골목 위를 가로질러 있는 건물) 등이 있고 다른 하나는 서양의 단독 주택과 연립 주택을 모방한 주택으로 예를 들면 가든식 서양주택과 아파트식 주택이다. 상해의 석

고문 골목주택 등이 그 대표적 건축이다.

이밖에 근대 민족건축도 잇따라 등장했는데 이 부류의 건축은 새로운 기능과 기술, 이미지와 민족풍격을 통합했다. 주목해야 할 점은 이 시기에 중국 제1세대 건축설계사와 건축학자들이 역사 무대에 등장했고 그들은 현대화조건에서 중국 고전건축의 계승과 발전에 진력했다는 것이다. 1928년에는 중국 건축가학회가 설립되었다.

남경 중산릉(南京中山陵)

남경 중산릉은 중국의 위대한 민주주의 혁명가 손중산 선생의 능묘로 남경시 동쪽 교외 종산(鐘山)에 위치해 있다. 전반 능묘건축군은 첩첩산세에 따라 지어져 기세가 웅장하다. 전반 능묘구역은 평면으로 볼 때 큰 종(鐘) 모양으로 종 꼭대기는 산 아래의 반달형 광장이다. 중산릉은 남쪽에서 북쪽으로 중심선을 따라 점차 높아지며 차례로 광장, 석방, 능도, 능문, 패정, 제사당, 묘실이 들어서 있다. 중산릉은 중국과 서양의 특징이 잘 조화된 건축풍격으로 종산의 웅장한 기세와 능원의 여러 건축물, 넓은 녹지, 넓은 통천(通天)계단이 장엄하고 웅장한 통일체를 이루어 '중국 근대 건축사상의 제1능'으로 불린다.

상해평화호텔(上海和平飯店)

상해평화호텔은 1929년에 준공되었다. 상해평화호텔의 원명은 화무(華懋)호텔이며 시카고학파 고딕양식의 건축물이다. 호텔은 높이가 77m이고 도합 12층으로 되었다. 호텔 외벽은 화강암으로 쌓았고 피라미드식 녹색 구리기와를 얹은 뾰족한 탑식 건축물, 회전문, 넓은 홀과 복도, 이태리 대리석으로 깐 바닥과 기둥, 옛 구리식 조명기구 그리고 9개국 풍격의 특별한 스위트룸이 있다. 전반 건축이 화려하고 고풍스러워 '극동의 제1루'로 불리운다.

2] 중국 현대건축의 특색

1949년 중화인민공화국 건국 후 중국건축은 큰 지붕의 설계를 위주로 하는 복고풍시기와 건국 10주년 10대 건축을 대표로 하는 사회주의 건축 풍격시기, 현대설계방법과 민족의 함의를 융합시킨 광주(廣州)풍격시기를 거쳐 건축기술이 철강구조와 철근콘크리트로 과도하는 발전시기로 이어졌다.

현대건축사에서 정치적 요인도 큰 영향을 주었다. 건국10주년을 맞이하기 위해 북경에 신축한 인민대회당, 북경 노동자체육장, 민족문화궁, 북경민족호텔, 조어대국빈관 등을 포함한 10대 건축은 오늘까지도 그 고유의 매력을 발산하며 한 시대의 기억을 환기시키고 있다.

인민대회당(人民大會堂)

북경 천안문광장 서쪽에 위치한 인민대회당은 중국 국가지도자들과 인민대중의 정치, 외교활동 장소이며 중국의 중요한 상징적 건축물의 하나이다. 인민대회당은 1959년에 건축되었으며 총면적이 170,000㎡에 달한다. 웅장한 대회당은 지붕에 황색과 녹색이 섞여 있는 유약기와를 올렸고 크고 웅장한 기둥과 층차가 분명한 사면 건축들이 서로 조화를 이루어 천안문광장 전반의 장엄하고 화려한 구도에 어울린다. 인민대회당의 정문은 천안문광장과 마주하고 있다. 정문 위에는 국장이 상감되어 있고 정면에 높이가 25m인 연회색 대리석 기둥 12개가 있으며 문을 들어가면 바로 고풍스럽고 고상한 풍격의 중앙홀이 있다. 홀 뒤에는 넓이가 76m, 길이가 60m인 만인(萬人) 대회장이 있다. 대회장의 북단은 5000개

좌석이 설치되어 있는 대 연회장이다. 인민대회당에는 100여 개의 홀과 회의실이 있는데 회의실마다 각자의 특색이 있다. 건축풍격으로 보면 인민대회당은 중국의 전통적인 설계 이념을 보유한 기초에서 외국의 건축정수도 흡수해 세련되고 우아한 특징을 보인다.

북경 향산호텔(北京香山飯店)

북경 서쪽 교외 향산공원에 위치한 향산호텔은 1982년에 신축되었으며 미국의 저명한 이오밍페이건축사무소에서 설계했다. 향산호텔의 건축은 중국 원림건축의 특징을 살려 중심선과 공간배열 및 정원의 배치에서 정교로움을 그대로 보여주었다. 향산호텔의 정원 양식의 건축배치는 강남 원림건축의 정교한 특징과 북방원림의 광활한 특징의 조화를 이루었는데 그중 산석, 호수, 화초, 나무는 하얀 벽과 회색 기와식 주체 건축들이 서로 어울리며 정취를 자아낸다. 전반 건축은 중국 전통원림의 건축풍격과 맞물릴 뿐만 아니라 현대 관광기능도 충족시켰다.

4. 중국 새 시기의 건축

　건축학계 다수 학자들은 중국 근, 현대역사와 연관시켜 1976년 중국사회주의 건설 새 시기 후 건축업이 고도성장을 가져왔다고 인정한다. 개혁개방으로 중국건축은 점차 개방과 수용, 다원화의 이념으로 나아가고 있다. 특히 21세기에 들어서서 일련의 랜드 마크로 되는 건축물이 중국의 글로벌화 진척을 주진시켰다.

　1980년대부터 방송업계의 발전에 부응하기 위하여 중국의 각지 들에서는 방송타워를 세웠는데 예를 들면 천진방송타워, 동방명주와 CCTV(구관) 등이다. 21세기에 들어서서 완공된 CCTV 신관과 광주방송타워의 출현은 방송국 건축물에 대한 사람들의 인식을 바꾸어 놓았다. 그 외 각종 기술의 진보에 따라 중국에서는 고층건물 심지어 초고층건물이 나타나기 시작했다. 상해 환구금융센터, 금모빌딩, 대북101빌딩, 홍콩국제금융센터 등이 대표적이다.

　2008년 북경올림픽과 2010년 상해엑스포의 주최는 중국이 건축물의 문화캐리어기능을 활용해 중국건축업이 디자인 혁신과 전통 및 현대화를 융합한 방향으로 나아가고 있음을 전 세계에 과시했다.

　새 시기에 들어서서 중국의 건축은 체육과 문화, 무역 등 상이한 건축유형이 모두 크게 발전했으며 혁신의 흐름과 뛰어난 공법의 특징도 잘 표현했다. 21세기에 들어 현대 느낌이 물씬한 랜드 마크 건축물들이 중국 당대의 발전을 기록하고 있으며 글로벌화 추세에서 새로운 의미를 나타내고 있다.

1] 국가대극장(國家大劇院)

　　2007년에 완공된 국가대극장은 북경 장안거리 남쪽에 위치하고 있으며 중국 최고의 공연예술센터로서 동쪽으로 인민대회당과 마주했다. 부지는 120,000㎡이고 오페라하우스, 콘서트홀, 연극장, 소극장 등 유형이 다른 4개 극장으로 구성되었다. 유리 반, 티타늄 반으로 덮인 대극장은 완만한 타원형 모양으로서 아름다운 곡선을 이루어 마치 명월이 맑고 투명한 인공호수에 떠있는 듯하다.

대극장은 프랑스 파리 항공회사의 건축사 폴 앙드뢰(Paul Andreu)가 설계하였는데 건축 기술과 자재 등에서 새로운 성과를 보여준다. 모양이 참신하고 독특하며 80m의 물밑회랑이 실내외를 관통한다. 드넓은 녹지는 자연원림을 도시에 도입한다는 발상을 따랐고 현대감이 넘친 조형은 주변의 숙엄한 건축물군락과 선명한 콘트라스트를 이룬다. 미래감 넘치는 발상은 건축글로벌화에 대한 사색을 불러일으키는 중국 현대문화의 상징이기도 하다.

2) 상해환구금융센터(上海環球金融中心)와 금무빌딩(金茂大廈)

2003년 개축된 환구금융센터는 수 건물의 높이를 460m에서 492m로 증축했다. 사무실 위주로 사용되며 여행관광과 호텔, 무역, 회의, 전시 등 기능을 겸비한 복합형 빌딩으로서 세계 500대 기업들이 주로 입주해 있다. 환구금융센터의 주체평면은 장방형으로 구성되었는데 '사각'과 '원'의 결합으로 중국문화의 조화로움과 중후함을 표현했다. 상해환구금융센터는 금모빌딩, 동방명주타워와 함께 상해의 새로운 랜드 마크로 부상했다.

다용도 기능을 겸비한 복합형 빌딩-금무빌딩도 환구금융센터와 어깨를 나란히 하면서 포동의 황포강가에 자리 잡고 있다. 1999년 8월에 완공되어 사용에 들어간 금무빌딩은 높이가 420여m이고 주 건물은 88층, 총 건평은 약 290,000㎡에 달한다. 중국전통의 '탑' 조형 설계이념을 바탕으로 계단 모양으로 위로 뻗은 지붕은 중국건축풍격과 현대과학기술의 완벽한 결합이라 할 수 있으며 현대건축예술의 명작이고 또한 중국인들이 수주한 세계 일류의 건축공사이다.

3) 대북101빌딩(臺北101大廈)

2004년에 완공된 대북 101빌딩은 중국 대만(臺灣)의 대북시(臺北市) 신의구(信義區)에 위치하고 있는데 원래는 '대북금융빌딩(臺北金融大廈)'으로 불리웠다. 세계적으로 유명한 초고층 빌딩으로서 높이가 509.2m이고 101층으로 되어 있으며 금융과 상업, 오락과 레저, 관광과 쇼핑 등 용도를 갖고 있다. 빌딩외관은 톱날 모양으로 설계되었는데 이는 바람의 압력을 30%~40% 줄일 수 있다. 옥상에는 무게가 660톤에 달하는 바람차단장치가 달려 있어 관광객 관람용으로도 사용되며 따라서 101빌딩은 세계 최초로 바람차단장치가 외부에 드러난 빌딩이다. 빌딩설계자인 이조원(李祖原)은 상징적 수법으로 중국요소를 생생하게 재생했다. 탑 모양의 외관에서 세부적인 전통토템까지, 그리고 만개한 꽃 같은 첩첩한 구조 등은 곳곳에서 동방의 정취를 다분하게 반영해 동서양 문화를 넘나드는 전형적인 건축예술형식이라 할 수 있다.

4) '새둥지(鳥巢)', '수립방(水立方)' 등 올림픽공사

'새둥지'로 명명된 중국국가경기장은 북경 올림픽공원에 위치하고 있다. 구조물이 외부에 드러난 장식의 설계특징으로 인해 '새둥지'는 올림픽과 당대 중국건축의 상징으로 부상했다. '새둥지'는 당대건축계에서 명망이 높은 헤르조그 앤 드메롱설계사무소와 중국건축설계사 이흥강(李興江), 애미미(艾未未) 등이 팀을 구성해 공동으로 설계했다. '새둥지'의 외형은 둥지와도 비슷해 생명을 잉태하는 의미로 미래에 대한 아름다운 비전을 표현했다.

올림픽공원에 함께 위치한 국가수영센터 '수립방'은 '새둥지'와 함께 북경고궁 중심선 북단 양측에 자리 잡고 있다. '수립방'은 중국과 오스트레일리아 디자이너들이 공동으로 만들었는데 외관은 흐르는 물을 3D로 설계함으로서 중국 전통미학과 생태학의 완벽한 조합이라 할 수 있다.

제8장

교육과 과학기술

1. 세계 최대 규모의 교육

인구대국인 중국은 지금 세계에서 가장 큰 규모의 교육을 실행하고 있으며 현재 각급 각 유형의 학교에서 전일제 교육을 받는 인구는 2억 명이 넘는다.

중국의 교육은 유아교육, 초등교육, 중학교육, 대학교육 등 몇 개 단계로 나뉜다. 정부는 초등학교에서 중학교에 이르기까지 9년제 의무교육을 실시하고 있다. 의무교육 단계의 학생은 등록금을 납부하지 않고 매년 인민폐로 몇백 원의 교재비와 잡비만 내면 된다.

중국정부는 의무교육 발전에 아주 큰 중시를 돌리고 있으며 지속적인 노력을 통해 중국의 의무교육 보급률은 이미 십여 년 전의 80% 미만에서 90% 이상으로 높아졌다. 향후 몇 년간 중국정부는 교육중점을 농촌지역의 의무교육과 대학교육에 두어 모든 어린이들이 학교에 다닐 수 있고 하루 빨리 중국에서 세계일류대학을 건설할 수 있도록 노력을 경주하고 있다.

중국의 교육은 정부가 운영하는 공립교육을 위주로 한다. 최근 몇 년간 사립교육이 일부 발전했지만 전반적으로 볼 때, 교육규모나 교육수준이 공립학교와는 비교가 안 된다.

1) 유아교육

중국의 유아교육은 0세부터 6세까지 학령 전 어린이에 대한 교육을 말한다. 현재 중국의 유아 인구는 1억 명 정도로서 세계 학령 전 어린이의 5분의 1을 차지한다.

중국에서 유아교육은 주로 유치원과 학전 반을 통해 진행된다. 중국교육부는 상이한 연령 어린이들의 발육정도, 심리특징에 근거해 유아교육대강을 제정했다. 각 유아교육기구는 교육대강에 근거하여 주로 어린이들에게 인식, 언어, 숫자, 생활습관 등과 관련해 교육과 양성을 하고 있다.

중국에서 일반 유치원은 3살에서 6살까지의 어린이를 원생으로 모집하고 있으며 일부 유치원은 나이가 더 어린 원생들도 모집하고 있다. 현재 중국에는 약 20만여 개 유치원이 있으며 반 이상의 적령어린이들이 교육기구에서 교육을 받고 있다. 그 나머지 어린이들은 연령, 경제 등 원인으로 대부분 학부모들이 보살피고 있다.

중국의 유치원은 공립과 사립 두 유형으로 나뉜다. 공립유치원은 대부분 운영기간이 길고 교육경험과 성숙한 패턴을 갖추고 있으며 비용이 낮은 반면 사립유치원은 비용이 높고 각자의 특색을 가지고 있다. 이들 유치원은 시장수요에 따라 교육내용, 방법 등에 대해 적시적인 조절을 진행한다. 시장경제의 발전과 함께 사립유치원이 점차 늘어나 현재 약 60%를 차지하며 그 숫자에서 공립유치원을 훨씬 초과한다. 중국정부는 사립유치원의 존재를 승인할 뿐만 아니라 적극적으로 사립유치원을 지지한다고 명확히 제기했다.

2) 소학교(小學校)단계 교육

중국의 소학교육 즉 초등교육은 6살부터 시작된다. 중국 의무교육법의 규정에 따라 국가는 적령어린이에 대해 의무교육을 실시하며 등록금을 받지 않지만 일부 교재비와 잡비를 납부해야 하며 그 금액은 매년 인민폐로 약 몇백 원이다. 동시에 중국정부는 농촌지역과 가정생활이 어려운 도시 학생의 잡부금과 교재비를 면제하며 기숙생들에게는 생활비를 지원하고 있다.

중국의 초등교육기간은 약 6년이며 주로 어문, 수학, 과학, 외국어, 품성, 음악, 체육 등 과목을 가르친다. 최신통계에 의하면 현재 중국에는 20여 만 개 초등학교가 있으며 재학생은 약 1억 명이다. 동령인구의 초등학교 입학율은 98% 이상에 달한다.

의무교육단계에 처해있기 때문에 중국의 초등학교는 대부분 공립이며 학생은 거주지 부근의 학교에 입학한다. 중국교육부문은 현재 여건이 취약한 학교의 교수조건을 개선해 학생들이 더욱 공평한 의무교육을 받을 수 있도록 노력하고 있으며 동시에 인구 거주가 분산된 일부 농촌지역에 대해서는 시설조건이 비교적 좋은 중심학교에 학생들을 집중시켜 그 곳에서 기숙생활을 하면서 공부하는 집중교육을 실시하고 있다.

3) 초중(初中)단계 교육

중국의 초중교육 즉 중등교육은 의무교육으로서 등록금이 없고 일부 교재비와 잡비만 있다. 매년 비용은 인민폐로 약 몇백 위안이다. 초등교육과 마찬가지로 중국정부는 농촌지역과 가정생활이 어려운 도시 학생에 한해 잡부금과 교재비를 면제하며 기숙생들에게는 생활비를 지급한다.

중국의 중등교육기간은 대부분 3년이며 주로 국어, 수학, 외국어, 물리, 화학, 사상품성, 정보 등 과목을 가르친다. 최신 통계에 의하면 현재 중국에는 5만여 개의 중학교가 있으며 재학생은 5천여 만 명이다. 동령인구의 중학교 입학률은 90% 이상이다. 중국의 대부분 중학교는 모두 공립이다.

의무교육단계에 처해있기 때문에 초등학교에서 중학교 입학은 입학시험이 따로 필요 없으며 교육부문은 학생이 다니던 초등학교의 주소지와 개인 자원에 따라 학생이 다니게 될 중학교를 확정한다. 동시에 농촌지역은 학생들을 시설이 비교적 좋은 중심학교에 집중시켜 그곳에서 기숙하면서 공부하는 집중교육을 실시한다. 중국은 또한 각지 교육자원 공유목표를 실현하기 위해 교육정보화 추진에 진력하고 원격교육을 대대적으로 발전시키고 있다.

4) 고중(高中)단계 교육

중국의 고중교육 즉 고등교육은 중학교 이후 고등학교 단계에 이르는 교육을 말하며 일반고등학교와 성인교육고등학교, 직업고등학교, 중등전문학교 등이 포함된다.

중국의 고등교육은 비의무교육으로서 학생은 반드시 등록금을 납부해야 한다. 등록금은 각지의 경제상황에 따라 다른지만 일반적으로 매년 인민폐 몇천 위안에 달한다.

중국의 고등교육은 대부분 3년이며 주로 어문, 수학, 외국어, 물리, 화학, 생물, 정보 등 과목을 가르친다. 중국의 고등학교 대부분은 공립이지만 고등학교 단계의 교육은 비의무교육이기 때문에 최근 몇 년간 일부 사립 고등학교도 등장하기 시작했다.

중국에서 고등학교에 진학하려면 입학시험에 통과해야 한다. 학교는 학생 개인의 지원과 성적을 토대로 우수한 학생을 선발한다. 입학시험은 각지 교육부문이 일괄적으로 출제하며 입학점수기준을 확정한다. 최신 통계에 의하면 현재 중국에는 3만여 개 고등학교가 있으며 재학생수는 4천여 만 명에 달한다. 동령인구의 고등학교 입학률은 80% 이상에 달한다.

5) 대학교단계 교육

중국의 대학교육은 전문대학, 4년제 대학, 석사과정, 박사과정 등 몇 개 단계로 나뉜다. 대학교는 일반대학교, 고등직업학교, 방송대학, 성인대학 등 몇 가지 종류로 나뉜다.

중국의 대학교육은 100여 년의 역사를 자랑한다. 최신 통계에 의하면 현재 중국에는 2,000개를 넘는 대학이 있으며 재학생 수는 2천만 명을 초과한다.

중국에서 대학에 입학하려면 대학입학시험을 통과해야 하며 학교는 학생의 개인 지망과 성적을 토대로 우수한 학생을 선발한다. 대학입시는 교육부 또는 각 성 교육부문이 일괄적으로 출제하며 입학점수 선을 확정한다.

중국의 대학교육은 공립대학을 위주로 하며 유명한 대학은 모두 공립이다.

중국의 대학단계교육은 공립교육과 사립교육 간, 일반교육과 직업교육 간의 경쟁이 존재한다. 동시에 주민소득수준이 점차 향상됨에 따라 해외 유학열풍도 지속적으로 높아지면서 중국 국내 대학교육은 해외 대학들과의 경쟁에 직면해 있다.

6) 고등학교 입학시험

중국에서 고등학교에 진학하는 시험을 '중고(中考)'라고 부른다.

고등학교 입학시험은 각지 교육부문이 일괄적으로 출제한다. 시험과목은 주로 어문, 외국어, 수학, 물리, 화학 등이다. 시험시간은 일반적으로 매년 6월이다.

과거 수험생은 고등학교 입학시험에서 우수한 성적을 취득해야만 고등교육 단계에 편입되었고 대학에 갈 기회가 주어졌으며 나중에 비교적 훌륭한 직장을 찾을 수 있었다. 하지만 현재 이런 상황들이 많이 개변되고 있다. 현재 중국의 고등학교 진학률이 90%에 육박하기 때문에 사실상 대부분 학생들에게 계속 공부할 기회가 주어진다.

7) 대학입학시험

중국의 대학입학시험은 교육부문이 반포한 시험대강을 지도로 국가 또는 성급 교육부문에서 일괄적으로 출제한다. 시험시간은 매년 6월 7일에 시작되어 2~3일간 진행된다.

대학시험은 중국에서 줄곧 사회의 주목을 받아왔지만 최근 몇 년간 대학의 학생정원 확대 및 입학률의 향상과 함께 수험생들과 학부모들의 압력도 다소 경감되었다. 그럼에도 불구하고 매년 대학입시는 여전히 사회가 주목하는 핫이슈로 된다. 현재 중국의 대학입학 진학률은 평균 50%를 초과하며 일부 교육수준이 높은 지역은 70~80%에 달한다.

대학입학시험은 중국 공민이 학력을 취득하는 유일한 루트가 아니다. 대학교육독학시험과 성인대학시험, 원격학력교육 등 루트를 통해 취득한 학력은 모두 국가교육부에서 인정한다. 개인의 자습과 사회의 도움, 국가시험을 접목한 대학교육형식인 독학시험은 중국 대학교육시스템의 중요한 구성부분이다.

8) 대학원생시험

대학원생시험은 대학 또는 연구기구에서 대학원생을 모집하는 입학시험을 말한다. 시험은 석사와 박사 두 개 단계로 나뉜다.

중국의 석사시험은 필기시험과 면접시험 두 부분으로 나뉜다. 필기시험의 공공과목은 교육부의 통일출제로 이루어지며 최저입학 점수기준을 확정한다. 예하면 문과를 지원한 수험생은 정치, 외국어시험을 거쳐야 하며 이공과를 지원한 수험생은 정치, 외국어, 수학시험을 거친다. 전공과목시험은 대학교 또는 연구기구에서 자주적으로 시험과목, 내용, 입학점수기준을 확정하며 수험생은 필기시험의 입학점수기준에 도달한 후 면접시험에 참가하게 된다. 대학교 또는 연구기구는 필기시험과 면접시험의 성적에 따라 우수한 학생을 선발한다.

박사시험은 주로 학생을 모집하는 대학과 연구기구에서 자주적으로 진행한다. 만약 수험생이 석사학위를 취득하였다면 본 전공을 지원할 수 있으며 다만 외국어와 2~3개의 전공과 필기시험, 면접시험을 보면 된다. 만약 본 전공이 아니거나 석사동등학력의 신분으로 박사대학원생 시험에 참가한다면 5~6개 과목의 필기시험과 면접시험을 통과해야 한다.

9) 자격증시험

학력교육을 대상으로 한 시험 외에 중국에는 또 각종 자격증 취득을 위해 진행하는 여러 가지 시험이 있다. 이런 시험은 흔히 취업률 향상의 스펙으로 인정되고 있으며 취업능력이나 자신의 기능을 보여줄 수 있는 증명으로 되고 있다.

현재 중국에서 참가인원수가 비교적 많은 증서시험은 주로 외국어능력평가시험, 컴퓨터, 음악, 무용 급수시험, 법률, 회계 등 각종 업무수행 능력시험 등이 있다. 이밖에 중국경제의 글로벌화와 더불어 일부 국제적인 직업자격 및 수평고시도 실시되고 있다.

중국의 자격증시험은 대부분 몇 개 등급으로 나뉘어져 자격증 소유자의 등급별 수준을 보여주고 있다. 때문에 많은 자격증시험은 한 번에 완성되는 것이 아니며 수험생은 계속 공부하고 수준을 향상해야 한다.

10) 중국대학개관

최근 몇 년간 중국은 공립대학의 학생정원모집 규모를 대대적으로 확대했다. 현재 중국 대학의 재학생 수는 1998년보다 몇 배 증가해 2,000여 만 명에 달한다.

현재 중국에는 약 4,000여 개 대학교가 있으며 그중 2,000여 개가 일반대학이다. 중국의 대학교육은 전문대학, 4년제 대학, 석사대학원생, 박사대학원생 등 몇 개 등급으로 나뉜다.

현재 중국의 대학교는 학점제를 실시하고 있으며 일반적으로 전문대는 3년, 일반대학은 4년, 석, 박사는 각각 2~3년이다.

중국의 대학교는 국립대학을 위주로 하며 연구를 겸한 종합대학은 모두 국립 일반대학에 집중되어 있다. 최근 사립대학이 신속히 발전하고 있으며 일부 사립대학은 규모도 아주 크다. 하지만 학교운영 차원, 수준에서 명망이 높은 국립대학과 비길 때 모두 일정한 차이를 보인다.

북경대학교(北京大學)

1898년에 설립된 북경대학교의 전신(前身)은 경사대학당(京師大學堂)이다. 북경대학은 중국 최초의 국립대학일 뿐만 아니라 중국 근대에 처음으로 '대학'의 신분과 명칭으로 설립한 학교이다. 북경대학의 설립은 중국 근대 대학교육의 시작을 의미한다.

백여 년의 발전을 거쳐 현재 북경대학교에는 인문학부, 사회과학학부, 이(理)학부, 정보 및 공정학부, 의학부 등 5개 학부(学部)가 설치되어 있으며 60개 대학, 200여 개 연구소(센터), 10여 개 부속 및 교학병원이 있다. 북경대학의 중문, 외국어, 역사, 물리, 생물 등 학과는 전국적으로 유명하다.

현재 북경대학교의 일반대학과 전문대 학부 재학생은 15,000명이며 석, 박사는 15,000명이다. 북경대학에는 또한 많은 외국유학생도 있다. 북경대학 도서관은 아시아에서 가장 큰 대학도서관으로서 600만 권의 소장 도서를 가지고 있다. 북경대학 사이트를 http://www.pku.edu.cn 을 방문하면 북경대학의 더 많은 내용을 알아 볼 수 있다.

청화대학교(淸華大學)

중국 수도 북경에 위치한 청화대학교는 중국에서 이공과 계열로 가장 유명한 대학이고 연구를 겸한 종합 국립대학으로서 약 백 년의 역사를 가지고 있다. 청화대학은 현재 중국에서 가장 중요한 엘리트 인재육성기지의 하나이다.

현재 청화대학교에는 이대, 건축대학, 토목수리대학, 기계공대, 정보과학기술대학, 인문사회과학대학, 경제관리대학, 법대, 미대, 공공관리대학, 응용기술대 등 19개 대학에 도합 56개 학부가 있다.

청화대학의 건축, 컴퓨터, 자동차, 고 에너지 물리 등 학과는 중국에서 아주 높은 평가를 받고 있다. 약 20년 동안 청화대학은 종합대학으로 발전해왔으며 선후로 관리, 중문, 언론 등 많은 사회과학류 학과를 증설하고 의대 건설도 준비 중에 있다.

청화대학의 현재 교직원은 약 10,000명, 재학 중인 전일제학생은 40,000여 명, 그중 본과생이 15,000명이고 석, 박사가 약 25,000명이다. 또한 많은 외국유학생들도 청화대학을 선택하고 있다.

청화대학은 높은 학술 수준, 높은 교수품질로 전국에서 유명하며 세계적으로도 평판이 높다. 청화대학교 사이트 http://www.tsinghua.edu.cn을 방문하면 청화대학교의 더 많은 내용을 알 수 있다.

복단대학교(複旦大學)

중국 최대의 상공도시 상해에 자리 잡은 복단대학교는 중국에서 문, 이과로 유명한 종합대학일 뿐만 아니라 중국에서 역사가 가장 오래된 대학의 하나이기도 하다.

현재 이 대학은 인문, 사회, 자연, 기술, 관리 및 의학과학 등 많은 학과를 보유하고 있으며 외국어대학, 매스컴대학, 생명과학대학, 상해의대, 소프트웨어대학 등 30개 대학(학부)이 있다. 복단대학은 현재 국제적으로 영향력이 있는 학술중심으로 부상했다. 복단대학교의 11개 1급 학과와 19개 2급 학과가 국가중점학과로 선정되었다. 대학에는 다양한 연구기구 약 300개가 있는데 그중 국가중점실험실이 5개, 성급 부급(省部級) 이상 중점실험실이 38개가 망라된다.

현재 복단대학의 학부생 수는 14,100명이고 대학원생 수는 14,800명이다. 학교의 교직원은 5,800명이다. 외국유학생교육은 복단대학이 글로벌화를 실현하는 중요한 영역이다.

복단대학은 중화인민공화국 건국 후 제일 처음으로 외국유학생을 모집한 대학교의 하나이다. 복단대학에 재학 중인 유학생 규모는 중국 종합대학 중 1위이다. 현재 재학 중인 외국유학생은 연 7,000명에 달하며 120개 국가와 지역에서 왔다. 복단대학교 사이트 http://www.fudan.edu.cn을 방문하면 복단대학교의 더 많은 내용을 알 수 있다.

북경사범대학교(北京師範大學)

1902년에 설립된 북경사범대학교는 중국 역사상 최초의 사범대학이며 중국에서 가장 유명한 사범대학이고 각 부류의 교사를 육성하는 중요한 기지이기도 하다.

북경사범대학에는 현재 교육대학, 교사육성대학, 한어문화대학, 심리대학 등 22개 대학이 있다. 이 대학교의 교육학, 심리학, 학령전교육 등 학과는 중국에서 아주 유명하다.

북경사범대학에는 현재 교직원이 약 3,100여 명, 재학생이 20,000여 명이 있으며 그중 전일제 학부생 수는 약 9,000명이고 대학원생이 11,000여 명, 유학생이 1,800여 명이다.

북경사범대학이 소장한 문헌은 410여 만 권에 달하고 데이터자원량은 약 17,300GB이다. 그중 전자도서용량은 1,400GB이다.

북경사범대학교의 사이트 http://www.bnu.edu.cn을 방문하면 북경사범대학교의 더 많은 내용을 알 수 있다.

남경대학교(南京大學)

중국 동남부의 강소성 남경시에 위치한 남경대학교는 이공(理工)과를 위주로 하는 대학이다. 또한 중국 명문대 반열에 오른 신예 대학이기도 하다.

현재 남경대학에는 문과대학, 이공대, 지질대학, 의대 등 16개 대학과 43개 학부가 있으며 약 2,000명의 교사가 있고 재학생은 50,000여 명이다.

남경대학은 중국국제학술교류활동에서 가장 활약적인 대학의 하나로서 이정도(李政道), 정조중(丁肇中), 양진녕(楊振宁), 프리고진(Prigogine), 글래쇼(SL Glashow), 먼델(Robert Alexander Mundell) 등 노벨수상자들에게 남경대학 명예교수 또는 명예박사칭호를 수여했다. 남경대학교 사이트 http://www.nju.edu.cn을 방문하면 더 많은 내용을 알 수 있다.

중산대학교(中山大學)

　중국 남부 광동성 광주시에 자리 잡고 있는 중산대학교는 문과, 이과를 기초로 한 종합 대학이다. 중산대학은 중국민주혁명의 선구자인 손중산(孫中山)선생이 1924년에 설립한 대학이다.

　현재 중산대학에는 인문과학대학, 영남(嶺南)대학, 수학 및 컴퓨터과학대학, 중산의대 등 42개 대학과 110여 개 전공이 있다. 대학교에는 선진적인 수준, 완벽한 설비를 갖춘 실험실과 과학연구기지가 여러 개 있다. 대학교 재학생은 약 50,000명이며 그중 학부생이 30,000여 명, 석사생이 약 11,000명, 박사생이 4,000여 명, 외국유학생 1,000여 명이다. 중산대학 도서관은 중국 동남부에서 장서가 가장 많은 도서관의 하나이다. 중산대학교 사이트 http://www.zsu.edu.cn을 방문하면 더 많은 내용을 알 수 있다.

무한대학교(武漢大學)

무한대학교는 중국 중부 호북성 무한시에 위치해 있으며 중국에서 학과 종류가 가장 구진하고 연구를 겸한 종합대학이다. 현재 무한대학교에는 철학, 경제학, 법학, 교육학, 문학, 역사학, 이(理)학, 공(工)학, 농학, 의학, 관리학 등 11개 큰 부류의 학과가 있으며 37개 대학에 119개의 전공이 있다. 대학교의 현직 교사는 3,000여 명, 재학생은 50,000여 명이며 그중 석사가 약 10,000명이다. 괄목할만한 학교 운영성과를 거둔 무한대학은 수많은 국제 영예를 받았고 국제교류와 협력이 날로 활성화되고 있다. 무한대학은 현재 44개 국가와 지역의 370여 개 대학 또는 연구기구와 협력교류관계를 구축했다.

낙가산(珞珈山) 기슭에 자리 잡은 무한대학은 풍경이 수려해 중국에서 가장 아름다운 캠퍼스로 불리우고 있다. 무한대학교 사이트 http://www.whu.edu.cn을 방문하면 더 많은 내용을 알 수 있다.

절강대학교(浙江大學)

중국 동남부의 절강성 항주시에 자리 잡고 있는 절강대학교는 현재 중국에서 규모가 가장 크고 학과 종류가 가장 구전하며 연구를 겸한 종합대학의 하나이며 국제적으로도 비교적 큰 영향력을 가지고 있다.

절강대학교의 학과에는 철학, 경제학, 법학, 교육학, 문학, 역사학, 이학, 공학, 농학, 의학, 관리학 등 12개 큰 부류가 포함된다. 현재 학교의 교직원은 3,000여 명, 전일제 재학생 수는 40,000여 명이다. 그중 석사생이 10,000여 명, 박사생이 8,000여 명, 외국유학생이 3,000여 명이다.

절강대학은 경제학, 법학, 이학 등 학과에서 비교적 높은 학술성과를 이룩했다. 절강대학의 6개 캠퍼스 도서관의 총 장서량은 640만여 권으로서 중국에서 규모가 가장 크고 장서량이 가장 많으며 학과 커버가 가장 전면적인 종합성 대학도서관이다. 절강대학교 사이트 http://www.zju.edu.cn을 방문하면 더 많은 내용을 알 수 있다.

상해교통대학교(上海交通大學)

상해교통대학은 이과를 기초로 하고 공과를 중심으로 하는 중국 명문대학이다. 1896년에 설립된 상해교통대학교에는 선박 및 해양공정, 기계 및 동력공정, 전자정보 및 전기공정 등 28개 대학이 있으며 이과, 공과, 문과, 관리, 농업, 경제, 법학, 교육 등 학과분류를 포함하고 있다. 그중 통신 및 전자시스템, 선박 및 해양공정, 자동통제, 복합소재, 금속가소성 가공 등 몇몇 학과는 세계 일류 수준에 근접했다.

현재 이 대학에는 전일제 재학생이 16,000여 명, 석, 박사 대학원생이 25,000여 명이다. 다년간 상해교통대학은 국가를 위해 뛰어난 정치가, 사회 활동가, 사업가, 과학자, 교수 및 공정기술전문가를 망라한 10만 여 명에 달하는 우수한 인재를 육성했다. 상해교통대학교의 사이트 http://www.sjtu.edu.cn을 방문하면 더 많은 내용을 알 수 있다.

11] 중국유학개관

최근 연간 중국 경제가 고속성장을 이룩하고 국제적인 위상이 날로 향상됨에 따라 갈수록 많은 외국청년들이 중국 유학을 선택하고 있다. 현재 재 중국 유학생은 32만 명에 달하며 그중 자비유학생이 90% 이상을 차지한다.

유학생들이 중국에서 주로 선택하는 학과로는 중국어, 중국문화, 중국역사, 중의약 등 중

국특색이 있는 전공이며 최근에는 법률, 재정 및 경제, 회계, 이공과 등 전공에까지 확대되어 있다.

중국은 또한 중국에 오는 유학생규모를 더 한층 확대할 수 있는 조치를 취했다. 예하면 유학생이 캠퍼스 외의 주민아파트에 거주하는 것을 허락해 그들이 일반인들과 더욱 많이 접촉하도록 함으로써 중국에 대한 그들의 이해를 깊이 했다. 석사 과정에는 영어와 중국어 공동수업의 방식으로 중국어수준이 낮은 학생들을 흡인했다.

최근 연간 해외 공자아카데미가 지속적으로 증설됨에 따라 갈수록 많은 해외 학생들이 중국어와 중국문화를 배우는 과정에 중국에 대해 호감을 가지고 중국을 긍정적으로 생각하며 최종 중국 유학을 선택한다.

중국은 외국 유학생들에게 다양한 발전 플랫폼을 제공해주었을 뿐만 아니라 중국 유학 졸업생들에게 대량의 취업 선택의 기회를 제공해 주었다. 외국 학생들은 중국 유학을 통해 시야를 넓히고 자신의 가치를 제고할 수 있을 뿐만 아니라 중국 유학 경력은 또한 그들의 미래 인생기획과 자신의 미래발전에 모두 중요한 역할을 하게 될 것이다.

중국정부는 각 대학의 외국 유학생 유치를 더 한층 강화해 2020년에 가서 연간 재중 유학생 50만 명 목표를 실현함으로써 중국을 아시아에서 가장 큰 유학 목적지 국가로 건설할 기획이다.

12) 중국에서의 대학공부

중국에 와서 대학에 입학하려면 상응한 학력과 일정한 중국어수준을 갖춰야 하며 각 대학의 요구에 따라 입학시험도 치러야 한다. 응시생은 인터넷을 통해 중국의 대학과 연락할 수 있으며 일단 입학에 합격하면 아주 편리하게 중국에 오는 수속절차를 밟을 수 있다. 현재 중국의 300여 개 대학에서 유학생을 모집하고 있다.

중국의 대학 등록금은 비교적 저렴하며 입학 대학과 전공에 따라 구별된다. 현재 일반적으로 연간 인민폐 20,000원 정도다.

현재 중국정부는 연간 수억 원의 자금을 들여 여러 나라에서 온 수만 명 학생들의 중국 유학을 지원하고 있다.

2. 중국과학기술개관

최근 몇 년간 중국정부는 '과학과 교육으로 나라를 발전시키는' 전략을 실시하면서 과학기술의 발전을 중시하고 과학연구와 기술개발의 투입을 대폭 늘렸다. 2012년 중국이 과학연구와 기술개발에 사용한 경비는 인민폐로 1조 원을 초과해 세계 제3위에 올랐다.

중국정부의 과학기술사업은 주로 국가급 과학기술발전계획을 통해 실시된다. 현재 중국의 주요 과학기술계획에는 기초연구, 첨단기술연구개발, 농업영역, 첨단기술 산업 발전 및 우주기술, 국방 등 여러 분야가 포함된다. 이런 계획은 중국과학기술부가 주최한 해당 전문가팀의 연구토론을 거쳐 입안되고 다시 공개 입찰의 방식을 통해 과학연구기구를 선정한다.

다년간의 발전을 거쳐 중국은 이미 종류가 비교적 구전한 과학연구 및 기술개발능력을 갖추었다. 일부 기초연구영역과 개별적인 첨단기술영역에서 중국의 연구 성과는 국제선진수준에 도달했거나 근접했다.

중국은 세계적으로 처음 역분화줄기세포(iPS세포)를 통해 생체 쥐를 제조함으로써 포유동물 복제분야에서 새로운 길을 개척했다.

최첨단기술연구영역에서 유인우주선과 달 탐사 공정에서 중대한 진전을 이룩했고 신주 계열우주선의 발사 성공으로 세계에서 세 번째로 우주 유영기술을 장악한 나라가 되었다.

상아1호와 상아2호가 잇달아 발사에 성공하면서 중국은 세계에서 다섯 번째로 달 탐사기기를 발사한 나라로 되었다.

최고 성능을 자랑하는 '은하2호' 슈퍼컴퓨터의 성공적인 개발로 연산 처리속도가 세계 첫 자리를 차지한다.

'교룡호' 심해 유인 잠수함이 7,000m 수심 잠수 기록을 세우면서 중국은 세계 최초로 7,000m 수심의 유인 잠수 능력을 보유한 나라가 되었다.

1) 중국 국가급 과학기술발전계획

기초연구계획

중국은 기초연구 분야의 국가계획을 국가중점기초연구발전계획이라 부른다. 1997년 3월부터 실시되었으므로 '973'계획이라고도 부른다.

'973'계획의 중점연구 분야에는 농업, 에너지, 정보, 자원 환경, 인구와 건강, 소재 등 분야와 국민경제, 사회발전, 과학기술 자체발전에 관련된 중대한 과학과제가 포함된다. 이 계획은 여러 학과로 분류돼 종합연구를 진행하며 문제 해결에 이론적 근거와 과학적 기초를 제공한다.

최근 몇 년간 중국정부는 이 계획에 인민폐로 수십억 원의 자금을 투입해 300여 개 프로젝트를 가동했다. 현재 일부 프로젝트는 일련의 과학연구 성과를 거두었다. 중국과학자들은 나노미터 과학기술, 유전자, 대뇌과학, 고생물학 등 분야에서 괄목할만한 성과를 거두었다. 예하면 중국 과학자들은 2002년에 논벼 유전자 순서 측정을 성공적으로 마친 뒤 지난 해 또 논벼 기능 유전자 복제에 성공했다.

첨단기술연구계획

중국은 첨단기술 분야의 국가계획을 국가첨단기술연구발전계획이라고 한다. 이 계획은 1986년 3월에 중국의 유명한 과학자 4명이 제출했으므로 '863'계획이라고도 부른다.

'863'계획은 세계 첨단기술 발전추세와 중국의 수요 및 능력으로부터 출발해 생물기술과 우주기술, 정보기술, 레이저기술, 자동화기술, 에너지 기술, 신소재기술 등 7개 분야의 15개 테마를 연구와 개발의 중점으로 삼고 있다.

'863'계획의 실시를 통해 중국은 점차 중국의 실정에 맞는 첨단기술 연구개발 전략을 형성했으며 첨단기술 연구와 개발의 총체적인 배치를 마치고 일련의 첨단기술 연구와 첨단기술제품 개발기지를 설립했으며 신세대 첨단기술 인재를 육성했다. 중국은 이 분야에서 국제수준에 도달한 일련의 성과를 획득했으며 많은 중대하고 관건적인 기술의 돌파를 가져와 중국 첨단기술 연구개발 수준을 크게 제고했으며 중국의 과학기술 실력을 강화했다. 예를 들어 중국은 '방주(方舟)', '용심(龍芯)' 칩을 성공적으로 연구, 제작하여 중국 정보산업의 '제로 칩' 역사에 종지부를 찍었다.

농업과학기술계획

중국은 농업분야의 과학기술계획을 '스파크 프로그램'이라고 한다. 스파크- '불꽃'이란 어휘는 '작은 불씨가 들판에 불길로 번진다'는 중국의 명언에서 유래된 것으로서 농업 분야의 과학기술이 점점의 불꽃마냥 신속히 중국 전역에 전해지길 희망하는 뜻이 담겨있다.

'스파크 프로그램'은 1986년에 비준을 거쳐 실시되었다. 그 취지는 선진적이고 사용에 적합한 농업과학기술을 개발하고 이런 기술을 농촌에 전파함으로써 농민들이 과학기술에 의거해 농촌경제를 발전시키도록 인도하며 향진기업의 과학기술 진보를 추동하고 농촌 노동력의 전반 자질을 제고하도록 추진하며 농업과 농촌경제의 지속적이고 신속하며 건전한 발전을 추동하기 위한데 있다.

'스파크 프로그램'을 실시한 20여 년간 중국과학자들은 대량의 농업 과학기술을 연구, 개발했고 높은 생산량과 양질, 높은 능률의 농업을 발전시켜 농촌 사회화 서비스 시스템 건설과 농촌의 규모 경제 발전을 추동하였다. 또한 대량의 선진적이고 사용에 적합한 기술과 농촌자원을 이용한 과학기술 선도 시범기업을 설립해 농촌산업과 향진기업 제품구조의 조정을 위해 시범역할을 했으며 대량의 농촌기술, 관리인재와 농민기업가를 양성해 냈다.

첨단기술성과보급계획

중국의 첨단기술성과보급계획은 '횃불계획'이라고 한다. 횃불계획은 중국 첨단기술 산업의 지도적 계획으로서 그 취지는 중국의 과학기술 능력 우위와 잠재력을 발휘하고 시장 원리에 따라 첨단기술 성과의 상용화와 첨단기술 상품의 산업화 및 첨단기술 산업의 국제화를 추진하는 것이다. 이 계획은 1988년부터 실시되었다. 계획의 중점 발전분야로는 전자와 정보, 생물기술, 신소재, 광학 기계와 전력설비 일체화, 대체 에너지, 높은 효율의 에너지절약과 환경보호 등이다.

현재 중국은 전국 각지에 국가급 첨단기술개발단지 수십 개를 건설했다. 1991년부터 현재까지 국가급 첨단기술단지의 주요한 경제수치는 줄곧 연평균 40%의 속도로 증가했으며 첨단기술단지는 중국의 첨단기술 발전을 추동하고 국민경제 구조를 최적화하는 중요한 역량으로 되었다.

중국의 유인우주계획

중국의 유인우주계획은 1992년부터 실시되었다. 이 계획은 주로 세 개 단계로 나뉘는데 첫 단계는 중국 우주인의 우주비행을 실현하는 것이며 두 번째 단계는 우주도킹기술을 해결하고 우주에서 사람이 단기간 생활할 수 있는 우주실험실을 발사하는 것이며 세 번째 단계는 사람이 장기간 혹은 반영구적으로 생활할 수 있는 우주정거장을 건립해 대규모적인 우주과학실험과 응용기술 문제를 해결하는 것이다.

1999년 말, 중국은 첫 번째 시뮬레이션 유인시험우주선인 '신주 1호'를 성공적으로 발사하고 귀환했다. 그 뒤로 3년간 중국은 무인 상태의 유인 우주선 시험비행을 3차례 진행했고 2003년 10월 15일, 중국은 마침내 자주적으로 연구, 제작한 첫 유인우주선인 '신주 5호'를 발사했으며 양리웨이(楊利偉)가 중국 최초의 우주비행사로 되었다. '신주 5호'의 성공적인 발사는 중국이 러시아와 미국에 이어 세계에서 세 번째로 유인우주활동을 독립적으로 전개할 수 있는 국가로 되었음을 의미한다.

그 후 중국은 또 5차례의 '신주'시리즈 우주선 발사에 모두 성공했다.

이밖에 중국의 우주정거장건설도 계획에 따라 추진되고 있다. 중국의 첫 목표 비행체와 우주실험실인 '천궁1호'는 2011년 9월 29일 주천위성발사센터에서 발사되었다. 비행체의 총 길이는 10.4m, 최대 직경은 3.35m로 실험모듈과 자원모듈로 구성되었다. '천궁1호'의 발사는 중국이 우주 '3단계' 전략의 제2단계의 두 번째 과정에 진입했음을 의미한다. 2011년 11월과 2012년 6월, 2013년 6월, 중국은 '신주 8호'와 '신주 9호', '신주 10호' 우주선과 '천궁 1호'의 자동과 수동 도킹을 실현했다.

'천궁 1호'의 발사 성공은 중국이 초보적으로 건설된 우주 정거장을 보유하고 있으며 사람이 단기간 생활할 수 있는 우주정거장 건설을 실현할 능력이 있음을 말해준다. 계획에 따라 중국은 2020년 전후로 진정한 의미의 유인우주정거장을 건설하게 된다.

21 중국의 달 탐사프로젝트

중국의 달 탐사공정은 세 개 단계로 나뉜다. 첫 단계는 달을 에워싸고 비행하는 달 탐사위성을 발사하는 것이고 두 번째 단계는 달 탐사기가 달 표면에 연착륙해 달 표면을 순찰하고 탐사하는 것이며 세 번째 단계는 탐사기가 달 표면에서 순찰과 탐측 및 샘플 채집 작업을 마친 후 지구에 귀환하는 것이다.

2004년, 중국은 달 탐사공정을 가동했으며 그 공정을 '상아공정'이라고 명명했다. 상아공정은 무인 달 탐사, 유인 우주선 달 착륙, 달 정거장 건설 등 3개 단계로 나뉜다. 2007년 10월 24일, 성공적으로 발사된 '상아 1호'는 임무를 원만히 마쳤고 2009년 예정된 계획과 통제하의 사명도 마쳤다. 2010년 10월 1일, '상아 2호'가 순조롭게 발사되고 또한 예정된 임무를 초과완성했다.

'상아 4호'는 '상아 3호'의 백업 위성이다. '상아 5호'는 주로 착륙구역의 현장 조사와 분석을 포함한 과학목표 및 달 샘플이 지구에 귀환한 후의 분석과 연구를 히게 된다.

상아공정은 전적으로 자주, 혁신의 공정이며 중국에서 실시하는 최초의 달 탐사활동이다.

3) 국내외 협력연구

중국은 자주적으로 과학기술을 발전시키는 동시에 국제과학기술 자원을 국가과학기술 발전에 응용하는 사업도 중시하고 있다. 이를 위해 중국은 대량의 국제과학기술교류와 협력을 진행하고 광범위하게 국제과학기술행사에 참여하며 대량의 과학기술인력을 해외에 파견해 학습 또는 연구 작업에 참여시켰다. 또한 중국의 기초연구계획과 첨단기술발전연구 계획 등 관련 계획들을 해외 과학연구기구에 개방하고 있으며 해외 과학연구기구와 과학기술인원들이 중국의 과학기술연구에 참여하는 것을 환영하고 해외에 있는 중국유학생들이 여러 가지 형식을 통해 중국의 과학기술발전에 기여하도록 격려하고 있다. 현재 이미 일부 해외 과학기술기구와 개인이 중국의 과학연구에 참여하고 있다. 이와 동시에 중국의 과학기술인원도 대형국제성과학기술프로젝트에 광범위하게 참여하고 있다. 중국과학자들은 유명한《인간 게놈지도 계획》에 참여해 맡은 임무를 훌륭히 완성하였다.

2003년, 중국은 유럽연합과 계약을 맺고《갈릴레오 프로젝트》에 참여했다. 따라서 중국은 이 계획이 실시하는 위성제조와 발사, 응용제품개발과 기준제정 등 전반 과정에 참여하고 있다. 중국은 또 국제 열핵융합실험로와 세계인간프로테옴 등 계획에 참여했다.

중국은 또 관련국가와 협력해 일부 국내외 협력의 과학연구기구를 설립했다. 예를 들면 중국 - 독일 통신 소프트웨어연구소, 중국 - 스페인 스마트 교통센터, 중국 - 영국 스마트 교통센터 등이다. 이밖에 중국 - 미국 메랜드 과학기술창업단지, 중국 - 영국 과학기술창업 단지 등 해외에 설립한 협력 과학기술기구도 있다.

4) 중국의 과학연구기관

많은 나라와 마찬가지로 중국의 과학연구기관은 독립적이거나 대학 또는 기업에 소속되어 있다. 중국의 독립적인 과학연구기관은 주로 정부의 자금지원을 받는다. 현재 중국의 독립 과학연구기관은 약 2,000여 개이며 그중 국가급은 약 500개이고 대부분 대학 또는 기업에 소속되어 있다.

중국의 과학연구기관은 주로 기초, 응용, 사회공헌 세 가지 부류로 나뉜다. 기초 유형의 과학연구기관은 주로 중국과학원과 대학 소속의 해당 연구소이다. 응용형 과학연구기관은 과거 대다수가 중국의 각 산업부문에 소속되어 있었으며 현재는 기본상 첨단기술기업으로 개편되었다. 예하면 중국유색금속연구원, 중국체신과학연구원, 중국건축설계연구원 등이다. 사회공헌 유형의 연구기관은 주로 농업, 기상영역 등 기초적인 연구에 종사하고 사회적인 이익을 창출하는 기구를 말한다. 예하면 중국 농업과학원, 중국 임업과학원, 중국 기상과학연구원 등이다.

중국과학원은 중국에서 가장 유명하고 규모가 가장 큰 과학연구기구로서 1949년에 성립되었으며 본부를 북경에 두고 있다.

중국과학원에 소속된 과학연구기관에는 중국에서 가장 우수한 과학자들이 대거 포진돼 있다. 그들은 주로 기초연구와 사회공헌연구, 첨단기술연구와 개발 및 첨단기술제품출시를 하고 있으며 동시에 대량의 우수한 과학기술 혁신 인재를 양성하고 있다. 중국과학원은 전국 각지에 산재된 전문 과학기술인원 6만여 명을 보유하고 있다. 그들은 100여 개 연구소와 400여 개 과학기술기업, 3개 중국과학원 산하 대학 및 북경 외의 13개 분원에서 근무하고 있다. 이런 하급기관에는 52개 국가중점실험실이 있다.

최근 몇 년간 대량의 최첨단기술기업이 중국에서 신속하게 궐기하고 있다. 일부는 이미 중국에서 큰 영향력을 행사하거나 상당한 규모를 자랑하는 기업 그룹으로 발전했다. 예를 들면 레노버그룹(聯想集團), 사통그룹(四通集團), 파운더그룹(方正集團), 자광그룹(紫光集團), 둥다아얼파그룹(東大阿爾派集團) 등 기업들은 충분한 영향력을 과시하는 브랜드를 창조해냈다.

중국의 산업기술 향상을 위해 중국정부는 일련의 조치를 취해 시범기업연구개발센터의 건설을 지원하고 있다. 이런 시범기업을 국제일류의 연구개발 중심으로 건설할 예정이며 국제적으로 선진적이고 독창적인 일부 연구개발 성과를 내놓아 해내외기업들에 유익한 참고적 가치를 제공하고 이런 기술을 응용하도록 할 계획이다.

제9장

환경보전

1. 개관

중국은 대규모적인 공업화를 실시한지 불과 반세기 남짓하지만 많은 인구와 빠른 발전 그리고 과거의 일부 정책적 문제로 말미암아 환경 및 자원문제가 매우 심하고 환경 상황도 심각하다. 이런 현상은 대기 오염과 수질 오염이 심각하고 수토유실이 갈수록 심각하며 황폐화 토지 면적이 지속적으로 늘어나고 있고 산림 면적이 급감하며 천연피복이 파괴되고 생물다양성의 심각한 파괴와 생물 물종이 급속도로 감소되고 있는 등에서 찾아볼 수 있다.

1970년대 초, 유엔인류환경개발회의의 추동으로 중국의 환경보호가 첫 걸음마를 뗐다. 40여 년의 발전을 거쳐 중국은 이미 비교적 구전한 오염 예방 퇴치와 자원보호 법률 체계, 정책 체계를 구축했고 환경보호에 대한 투입도 점차적으로 증가하고 있다. 하지만 선진국과 비할 때 중국의 환경보호정책체계는 아직도 완정하지 않고 많은 지역에서 정부환경보호 부문의 법 집행력이 따라가지 못해 제반 정책이 잘 실시되지 못하고 환경 질 개선이 직접적인 제약을 받고 있다.

현재 중국정부는 환경보호를 한층 강화할 데 대한 전략적 결정을 내려 경제와 사회의 신속하고도 건전한 발전을 실현하는 동시에 인류와 자연의 화합과 통일을 유지하고 있다.

2. 수환경상황

　중국의 지표 수자원은 주로 장강(長江), 황하(黃河), 송화강(松花江), 요하(遼河), 주강(珠江), 해하(海河), 회하(淮河) 등 7대 수계에 집중되어 있다. 중국환경보호부가 반포한《2012 중국환경상황공보》에 의하면 중국 전역의 수질이 이상적이지 못하다. 장강, 황하, 주강, 송화강, 회하, 해하, 요하, 절강 복건의 하류, 서남 및 서북 하류 등 10대 유역의 국가급 통제 구간 중 2~3급수가 68.9%, 4~5급수가 20.9%, 5급수가 10.2%이다. 주강 유역과 서남 및 서북 하류 수질은 우질이고 장강과 복건 남부 하류의 수질은 양호하며 황하, 송화강, 회하, 요하는 경미한 오염, 해하는 중급 오염에 속한다.

　60개 호수(저수지)를 대상으로 수질을 측정한 결과 부영양화(富營養化) 상태에 처한 호수(저수지)가 25.0%에 달했다. 198개 도시에서 4929곳에 대한 지하수질 모니터링 결과 수질이 1급수, 2급수, 3급수인 비례가 42.7%, 4급수, 5급수 비례는 57.3%인 것으로 집계됐다. 전국의 연안해역 수질은 전반적으로 보통 등급이다. 4대 해역(海區) 가운데서 황해와 남해 연안해역의 수질 상태가 양호하며 발해 연안해역의 수질은 보통 등급으로, 동해 연안해역의 수질 상태는 매우 혼탁한 것으로 나타났다.

3. 대기환경상황

　　최근 연간 중국의 대기환경질이 기본상 안정되었다. 일부 도시의 공기질은 다소 호전되었고 대기 속의 이산화유황(SO_2)과 미세먼지($PM10$) 등이 지속적으로 줄고 있다. 하지만 중국의 오염물 방출 총량은 여전히 비교적 많으며 지역성 대기오염문제가 여전히 심하며 대기환경상황이 심각하다. 2012년에 출범한 신 기준-《환경 공기 질 기준》에 의하면 중국의 325개 지방급 및 지방급 이상의 도시 가운데 공기질이 기준 미달인 비례가 59.1%에 달하며 환경보호 중점 도시 가운데 76.1%에 달하는 도시가 기준미달이었다. 국토면적의 약 12.2%를 차지하는 산성비지역은 주로 장강 연안 및 그 남쪽에서부터 청해-티베트고원 동쪽 지역에까지 집중되어 있다.

4. 생태환경현황

1) 산림율

최근 연간 세계적으로 산림자원이 지속적으로 줄어들고 있는 큰 배경에서 중국의 산림면적과 비축량이 모두 늘어났다. 제7차 전국산림자원 조사 결과에 의하면 2008년 말까지 중국의 산림면적은 1992년의 1.34억 헥타르에서 1.95억 헥타르로 늘어났고 산림율도 13.92%에서 20.36%로 늘어났다. 중국의 인공림 보존면적은 6,168만 헥타르에 달하며 비축량은 19.61억㎥로 인공림 면적이 세계 1위를 유지하고 있다.

중국의 산림자원은 여전히 그 비율이 세계 139위로 세계 평균 수준의 2/3밖에 되지 않는 등 문제에 직면해 있다. 1인당 산림 면적은 0.145헥타르로 세계 1인당 보유량의 1/4 미만이다. 중국은 임업 분야에 대한 투입을 꾸준히 늘려 2020년까지 2005년에 비해 산림면적을 4천만 헥타르, 산림 비축량을 13억㎥ 늘릴 계획이다.

2) 사막화

중국은 세계적으로 사막화(荒漠化), 모래화(沙化) 면적이 가장 큰 나라로 사막화 발생률이 매우 높다. 전반적으로 볼 때 다년간 중국의 토지 사막화와 모래화는 초보적으로 통제되고 사막화, 모래화 토지가 지속적으로 줄고 있지만 일부 지역에서는 여전히 사막화, 모래화가 진행되고 있다. 2011년에 있은 제4차 전국 사막화, 모래화 모니터링 결과에 의하면 2009년 말까지 전국의 사막화 토지 면적은 262.37만㎢로 국토 총면적의 27.33%를 차지했고 모래화 토지 면적은 173.11만㎢로 국토 총면적의 18.03%를 차지했다. 5년 사이 전국의 사막화 토지 면적은 연평균 2,491㎢ 줄었으며 모래화 토지 면적은 연평균 1,717㎢ 줄어들었다.

현재 중국에는 약 4억 명이 사막화 피해를 받고 있으며 해마다 사막화 피해로 발생하는 직접적인 경제손실은 인민폐로 1,200억 원에 달한다.

3] 수토유실

수토유실은 중국의 토지자원을 파괴하는 가장 일반적인 지질 재해와 환경문제이다. 중국의 수토유실의 총체적인 상황을 보면 국부적으로는 정리되고 있지만 총체적으로는 확대되고 있고 정리 작업이 파괴속도에 미치지 못하고 있다. 수리부가 2010년에 제공한 수치에 의하면 현재 중국의 수토유실 면적은 356.92만㎢로 국토 총면적의 약 3분의 1을 차지하며 시급히 정리해야 할 수토유실 면적은 약 200만㎢에 달한다.

해마다 평균 45억 톤에 달하는 토양이 유실되고 있고 수토유실로 인한 경작지 피해 면적이 약 66,667ha에 달한다. 서남지역의 석막화(石漠化)와 서북지역의 토양 모래화, 동북지역의 수토유실 그리고 전국적인 경작지와 침식도랑의 수토유실 문제가 매우 심각하다. 수토유실로 중국은 해마다 GDP의 2.25%에 상당한 경제손실을 보고 있으며 이로 인한 생태환경 손실은 더더욱 가늠하기 어려운 상황이다.

4] 습지

2003년에 진행한 전국 제1차 습지 자원 조사결과에 의하면 중국의 습지 면적은 약 6,600만 헥타르(하천, 늪 등은 포함시키지 않음)로 세계 습지 면적의 10%를 차지하며 아시아의 1위, 세계 4위를 차지한다. 1990년대부터 중국은 습지의 보호와 이용에서 일련의 효과적인 조치를 실행해 습지 및 그 생물다양성을 일정하게 보호하였다.

최근 연간 습지 자원에 대한 인류의 생산 및 생활 의존성과 개발 정도가 심해지면서 습지 및 생물다양성이 파괴되었다. 2009년에 중국국가임업국은 제2차 전국습지자원조사를 가동했다. 불완전한 통계에 의하면 약 10년간 중국의 습지면적은 도합 2.9% 줄었고 습지의 기능도 지속적으로 하락하였다. 현재 자연 또는 반 자연 습지는 국토 면적의 3.77%에 불과해 세계 평균 수준인 6%보다 훨씬 낮으며 습지 면적이 줄어드는 추세는 여전히 효과적으로 통제되지 못하고 있다.

5. 생물다양성 상황

1) 동식물 종류

중국은 지구상에서 생물의 다양성이 가장 풍부한 나라의 하나이다. 중국에 있는 척추동물은 약 6,347종으로 세계 척추동물 종류의 10%를 차지하고 고등식물이 3만여 종으로 세계적으로 식물 종류가 가장 풍부한 말레이시아와 브라질 버금으로 세계 제3위를 차지한다. 중국의 대부분 지역은 제3기와 제4기 대륙 빙하의 영향을 받지 않아 대량의 특유 물종을 보유하고 있다. 통계에 의하면 육지 척추동물 가운데 약 476종이 중국 특유의 척추동물이다. 중국에는 야생 물종과 생태계통 유형이 많을 뿐만 아니라 인공재배 식물과 인공사육 동물 종류 및 근연(近緣) 야생종이 풍부하다. 중국은 매우 풍부한 식물 자원을 보유하고 있다. 하여 중국을 세계 동식물자원의 천연 유전자고라고 해도 과언이 아니다.

2) 멸종위기에 처한 동식물

산림자원이 부족하고 야외 동식물 서식지가 파괴되면서 중국의 많은 희귀 동물이 멸종 위기에 처해 있다. 통계에 의하면 현재 중국에는 약 200개 특유 물종이 사라졌고 멸종 위기에 처한 동식물 물종은 15%에서 20%를 차지한다.

중국의 진귀한 야생동물중에서 사불상과 야생말, 큰코영양은 이미 멸종되었다.

이외 야생 판다와 흰 돌고래, 화남 호랑이, 동북 호랑이, 눈표범(雪豹), 야생 낙타, 유록, 꽃사슴, 해리, 양자강 악어 등 20여 종 희귀동물은 현재 이미 멸종 위기에 처해 있다. 중국의 현유 야생 식물 종류 가운데 약 6천 종이 심각한 위협에 노출되어 있거나 멸종의 위기에 처해 있으며 100여 가지 식물이 심각한 위기 혹은 멸종 위기에 처해 있다. 중국의 생물종은 매일 한 가지 물종이 심각한 위협에 노출되어 있거나 또는 멸종 위기에 처하는 속도로 줄고 있다.

3) 외래물종침입

외래물종침입이란 본토 생물이 아닌 생물이 새로운 생태계통에 침입해 급속히 늘어나고 사처로 확산되면서 환경과 인류 건강 그리고 경제발전에 막대한 피해를 가져다주는 환경 문제를 말한다. 중국은 세계적으로 외래 생물의 유입 피해를 가장 심각하게 받고 있는 나라의 하나로 총체적으로 분포가 넓고 종류가 많으며 피해가 큰 등 특점을 보이고 있다. 통계에 의하면 529종의 외래 생물이 중국의 34개 성급 행정구에 침입했다. 중국환경보호부는 2003년과 2010년에 두 차례에 걸쳐 외래침입물종 명단을 발표하였다. 그중에는 쉽사리(紫莖澤蘭), 란타나(馬櫻丹), 납가새(蒺藜草), 델리아 종(稻水象甲), 붉은 가재(克氏原螯蝦) 등 35개 물종이 포함된다.

6. 오염퇴치

《국민경제와 사회발전 제11차 5개년 계획》기간 중국은 수질오염 퇴치에 약 3천억 원을 투입했으며 중점유역 수질오염 방지 및 퇴치작업이 적극적으로 진척되었다. 2006년에 비해 2010년에 국가급 통제 구간 중 수질이 3급 또는 3급 이상인 비례가 13.4% 늘어났다. 4급수 구간은 16.9% 줄었다.

2011년부터 2015년까지의《국민경제와 사회발전 제12차 5개년 계획》기간 국가에서 수질오염 퇴치에 5천억 원을 투입할 계획이다. 오염이 비교적 심각한 수역의 수질을 개선하는 외에 비교적 양호한 수질에 대한 보호도 강화하게 된다. 이 기간 중국은 중금속, 유기오염물 등에 대한 감시 통제를 계속 강화하게 된다.

이와 동시에 전국적 범위에서 대기질 모니터링과 오염퇴치 작업을 보편적으로 전개하였다. 2012년 2월 중국 국무원은 초미세먼지(PM2.5) 평균농도 최대 허용치와 오존 평균농도 8시간 최대 허용치를 정하고 미세먼지(PM10)와 이산화질소 등 오염물의 농도 최대 허용치를 줄이는 등《공기질 신기준》을 발표하였다.

2013년 9월 국무원은 최초로《대기오염 방지 행동계획》을 발표하고 앞으로 5년 동안 전국의 공기질을 전반적으로 개선하고 심각한 대기 오염 날씨를 큰 폭으로 줄이며 특히 현재 공기오염이 가장 심각한 북경, 천진, 하북, 장강삼각주, 주강삼각주 등 지역의 공기질을 크게 개선할 것이라고 발표하였다. 처음으로 국무원의 명의로 발표된 이 대기오염 퇴치계획에는 2017년에 가서 북경시의 PM2.5 등 초미세먼지의 연평균 농도를 $60\mu g/m^3$ 정도로 통제할 것이라고 명확히 제기하였다. 현재 북경의 연평균 PM2.5 농도는 $90{\sim}100\ \mu g/m^3$로 선진국의 대도시보다 훨씬 높다.

중국은 대기오염 문제를 해결하기 위해 자동차 배기가스 배출량을 줄이고 있다. 2013년 9월 중국환경보호부는 경형자동차 배기가스에 관한 국가V기준을 발표하고 디젤유 차량의 배기가스 중 질산화물의 배출 허용기준량을 25% 낮추었으며 오염 통제 신 기준으로 초미세먼지 수량을 추가하였다. 이 기준은 2018년 1월 1일부터 전국적으로 실시된다.

7. 산림자원보호

1950년대부터 중국은 세계 인공 조림의 기적을 일궈 냈다. 현재 중국의 인공 조림 보존 면적은 6,200만 헥타르에 달해 세계 첫자리를 차지하고 있으며 산림율은 20.36%이다.

산림자원을 보호하기 위하여 중국은 2003년부터 《퇴경환림조례》를 정식으로 실행하였다. 퇴경환림(경작지의 산림환원)공사는 전국의 25개 성과 자치구, 직할시에서 전반적으로 진행되었다. 2006년까지 퇴경환림 면적은 누계로 3,200만 헥타르에 달했다. 이밖에 산림자원을 보호하기 위한 또 하나의 조치로는 1998년부터 시행하고 있는 천연림보호공사를 들 수 있다. 이 프로젝트는 전국적 범위에서 천연림의 채벌을 중단할 것을 요구하고 있다. 2010년 국무원 상무회의에서 2011년부터 2020년까지 천연림 자원 보호 제2기 공사를 실시하기로 결정하였다. 천연림 자원 보호공사는 중국의 17개 성, 자치구, 시에서 전반적으로 실시된 10여 년간, 16.19억 무에 달하는 산림 자원을 효과적으로 보호하였다.

중국의 지속가능발전 임업전략연구보고서의 목표에 의하면 2050년에 가서 중국의 산림율은 28%에 달하게 된다.

8. 습지 보호

중국정부는 1992년《국제습지공약》에 가입한 이후 습지 자원을 적극 구조, 회복하여 파괴되었던 일련의 천연습지들이 보호를 받고 있다. 2011년까지 중국은 습지자연보호구 614개를 만들었다. 그중에서 국가급 습지 자연보호구가 91개로 현재 이미 습지 보호구를 주축으로 습지보호커뮤니티, 습지공원, 해양기능특별보호구, 습지 다용도 관리통제지역 등 각종 관리 형식을 상호 결부한 습지 보호망을 형성했다. 2012년까지 중국의 습지 41곳이《국제 주요습지 명록》에 등재되었고 총면적은 380만 헥타르에 달했다.

습지 보호 관리를 한층 강화하고 국제습지공약을 이행하기 위하여 2013년 5월 1일부터 중국 국가임업국이 제정한《습지보호 관리규정》이 정식으로 실행되었다.

9. 사막화 방지와 퇴치

　중국정부는 사막화 방지와 퇴치를 국책으로 간주하고 해마다 수십억 달러를 투자하여 삼북 방호림(서북, 화북 동북), 천연림 보호, 북경천진 풍사원천, 소형 유역 종합 제어, 퇴경 환림 등 공사를 실시하고 있다. 아울러 사막화 방지와 퇴치를 빈곤 감소, 경제발전과 긴밀히 결부하여 우대적인 토지, 금융, 세수 정책을 실시하고 사회 역량이 사막화 방지와 퇴치에 참여하도록 권장하고 있다. 현재 중국의 사막화 생태시스템은 이미 양성 발전의 궤도에 올랐으며 사막화지역 면적이 해마다 줄어들고 생물다양성이 강화되고 있다.

　2013년 3월에 정식으로 실행된《전국사막화방지퇴치계획》은 향후 10년간 사막화 방지 및 퇴치 계획을 지정하였다.《계획》은 다음 단계 중국의 사막화 방지 및 퇴치의 총체적 계획은 북방 녹색 생태병풍을 구축하는 것을 중점으로, 생태와 민생 개선을 목표로, 초목 피복을 주체로 하는 사막화지역 생태안전체계를 구축하고 보강하는 것이라고 발표하였다.《계획》은 10년의 시간을 들여 중점 사막화지역이 효과적으로 정돈되고 생태 상황이 진일보 개선되게 할 것이라고 밝혔다. 구체적인 목표 과업은 사막화 토지 2,000만 정보를 정돈하고 2020년까지 정리 가능한 전국의 반수 이상의 사막화 토지를 정돈하여 사막화지역의 생태 상황을 한층 개선하는 것이다.

10. 생물다양성 보호

중국은 비교적 일찍《생물다양성협약》에 가입하였고 협약과 관련된 국제 사무에 줄곧 적극 참여하고 국제협약 이행 중의 주요 이슈에 대해 의견을 발표하였다. 1994년에 완성한《중국생물다양성보호 행동계획》은 생태환경보호와 관련된 많은 활동에 제도적 담보를 제공하였다. 중국의 생물다양성 보호 사업을 한층 강화하기 위하여 2010년 환경보호부는 20여 개 부문 및 부처들과 공동으로 펴낸《중국생물다양성 보호 전략 및 행동계획》(2011~2030년)에서 중국의 향후 20년간 생물다양성 보호 총 목표와 전략과업, 선차 행동을 제기하였다. 이외 중국은《야생동물보호법》,《초원법》,《자연보호구조례》등 관련 법률과 조례들을 출범하였다.

멸종 위기에 처한 야생동물보호 작업도 초보적인 효과를 거두고 있다. 전국적으로 야생동물사육센터 250개를 세우고 판다, 따오기 등 7대 물종을 구조하는 작업을 전문 실시하였다. 현재 중국 야생 판다 군체 수량은 이미 약 1,600마리로 늘어났으며 멸종 위기 상황이 효과적으로 완화되었다. 따오기 군체 수량도 7마리로부터 2,000여 마리로 늘어났다. 그중 야외 군체 수량은 1,000마리를 초과하였다. 야생 양자강악어 수량은 152마리이며 양자강악어 인공 사육 수량은 1만 마리를 넘어섰다. 운남 들창코 원숭이 수량은 현재 이미 2,500마리를 초과했고 해남 파록 총수는1,785마리에 달하여 멸종 위기에서 벗어났다. 티벳영양(치루) 군체 수량도 해마다 늘어나고 있어 현재 이미 15만 마리 가까이 된다.

11. 자연보호구 건설

　중국은 2009년 말까지 각급 자연보호구 2,541개를 설립했으며 총면적은 육지 국토 면적의 15% 이상, 세계 평균 수준인 12%를 초과하여 초보적으로 유형이 비교적 구전하고 구도가 비교적 합리하며 기능이 비교적 구전한 자연보호구 네트워크를 형성하였다.

　중국의 첫 자연보호구는 1956년에 설립한 광동성 조경(肇慶)의 정호산자연보호구이다. 2000년 8월에 설립한 삼강원(三江源)자연보호구는 총면적 36.6만 ㎢로 중국에서 면적이 가장 크고 평균 해발이 4,000여m에 달해 가장 높고 생물다양성이 가장 집중된 보호구이다. 청해-티베트고원 중앙에 자리 잡은 이 보호구는 장강과 황하, 난창강(瀾滄江)의 발원 지역에 위치했다.

　광동은 자연보호구가 가장 많은 성으로 270개 보호구에 면적은 123.15만 헥타르에 달한다. 2013년까지 사천성의 와룽(臥龍)과 구채구(九寨溝), 길림성의 장백산(長白山), 광동성의 정호산(鼎湖山), 운남성의 고려공산(高黎貢山) 등 자연보호구 32곳이 유네스코의《세계생물권 보호 지역》으로 지정되었다.

12. 중국환경보호 사업의 진전

중국의 환경보호 사업은 중화인민공화국이 성립되어 60여 년간 특히 개혁개방 이후 없던 데로부터 있는 데로, 작은 데로부터 크게 신속하게 발전하였다. 꾸준한 노력으로 환경법제 건설이 한층 보완되었고 환경오염퇴치 강도가 점차적으로 커졌으며 생태환경보호건설이 강화되고 오염퇴치투입이 안정하게 늘어나고 전국 환경질이 심각히 악화되던 추세가 기본적으로 통제되고 환경보호사업이 신속하게 발전하였다.

1) 환경보호 사업에 대한 정부의 중시

최근 연간 중앙에서부터 환경보호부에 이르기까지 중국정부는 환경보호와 자원의 순환이용, 에너지절약과 폐기물 감량배출에 큰 중시를 돌리고 전하고 있으며 경제전환시기에 환경보호에 대한 국가의 전례 없는 중시를 보여주고 있다. 2012년 중국공산당 제18차 대표대회 보고에서 '아름다운 중국'이란 개념을 제기하고 최초로 하나의 장으로 생태문명을 논술하면서 생태문명건설을 경제건설과 정치건설, 문화건설, 사회건설과 함께 5가지 전략적 차원에로 격상시켰다. 이외 사회적인 주목을 받고 있는 'PM2.5'가 2012년 정부업무보고에 최초로 등장하면서 대기오염정돈을 망라한 환경문제가 큰 주목을 받았다.

2013년의 전국 환경보호사업에서 국가환경보호부는 환경과 경제관계를 정확히 처리하고 법률과 시장, 기술 그리고 필요한 행정수단을 종합적으로 운용하여 개혁의 총적 방안과 로드맵, 시간표를 제정해야 한다고 밝혔다.

아울러 초미세먼지(PM2.5)의 오염퇴치 사업을 틀어쥘 것을 요구하였다. 제1진으로 74개 도시가 모니터링 정보를 공개한 기초에서 환경보호 중점도시와 국가환경보호 모델도시 가운데서 검사측정 작업을 전개하고 모니터링 정보를 적절하고 정확하게 보류 없이 공개하여 오염 방지 및 퇴치에 적극적으로 참여하도록 사회 대중을 인도한다.

2) 환경오염 통제

최근 연간 환경보호에 대한 국가의 중시도가 갈수록 높아지고 있다. 중국의 오염 방지 및 퇴치 작업은 70년대에 '세 가지 쓰레기'처리와 종합적 이용을 중점으로 시작되어 80년대에 환경관리를 심화하는 환경보호 목표 책임제와 도시환경 종합정돈 기준량 평가시스템, 오염물 방출 허가증제도, 오염 집중 통제와 지정된 기한 내 정돈 등 제도와 조치를 적극 추진할 것을 제기했다. 90년대에는 지속가능발전전략을 제기하고 공업오염 방지 및 퇴치를 말단 정돈에서 전반 생산 과정에서 통제하도록 전환하며 농도의 제어로부디 농도와 총량 통제를 결부하는 방식으로 전환했으며 분산식 정돈에서 분산식 정돈과 집중식 통제를 결부하는 등 3단계 전환기를 거치면서 대규모로 중점 도시와 유역, 구역, 해역의 오염 방지 및 퇴치 그리고 생태 건설과 보호 사업을 전개하였다. 최근 연간 중국은 환경오염 방지 및 퇴치 사업을 보다 중요시하고 있으며 적극적으로 청정생산을 추진하고 순환경제를 발전시키며 사업 강도를 지속적으로 강화하여 공업 쓰레기 처리가 효과를 거두고 주요 오염물 방출 총량이 점차적으로 통제되고 있으며 도시환경 관리능력이 지속적으로 제고되었다.

3) 생태환경보호와 건설을 강화

중국은 생태환경을 보호하고 개선하기 위하여 일련의 중대한 조치를 취했다. 국무원은 《전국 생태환경건설계획》과 《전국 자연보호구 발전 계획》을 비준하고 《전국 생태환경보호요강》을 비준하고 발행하였다. '보호 우선, 예방 위주'의 방침을 전면적으로 실행하고 지역별 생태파괴 원인과 특점에 따라 생태환경보호전략을 추진하였다. 중국은 식수조림과 수토유지, 초원건설, 국토 복원 등 중점 생태 사업을 적극 추진하였다. 산림과 습지, 사막화 생태계통 건설과 생물다양성 보호를 강화하고 6대 임업 중점 사업 건설을 적극 실행하고 일련의 자연보호구와 생태 시범구, 풍경 명승구, 산림공원을 설립하였다. 국가는 《중국21세기 의정 – 중국21세기 인구와 환경개발백서》를 제정하고 국민경제와 사회발전에서 과학에 의한 발전과 지속가능발전 전략을 실행하기로 확정하였다.

4) 환경 법제 건설에서 진전 이룩

1979년에 반포한 《중화인민공화국 환경보호법(시행)》은 중국의 환경보호 입법의 전면적 전개를 추진하였다. 이어 중국은 《토지관리법》, 《광산자원관리법》, 《홍수방지법》, 《기상법》, 《대기오염 방지 및 퇴치법》, 《수자원오염 방지 및 퇴치법》 등 많은 중요한 환경보호 법률법규를 잇달아 반포하고 사회발전과 더불어 일부 법률을 개정하였다.

2002년 중국 최초의 순환경제법인 《청정생산 추진법》이 출범되었다. 이는 중국의 환경 오염정돈 모델이 말단 정돈에서부터 전반 과정의 통제에로 바뀌기 시작했음을 뜻한다. 2009년 1월 1일부터 실행된 《순환경제 추진법》은 순환경제를 추진하는 일련의 제도를 규정하였다.

5) 환경보호에 대한 투자 증가

새로운 세기에 들어선 후 환경보호에 대한 중국의 투자가 크게 늘어나고 있는 양상을 보이고 있다. 환경보호에 대한 투자가 GDP에서 차지하는 비례가 2000년의 1.12%에서 2010년에는 1.95%로 늘어나 오염 통제에 필요한 투자 최저 기준에 도달하였다. 수치로 보면 환경보호에 대한 중앙과 지방재정 투자가 해마다 늘어나 2000년의 654억 원에서 2010년에는 1,443억 원으로 늘어났다. 2012년 중앙재정은 에너지절약과 환경보호에 1,998억 원을 투자하였다.

13. 중국 환경보호의 목표

2011년 중국국무원은《국가환경보호 '제12차 5개년'계획》을 반포하고 4대 중점 환경문제를 확실히 해결해야 한다고 제기하였다. 4대문제로는 수질을 개선하고 여러 가지 대기오염물 종합통제를 실행하며 토양 환경보호를 강화하고 생태보호와 감독 및 관리를 강화하는 것이 망라된다.

수질 면에서《계획》은 도시의 집중식 식수 수원보호구 심사비준 작업을 전반적으로 마치고 수원보호구 내의 불법 건설프로젝트와 오수 배출구를 단속하며, 각 중점 유역의 선차 통제구역을 지정하여 구역별 통제를 실행하며, 중점 해역에서 점차적으로 생물과 적조, 기름 유출 검측 프로젝트를 늘리며, 해상 기름유출 등 사고 비상처리를 강화하며, 지하수의 오염상황을 조사 평가하고 지하수오염 퇴치구역, 방지통제구역, 일반 보호구를 획분할 것을 요구하였다.

대기오염을 방지하고 통제하는 면에서《계획》은 휘발성 유기 오염물과 유독 폐기가스의 통제를 강화하고 미립자 오염 통제를 심화하고 북경과 천진, 하북, 장강삼각주, 주강삼각주 등 구역에서 오존과 초미세먼지(PM2.5) 등 오염물을 모니터링하여 2015년까지 상술한 구역의 복합형 대기오염이 통제되고 모든 도시의 공기 환경질이 국가 2급 기준 또는 그이상에 달하게 하며 산성비, 안개와 광화학 스모그 오염을 뚜렷이 줄일 것을 요구하였다.

토양 환경보호에서《계획》은 대중도시 주변과 오염이 심각한 공업 및 광산 기업, 집중오염처리 시설주변, 중금속오염방지 및 퇴치 중점구역, 식수원 주변지 등 전형적 오염장소와 오염된 농경지를 중점으로 오염지와 토양오염 처리 및 복원 시범사업을 전개할 것을 요구하였다.

생태보호와 감독 관리에서《계획》은 대흥안령과 소흥안령 산림과 장백산림 등 25개 국가중점생태기능구에 대한 보호와 관리를 강화하고 자원개발과 생태환경 감독 및 관리를 추진하며 중동부 지역의 인류 활동이 밀집된 구역에 남아있는 자연서식지를 보호할 것을 요구하였다. 《계획》은 또 2015년까지 육지자연보호구 면적이 국토 면적에서 차지하는 비례를 15%로 안정시키고 90%에 달하는 국가중점보호물종과 전형적 생태계통을 보호할 것을 요구하였다.

중국은 《제12차 5개년계획》 기간 환경보호 목표와 과업을 실행에 옮기기 위하여 각종 환경보호사업에 약 3.4조원 인민폐를 투자하게 된다.

제10장

대만(臺灣)

1. 대만개관

1) 지리위치

대만은 섬으로 구성된 중국의 해상 성(省)이며 중국 대륙붕의 동남 끝에 위치해 있다. 전 성은 대만 본도와 주위 섬들 그리고 팽호열도(澎湖列島) 양대 섬 군체, 도합 80여 개 섬으로 구성되었다. 육지 총면적은 36,000㎢이다.

대만은 북쪽으로 동해, 동북으로 류큐(琉球)군도와 인접해 있고 동쪽으로 태평양, 남쪽으로 파사(巴士)해협과 인접해 필리핀과 이웃하고 있다. 서쪽으로는 대만해협을 사이 두고 대륙의 복건성(福建省)과 서로 마주하고 있으며 최단거리는 130㎞밖에 안 된다. 대만 전 성은 서태평양 항로의 중심에 있어 전략위치가 아주 중요하다.

2) 대만해협

대만해협은 중국 대만 섬과 복건 해안 사이의 해협이다. 남북으로 길이가 약 380㎞이고 동서 평균 넓이는 190㎞이다. 가장 좁은 곳은 대만 신죽(新竹)으로부터 복건 평담(平潭)에 이르는 곳으로서 130㎞밖에 안 된다. 맑게 개인 날이면 복건성 연해의 높은 곳에서 대만의 높은 산 위를 떠도는 구름들을 어렴풋이 볼 수 있으며 심지어 대만 북부에 우뚝 솟은 계롱산(鷄籠山)을 볼 수 있다.

3) 지형과 지모

대만 전 성 면적의 97% 이상을 차지하는 대만본도는 중국에서 제일 큰 섬이다. 섬에는 산이 많으며 높은 산과 구릉의 면적이 3분의 2를 차지하고 평원은 3분의 1도 안 된다. 중앙

(中央)산맥, 옥산(玉山)산맥, 설산산맥, 아리(阿里)산맥, 대동(臺東)산맥(일명 해안산맥)은 대만본도의 5대 산맥이다. 대만 섬의 지형특점은 가운데가 높고 양쪽이 낮으며 남북을 가로지르는 중앙산맥을 분수령으로 하여 점차 동, 서해안으로 낮아진다. 옥산산맥의 주봉 옥산(玉山)은 해발이 3,997m로 대만의 최고봉이다.

4) 기후와 물산

대만 전 성은 온대와 열대 사이에 위치해 열대와 아열대기후에 속한다. 또 사면이 모두 바다에 둘러싸여 있기 때문에 해양성 계절풍의 영향으로 1년 내내 기후가 알맞다. 따라서 겨울에는 엄한이 없고 여름에는 혹서가 없다. 연평균 기온은 높은 산을 제외하고 약 22℃ 정도에 달한다. 대만은 비가 많이 오며 태풍의 영향을 많이 받는다.

대만의 산림면적은 전 성 토지 총면적의 절반 이상을 차지하며 유럽에서 유명한 '산림의 나라'로 불리우는 스위스의 산림면적보다 한 배 더 많다. 목재의 축적량은 3억㎥이다. 기후 수직변화의 영향으로 대만은 나무종류가 다양하다. 열대와 아열대, 온대, 한대의 품종이 약 4,000종에 달해 아시아에서 유명한 "천연식물원"이다. 전 성의 경제림면적은 임지면적의 약 4/5를 차지한다. 대만의 녹나무 수는 세계 제1위를 차지한다. 녹나무에서 제련해 낸 장뇌와 장유는 대만의 특산으로서 생산량이 세계 총생산량의 70%를 차지한다.

대만은 사면이 바다에 둘러싸여 있고 난류와 한류의 합류지역에 있기 때문에 해산물이 풍부하다. 어류 품종은 500여 종에 달하며 고웅(高雄), 기륭(基隆), 소오(蘇澳), 화련(花蓮), 신항(新港), 팽호(澎湖) 등지는 모두 이름난 어장이다. 이밖에 대만에서 나는 해염도 유명하다.

2. 인구와 민족

1) 인구

대만지역은 인구가 많고 땅이 적어 인구밀도가 높다. 2010년 전국인구보편조사에 따르면 대만성의 상주인구는 2,312만 3,866명이며 그중 남자가 1,148만9,285명, 여자가 1,163만4,581명이고 인구 밀도는 638.9명/㎢이다. 대만은 중국에서 인구밀도가 가장 높은 성의 하나이다. 2010년 대만의 상주인구 성비는 99.6, 다시 말해 여자인구 100명당 남자인구는 99.6명으로 남성이 여성보다 적은 상황이 처음으로 나타났다.

대만 인구의 연령구조는 고령화 추세를 보이고 있다. 대만지방정부가 발표한 2012년도 대만 각 현과 시의 인구연령구조 수치에 따르면 65세 이상의 대만 인구가 260만 정도로 총인구의 11.15%를 차지한다. 유엔 세계보건기구는 65세 이상의 인구비중이 14%가 넘는 지역을 '고령사회'로 규정했다. 대만의 가의(嘉義)현, 운림(雲林)현, 팽호(彭湖)현이 이 기준에 도달했다.

대만인구의 지역분포는 불균형적이다. 대만 면적의 1/3에 달하는 해발 1,000m 이상 산간지역의 인구밀도는 1㎢당 20여 명밖에 안 되는 반면 도시 인구밀도는 1㎢당 수천 명이다.

2) 민족

대만은 다민족지역이다. 주로 한족(漢族)과 몽골족(蒙古族), 회족(回族), 묘족(苗族), 고산족(高山族) 등 민족이 살고 있다. 그중 97% 이상이 한족이다. 한족인구 중에서 민남(閩南)인과 학카(客家)인이 큰 비중을 차지한다. 민남인의 원적지는 주로 복건 천주(泉州)와 장주

(漳州)이며 학카인의 원적지는 주로 광동(廣東)성의 매주(梅州)와 조주(潮州)이다.

고산족은 대만의 주요 소수민족이다. 대만 고산족에 대한 기원설은 각이하지만 많은 연구결과로 볼 때 대만 고산족의 조상은 중국 대륙에서 대만으로 이주했다. 대만 고산족은 평지 고산족과 산지 고산족으로 나뉜다. 고산족의 총인구는 줄곧 증가세를 보이고 있으며 2001년까지 대만 고산족의 인구는 415,000명이었다.

대만 고산족에는 주로 아미(阿美)족, 태아(泰雅)족, 배만(排灣)족, 포농(布農)족, 비남(卑南)족, 노개(魯凱)족, 추(鄒)족, 아미(雅美)족, 새하(賽夏)족, 소(邵)족(원래는 曹族으로 일컬었음) 등이 포함된다.

3 주요도시

2010년 말, 대북현(臺北縣)과 대중(臺中)현시, 대남(臺)현시, 고웅(高雄)현시가 '직할시'로 승격했다. 그중 대북현은 직할시로 승격한 후 신북(新北)시로 개명했으며 나머지는 현시 합병방식으로 격상했다.

2011년까지 대만 서부에 위치한 대북시와 신북시, 대중시, 대남시, 고웅시 등 5개 직할시는 '5도(都)'로 병칭되어 21세기 대만의 가장 중요한 5개 도시로 되었다.

대북시(臺北市)

대북시의 대만 섬 북부에 위치해 있으며 전 시 면적이 272㎢로서 전반 섬에서 면적이 가장 큰 시이다. 2012년 1월, 대북시의 총인구는 265만 2,959명에 달했고 인구밀도는 9,760.71명/㎢에 달해 대만에서 제2위를 차지했다.

대북시는 대만성의 상공업중심이며 전 섬에서 규모가 가장 큰 회사와 기업, 은행, 상점들이 대부분 대북시에 본부를 두고 있다. 대북시를 중심으로 대북현과 도원(桃園)현, 기륭시를 포함하여 대만성 최대의 공업생산구와 상업구가 형성되었다.

대북시는 대만성의 문화교육중심이기도 하다. 유명한 대만대학, 대만정치대학, 대만사범대학 등 24개 대학과 대만성의 보도, 출판, 방송, 텔레비전센터 그리고 전 성 최대의 도서관과 박물관이 대북시에 있다.

대북시는 교통이 발달해 대만성 철도, 도로교통의 중심의 하나이다. 기륭(基隆)항과 담수(淡水)항은 대북시의 출해 항구이다. 대북 송산(松山) 공항은 대만성의 제2대 국제공항이다.

고웅시(高雄市)

고웅시는 대만 5대 "행정원 직할시"의 하나이며 대만 본섬의 서남부에 위치해 있다. 고웅시는 2010년 12월25일 기존의 고웅시와 고웅현이 합병되어 새롭게 탄생했다. 합병 후의 면적은 약 2,947㎢로 현재 대만 경내에서 최대 면적을 자랑하는 직할시이다. 고웅시의 인구는 278만 명으로 대만에서 인구가 두 번째로 많은 직할시다.

고웅시는 대만성의 주요 공업기지로서 정유공장과 강철공장, 조선소 등 대만성에서 가장 큰 기업들이 있다. 전자공업, 기계제조, 시멘트, 화학비료, 알루미늄제련, 제당 등 공업도 발달했다. 고웅시는 또 대만 어업생산중심지이며 원양어업이 대만성에서 첫자리를 차지한다.

고웅시는 육해공 교통이 발달했다. 바다항구로는 유명한 고웅항이 있으며 고웅항은 고웅시 서남 연안과 기진(旗津)반도 사이에 있는 심수항으로 초기에 건설된 제1항구와 전쟁 후에 건설된 제2항구 두 부분으로 나뉜다. 우월한 지리위치에 힘입어 고웅항은 동남아와 인도양, 동북아 간 해상항운의 중요한 환적센터로 부상했으며 대만의 제1대 국제상업항구일 뿐만 아니라 화물 수송량도 세계 제 12위를 차지한다.

대중시(臺中市)

대중시는 대만 섬 중부에 위치해 있으며 북으로 묘율(苗栗)현, 신죽(新竹)현과 접경해 있고 남으로 창화(彰化)현, 남투(南投)현, 동으로 중앙산맥을 사이 두고 의란(宜蘭)현, 화련(花蓮)현과 이웃하고 있으며 서쪽으로 대만해협에 잇닿아 있다. 대중시의 총면적은 2,215㎢이고 2012년 인구는 268만 명에 달해 대만성에서 인구가 세 번째로 많은 도시 행정구역이다.

대남시(臺南市)

대남시는 대만 섬의 서남 해안에 위치해 있으며 서쪽으로 대만해협, 동쪽으로 아리산산맥, 북으로 가의현, 남으로 고웅시와 접경해 있다. 대남시는 대만의 농업과 사탕수수재배 주요산지이다. 대남시의 면적은 2,192㎢이고 2012년까지 전 시의 인구는 약 188만 명에 달했다. 대남시는 대만의 제4대 도시이고 또 대만에서 가장 오래된 도시이기도 하다. 이곳에는 명승고적이 많으며 대표적인 곳으로는 적감루(赤嵌樓), 안평(安平) 옛성, 정성공(鄭成功)사당 등이 있다. 대남시는 또 종교 분위기가 짙은 도시로서 전 시에는 사찰과 교회당이 200여 개 있고 불교와 도교 신자가 가장 많으며 기독교와 천주교 신자도 많다.

신북시(新北市)

신북시는 중국 대만 본섬의 최북단에 위치해 있다. 신북 전 경내가 대북 시를 둘러싸고 있으며 동북으로 기륭시, 동남으로 의란현, 서남으로 도원 현과 이웃하고 있어 대북, 기륭과 함께 대 대북 도회지를 구성한다. 신북 시의 전신은 대만성 대북현이며 2010년 12월 25일 대북현은 정식으로 행정원 직할시로 승격해 '신북시'로 명명되었다. 신북시의 총면적은 2,052㎢이고 2012년까지 전 시의 총인구는 394만 명에 달했다. 신북시는 대만에서 인구가 가장 많은 도시이다.

3. 역사연혁

1) 대만 개척사

대만은 중국의 떼어놓을 수 없는 한 부분이다. 지리적으로 말하면 상고시대 때 대만과 대륙은 원래 이어져 있었다. 후에 지각 운동으로 서로 연결된 부분의 육지가 내려앉아 해협으로 되면서 대만은 점차 바다의 섬으로 되었다. 하지만 대만 각지에서 연이어 발굴, 출토된 석기와 흑(黑)도자기, 채색도자기 등 대량의 문화재는 대만의 사전(史前)문화와 중국 대륙은 같은 맥락에 속한다는 것을 증명한다.

고대문헌의 기재에 따르면 서기 230년 오나라 왕 손권(孫權)이 파견한 장군 위온(衛溫)과 제갈직(諸葛直)이 직접 인솔한 1만의 수군이 바다를 건너 대만에 간 적이 있다. 이는 중국대륙의 주민이 선진적인 문화지식으로 대만을 개발하기 시작했음을 의미한다. 기원 6세기 말, 7세기 초 수나라 때에 이르러 수양제(隋煬帝)는 대만에 세 차례 사람을 파견하여 '타지의 풍습을 알아보고', 현지 주민을 '위문'하도록 했다. 그 후 당나라부터 송나라에 이르기까지 600년간 대륙의 연해주민들 특히 복건 천주와 장주 일대의 주민들이 전란을 피해 잇달아 팽호열도 또는 대만으로 이주했으며 그곳에서 개간을 시작했다. 기원 1335년 원나라(元)는 정식으로 팽호에 '순검사(巡檢司)'를 설치하고 팽호와 대만을 관할했다. 중국이 대만에 전문 행정기구를 설립한 것은 바로 이때부터다.

명나라(明) 이후 대륙과 대만 주민들 간의 왕래가 끊임없이 이루어졌다. 항해가인 '삼보태감(三寶太監)' 정화(鄭和)가 인솔한 대형함대는 남양 각국 방문 시 대만에 머문 적이 있으며 현지 주민들에게 공예품과 농산품을 가져다주었다. 기원 1628년(명 숭정 원년明崇禎元年), 복건에 큰 가뭄이 들면서 백성들이 살길이 막막하게 되었다. 복건사람 정지룡(鄭芝龍)은 수만 명의 이재민을 조직하여 대만으로 건너갔다. 이때부터 대만은 대규모 개발 시기에 진입했다.

2) 정성공(鄭成功)의 대만 수복

16세기 중엽 이후 아름답고 풍요로운 대만 섬은 서방 식민주의자들이 호시탐탐 노리는 대상으로 되었다. 스페인, 포르투갈 등 열강들이 선후로 대만에 침입해 자원을 약탈하거나 종교와 문화적 침략을 감행했으며 심지어 직접 출병해 강점하기도 했다. 1642년 네덜란드인이 대만 북부에 있는 스페인의 거점을 빼앗으면서 대만은 네덜란드의 식민지로 전락되었다.

네덜란드 식민주의자들은 대만을 강점한 기간 대만인들에 대해 잔혹한 착취를 진행했고 네덜란드 식민통치를 반대하는 대만인민의 항쟁 또한 끊임없이 진행되었다. 1662년 민족영웅 정성공은 대만인민과 협력하여 네덜란드 침략자들을 축출하고 대만을 수복했다. 얼마 지나지 않아 정성공은 병으로 사망했다. 그 뒤 그의 아들 정경(鄭經), 손자 정극상(鄭克塽)이 대만을 22년간 다스렸다. 정씨 조손 3대는 대만을 다스리는 기간 제당업과 제염업을 장려하고 상공업과 무역을 발전시켰으며 학당을 개설하고 고산족의 농업생산방식을 개진했다. 이런 조치들은 대만경제와 문화의 신속한 발전을 추진했다. 이때는 대만역사에서 아주 중요한 개발과 발전시기로서 역사상 '명정(明鄭) 시대'라고 한다.

3) 청나라 초기 중국판도에 귀속

1683년(청나라 강희康熙 22년) 청나라 정부군이 대만을 진공했고 정극상(鄭克塽)은 대만인들을 인솔해 귀순했다. 청 정부는 대만에 1개 부(府)와 3개 현을 설치하고 복건성에 귀속시켰다. 대만은 중국 중앙정부의 통일 관할에 다시 들어온 후 정치와 경제, 문화 등 각 분야에서 대륙과의 연계가 더욱 긴밀해졌으며 국가통일 전반 부분에서 떼어놓을 수 없는 구성부분으로 되었다.

1885년(청나라 광서光緒 11년), 청나라 정부는 대만을 행성(行省)으로 정하고 류명전(劉明傳)을 초대 순무(巡撫, 지방행정장관)로 파견했다. 류명전은 복건, 광동 등지의 주민들을 대거 모집하여 대만으로 이주시켰으며 대규모 개발을 진행했다. 그는 선후하여 개선총국, 전보총국, 철도총국, 무기국, 통상국, 광산원유국, 벌목국 등 기구를 설립하고 포대를 보수하고 방어체계를 정비했으며 전선을 가설하고 체신업무를 운영했다. 또 철도를 부설하고 광산을 채굴했으며 상업선박을 만들고 상공업을 발전시켰으며 중서학당을 세우고 문화교육을 발전시켰다.

4) 일본강점시기

19세기 후반, 일본은 '메이지유신'을 통해 자본주의 발전의 길을 걷기 시작했다. 1894년 일본은 중일 갑오전쟁을 발동했다. 패전한 청 정부는 1895년에 일본과 치욕적인 《마관(馬關)조약》을 체결하고 대만과 팽호열도를 일본에 떼어주었다. 이때로부터 대만은 일본식민지로 전락되었고 무려 50년 동안의 일제강점시기가 시작되었다.

일본은 대만을 강점한 후 대북에 총독부를 설치했고 이는 대만을 통치하는 최고기구로 되었다. 또 각지에 향진공소(公所)를 설립하고 경찰과 보갑(保甲)제도를 실시했으며 대만에 대해 식민통치와 '황민화(皇民化)'교육을 실시했다. 동시에 자국 경제의 발전수요를 충족시키기 위해 초기에는 대만을 농업과 농산품가공업 발전기지로 삼음으로써 대만의 가공공업과 교통운수업을 점차 발전시켰다. 제2차 세계대전기간, 일본은 군국주의의 남진(南進)정책에 따라 대만에서 군사와 연관되는 각종 공업을 한층 발전시켰다.

5) 광복과 분리

제2차 세계대전 기간 국제협정은 대만이 중국영토의 떼어놓을 수 없는 한 부분임을 재차 인정했다. 1943년 12월 1일, 중국과 미국, 영국 3개국은 《카이로선언》을 공동으로 체결하고 '일본이 강점한 중국의 영토 만주, 대만, 팽호열도 등을 중국에 반환한다'고 규정했다. 1945년 7월 26일, 중국과 미국, 영국 3개국 그리고 나중에 소련이 참가하여 체결한 《포츠담선언》은 '카이로선언의 규정이 반드시 실시될 것이다'라고 재천명했다.

1945년 8월 15일 일본은 《포츠담선언》 중의 조항을 받아들이고 무조건 투항을 발표했다. 같은 해 10월 25일, 중국정부는 대북에서 대만섬 주둔 일본군의 항복의식을 진행했다. 하지만 대만광복 후, 당시 중국을 통치하고 있던 국민당 당국은 대만인민에 대해 군사독재통치를 실시했다. 게다가 관리들의 통치가 부패하고 탐오가 성행하여 섬 내의 모순이 격화되었다. 1947년 2월 28일, 대만민중들은 국민당정권을 반대하는 무장봉기를 일으켰다. 국민당은 대량의 군대를 동원하여 기륭에 상륙, 피비린 탄압을 진행했고 현지 주민 3만여 명이 목숨을 잃었다. 이 사건을 역사적으로 '2.28 사건'이라고 한다.

1949년 10월 1일 중국인민은 중국공산당의 영도 밑에 국민당정부를 뒤엎고 중화인민공화국의 창건을 선포했다. 중국대륙의 해방에 앞서 장개석(蔣介石)과 국민당의 일부 군부 및 정부 요인들은 대만으로 도망갔으며 미국의 비호와 지지를 등에 업고 대만에서 지역통치(偏安)국면을 유지함으로써 대만과 조국대륙이 또 다시 분리 상태에 처하게 했다.

4. 양안 '삼통(三通)'

중국정부는 1979년에 양안이 직접적인 통우(通郵)와 통상(通商), 통항(通航)을 실현할 것을 제기했다. 지난 30여 년간 중국정부는 전면적인 직접 '삼통'을 실현하기 위해 노력을 경주해왔다.

양안 '삼통'의 현 진전 상황

통우

우편업무: 1993년 해협양안관계협회와 대만해협교류기금회는 《양안등기우편물조회, 보상사항협의》를 체결했다. 따라서 양안 우편부문은 정식으로 상호 등기우편물업무를 개설했다.

체신업무: 1996년 대륙의 차이나텔레콤과 대만중화텔레콤은 양안 간 직접체신업무관계를 맺었다. 1999년과 2000년에 선후하여 중미와 아시아유럽, 아태지역 해저케이블을 건설했고 양안 직접통신망을 건설했다. 양안체신부문은 이미 전화와 데이터통신, 모바일로밍, 화상통화 등 업무를 개설했다.

통항

해상통항: 1997년 4월 복주, 하문(夏門)과 고웅 간의 해상시범 직항에 들어갔다. 2001년 초 금문(金門)과 마조(馬祖) 주민들의 수요를 감안해 대륙측은 금문과 마조, 복건 연해지역의 해상통항에 최대한의 협조를 제공했다. 양자는 양안자본을 사용하여 양안에서 등록한 선박에 대해서는 회사의 깃발만 다는 방식으로도 해상에서 여객운수와 화물수송을 진행할 수 있도록 항로를 개통했다.

항공:1995년 12월과 1996년 8월에 마카오항공과 항용(港龍)항공은 각기 마카오-대
　　　만, 홍콩-대만 항공편을 개통하고 대륙으로부터 마카오, 홍콩을 거쳐 대만에 이르
　　　는 간접통항을 실현했다. 2003년 음력설기간 대만기업인들이 고향에 가서 설을 쇠
　　　는데 편의를 도모해 주기 위해 대륙측은 대북, 고웅에서 홍콩, 마카오를 거쳐 상해
　　　에 이르는 왕복 항선를 개통하고 대만 6개 항공회사의 전용기 연 16대가 대만실업
　　　가들을 운송하도록 비준했다.

통상

양안무역:1979년부터 대륙측은 대만제품에 대해 시장을 개방하고 면세, 감세 등 특혜대
　　　우를 주었다. 양안 무역액은 1978년의 4,600만 달러에서 2003년에는 583여억 달
　　　러까지 증가했다. 2002년 통계에 따르면 대륙은 이미 대만의 최대 수출시장으로 되
　　　었으며 대만은 대륙의 제2대 수입시장으로 되었다.

투자:대륙의 각 해당부처와 지방정부는 투자환경을 지속적으로 개선하여 대만동포들

에게 양질의 서비스를 제공함으로써 대만인들의 대륙투자유치에 총력전을 기울였다. 2003년말 까지 대륙측은 누계로 6만 건의 대만자금 프로젝트를 비준했고 대만자금 계약액은 680억 달러, 대만자금 실제사용액은 약 360억 달러에 달했다. 1993년부터 대륙은 대만실업가 투자의 제1선택지역으로 되었다.

통우: 양안 간 우편물은 여전히 홍콩, 마카오를 거쳐 전달되며 업무종류도 아주 적어 우편소포, 외환, 택배 등 업무가 모두 개통되지 않았다.

통항: 양안의 선박, 비행기가 직접 왕래할 수 없으며 양안 간 인원관광은 여전히 홍콩, 마카오 등지를 거쳐야 한다. 시범직항은 양안무역화물을 운송할 수 없으며 양안무역화물은 여전히 일본, 홍콩 등 제3지를 거치기 때문에 '선박이 통하지만 화물이 통하지 않고, 화물이 통하지만 선박이 통하지 않는' 이상 현상을 조성했다.

통상: 대륙시장은 대만기업과 상품에 대해 전면 개방했지만 대륙제품의 대만수출은 많은 차별적인 제한을 받고 있다. 대륙에서 비교적 우세를 차지하고 대만동포들이 시급히 수요하는 많은 상품들이 대만에 수출되지 못하고 있으며 대륙의 기업은 대만에 투자할 수 없고 필요한 상업기구도 대만에 설립할 수 없다. 대륙기업은 대만에서 경제무역전시회, 상담회를 진행하거나 행사에 참가하기 어렵고 대륙의 경제무역인사들의 대만 고찰, 방문도 많은 제한을 받고 있다.

5. 대륙주민의 대만 자유여행

2011년 6월 12일, 소기위(邵琪) 중국국가관광국 국장은 하문(廈門)에서 개최된 제3차 해협포럼대회에서 6월28일부터 대륙주민의 대만 개인여행이 정식으로 가동되며 제 1진 시행 도시는 북경과 상해, 하문이라고 발표했다. 이로써 대륙주민의 대만 자유여행의 서막이 열렸다.

지금까지 이미 세 번에 걸쳐 대륙주민의 대만 여행이 가능한 도시를 개방했다. 제1진 도시는 북경(北京), 상해(上海), 하문이고 제2진 도시는 천진(天津), 중경(重慶), 남경(南慶), 항주(杭州), 광주(廣), 성도(成都), 제남(濟南), 서안(西安), 복주(福州), 심수(深圳)였으며 제 3진 도시는 소주(蘇州), 무한(武漢), 녕파(寧波), 청도(靑島), 정주(鄭州), 심양(沈陽), 장춘(長春), 석가장(石家庄), 장사(長沙), 곤명(昆明), 남녕(南寧), 합비(合肥), 천주(泉州)이다.

제11장

신강과 티베트

1. 신강개관

1] 신강개관

신강위구르자치구는 '신강'이라 약칭한다. 중국 서남부, 유라시아대륙 중심에 위치한 신 강은 면적이 166.49만㎢로 중국에서 면적이 제일 큰 성급 행정구이다. 신강은 동쪽에서 서쪽으로 몽골, 러시아연방, 카자흐스탄, 키르기스스탄, 타지키스탄, 아프가니스탄, 파키스 탄, 인도 등 8개 나라와 인접해 있고 국경선 총길이가 5,600여㎞에 달한다. 신강은 중국에 서 국경선이 가장 길고 이웃한 나라가 제일 많으며 대외 통상구를 제일 많이 보유한 성급 행정구이다. 중국 5개 소수민족자치구의 하나인 신강의 총인구는 2,230여 만 명이고 그중 소수민족 인구가 60%를 차지한다. 이곳에는 위구르족, 한족, 카자흐족, 회족, 키르기스족, 몽골족 등 세세대대로 거주해온 13개 민족을 포함해 55개 민족이 살고 있다.

2] 지리환경

신강은 바다와 멀리 떨어진 아시아 내륙 깊은 곳에 있고 주위는 산으로 둘러싸였다. 북 에서 남으로 알타이산맥(阿爾泰山), 천산산맥, 곤륜산맥(昆侖山)이 있고 산맥 사이에는 중갈분지(佈葛爾盆地), 타림분지(塔裏木盆地)가 있어 '세 산이 두 분지를 낀' 전반 지형지모 를 형성했다. 사람들은 습관적으로 천산이남지역을 '남강(南疆)'이라 하고 천산이북지역 을 '북강(北疆)'이라 하며 하미, 투루판분지지역을 '동강(東疆)'이라 부른다.

중국 사막면적의 3분의 2는 신강에 분포되었는데 그중 남강의 타클라마칸사막(塔克拉 瑪幹沙漠)은 면적이 33만 ㎢에 달해 중국에서 제일 큰 사막이고 세계 제2대 유동사막이 다. 북강 중갈분지의 구얼반퉁구터사막(古爾班通古特沙漠)은 면적이 총 4.8만 ㎢로 중국 제

2대 사막이다. 사막에는 풍부한 천연 오일 가스자원과 광산자원이 매장되어 있다.

신강은 가장 전형적인 대륙성건조기후, 반건조 기후로서 연평균 강수량이 165.6㎜이다. 그러나 경내에 잇닿아 있는 설산으로 독특하고 천연적인 '고체저수지'를 형성해 빙하 저수량이 2.13억㎥에 달한다. 고산의 적설이 여러 갈래의 하천과 호수를 형성해 수역면적이 총 5,505㎢에 달한다. 그중 보스텐 호(博斯騰湖) 수역면적이 980㎢로 중국 최대의 내륙 담수호이다. 신강 동부 투루판분지(吐魯番盆地)에 있는 아이딩코르 호(艾丁湖)는 평균 해면보다 154미터 낮아 중국에서 가장 낮은 지역이다. 타림분지를 지나는 타림하 길이가 약 2,100㎞로 중국의 최장 내륙하이다. 신강의 일인당 평균 수자원은 전국적으로 앞자리를 차지한다.

신강의 수자원은 계절과 시공간의 분포가 불균형하여 기온변화 및 일교차가 크다. 알타이지역은 중국 최저 기온을 기록하고 투루판지역은 장기간 중국 최고기온 기록을 보유하고 있다.

3) 역사연혁

과거에는 신강을 서역(西域)이라 불렀다. 2,000여 년 전 신강은 이미 중국의 통일된 다민족국가의 한 부분이었다. 기원전 60년 한나라시기에 신강에 서역도호부가 설치되었고 현재 파이카스 호(巴尔喀什湖)와 파미르(帕米爾)지역을 포함한 신강이 서한 정권의 직접적인 관할을 받았다. 그 후 1,000여 년 동안 신강지역은 줄곧 중국 중앙정부와 부속관계를 유지하고 있었으며 중앙정부는 행정기구를 설치해 신강의 현지사무를 관리했다.

청나라(淸) 때 중앙정부가 신강 일리 혜원성(惠远城)에 일리장군을 설치해 신강 전반 경내를 통치하도록 했다. 1884년에는 신강에 성을 설립하고 내지의 여러 성과의 연계를 한층 활성화했다.

1949년 9월, 신강은 평화적인 해방을 선포했다. 같은 해 10월 1일, 중화인민공화국이 건국되고 신강은 중국의 다른 성과 마찬가지로 중국에서 민족자치권을 행사하는 성급 행정구로 되었다.

4) 에너지 기지

신강에는 석유, 천연가스, 석탄, 유혈암, 우라늄 등 다섯 가지 에너지광산이 있다. 그중 석유와 천연가스, 석탄은 신강이 가장 우세를 보이는 광산자원이다. 석탄자원의 매장량은 2조 1,900억 톤에 달해 전국 석탄자원 예상매장량의 40%를 차지한다. 석유 예상자원량은 234억 톤으로 전국 육지 석유자원량의 30%를 차지한다. 천연가스 예상자원량은 13조㎥로 전국 육지 천연가스 자원량의 34%를 차지한다.

신강 수력자원의 주요 원천인 빙천수는 저장량이 풍부해 전국 수력자원의 3%를 차지한다. 크고 작은 하천 570갈래가 흘러 지나는 이곳의 지표수 연간 흐름량은 884억㎥에 달한다. 수력자원의 이론상 매장량이 38,178.7메가와트이고 기술적으로 개발 가능한 량이 16,565메가와트, 연간 발전량이 712.59억 킬로와트시이다.

내륙 깊숙이 위치한 신강은 공기가 건조하고 강수량이 적으며 대기가 투명하고 맑은 날씨가 많은 기후특징을 보인다. 따라서 태양에너지자원이 풍부해 전년 일조시간이 2,550~3,500시간, 일조율이 60~80%이고 연간 총복사량이 5,430~6,670조 줄/평방미터에 달해 전국에서 제2위를 차지한다.

신강은 주위가 산으로 둘러싸이고 협곡 '바람동굴'과 '분지효과'의 작용으로 풍부한 풍력자원을 형성했다. 풍력은 개발 가능한 저장량이 약 2,000만 킬로와트, 바람구역(風區) 총면적이 15.45만㎢, 총매장량이 약 9,100억 킬로와트시, 발전설비 용량이 18.2억 메가와트에 달해 전국에서 두 번째를 차지한다. 그중 개발가치가 있는 바람구역이 9개이고 다반청(達阪城)풍력실험발전소는 중국에서 규모가 제일 큰 풍력발전소이다.

2. 신강경제

1) 경제개관

최근 몇 년간 신강의 경제는 빠른 성장세를 유지하고 있다. 2010년 신강지역의 총생산액(GDP)이 인민폐 5,000억 원을 넘어 동기대비 10.6% 증가하고 2011년에는 인민폐 6,000억 원을 초과해 동기대비 12% 증가되었다. 2012년에는 신강 총생산액이 그 전해보다 12.0% 성장한 인민폐 7,530억 3,200만 원에 달했다. 그중 1차 산업의 증가치는 인민폐 1,320억 5,700만 원, 2차 산업의 증가치는 인민폐 3,560억 7,500만 원, 3차 산업의 증가치는 인민폐 2,649억 원이다. 상주인구로 계산하면 신강 일인당 총생산액은 인민폐 3만 3,909원이고 그해 평균 환율로 환산하면 5,372달러에 달한다.

2) 신강의 공업

신강의 공업경제는 빠른 성장세를 보이고 있다. 현재 철강, 석탄, 석유, 기계, 화학, 건축 재료, 방직, 제당, 제지, 가죽, 담배 등 여러 업종이 구비된 공업체계를 이미 형성했다. 신강은 지역 자원의 우세를 이용해 특색이 있는 대표제품과 우세산업을 개발했다. 현재 신강에는 여러 유형의 공업기업 6만여 개가 있고 석유, 석탄, 야금, 전력, 방직, 화학공업, 기계, 건축 재료, 식품 등 2,000여 종의 제품이 생산되고 있다. 2012년 신강자치구의 전반 공업 증가치는 인민폐 2,929억 9,000만 원에 달했고 그중 석유공업 증가치가 1,386억 1,700만 원이다.

중국 국가중점 에너지 및 자원개발구인 신강은 최근 중대 공업프로젝트건설을 통해 경제의 고속 성장을 실현했다. 2012년 자치구가 중점적으로 감독 관리한 공업 프로젝트가

387개였고 2013년 신강이 건설 및 기획 건설한 중대한 공업프로젝트가 428개, 총투자액이 인민폐 1조 6,812억 원이다. 그중 추가건설 프로젝트가 216개, 총투자액이 1조 2,725억 원이고 신설 프로젝트가 212개, 총투자액이 4,087억 원이었다. 이런 대형 공업프로젝트에는 주로 석유화학공업, 석탄, 석탄발전, 석탄화학공업, 유색, 강철, 장비제조 등 업종이 포함되어 있다. 그중 투자규모가 100억 원을 초과하는 프로젝트가 40개이다.

3] 신강농업

신강은 일조량과 토지자원이 풍부하며 자치구 내 농업용지 면적이 6,308만 헥타르에 달한다. 그중 경작지 면적이 411만 헥타르이고 인구당 경작지 면적은 전국 평균 수준의 2.1배이다. 현지인들은 수자원이 비교적 풍부한 지방에서 유명한 오아시스농업을 발전시켰다. 신강의 농작물로는 밀, 옥수수, 벼가 위주이고 경제작물로는 목화, 사탕무, 홉 등이 있다. 2012년 신강 식량 생산량은 1,273만 톤, 목화 생산량은 354만 톤, 유료작물 생산량은 59만 톤, 사탕무 생산량은 577만 톤에 달했다. 그중 목화 생산은 중국에서 중요한 위치에 있는데 중국에서 가장 큰 초장면(長 絨棉) 생산기지로 중국 초장면 생산량의 95% 이상을 차지하고 품질 또한 세계에서 이름난 이집트의 초장면과 비교해도 손색이 없다.

'과일의 고장'이라는 미칭을 가지고 있는 신강은 중국에서 과일 재배면적이 크고 품종이나 품질이 뛰어나다. 이 곳에는 포도, 하미과, 수박, 사과, 살구, 복숭아, 석류, 앵두, 무화과, 호두 등 온대과일이 많이 난다.

4] 신강목축업

가축 종류가 많은 신강은 중국의 중요한 방목기지의 하나이다. 신강 천연풀밭 총면적은 57만 평방킬로미터로 농업, 임업, 목축업 용지 총면적의 87%를 차지한다. 천연풀밭 자원은 신강 목축업 발전의 기본적이고 중요한 생산 자료이다. 천연풀밭은 신강 70%의 가축 사육량과 축산품 생산량을 담당하고 있다. 신강은 예로부터 명마의 산지로 유명했으며 가축으로는 면양을 위주로 말, 소, 양, 당나귀, 노새, 낙타, 야크 등이 있다. 신강의 양고기 생산량은 중국에서 2위를 차지한다. 2012년 가축 마리 수는 4,333만 마리에 달했다.

중국 목축업 새 품종 육성기지인 신강에는 현재 세모양, 중국메리노양, 신강고피양, 신강 갈소, 일리말, 일리 백돼지, 신강흑돼지 등 자체로 육성한 새 품종이 있다. 이런 육성품종은 각각 독특한 생물학적인 특성과 비교적 높은 경제적 가치를 가지고 있어 신강뿐만 아니라 중국의 소중한 목축업 자원과 중요한 유전자보고로 되고 있다.

5) 특색산업

신강특색산업은 주로 술, 음료, 우유제품, 일용화학, 에센스향료, 보석가공, 제당, 민족일 용품 등 10여 가지이다. 초보적으로 산업 규모를 갖춘 제품들로는 주로 토마토와 와인, 과일주스, 홉, 사탕무, 보석가공, 민족특산품 등이 있고 그 밖에 젖술과 말젖요구르트, 위구르 약재를 주요 원료로 한 여러 가지 기능성 식품과 기능성 음료 등 제품들도 인기가 많다.

3. 신강의 민족

1) 다민족 집거지역

현재 신강에는 위구르족, 한족, 카자흐족, 회족, 키르키스족, 몽골족, 타지크족, 시버족, 만족, 우즈베키족, 러시아족, 다우르족, 타타르족 등 13개 원주민 민족 외에 42개 민족성분을 지닌 주민들이 안정된 생활을 누리고 있다. 2012년 말, 신강 총인구는 2,230만 명이었고 그중 소수민족 인구가 약 60%를 차지했다.

2) 위구르족

위구르족은 중국 북방의 오랜 민족으로 '위구르'란 위구르족의 자칭이며 '단결', '연합'을 뜻한다. 위구르족은 신강의 주체 민족이고 인구는 941여 만 명(2006년)이며 전반 신강에 분포되어 있고 주로 천산 이남의 카스(喀什), 화전(和田), 악수(阿克蘇) 등지에 거주하고 있다. 위구르족은 자체의 언어와 문자를 가지고 있다.

위구르족은 주로 농업에 종사하고 목축업도 겸하고 있다. 위구르족은 또 상업전통도 보유하고 있고 전통 수공업도 매우 발달했으며 비교적 높은 예술 수준을 가지고 있다. 그들이 제작한 카펫, 자수, 비단옷감, 동호, 작은 칼, 민족 악기 등은 독특한 민족 특색을 띠고 있다.

3) 카자흐족

현재 신강에 살고 있는 카자흐족은 143만 명(2006년 집계)이며 주로 북부의 일리 카자흐자치주에 분포되었다. 카자흐족은 자체의 언어와 문자를 가지고 있다.

카자흐족 대부분이 목축업에 종사하고 있다. 농업에 종사하면서 정착한 소수 카자흐족 외 대부분이 계절에 따라 목장을 바꾸면서 물과 풀을 따라 유목생활을 하고 있다.

4) 키르기스족

키르기스족은 17여 만 명(2006년)으로서 자체 민족 언어와 문자를 가지고 있다. 키르기스족은 주로 신강 서부 파미르고원에 위치한 키지르수키르기즈자치주에 거주하고 있으며 목축업을 위주로 하는 민족이다.

4. 신강관광자원

1) 관광자원 개관

신강의 관광자원은 풍부하고 독특하다. 신강은 만년설산과 화주(火洲)가 마주보고 사막과 오아시스가 서로 인접해 신기하고 특색이 있는 자연경관을 이루고 있다. 또한 신강은 역사문화 자원이 풍부하고 명승고적이 매우 많으며 다민족 특색이 짙다. 2010년 현재 신강의 국제급 풍경구와 관광시범구는 106개에 달한다. 그중 5A급 풍경구가 4개, 4A급 풍경구가 7개이다. 유명한 자연풍경구로는 천지, 카나스 호(喀納斯湖), 나라티초원(那拉提草原), 보스텐 호, 사이람 호(賽裏木湖), 바인부루커초원(巴音布魯克草原) 등이 있다.

신강은 인문자원이 풍부하다. 5,000여 ㎞의 실크로드 남, 북, 중 세 갈래 간선에는 옛 성, 옛 무덤(古墓葬), 천불동, 옛 둔전(屯田) 유적지 등 인문경관이 백여 개에 달한다. 교하고성(交河故城), 고창고성(高昌故城), 누란유적지(樓蘭遺址), 키질천불동(克孜爾千佛洞), 향비묘(香妃墓) 등은 국내외적으로 명성이 높다. 이런 인문경관은 중서문화 교류의 견증일 뿐만 아니라 신강 옛 실크로드 문화의 휘황한 성과이다.

2) 카나스 호

신강 북부의 부르친현(布爾津縣) 현성에서 150킬로미터 떨어져 있는 곳에 위치한 카나스 호는 알타이 심산 밀림 중의 높은 산에 있는 호수이다. '카나스'란 몽골어이며 '협곡 중의 호수'를 뜻한다. 카나스 호의 해발은 1,374미터이고 호수의 가장 깊은 곳은 188.5미터, 면적은 45.73㎢이다.

카나스 호는 사방이 설산 봉우리로 둘러싸여 있고 호수와 산이 서로 어우러져 비경을 이루었다. 이곳은 중국에서 유일하게 남시베리아지역의 동식물이 분포된 지역이다. 산림과 초원이 이어지고 호수에 흘러드는 강줄기가 여러 갈래로 뻗은 아름다운 사연경관을 자랑하는 카나스 호는 높은 관광가치와 자연보호 및 과학고찰, 역사 문화적 가치를 가지고 있다.

3) 누란고성

신강 남부 롭누르 호의 서북에 위치한 누란고성(樓蘭古城)은 일찍 실크로드의 요충지였다. 지금은 사면이 사막과 아단지모, 딴딴한 소금덩이에 둘러싸여 인적이 드물고 황량하다.

역사기재에 의하면 일찍 기원전 2세기에 누란은 서역에서 가장 번화한 지역의 하나였다. 명성을 드날리던 누란왕국이 5, 6백 년간 흥성하다가 갑자기 흔적을 감춘 것은 역사의 미스터리다. 하여 누란은 중외 탐험가들이 동경하는 신비로운 곳으로 자리매김했다.

현재까지 밝혀진 데 의하면 누란성은 부지 12만 평방미터이고 흙과 갈대, 나무를 사용해 성벽을 축조했다. 서북–동남 주향의 한 갈래 옛 강물이 성 중부를 흘러 지났다. 현재 불탑 및 주변의 건축과 고성 및 그 주변의 옛 봉화대, 곡식 저장창고, 옛 묘지 등 유적지만 남아있다.

4) 천불동(千佛洞)

신강의 실크로드에는 널리 알려진 많은 요충지, 성곽, 석굴사원, 역참, 무덤, 봉화대 등이 남아 있다. 키질천불동, 베제클리크천불동(柏孜克裏克千佛洞) 등은 유명한 석굴로서 그 조각벽화는 중국, 인도, 페르시아 문화를 융합시킨 독특한 예술풍격을 띠면서 그 시기 여러 민족 주민들의 생산과 생활방식을 생동하게 반영했다.

'베제클리크'는 위구르어로 '산허리'를 뜻한다. 투루판시 동북쪽에 위치한 천불동은 기원전 6세기부터 기원 14세기 사이에 조성되었다. 동굴 안에 있는 벽화는 구도가 엄밀하고 선과 색채가 화려하며 인물형상이 풍만한 특징으로 보아 당나라 막고굴의 회화풍격을 이어 받은 것으로 분석된다. 비록 동굴벽화가 많이 파손되었지만 아직도 그 보유면적이 1,200여 평방미터에 달해 이곳은 회홀 불교예술 중에서 보존상태가 가장 양호하고 제일 대표성을 가지는 예술보물고로 되었다. 이는 서역의 역사, 문화, 예술을 연구하는 귀중한 자료로 된다.

5] 투루판(吐鲁番)

신강 중부 저지대 분지에 자리 잡고 있고 '화주(火洲)'라 불리는 곳의 포도골짜기에서 각종 우량종 포도가 나고 있는데 이곳이 바로 투루판이다. 독특한 지리적 위치로 투루판은 지하수가 풍부해 포도, 수박 등 과일이 많이 난다. 기후가 건조하고 강수량이 적어 과일 당분 함량이 높다. 아울러 많은 사람들이 현지의 달콤한 과일을 찾아 일부러 투루판 관광을 오기도 한다.

6] 카스(喀什)

'카스카르'의 약칭인 카스는 '실크로드의 명주'라는 미칭을 지닌 중국의 유서 깊은 역사문화도시이다.

카스는 타림분지 서쪽에 위치한 제일 오랜 오아시스의 하나이다. '변방의 강남'이라 불리는 카스는 중국에서 중요한 상품목화 기지의 하나이다.

카스는 관광자원이 풍부하고 자연경관이 독특하며 사막관광, 빙천 탐험, 고산관광 등으로 여러 나라 관광객들이 이곳을 동경한다. 카스는 오랜 역사와 풍부한 인문경관을 자랑한다. 해내외에 이름을 날린 아이티거얼이슬람사원(艾提尕爾淸眞寺), 아팍호자묘(香妓墓), 마호메트, 커시허리묘(喀什噶裏墓), 예얼칭한조유적(葉爾羌汗朝占跡) 등 경관들이 위구르 문화와 건축예술의 특색을 집중적으로 구현하고 있다.

5. 신강종교

1] 여러 종교의 회합지

사상 선후로 불교(佛教), 경교(景教: 기독교의 한 교파), 마니교(摩尼教), 이슬람교가 신강에 전파되면서 신강은 세계적으로 유일무이한 4대 종교의 회합지로 부상했다.

기원 1세기에 불교가 신강의 실크로드를 통해 동쪽으로 중원지역에 전파되었다. 경교는 기독교의 한 개 분파로서 기원 6세기에 신강에 전해졌다. 고고학 발견에 따르면 고대 신강에는 경교가 성행해 경교의 중심을 이루었다. 후에 이슬람교가 전해지면서 경교가 신강의 역사무대에서 사라졌다. 기원 694년에 마니교가 중국에 들어왔다. 돈황 막고굴, 신강 투루판에서 발견된 대량의 마니교 문서들은 마니교가 중국 서북 여러 지역에 광범히 전파되었다는 것을 증명해준다. 기원 10세기 중엽에 이슬람교도 실크로드를 따라 카스에 들어왔으며 16세기, 17세기에 이르러 이미 신강 전역에 전파되었다.

20세기 중엽 신강에는 이슬람교, 불교, 도교, 천주교, 기독교(신교), 동정교 등 6가지 종교가 있었다. 지금 위구르족, 카자흐족, 회족, 키르키스족, 우즈베키족, 타지크족, 타타르족 등 7개 민족의 종교 신앙이 이슬람교이고 한족, 몽골족, 시버족, 다우르족 등 민족 중 일부가 불교를 신봉하고 한족 중 일부가 도교, 천주교, 기독교를 믿는다. 동정교를 믿는 민족은 주로 러시아족이다. 이외에 만족, 시버족 중 일부 사람들이 샤머니즘을 믿는다.

2] 신강의 신도

현재 신강 여러 민족 신도 및 종교 인사들은 종교 신앙의 자유와 권리를 충분히 향유하고 있다. 전 신강지역에 여러 가지 종교 활동 장소가 2.41만개에 달한다. 이외에 라마교사원, 불교사원, 기독교 교회당, 동정교 교회당 등을 세워 여러 민족의 종교 신앙 수요를 충분히 만족시키고 있다.

지금 신강에서 이슬람교를 신앙하는 민족은 위구르족, 카자흐족, 회족 등 10개 민족이며 신도는 900여 만 명으로서 전 신강인구의 56.3%를 차지한다. 이슬람교 활동장소는 2.39만 개이고 전문적으로 이슬람교 고급교직인원을 양성하는 이슬람교경학원, 경문학교가 있다. 신강의 몽골족은 대부분 티베트불교를 신봉하는데 신도가 약 8만 명이며 40개 티베트불교 사찰이 있다. 신강에는 크리스천이 약 3만 명이며 성당이 24개이다. 지금 신강에는 천주교 신도가 4,000여 명이고 교회당과 활동장소가 25개이다. 그 외 신강에 있는 백여 명의 러시아족이 동정교를 신앙하는데 교회당이 두 개 있다.

정부는 법에 따라 종교 신앙 자유를 보호하고 있다. 신강 전반 지역에 종교단체는 88개 있고 위구르어, 카자흐어, 중국어 등 여러 가지 문자와 판본으로 된 《코란경》, 《부하리 하디스 실록정화》, 《신구약성서》 등 종교경전을 편찬 발행했다. 20세기 80년대부터 지금까지 신강의 무슬림 5만여 명이 메카에 가서 참배했다. 정부 관련부처는 무슬림들의 참배를 위해 의료와 후방보장 서비스를 제공한다.

종교 인사들은 참정권을 향유하고 있다. 일부 애국 종교인사들은 국가와 지방 각급 정치협상회의와 인민대표대회에서 지도직무를 담당하거나 각급 인민대표 혹은 정협 위원으로 선거된다. 정부는 빈곤한 종교 인사들에게 일정한 생활보조금도 지급한다.

6. 티베트

1) 티베트개관

티베트자치구는 중국의 5개 성급 자치구 중의 하나이다. 약칭은 서장(西藏)이고 티베트족을 주체로 한 민족자치지역이다. 중국의 서남국경지대, 청해−티베트(청장)고원의 서남부에 위치해 있다. 티베트는 북쪽으로 중국의 신강위글자치구, 청해성(青海省)과 인접해 있다. 동부와 동남부는 중국의 사천성(四川省)과 운남성(云南省)과 인접해 있다. 남쪽과 서쪽은 미얀마, 인도, 부탄, 시킴, 네팔 등 나라와 카슈미르지역과 인접하고 있으며 그 국경선의 길이가 3,800여 ㎞에 달한다. 자치구 면적은 122만㎢로 중국 총면적의 약 1/8을 차지한다.

티베트자치구의 평균 해발은 4,000미터 이상이며 청해−티베트고원의 주체부분은 '세계의 지붕'으로 불린다. 2010년 제6차 전국 인구보편 조사에 따르면 티베트 인구는 300만 2,200명이다. 그중 티베트족 인구가 271만 6,400명으로 90.48%를 차지한다.

2) 지리개관

청해−티베트고원(청장고원)은 독특한 자연특징을 가지고 있어 세계고원고산구역에서 중요한 자리를 차지하며 지구의 '제3극'이라 불린다.

청장고원이 지구의 '제3극'이라 불리게 된 원인은 주로 높은 해발과 추운 기후 때문이다. 이 지역은 평균 해발이 4,000미터 이상으로서 주위에는 높은 산들이 있다. 해발 4,500미터 이상의 고원 오지의 평균 온도는 섭씨 0도 이하이고 제일 더울 때의 평균기온은 섭씨 10도 이하이다.

청장고원의 해발은 4,000미터를 넘으며 고원의 형성은 지구역사상 제일 최근의 강한 대규모 지각변동인 히말라야 조산운동과 밀접한 연관이 있다. 고원에는 해발 6,000~8,000미터에 달하는 많은 산봉우리들이 있다. 청장고원은 세계에서 가장 늦게 형성된 고원이자 아시아의 많은 큰 강들의 발원지이다.

3) 역사와 현황

기원전에 청장고원에 거주했던 티베트 선민들은 중국내지에서 생활하는 한족들과 밀접한 연관이 있었다. 오랜 세월을 거쳐 티베트고원에 분산되었던 부족들이 점차 통일되면서 지금의 티베트족으로 되었다.

기원 7세기 초, 중국 중원지역은 3백여 년간의 혼란하고 분열된 국면이 종결되었다. 이와 때를 같이하여 티베트족의 민족 영웅 손챈감포도 정식으로 토번왕조를 세우고 라싸를 수도로 정하였다. 송챈감포는 재위기간 당나라의 선진적인 생산기술과 정치, 문화성과를 받아들였으며 정치, 경제, 문화 분야에서 당나라와 양호한 관계를 유지하였다.

13세기 중엽 티베트지역이 몽골칸국(蒙古汗国)에 귀순했다. 1271년 몽골칸국은 국호를 원(元)으로 정하고 북경을 수도로 정했다. 이에 따라 티베트지역도 통일된 다민족의 대원제국의 한 부분으로 되면서 정식으로 중국중앙정부의 관할범위에 들었다. 그 후 비록 중국에서 왕조가 여러 번 바뀌고 여러 차례 중앙정권이 바뀌었지만 티베트는 줄곧 중앙정부의 관할범위에 들어 있었다.

1644년 청나라가 세워진 후 티베트에 대한 통치가 더욱 엄해졌으며 티베트에서 중앙정부의 주권 관할이 더욱 제도화, 법률화 되었다. 1727년부터 청나라는 티베트 주재 대신을 파견, 중앙을 대표하여 티베트 지방 행정을 감독하였다.

1949년 중화인민공화국이 건국되었다. 중앙인민정부는 티베트의 역사와 현실상황에 근거하여 평화적으로 해방하는 방침을 결정하였다. 중앙인민정부는 티베트인민들의 염원에 따라 티베트에서 민주개혁을 진행하고 봉건농노제도를 폐지하였으며 백만 농노와 노예들을 해방시켰다. 그 후 또 수년간의 안정한 발전을 거친 뒤 1965년에 정식으로 티베트 자치구를 설립하였다.

7. 티베트의 민족

1) 개관

티베트족은 티베트자치구의 주체 민족이며 전국적으로 약 2분의 1의 티베트족 인구가 티베트자치구에 거주하며 나머지는 청해(靑海), 감숙(甘肅), 사천(四川), 운남(云南) 등 성에 분포되었다. 티베트족을 제외하고 티베트 자치구에는 한족, 회족, 먼바족, 로바족, 나시족, 누족, 두룽족 등 10여 개 민족들이 세세대대로 거주하고 있으며 먼바족, 로바족, 나시족 등 민족향을 건립하였다.

2) 티베트족(藏族)

티베트족은 티베트의 주요 거주민이다. 언어는 한어와 티베트어계의 티베트−미얀마어족의 티베트어 계열에 속한다. 티베트족은 농업을 위주로 하고 도시 주민들은 대부분 수공업이나 공업, 상업에 종사하고 있다.

티베트족은 티베트불교를 신앙하며 열정적이고 쾌활하며 노래와 춤에 능하다. 티베트족의 노래는 사람의 심금을 울리며 노래할 때는 여러 가지 춤을 동반한다.

티베트족은 윗도리로는 실크로 만든 긴 소매의 짧은 셔츠를 입고 남자들은 넓고 긴 두루마기를 입으며 여성들은 민소매의 긴 두루마기를 입으며 허리띠를 두른다. 또 결혼한 여성은 채색무지개 도안의 앞치마를 두른다. 남녀 모두가 머리를 땋고 액세서리를 좋아한다. 부동한 지역에 따라 의상에 조금씩 차이가 있다.

티베트인의 주식은 청과와 완두콩을 닦아 가루낸 음식인 참바이며 수유차, 우유차, 청과주를 즐겨 마시고 소고기와 양고기를 즐겨 먹는다. 고대 티베트고원에 거주했던 사람들은 매장법에서 토장을 했으나 지금 티베트족들은 천장(天葬)이나 화장, 수장을 한다.

3] 먼바족(門巴族)

먼바족은 티베트고원의 오랜 민족이다. 2010년 전국 제6차 인구보편조사에 따르면 그 인구는 10,561명에 달한다. 주로 티베트 자치구 남부의 먼우(門隅)지역에 분포되어 있으며 일부는 무토(墨脫), 닝츠(林芝), 초낙(錯那) 등 현에 분산되어 있다. 먼바족은 농업을 위주로 하고 목축업과 임업, 수렵, 수공업에 종사한다. 먼바족은 대부분 티베트불교를 신앙하며 일부 지방에서는 원시 샤먼교를 신앙한다. 많이는 수장을 하고 토장이나 천장, 화장을 하는 풍습이 있다.

4] 로바족(珞巴族)

로바족은 주로 티베트자치구 동부의 로유(珞瑜)지역에 분포되어 있다. 2010년 제6차 전국인구보편조사 통계에 따르면 로바족 인구는 3,682명이었다. 로바족은 자체의 언어는 있으나 문자가 없다. 주로 농업에 종사하고 참대편직물을 특산물로 생산한다. 로바족의 종교 신앙은 귀신숭배를 위주로 한다.

남자들은 일반적으로 양털로 짠 허리까지 오는 조끼를 입으며 곰 가죽이나 등나무 줄기로 만든 둥근 모자를 쓴다. 여성들은 둥근 깃이 달린 소매 짧은 적삼을 입고 아래에는 무릎까지 오는 통치마를 입으며 아래다리를 각반으로 감싼다. 주식은 옥수수이고 입쌀과 메밀도 먹는다.

8. 티베트경제

1) 공업

과거 티베트의 공업은 티베트 카펫, 야크털 모포, 티베트 부츠, 나무그릇 등 전통 수공업 뿐이었다. 1951년 티베트가 평화적으로 해방된 후 특히 1959년 민주개혁 이후 티베트공업은 무에서 유를 창조하면서 신속한 발전을 가져왔다. 우세 광산업, 건자재업, 민족수공업, 티베트의약업을 기둥산업으로 전력, 농업목축제품가공업, 식품가공제작을 주도로 하는 티베트 특색의 공업생산체계를 초보적으로 형성했다. 현대상업, 관광, 음식봉사업, 문화오락, IT 등 구 티베트에서 들어보지도 못했던 신형 산업이 신속한 발전을 가져왔다.

2012년 티베트의 공업증가치는 55억 1,100만 원에 달해 동기대비 14.7% 성장했다. 티베트의약업, 에너지산업, 우세 광산업, 건축업, 고원 특색 식품업, 민족수공업 등 기업이 1,982개에 달하며 이중에 등록자본이 1억 원 이상인 기업이 254개이다. 티베트 국가급 경제기술개발구에 639개, 닥제(达孜) 공업단지에 64개, 청장(청해-티베트) 철도 낙취(那曲)물류센터 57개 기업이 입주해 있다. 비공유제 경제의 세금납부 총액이 143억 원에 달해 총세수수입에서 차지하는 비율이 93%로 상승했다.

2) 농업

티베트 농업생산은 목축업이 위주이고 농업과 목축업이 병존하고 있으며 특이한 고한 농업 특색을 가지고 있고 지역의 차이와 수직의 차이가 뚜렷하다. 티베트의 재배업은 주로 자연조건이 비교적 좋은 하곡지역에 집중되었으며 작물재배가 단조롭다. 농업 작물로는 청과(쌀보리)가 위주이고 밀, 유채, 원두 콩 등과 소량의 벼, 옥수수가 있다. 그중 청과 재배

면적이 크고 널리 분포되어 있으며 내한성이 강한데 주로 해발 2,500~4,500미터의 지역에 분포되어 있다. 2012년 티베트의 알곡생산량은 95만 톤에 달해 연속 13년간 90만 톤이상 수준을 유지했다.

3) 목축업

목축업은 티베트 농업경제의 주체이며 생산역사가 유구하고 발전 잠재력이 크다. 전반자치구의 천연목장 면적은 8,200만 헥타르에 달하며 그중에 이용가능한 목장은 5,600여만 헥타르이다. 이는 전국의 약 5분의 1을 차지하며 중국의 5대 방목지역의 하나이다. 전자치구 목장은 유형이 많은데 90% 이상은 고산목장과 고산초원으로 풀의 영양가치가 비교적 높다.

티베트목축업은 농업 총생산량의 60%를 차지한다. 가축으로는 야크, 티베트면양, 티베트염소가 위주이며 야크 수량이 제일 많다. 야크는 고원의 특이한 가축품종으로 추위와 저산소 환경에 잘 견디고 찬 기후와 습기를 좋아하는 특징이 있어 '고원의 배'로 불리고 있다. 야크는 젖과 고기 생산량이 많을 뿐만 아니라 교통도구로도 쓰이고 있다. 티베트면양은 고한기후와 가물에 견디는 능력이 좋고 사육 경제성이 높으며 사육 수량이 많고 분포가 넓다.

4) 임업

2010년 제7차 전국 산림자원 조사결과에 따르면 티베트 자치구 산림면적은 1,462.65만 헥타르, 산림률은 12%에 달한다.

전 자치구 산림자원은 야룽장푸강 중하류와 산남지역, 동부의 협곡지대에 집중적으로 분포되었으며 원시림이 주를 이룬다. 가문비나무와 전나무가 위주인 침엽림은 분포가 넓고 생장속도가 빠른데 이는 세계적으로 보기 드문 현상이다.

티베트정부는 생태건설을 아주 중시해 왔다. 산림생태, 야생동식물, 습지, 사막화 등 여러 유형의 보호구가 도합 61곳에 달하며 여러 유형의 자연보호구의 면적은 4,130만 헥타르, 전 자치구 면적의 약 34%를 차지해 티베트의 취약한 고원생태와 도농 생활환경이 보다 잘 보호받고 있다. 현재 티베트의 생태는 기본상 원래 생태를 유지하고 있으며 중국에서 환경보호가 제일 잘 된 지역이다.

5) 티베트지원공정

'세계의 지붕'으로 불리는 티베트는 역사와 자연조건의 제약으로 경제와 사회발전이 장기간 낙후됐다. 1994년에 중앙에서 제3차 티베트실무좌담회의를 열고 전국 티베트지원 건설공정 62개를 확정했다. 이런 공정들에는 농업, 목축업, 임업, 에너지, 교통, 체신, 통신 등 분야기 포함되며 총투자가 인민폐로 48억 원을 넘었다. 현재 이런 공정들이 모두 완공되어 사용, 운영에 들어가면서 뚜렷한 경제, 사회적 효과를 창출하고 있다.

2010년 중국공산당 중앙위원회와 국무원은 제5차 티베트 실무좌담회를 열고 티베트에 대한 중앙의 특수우대 정책의 연속성과 안정성을 유지하며 정책지지와 자금 투입 강도를 더한층 강화할 것을 강조했다. 회의는 중앙투자를 늘리고 전문 투자규모를 계속 늘리며 중앙투자를 민생영역과 사회사업, 농업 및 축산업, 기반시설에 돌릴 것을 강조했다.

9. 티베트관광자원

1) 남초(納木錯)

티베트어로 호수를 초(錯)라고 부른다. 티베트 자치구에는 1,500여 개의 크고 작은 호수들이 있는데 총면적은 240여 ㎢로 중국 호수 총면적의 3분의 1을 차지한다. 고원호수는 면적이 비교적 클 뿐만 아니라 다수가 심수호이며 수자원이 아주 풍부하다.

티베트의 가장 큰 호수는 남초이다. '남초'란 '하늘호수' 또는 '신선호수'라는 뜻이며 티베트불교의 유명한 성지이다. 라싸시 당웅현과 낙취지역 반거현 사이에 있다. 그 동남부는 구름 위에 치솟은 만년적설의 탕굴라산 주봉이고 북쪽은 고원과 구릉에 잇닿아 있다.

2) 포탈라궁전(布達拉宮)

티베트자치구 소재지 라싸시 서북쪽 산에는 포탈라궁전이 있는데 세계적으로 해발이 제일 높고 규모가 제일 큰 궁전식 건축군이다. 기원 7세기부터 축조되기 시작했으며 높이 13층, 부지면적이 41헥타르인데 전부 화강암으로 건축되었으며 천여 칸의 전실이 있다. 이곳에는 역대 달라이라마의 시신이 보존된 영탑이 있으며 영탑전과 여러 유형의 경당이 있다. 영탑마다 탑신이 금박으로 장식되고 진주와 옥돌, 보석을 박아 넣어 아주 화려하다. 가장 큰 영탑인 달라이 5세의 영탑의 높이는 14.85미터이며 금 11.9만 냥, 크고 작은 진주 4,000여 개와 수많은 진귀한 보석을 사용했다. 달라이라마가 생활하고 거주하는 곳과 집무실, 불교행사장소는 모두 포탈라궁전에 있다. 침궁은 제일 높은 곳인데 태양이 하루 종일 비춘다고 하여 일광전이라고 부른다.

1961년부터 중국 중앙정부는 포탈라궁전을 전국 중점 문화재 보호장소로 정하고 해마다 자금을 내어 보수하고 있다. 1989년 봄부터 1994년 여름까지 국가에서는 5,300만 원을 투입하여 포탈라궁전에 대한 전면 보수를 진행했다. 2002년부터 2009년까지 중앙재정은 또 1억 7,000만 원을 투입해 포탈라궁전 2기 보수공사를 진행, 고 건축물의 과학기술 함량을 증가했다. 이번 보수는 최대한 포탈라궁전의 원시적인 풍모를 유지해 전통재료와 공예를 살리면서도 건물의 수명과 생기를 살리는 원칙에 따라 진행돼 천년역사를 갖고 있는 포탈라궁전이 더욱 큰 매력을 발산하게 했다.

3) 조캉사(大昭寺)

라싸시 중심의 조캉사는 기원 647년에 건설되었으며 티베트 왕 송첸감포가 당나라 문성공주를 티베트에 아내로 맞아 올 때 건설한 것이다. 사찰에는 불전, 경당 등 건축물이 있다. 불전의 높이는 4층이고 도금이나 동으로 된 지붕으로 되어 그야말로 휘황찬란한 장관을 이룬다. 당나라 건축풍격뿐만 아니라 네팔과 인도네시아의 건축예술의 특징도 지니고 있다. 대전의 중앙위치에는 문성공주가 장안에서 가지고 온 석가모니 12세 도금동상이 모셔져있다. 사찰 내의 복도와 전당 네 주위에는 문성공주가 티베트에 들어올 때의 성황과 신화이야기를 보여주는 티베트식 벽화가 걸려 있는데 길이가 천여 미터에 달하며 그 내용이 아주 생동하다.

4) 타쉬룬포사(扎什倫布寺)

타쉬룬포사는 후장황교(後藏黃敎)의 제일 큰 사원으로 500여 년의 역사를 가지고 있으며 벤첸라마가 종교 활동과 정치 활동을 진행하는 중심이다.

절은 산기슭에 세워졌으며 50여 개 경당과 200여 개 방을 가지고 있다. 그중 미륵불대전의 높이는 30미터이고 머리, 얼굴, 가슴, 허리, 발 5층 전당으로 이루어 졌고 26.2미터 높이의 좌식 미륵불 동상이 있다. 이 동상은 6,700냥의 황금과 23만여 근의 붉은 구리로 제조되었다. 불상은 크고 작은 다이아몬드, 진주, 호박 1,400여 개로 장식되어 있다.

10. 티베트교육

개관

티베트족 학생들은 초등학교부터 중학교에 이르기까지 학비를 전부 나라에서 부담한다. 이런 우대정책은 중국에서 티베트에만 적용된다. 과거 티베트에는 근대적인 의미의 학교가 한 곳도 없었으며 대학생이란 상상할 수도 없는 일이였으나 지금은 티베트에 6개의 대학교가 있다. 2012년 현재, 티베트 각급 각 유형 학교의 재학생 수는 55만 7,000여 명에 달하고 매인 평균 교육접수 연한은 7.3년에 달했다.

티베트의 교육 발전을 돕기 위하여 1985년 이후 중앙정부는 내지 21개 성, 시 학교에 티베트반을 설치하고 중학교에서 대학교에 이르는 교학과정을 설치함으로서 티베트를 위해 대량의 대학 본과, 단과 대학 졸업생을 양성했다. 이 학생들의 의식주와 학비는 나라에서 부담한다.

2012년 말까지 티베트 전 지역에 1,006개의 각급 각 유형 학교를 설립, 이 가운데 일반 대학교가 6개, 중등직업학교가 6개, 고급 중학교가 29개, 초급 중학교가 93개이고 초등학교가 872개이다. 티베트 초등학교 아동 입학률은 99.4%에 달하고 초중 입학률은 98.2%, 고중단계 입학률은 60.1%에 달하며 고등교육 입학률은 23.4%에 달한다. 티베트자치구는 지역 내 학교운영을 위주로 하면서 지역 외 교육을 결부하고 취학전 교육과 의무교육, 고중단계교육, 직업교육, 고등교육과 특수교육을 포함한 티베트 특점을 구현하는 현대 민족 교육체계를 점진적으로 구축했다.

11. 티베트종교

1) 티베트불교와 라마사원

티베트불교는 중국 티베트자치구와 내몽골자치구 등 지역에서 유행되었으며 일명 '라마교'라고도 한다. 티베트불교는 고대 인도와 중국 내지로부터 티베트에 전해졌으며 현지의 옛 종교와 융합되어 강한 티베트 지역색채를 보인다.

중국 한족의 불교와 인도 불교의 영향으로 티베트불교 사원은 대부분 한족의 궁전형식에서 한층 발전하였는데 일반적으로 규모가 방대하고 기세가 웅장하며 기둥 조각이 아주 정교하다. 라싸의 포탈라궁전과 드레풍사, 청해 타르사 등은 고대 건축 중의 걸작이라 할 수 있다.

이런 불교사원은 티베트불교의 신비로운 색채를 보여주는데 치중했다. 일반적으로 사찰 내의 불전은 높고도 깊이가 있으며 채색 번(幡)을 가득 걸어 놓았고 불전의 기둥은 채색 주단으로 장식하고 불빛이 어두워 신비롭고도 위압감을 준다. 사찰 외관의 색채를 중시했는데 사찰의 담벽은 붉은색 칠을 하고 붉은색 담벽에는 흰색과 갈색의 띠를 장식했으며 경당과 탑에는 흰색 칠을, 흰색의 담벽에는 검은색으로 창문틀을 해놓아 건축의 신비로움을 부각시켰다.

2) 티베트인들의 종교풍속

티베트자치구의 절대다수의 티베트족과 먼바족, 로바족, 나시족인들은 티베트불교를 신봉하며 그 외 이슬람교와 천주교 신봉자도 적지 않다. 지금 티베트자치구에는 1,700여 곳에 티베트불교 활동장소가 있으며 절에 있는 승려들이 약 4만 6천명이다. 이슬람사원이 4

개, 이슬람교신도가 약 3,000여 명이고 천주교성당이 1개, 신도가 700여 명에 달한다. 각종 종교 활동이 정상적으로 진행되고 있으며 신도들의 종교수요가 충분히 담보되고 있으며 신앙자유가 충분한 존중을 받고 있다.

　티베트족들의 풍속습관은 존중과 보호를 받고 있다. 티베족과 기타 각 소수민족들은 모두 자기의 전통풍속습관대로 생활하고 사회활동을 진행하는 권리와 자유를 가지고 있다. 그들은 자기 민족의 복장, 음식, 주거의 전통풍격과 방식을 보유함과 동시에 의식주행, 관혼상제 등에서 일부 현대적인 문화와 건강생활의 새로운 풍습을 받아들였다. 티베트 자치구에서는 일부 전통 명절경축 활동, 예하면 티베트역법 설날, 사다가와, 망과절, 초설절 등과 많은 사찰의 종교명절 경축활동이 이어져 내려오는 동시에 중국 및 세계적인 신흥명절의 경축활동도 진행된다.

12. 티베트문화

1] 탕카(唐卡)

탕카는 티베트어 음역으로서 천이나 비단, 종이에 자수를 하거나 그림을 그린 채색 권축화(卷軸畵)로 티베트족 문화 특색의 그림이다.

탕카는 아마천이나 광목을 쓰는데 좀 더 귀한 것은 비단을 쓴다. 알려진데 의하면 당나라 때 문성공주가 티베트에 갈 때 방직 등 생산 기술을 가져갔다고 한다. 이런 천을 보면 당시 방직기술이 티베트에서 이미 사용되었고 널리 보급되었다는 것을 알 수 있다.

탕카의 그림 염료는 모두 퇴색하지 않는 광물질과 식물염료를 사용하며 거기에 일정한 비례로 일부 동물 아교와 소의 담즙을 섞는다. 이런 염료의 배합은 과학적이다. 게다가 티베트 고원의 건조한 기후로 탕카는 수백 년이 지나도 여전히 색채가 산뜻하며 마치 새로 만든 예술품과 같다.

탕카의 내용은 일부 사회사의 풍속 그림으로서 제재가 광범위하고 내용이 무궁무진하며 그중에서도 종교내용이 주를 이룬다.

2] 수유화(酥油花)

수유화는 일명 기름조각예술이라고도 한다. 수유화가 보여주는 내용은 아주 많다. 불전이야기, 석가모니 본신이야기, 역사이야기, 전설 희곡이야기 등을 주제로 한다. 빚은 무늬와 조형은 헤아릴 수 없는데 해와 달, 별, 꽃과 풀, 나무, 날짐승과 길짐승, 누각과 정각, 그리고 각양각색의 신선, 문무장군 등으로 그 포괄범위가 넓다. 빚는 수법도 아주 전통적이고 신비롭고 교묘해 높은 예술 수준을 보여주고 있다.

3) 티베트극(藏戲)

티베트극은 티베트어로 '아체라무'라고 하는데 '선녀언니'라는 뜻이며 '라무'라고 약칭한다. 티베트극 예술은 역사가 아주 유구하고 극 종류와 유파가 많으며 표현 형식에서 민족 특색이 다분하다.《문성공주》,《로싼왕자》 등 8대극은 이미 경전으로 되었는데 그 음악과 노래가 청아하고 우아하며 탈과 복장이 오색찬연하고 신비로움이 가득해 티베트 극의 깊은 문화적 함의를 보여주고 있다.

티베트극은 민간 가무의 형식으로 이야기 내용을 표현하는 종합 표현예술이다. 15세기부터 티베트불교의 하나인 가쥐교파 승려 당동걸부가 불교이야기를 내용으로 자체로 편집하고 연출한 간단한 이야기를 엮은 가무극을 각지에 다니면서 공연했는데 이것이 티베트극의 최초의 형태였다. 그 후 티베트극은 많은 민간예술인들의 가공을 거쳐 내용이 충실해지고 제고를 가져왔으며 그 표현형식과 내용은 끊임없이 풍부해졌다.

현대 티베트극은 대본과 무용표현이 있고 인물에 따라 곡을 지정하는 창법이 있으며 부동한 인물에 따른 부동한 의상과 탈이 있고 악대의 반주와 코러스가 있는 종합예술로 되었다.

제12장

전통의학

1. 전통의학 개관

　중국의 전통의학은 인체 생리와 병리 및 질병에 대한 진단과 예방, 치료를 포함한 학과이다. 그리고 중화민족이 장기간의 의료, 생활 실천과정에 지속적인 축적과 반복적인 총화를 거쳐 점차 형성된 독특한 이론 풍격을 구비한 의학 체계이다.

　중국 전통의학은 중국 여러 민족의학의 총칭으로 주로 한족 의학, 티베트족 의학, 몽골족 의학, 위구르족 의학 등 민족의학이 포함된다. 중국은 한족 인구가 가장 많고 그 문자 창제 역사가 가장 오래됐으며 역사와 문화 역시 오래되었기 때문에 중국 전통의학 중 한족 의학이 중국 나아가 세계적으로도 영향력이 가장 크다. 일본의 한방의학과 한국의 한의학, 조선의 고려의학, 베트남의 동의학은 모두 중국 전통의학을 기초로 발전하기 시작했다. 19세기에 서양의학이 중국에 전해지고 보급되면서 중국의 한족 의학은 '중의(中醫)'로 불리며 '서의(西醫)' 즉 서양의학과 구분됐다.

2. 중의

1) 중의의 역사

중국 전통의학에서 한족 의학의 역사가 가장 오래되고 실천 경험과 이론이 가장 풍부하다.

중의는 중국 황하 유역에서 시작되었고 일찍부터 학술체계를 이루었다. 오랜 발전 과정에 대대로 새로운 창조가 있었던 중의는 수많은 명의들을 배출했고 중요한 학파가 출현했으며 많은 명작을 남겼다.

3천여 년 전인 중국 은상(殷商)시기의 갑골문에 이미 의료 보건과 10여 가지 질병에 관한 기록이 남아있다. 주나라(周) 때에는 보고, 듣고, 묻고, 진맥하는 등 진단방법과 약물, 침구(針灸), 수술 등 치료 방법을 사용했으며 진한(秦漢)시기에는 《황제내경(黃帝內經)》과 같은 체계적인 이론 저서들이 나왔다. 이 책은 현존하는 의학저서 중 가장 오래된 중의학 이론 경전이다. 또한 장중경(張仲景)의 《상한잡병론(傷寒雜病論)》은 각종 잡병의 변증법적 진단과 치료 원칙을 전문 논술해 후세의 임상 의학 발전에 기초를 마련했다. 한나라시기 중국의 외과학(外科學)은 상당한 수준에 이르렀다. 《삼국지》의 기재에 따르면 명의 화타(華佗)는 이미 전신 마취제인 '마비산(麻沸散)'을 사용해 각종 외과 수술을 진행했다.

위진남북조(기원 220년~589년) 시기부터 수, 당, 5대(기원 581년~기원 960년)에 이르기까지는 진맥 진단에서 괄목할 만한 성과를 거두었다. 진나라 명의 왕숙화(王叔和)의 저서 《맥경(脉經)》은 24종 맥의 상태를 정리했다. 이 책은 중국의학에서 큰 영향력을 자랑할 뿐만 아니라 외국에도 전파됐다. 이 시기 중국의학은 전문화되면서 성숙 단계에 들어섰다. 이 시기 침구 저서로는 《침구갑을경(針灸甲乙經)》이 있었고, 《포박자(抱朴子)》, 《주후방(肘后方)》은 단약을 만드는 대표적인 의서이다. 제약과 관련해서는 《뇌공포구론(雷公炮炙論)》이 있고 외과에는 《유연자귀유방(劉涓子鬼遺方)》, 발병 원인과 관련한 저서로는 《제병원후론(諸病源候

論)》이 있으며 소아과에는 《노신경(顖顋經)》이 있으며 《신수본초(新修本草)》는 세계 최초 약전이다. 이밖에 안과 저서로 《은해정미(銀海精微)》 등이 있다. 당나라시기에는 손사막(孫思邈)의 《천금요방(千金要方)》과 왕도(王燾)의 《외대비요(外臺秘要)》 등 대형 처방 의서들도 나타났다.

송나라(960년~1279년)시기 의학 교육 중 침구학이 중대한 변혁을 가져왔다. 대표적으로 왕유일(王惟一)의 저서인 《동인수혈침구도경(銅人腧穴針灸圖經)》이 있다. 왕유일은 2개의 구리로 된 침구 인체모형을 설계제작해 제자들의 실습에 이용했다.

이런 성과는 후세 침구 발전에 큰 영향을 주었다. 명나라(기원 1368년~기원 1644년)시기에 이르러 많은 의학자들이 상한(傷寒)과 온병(溫病), 온역(溫疫) 등 질병의 환자 분리를 제기했고 청나라 때에 와서는 온병학설이 성숙단계에 이르러 《온열론(溫熱論)》 등 저서들이 나타났다.

명나라 때부터 서양의학이 중국에 들어오기 시작했고 많은 의학자들이 '중의와 서의의 결합(中西醫匯通)'을 주장했는데 이는 당대 중국의학과 서양의학의 최초 결합으로 되고 있다.

2) 중의 기초이론

중의의 기초 이론은 인체 생명활동과 질병 변화 규칙에 대한 이론과 중국 고대 음양오행(陰陽五行) 사상의 개괄이다. 주로 음양(陰陽), 오행(五行), 운기(運氣), 장상(臟象), 경락(經絡) 등 학설이 포함되며 병인(病因), 병기(病機, 질병의 발생에서 발전, 변화 및 최종 후과에 이르기까지의 진행 원리), 진찰법, 변증(辨證), 치료 원칙과 방법, 예방, 양생(養生) 등 내용이 포함된다.

음양은 중국 고대 철학의 범주에 속하며 모순되는 현상에 대한 관찰을 통해 모순 개념을 음양의 범주로 승화시키고 음양 두 가지 기(氣)의 증가 혹은 감소현상을 통해 사물의 운동 변화를 해석했다. 중의는 음양 대립통일의 사상으로 인체의 상, 하, 내, 외 각 부분 사이, 인체 생명과 자연, 사회 등 외계와의 복잡한 연관성을 설명한다. 음양 대립통일의 상대적인 균형은 인체 정상 활동을 유지하고 보장하는 기초이며 음양 대립통일 관계가 균형을 잃고 파괴되면 질병을 초래하고 생명의 정상적 활동에 영향을 준다.

오행학설은 목, 화, 토, 금, 수 5개 철학 범주로 객관 세계의 상이한 사물의 속성을 개괄하고 오행 간의 상생상극의 동적인 방식으로 사물 간 연관성과 전환 법칙을 설명한다. 목, 화, 토, 금, 수는 각각 간장, 심장, 비장, 폐장, 신장의 지배를 받는 5대 계통을 가리킨다. 중의는 주로 오행학설로 오장육부의 기능 관계 및 오장육부 균형 상실시 질병의 발생 법칙을 설명하고 오행학설로 오장육부 질병의 치료를 지도한다.

운기학설은 5운(運) 6기(氣)라고도 한다. 운기학설은 자연계의 천문, 기상, 기후 변화가 인체 건강과 질병에 주는 영향을 연구하고 탐색하는 학설이다. 5운은 목운(木運), 화운(火運), 토운(土運), 금운(金運), 수운(水運)을 포함하며 자연계 1년 중 춘, 하, 장하(長夏), 추, 동의 계절 순환을 가리킨다. 6기는 1년 사계절 중의 풍(風), 한(寒), 서(暑), 습(濕), 조(燥), 화(火) 등 6가지 기후적 요소이다. 운기학설은 천문 역법에 따라 연간 기후 변화와 질병의 발생 법칙을 계산하는 방법이다.

장상학설(臟象學說)은 '장부학설(臟腑學說)'이라고도 한다. 주로 오장(심장, 간장, 비장, 폐장, 신장)과 육부(소장, 대장, 위, 방광, 담낭, 삼초), 기항지부(뇌, 수, 골, 맥, 담, 여자 포)의 생리 기능과 병리변화 및 그 상호 관계를 연구하는 학설이다.

경락학설과 장상학설은 밀접한 연관성이 있다. 경락은 체내의 기와 혈을 운행시키는 통로이며 내외 소통과 전신 연결의 작용을 한다. 병리적으로 볼 때 경락체계 기능에 변화가 생기면 상응한 증상과 신체적 반응이 나타난다.

3. 중의의 진단법

중의는 시(視), 청(聽), 후(嗅), 촉(觸) 등 감각 기능 또는 환자나 그 지인과의 대화를 통해 질병관련 각종 정보들을 전반적으로 이해하고 체계적으로 장악해 임상 치료를 지도한다. 진단법은 망진(望診), 문진(聞診), 문진(問診), 절진(切診)을 포함하며 이 네 가지 방법을 통칭하여 사진(四診)이라 한다. 각각 특별한 작용을 하는 4진은 서로 대체할 수 없으며 질병을 정확하게 진단하기 위해 임상에서 반드시 종합적으로 이용해야 한다.

망진(望診)

망진은 오장육부, 경락 등 이론에 의해 진행하는 진단법이다. 인체 외부와 오장육부는 밀접히 연관된다. 인체의 오장육부 기능 활동이 변화를 일으키면 반드시 신체 외부의 신(神), 색(色), 형(形), 태(态) 등에서 변화를 동반한다. 때문에 신체 외부 관찰과 오관형태의 기능적 변화 증상을 통해 내장의 변화를 진단할 수 있다.

문진(聞診)

문진은 의사가 청각과 후각을 이용해 환자가 내는 소리와 체내 배설물의 각종 냄새를 통해 진단하는 방법이다.

소리를 통해 발음 관련 기관의 질병을 발견할 수 있고 또 소리의 변화로 체내 각 장기의 병리적 변화를 진찰할 수 있다. 소리 진찰에는 말소리, 숨소리, 기침소리, 딸꾹질소리, 트림소리 등이 포함된다.

문진(問診)

문진은 의사가 대화의 방식으로 환자나 그 지인으로부터 환자의 질병 발생, 발전, 현재 증상, 치료 경과 등 상황을 파악하는 진단법이다. 주로 질병 증상이 적거나 뚜렷하지 않아 객관적인 파악이 어려울 경우 문진을 통해 진단에 필요한 병세 정보나 진찰 단서를 얻을 수 있다. 동시에 환자의 일상생활, 근무환경, 음식습관, 혼인관계 등 전반적인 상황을 파악할 수 있다.

절진(切診)

절진은 의사가 손으로 환자의 특정된 신체 부위를 접촉하거나 눌러보면서 병세를 파악하는 진단법이다. 절진은 맥진(脈診)과 안진(按診)을 포괄한다. 맥진을 절맥(切脈) 또는 진맥(診脈)이라고도 하는데 맥상의 변화로 체내의 질병을 파악하는 절진 방법이다. 안진은 손으로 환자의 일부 신체 부위를 눌러 보며 국부적인 비정상 변화를 알아보는 방식으로 병든 부위의 성질과 병세의 경중 등 상황을 파악하는 절진 방법이다.

중국 국가중의약관리국이 2012년에 제공한 수치에 따르면 중국의 중의약 업종에 종사자는 인원수는 47만여 명으로 전국 의료 종사자의 7.15%를 차지한다.

1) 중약

중약은 중의가 전통적으로 사용하는 질병 예방과 진단, 치료에 쓰는 약이다. 주로 천연 약재와 그 가공 제품으로 식물약재(뿌리, 줄기, 잎, 열매), 동물약재(내장, 가죽, 뼈, 기관 등), 광물약재와 일부 화학 및 생물 제약이 포함된다. 그중 식물약재가 중약에서 차지하는 비중이 높기 때문에 중약을 중초약이라고도 한다. 중약의 발명과 사용은 중국에서 수천 년의 역사를 자랑한다. 하지만 중약이라는 명칭은 좀 늦게 나타났다. 서양 의학이 중국에 전해지면서 두 가지 의학을 서로 구별하기 위해 중약이라 칭했다.

중약의 역사

중국 역사에는 '신농(神農)씨가 백초를 맛보다 하루에 70번이나 중독됐다'는 전설이 있다. 이는 고대 중국인들이 자연 및 질병과의 싸움에서 약물을 발견하고 경험을 쌓았던 힘든 과정을 보여준다. 또한 중약이 생산 노동에서 기원했다는 사실을 그대로 기록했다.

일찍 하, 상, 주시기(약 기원전 22세기 말~기원전 256년)에 벌써 중국에는 약주(藥酒)와 탕액이 출현했다. 서주시기(약 기원전 11세기~기원전 771년)의《시경(詩經)》은 중국 현존 문헌 중 최초로 약물에 대해 기재한 서적이다. 그리고 가장 오래된 중의 이론 경전인《내경(內經)》은 '냉(寒)한 환자는 열(熱)로 치료하고 열이 많은 환자는 냉으로 치료 한다', '오미소입(五味所入)', '오장고욕보사(五臟苦欲補瀉)' 등 학설을 제기했는데 이는 중약 기본 이론의 기초로 된다.

현존하는 최초의 약학 저서《신농본초경(神農本草經)》은 진한시기(기원전 221년~기원 220년) 많은 의학자들이 진나라(秦) 이전부터 전해진 풍부한 약학 자료를 수집 정리해 만든 서적이다. 이 책에는 365종의 약재가 기록됐고 임상실천에서 지금도 사용되고 있다. 이 책은 중약학의 초보적인 확립을 상징한다.

당나라(기원 618년~기원 907년) 때 경제가 발전하면서 중약학의 발전을 촉진했다. 당나라시기 관이 주도해 세계 첫 약전《당본초(唐本草)》의 편집 수정 작업을 완성했다. 총 850종의 약재가 기록된 이 약전에는 많은 약재도감이 삽입돼 중약학의 규모와 구성을 더한층 발전시켰다.

명나라(기원 1368년~기원 1644년) 때에 이르러 의약학자 이시진(李時珍)이 27년간의 노력을 기울여 중약학 경전인《본초강목(本草綱目)》을 완성했다. 1,892종의 약재를 기록한《본초강목》은 중국 약재 기록 역사상 가장 위대한 집성 대작이다.

1949년 중화인민공화국이 건국된 후 중약의 식물학, 감정학, 화학, 약리학, 임상의학 등 여러가지 연구를 광범위 하게 전개하고 약물 공급, 약재 감별, 작용 설명을 확실히 진행하는데 과학적 근거를 제공했다. 또한 전국적인 약원(藥源) 조사를 기반으로 1961년에 전국과 지방을 망라한《중약지(中藥志)》를 편찬했다. 1977년에는《중약대사전(中藥大辭典)》을 출판해 무려 5,767종의 중약재를 기재했다. 1983년~1984년, 중국 제3회 전국 중약자원 조사 결과에 따르면 중국의 중약 자원은 12,807종에 달한다. 그중 약재로 쓰이는 식물은 11,146종(약 87%), 동물은 1,581종(약 12%), 광물은 80종(1% 미만)에 달한다.

중약 자원

국토가 넓고 지질 구조가 복잡하며 기후가 다양한 중국은 다양한 생태환경을 갖고 있다. 이런 환경은 여러 가지 약재의 생장에 유리한 조건을 마련해 주었다. 현재 중국에는 이미 개발된 중약재가 8,000여 종에 달하며 경영하고 있는 상용 품종만 600여 종이다. 하여 품종의 다양성과 수량이 세계적으로 첫자리를 차지한다. 현재 중약은 국내 공급은 물론 80여 개 나라와 지역에 수출되고 있으며 국제적으로 유명하다.

중약의 응용

중약의 응용은 유구한 역사를 자랑하며 중화 민족의 번영발전에 큰 역할을 했다. 중약은 지금도 중국인들의 의료 보건에서 중요한 자리를 차지한다. 중약 이론과 실천 경험은 중국 문화의 특징을 보여준다.

중약의 응용은 중의학 이론을 기초로 인체에 작용하는 약물의 치료 효과를 근거로 한다. 중약의 치료 효능은 그 약물 성질에 의해 결정된다. 중약의 약물 성질은 주로 사기오미(四氣五味, 한, 열, 온, 냉과 단맛, 매운맛, 신맛, 쓴맛, 짠맛), 승강부침(升降浮沉), 귀경(歸經), 독성(毒性)으로 나뉜다. 안전하고 효과적인 중약 사용을 위해 반드시 중약의 배합, 금기, 사용량, 복용법, 조제 등 기본 지식을 알아야 한다. 배합은 병세의 각종 수요와 약물 성질의 서로 다른 특징에 따라 한 가지 이상의 약물을 선택적으로 배합해 사용한다.

중약의 향후 발전

향후 중약의 연구 방향은 주로 약재 생산에서 중약재의 전통적인 생산 경험을 계승하고 우량 품종 선별과 육성을 강화하는 것이다. 또한 감초(甘草), 황금(黃芩), 시호(柴胡) 등 수요가 많은 야생 약재와 20여 종의 수입 약재의 재배, 특히 종자 퇴화 현상을 방지하는 연구를 강화하고 새로운 조사와 개발에 진력해야 한다. 향후 중국은 국제적으로 중약에 대한 이해를 높이고 더 광범위하게 사용할 수 있도록 업계 품질기준 체계를 적극 출범하고 구체적인 기준으로 원료와 생산 공예 등을 확실히 규제해 전반 중약의 이미지를 제고할 것이다. 또한 이런 노력을 통해 중약의 세계 진출에 힘을 더할 것이다.

침구(針灸)

침구는 침(針)과 구(灸)로 구성됐고 중의학의 중요한 구성부분이다. 침법은 호침(毫針)으로 환자 신체의 일정한 혈자리를 찔러서 자극하고 침 돌리기, 제삽(提揷) 등 침술로 병을 치료한다. 구법은 일정한 혈자리에 쑥을 태워 뜸을 뜨며 열의 자극으로 병을 치료한다. 요즘 사람들도 일상에서 자주 사용한다. 최초에 침구는 일종의 의료 수단으로 사용됐으나 점차 하나의 학과로 발전했다. 침구학은 침구의료 기술과 임상응용 법칙, 기초이론을 정리하고 연구하는 과학이다.

침구는 유구한 역사를 자랑한다. 고대서적에 여러 차례 침구의 원시도구인 돌침이 나타났다. 이런 돌침을 폄석(砭石)이라 부른다. 폄석은 지금으로 부터 약 8,000~4,000년 전 신석기 시대에 나타났고 이는 씨족 공동체 후기에 속한다. 중국은 고고학 발굴 중 여러 차례 이런 폄석을 발견했다.

전국시기부터 서한시기(기원전 476년~서기 25년)에 제철 기술의 발전과 더불어 금속침이 점차 보급되기 시작했다. 따라서 금속침이 돌침을 대체하고 침술의 실용범위도 확대되어 침구의 발전을 가속화했다. 동한, 삼국시기에 이르러 침구로 유명한 많은 의학자들이 나타났는데 그중 황보밀(皇甫謐)의 저서《침구갑을경(針灸甲乙經)》이 가장 완벽한 침구 체계를 갖춘 경전으로 손꼽힌다. 서진, 동진, 남북조시기(서기 256년~589년) 침구 전문 저작이 보다 많이 나타났다. 이 시기 중국의 침구술은 조선과 일본 등 나라에 전해졌다.

수당시기(서기 581년~907년) 침구는 전문학과로 발전했고 당시 의학 교육 기구인 태의서(太醫署)에 침구학과가 설치됐다. 그 후 침구학술은 더 깊이 있고 광범위하게 발전했다. 16세기에 이르러 침구는 유럽에 전해지기 시작했다. 하지만 청나라 때에 이르러 의사가 침구보다 약을 더 중시 하면서 침구학의 발전을 어느 정도 저해했다.

1949년 중화인민공화국이 건국된 후 침구는 큰 발전을 거두었다. 현재 중국 전역에 있는 2,000여 개 중의병원에는 모두 침구과가 설치됐고 침구에 대한 과학연구도 이미 각 신체 계통과 각종 임상학과를 포함한다. 또한 침구의 조절작용, 진통작용, 면역력 증강작용, 경락(經絡)현상, 경혈(經穴)과 오장육부 관련 등 관련 문제에 대한 연구에서 대량의 가치 있는 과학실험 자료를 축적했다.

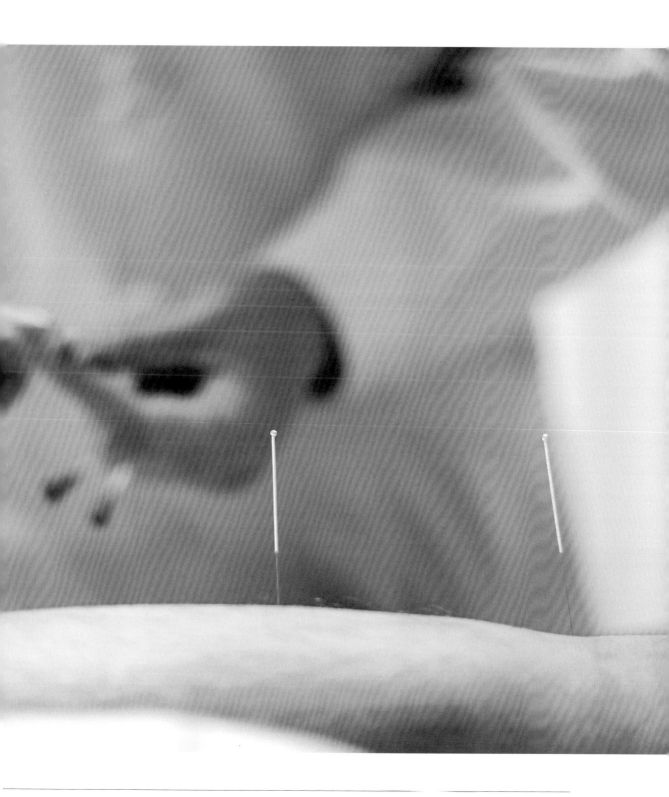

4. 민족의학 개관

중국의 전통의학은 한족 의학 뿐만 아니라 기타 소수민족 의학도 포함한다. 중국의 여러 소수민족은 발전 과정에 서로 다른 지역, 문화 등 요인의 영향으로 각자 특색 있는 소수민족의학을 형성했다. 소수민족의학에는 주로 티베트족 의학, 몽골족 의학, 위구르족 의학, 조선족 의학, 장족 의학, 따이족 의학, 이족 의학과 묘족, 라후족, 오르죤족 등 소수민족 민족 의약이 포함된다.

중국의 소수민족은 역사와 문화가 상이하기 때문에 민족 의학의 발전 상황도 서로 다르다. 어떤 소수민족은 풍부한 진료방법을 갖고 있을 뿐만 아니라 독특한 의약 이론 체계를 형성했고 어떤 소수민족은 일부 의학 서적을 보존하고 있지만 민간에 산재해 현재 체계적인 정리 작업을 진행하고 있으며 또 어떤 소수민족은 문자 기록이 없이 간단한 처방 또는 간이 치료법만 전해져 앞으로 발굴과 정리가 더 필요한 상황이다.

일부 소수민족 의학은 한족 의학을 받아들인 한편 기타 나라의 의학도 흡수해 자체의 의학 내용을 더 풍부히 했다. 예하면 티베트족 의학은 한족 의학을 받아 들였는가 하면 고대 인도의 의학도 받아들였고 몽골족 의학은 한족, 티베트족 의학 외에도 러시아 의학을 받아 들였다.

5. 티베트족 의학

1) 티베트족 의학 개관

티베트족 의학은 중국 전통 의학의 중요한 구성부분이다. 티베트족 의학은 티베트 민족을 위주로 한 소수민족이 오랜 의료 실천 과정에 창조하고 발전시킨 전통 의학이다. 주로 티베트, 사천, 청해, 감숙 등 티베트족 집거지역에서 많이 사용한다. 이밖에 티베트족 의학은 남아시아의 인도, 네팔 등 나라에서도 사용된다.

티베트 의학은 청해−티베트고원(청장고원)에서 발원했고 민족과 사회 및 자연환경의 특색이 짙다. 청장고원은 고산한랭 지대로 교통이 불편해 외계와의 교류가 어려웠다. 하여 티베트 의학은 오랫동안 고유의 전통 특징을 이어 오고 있다. 청장고원은 동식물 품종이 상대적으로 적기 때문에 티베트 약은 대부분 산소가 희박한 고산 환경에서 생장하는 내한 동식물에서 온다.

불교 사상은 티베트 사회 각 방면에 깊이 스며들어 지배적 지위를 차지하는 강력한 정신적 힘으로 됐다. 하여 티베트족 의학은 시초부터 티베트불교(라마교) 색채가 짙었다.

2) 티베트족 의학 기본이론

장기적인 생산과 생활, 의료 실천 중에서 티베트족 의학은 점차 자체의 독특한 이론 체계를 형성했다.

3) 삼인(三因)학설

티베트족 의학 이론은 인체에 용(龍), 적파(赤巴), 배근(培根) 3대 요소와 음식정미(飮食精微), 혈, 육, 지방, 뼈, 골수, 정(精)이 포함된 7대 물질 기초 그리고 소변, 대변, 땀 세 가지 배설물이 존재한다고 인정한다. 또한 3대 요소가 7대 물질 기초와 세 가지 배설물의 운동 변화를 지배한다고 여긴다. 정상적인 생리 조건에서 상기 세 가지 내용은 상호 의존하는 한편 서로 제약하며 조화와 균형을 유지한다. 이 세 가지 중 어느 한 가지 또는 몇 가지 요소가 지나치게 왕성하거나 쇠약하면 용병이나 적파병, 배근병이 나타난다. 그리고 치료할 때 세 가지 요소에 대한 조절을 통해 균형적인 상태를 회복시킨다.

질병 발생의 법칙에 관해 티베트족 의학은 근본적으로 '용', '적파', '배근' 세 가지 요소가 균형과 조화를 잃고 신체의 원기가 손상돼 건강을 해친다고 본다. 때문에 치료 목적은 이 3대 요소의 흥성과 쇠약 현상을 조절해 다시 균형을 이루는 것이다.

4) 인체 해부와 생리

민족 습관과 민속 등 원인으로 티베트족 의학은 인체 해부와 생리에 대한 이해가 상대적으로 깊다. 체내 기관에 관해 티베트족 의학도 오장육부를 인정한다. 오장은 심장과 간장, 비장, 폐장, 신장을 말하며 육부는 대장과 소장, 위, 방광, 담낭, 삼모휴(三姆休)이다. 고대 티베트족 의학은 인체 각 장기의 생리 기능을 형상적인 비유로 설명했다. 예하면 심장을 보좌에 앉은 국왕에 비유하고 인체 흉부 정중앙에 위치했다고 설명했고 폐장은 대신과 태자와 같아 군왕을 둘러싸고 있으며 간장과 비장은 군왕의 왕후나 왕비와 같아 군왕의 바로 아래에 위치해 있으며 관계가 밀접하다고 설명했다. 또한 신장은 집안의 대들보와 같아 그것이 없으면 신체는 큰 건물을 이루지 못한다고 비유했다.

이로부터 알 수 있듯이 티베트족 의학은 고대로부터 인체에 대해 보다 과학적인 인식을 갖고 있었다.

5) 티베트족 의학 특색요법

약물치료

약물치료에서 티베트족 의학은 보조약을 사용해 모든 약효를 병든 부위에 집중시킬 것을 주장한다. 예하면 설탕을 보조약으로 사용해 단순한 열병을 치료하고 덩어리 흑설탕을 보조약으로 사용해 냉성 질병을 치료하는 식이다.

보조약을 사용하는 외에 약물복용법도 중시한다. 예하면 환약은 보통 끓인 물로 복용하는데 그중 냉성 질병은 뜨거운 물로, 열병은 반대로 끓인 물을 식혀 복용한다. 또한 혼합형 질병 즉 냉과 열, 두 가지 증상을 모두 가지고 있으면 따뜻한 물로 복용한다.

구법(灸法)

티베트족 의학의 구법은 주로 쑥잎을 사용한다. 현재 쑥뜸은 열병에 거의 사용되지 않고 냉성 질병 치료에 많이 사용되는데 특히 위가 냉하거나 소화불량, 부종, 수종, 머리 및 사지의 황수병(黃水病), 허열병(虛熱病), 정신 착란, 간질병, 건망증 등 질병과 열병의 회복기 치료에 사용된다. 티베트족 의학에서 구법은 모두 고정된 혈자리가 있다.

최토법(催吐法)

최토법은 약물복용으로 구토를 유도하는 일종의 치료법이다. 주로 음식물을 잘못 먹고 소화불량에 걸리거나 음식물이 위 속에 정체해 체증을 일으키는 경우 또는 독을 먹었거나 배 속의 기생충이 목구멍까지 올라 왔다가 다시 들어가는 경우, 그리고 자담(紫痰), 회담(灰痰) 등 각종 병증에 최토법을 사용하면 좋은 치료효과를 볼 수 있다. 토법에서 금해야 할 부분은 노약자, 임신부, 어린이는 이런 방법을 사용하지 않는다. 또한 독을 잘못 섭취한 경우, 시간이 오래 되면 독물이 위에서 빠져 나가기 때문에 최토법을 사용하지 않는다.

부법(敷法)

부법 즉 바르는 요법은 티베트족 의학에서 하나의 특별한 방법이다. 이는 신체 외부에 약을 발라 체내의 병증을 치료하는 간편한 방법으로 민간에서도 많이 사용된다. 티베트족 의학은 이런 치료법은 보신작용이 있으며 적용되는 병증도 많다고 주장한다. 피부가 거칠거나 출혈로 인한 허약증세, 불쾌한 기분, 과로로 인한 피로 증세, 실면 등 증상에 널리 사용된다. 부법에서 자주 사용되는 약으로 기름이나 연고가 있다.

약욕요법(藥浴療法)

티베트족 의학에서의 약욕요법은 특색 있는 자연요법이다. 자주 사용하는 약용 온천은 유황 온천, 한수석 온천, 명반석 온천, 오령지 온천, 석회석 온천이다.

욕법은 수욕(水浴)과 부욕(敷浴) 두 가지로 나누는데 각자 특색이 있다. 수욕요법은 다섯 가지 천연온천을 이용하며 상응하는 질병에 치료효과가 가장 뛰어나다. 그 작용을 보면 근육에 퍼지고 뼈 속까지 스며든 상열, 독열 등 각종 열병을 치료한다. 부욕은 배합약물을 사용한다. 달인 약물을 넣은 천주머니로 병든 부위를 싸매거나 감싸서 치료 효과를 보는 요법이다.

6. 몽골족 의학

1] 몽골족 의학 개관

몽골족 의학은 몽골족들이 장기간의 의료 실천과정에 티베트 의학과 한족 의학의 경험을 받아들여 점차 형성되고 발전된 전통 의학으로 역사가 유구하고 내용이 풍부하다. 몽골족 의학은 장기간 질병 치료 과정에서 축적한 경험과 지혜의 결정체이며 뚜렷한 민족 특색과 지역 특징이 있는 의학 과학이다. 일찍 대몽골국 건립 이전에 벌써 몽골족은 자체 약제와 치료법이 있었다. 예하면 '하데르'와 같은 효력이 강한 약과 말젖을 마셔 병을 치료하거나 달군 인두로 외상을 치료하는 등 약과 치료법을 장악했다. 원나라 이후 몽골족 의학은 풍부한 임상 경험을 축적하고 일정한 의료 이론을 형성했으며 태의원(太醫院), 상도혜민사(上都惠民司) 등 의료기구를 설립했다. 그 후 명나라 말기 청나라 초기에 이르러 의학 체계가 점차 완벽하게 갖춰졌다. 몽골족 의학은 질병 치료에서 약의 사용량이 적고 치료효과가 좋으며 경제적이고 간편한 등 특점이 있다.

2] 몽골족 의학의 기본 이론

몽골족 의학은 '허이', '시라', '바다간' 이 삼근(三根)의 관계로 인체의 생리 및 병리 현상을 해석한다. '허이'는 각종 생리 기능의 동력을 말한다. 모든 사유, 언어, 동작 및 각 장기의 기능 활동은 모두 '허이'의 지배를 받는다. 만약 '허이'가 기능을 상실하면 장기 기능이 허약해져 정신 이상이나 실면, 건망증 등 증상이 나타난다. '시라'는 열기를 뜻한다. 신체의 체온과 각 조직 기관의 열에너지, 정신적 흥분 등은 모두 '시라'의 작용으로 나타난다. '시라'가 왕성하면 각종 온열병을 일으키는데 입 안이 쓰고 신물을 토하며 정신이 불안정한 등 증세를 보인다. '바다간'은 체내의 점액 물질을 말하는데 냉성(寒性) 특징이 있다. '바다간'이 기능을 상실하면 일반적인 냉성(寒性) 특징 외에 수액(水液)의 정체로 각종 분비물이 증가하는 증상이 나타난다.

3) 몽골족 의학의 특색요법

몽골족 의학은 망(望), 문(問), 절(切) 등 진단 방법과 소(消), 해(解), 온(溫), 보(補), 화(和), 한(汗), 토(吐), 하(下), 정(靜), 양(養) 등 치료 방법을 포함한다. 그리고 질병 치료에서 조제약을 많이 사용하고 음식요법, 뜸요법, 찜질요법, 슬박소(瑟博素)요법, 피(皮)요법, 온천요법, 침자방혈(針刺放血)요법, 안마요법 등 요법을 터득했다. 예하면 구운 소금으로 찜질하거나 신선한 동물가죽이나 생선 가죽으로 환부를 감싸는 등 치료법은 모두 민족 의학 특색이 다분하다. 몽골족 의학은 상처 치료와 접골술이 뛰어나다. 몽골족 의학자와 의약가들은 《음선정요(飮膳正要)》(14세기 초), 《방해(方海)》(17세기), 《몽약정전(蒙藥正典)》, 《몽의약선편(蒙醫藥選編)》, 《보제잡방(普濟雜方)》(19세기) 등 의약 저서를 편찬했고 이는 중국 의학에 크게 기여했다.

방혈요법

일정한 부위의 얕은 층 맥도(정맥)를 따서 방혈(放血)하는 것으로 병든 피를 뽑아내 질병 치료와 예방 효과를 본다. 방혈요법은 혈액과 '시라'로 인한 열성 질병, 이를테면 상열(傷熱) 확산, 소열(騷熱), 역열(疫熱), 절종(癤腫), 창양(瘡瘍), 통풍(痛風), 결핵병(結核病) 등 열중 치료에 사용된다. 방혈법은 준비 단계와 정식 방혈 두 개 절차로 나눈다.

부항 천자법(穿刺法)

이 방법은 부항과 방혈을 함께 사용하는 외치법(外治法)이다. 먼저 부위를 선택하고 부항을 붙인다. 부항을 뗀 후 부항자리를 삼릉침(三棱針) 혹은 피부침(皮膚針)으로 얕게 찌른다. 다시 부항을 붙여 나쁜 피와 황수를 뽑아내 기혈 운행을 개선하고 질병을 치료한다. 이 방법은 근육이 풍만하고 탄력이 좋으며 모발이 없는 부위를 선택해 치료하며 골격 돌출부나 오목 부위를 피해야 한다. 부항 천자법은 효과가 빠르고 치료 기간이 짧으며 방법이 간단하고 환자의 고통이 적으며 위험이 없는 등 특징이 있다.

뜸요법

뜸요법은 쑥을 막대기 모양으로 빚어 일정한 혈자리에 놓거나 태운 연기를 쏘이는 치료 방법이다. 몽골족 의학의 뜸요법은 몽골 뜸, 백산계(白山薊) 뜸, 서하유(西夏柳) 뜸, 온침 뜸으로 나눈다.

신 말젖요법

신 말젖요법은 몽골족의 전통 음식요법으로 신체건강에 유익하고 각종 질병 치료 기능이 있다. 특히 부상으로 인한 쇼크, 가슴이 답답한 증세, 가슴 통증 치료에 뚜렷한 치료효과가 있다. 연구에 의하면 신 말젖에는 인체에 유익한 당분, 단백질, 지방, 비타민 등 각종 유효 성분이 함유됐다. 특히 비타민C 함량이 많고 아미노산, 젖산, 효소, 광물질 및 방향성 물질과 미네랄 등이 풍부하다.

4) 몽골족 의학의 정골술(正骨術)

몽골족 의학의 정골술은 역대 정골 의학자들이 장기간 축적한 민족 특색이 짙은 치료법으로 각종 골절과 관절 탈골, 근육이나 인대 손상 등 병증을 치료한다. 몽골족 의학의 정골술은 회복, 고정, 안마, 약욕치료, 보호관리, 기능단련 등 6개 절차로 진행되며 해독작용과 근육을 풀어주고 혈액순환을 촉진하는 작용을 한다.

7. 위구르족 의학

1) 위구르족 의학 개관

중국 위구르족의 전통의학을 '위구르족 의학'이라 부른다. 유구한 역사와 완정한 이론 체계를 형성한 위구르족 의학은 중국 의학의 중요한 구성 부분이다. 고대에 신강지역은 서역(西域)에 속했다. 서한시기(기원전 206년~기원 25년) 서역을 가로 지른 실크로드는 상업 발전과 문화 교류를 증진했고 중아시아 중심지 신강에서 동서양 의학이 서로 만나게 했다. 이는 현지의 의약업의 발전을 크게 추진했다. 위구르족 의학은 자체 의학의 발전과 축적을 기반으로 동서양의 서로 다른 지역과 민족의 의약 문화 정수를 받아들여 위구르족 민족 특색이 짙은 전통의학 체계를 이루었다.

당나라 때 정부에서 편찬한 약물 저서 《신수본초(新修本草)》에는 신강의 100여 종 약물이 기재됐다. 이것은 위구르족 조상들이 임상 실천에서 거둔 성과이다. 고창회흘(高昌回鶻) 시기에 위구르족은 이미 회흘문(回鶻文) 의서가 있었다. 그중에는 내과, 외과, 안과, 피부과, 산부인과 처방전이 많이 기재됐고 음식치료법도 포함된다. 카라한왕조시기 외과 수술로 유명했던 이마무디 카스가리가 《의료법규해석》이란 책을 저술했는데 이 책의 원작은 찾을 수 없지만 질병 치료의 기본 방법은 여전히 계승됐다. 또한 이 시기 일부 학교는 의학 전문 인재를 양성했다. 원나라시기 위구르족 번역가 안장은 《난경(難經)》, 《본초강목》 등 한문(漢文) 의학 저서들을 위구르어로 번역해 한족의 의학 성과를 소개했다. 한편 한족도 위구르족 의학의 일부 독특한 치료법을 받아 들였다.

위구르족 의약은 중국 전통의학에서 중요한 자리를 차지한다. 현재 중국 국가급 약전에 수록된 약품만 202종에 달하며 그중 약재가 115종이고 조제약이 87종이다.

2) 위구르족 의학의 기본이론

위구르족 의학은 '토, 수, 화, 공기'를 대표로 하는 '4대 물질 학설'과 '혈진(血津), 담진(痰津), 담진(膽津), 흑담진(黑膽津)'을 내용으로 하는 '4진 체액 학설'을 기본 이론으로 인체와 자연환경의 관계를 해석하고 독창적인 진단과 질병 치료의 방법을 창설했다.

3) 위구르족 의학요법

위구르족 의학은 질병 진단에서 진맥과 망진(望診), 문진(問診)을 중시 한다. 그리고 내과 질병 치료에서는 내복약을 위주로 탕액과 고제(膏劑)를 많이 사용하며 그밖에 훈약(薰藥), 좌약(坐藥), 방혈(放血), 열부(熱敷), 부항, 음식 요법 등 10여 종의 치료법이 있다. 또한 이런 치료법은 심장병, 간과 담낭 질병, 위병, 결석, 이질, 정신병, 백전풍 등 십여 종 질병에 대한 치료 효과가 높다. 외과 치료방식으로는 약물 복용, 약물 부법(敷法), 낙법(烙法), 열부, 결찰(結紮), 일반수술 등 치료법이 있다.

4) 위구르족 의학의 약품사용 습관

조사에 따르면 신강위구르자치구에는 6백여 종의 위구르족 약이 있는데 그중 자주 쓰이는 약은 약 360종이며 현지에서 나는 약이 약 160종으로 위구르족 약의 27%를 차지한다.

위구르족 약은 습관적으로 방향성(芳香性) 약물을 많이 사용하는데 사향, 용연향(龍涎香), 해리향(海狸香), 대의초(黛衣草), 정향(丁香), 두구(豆蔻) 등이 자주 쓰인다. 이밖에 독성이 강한 마전자(馬錢子), 만타라(曼陀羅), 천선자(天仙子), 낙타봉(駱駝蓬) 등 약물을 자주 사용한다.

8. 장족(壯族) 의학

1) 장족 의학 개관

장족은 중국 소수민족 중 인구가 가장 많은 민족으로 당나라 이후 점차 한족 의학을 흡수하는 한편 독특한 민족 특색을 자랑하는 장족 의학을 형성했다. 당송시기(기원 618년~기원 1279년) 처방 저서에 영남(嶺南) 지역의 일부 해독, 장독(瘴氣) 치료 처방이 기재됐고 관련 의서는 따로《영남방(嶺南方)》을 분류했다. 이는 장족 의약을 포함한 중국 남방 소수민족 의약이 중국 전통약학에서 차지하는 지위를 보여준다. 명청시기(기원 1348년~1911년)는 장족 의학의 발전 시기이다. 이 시기 장족 의학은 이시진의《본초강목》및 광서의 각 지방지(地方志)에 기록됐다. 한편 지방 의약 교육 기관의 출현으로 많은 장족 의학자들이 나타났다.

고대 장족 의학의 발전을 돌아보면 비록 문자적인 기록은 없지만 스승이 제자에게 전수하고 직접 가르치는 방식으로 전해졌다.

2) 장족 의학의 약품 사용

장족의 약물은 발전 단계에 있는 민족약으로 아직 완벽한 체계를 이루지 못했고 기본적으로 민족약과 민간약이 융합된 상태이다. 장족의 거주지는 영남(嶺南) 아열대지역으로 동식물 자원이 풍부하다. 하여 장족 거주지가 주요 산지거나 특산지인 장족 의약 자원의 개발 전망이 밝다. 예하면 개여주, 계피, 팔각(八角), 인동덩굴, 비단구렁이, 갈근, 화분, 광두근(廣豆根), 광서 혈갈(血竭), 광금전초(廣金錢草), 부방등(扶芳藤), 대흑산(大黑山) 개미, 영향초(靈鄕草), 목면화 등 자원이 풍부하다. 특히 전문가들은 전칠(田七)의 개발과 종합 이용을 매우 중시한다. 또한 장족은 뱀, 쥐, 산새 등 야생동물을 즐겨 먹는 식습관이 있기 때문에 동물 약품을 보편적으로 사용한다. 장족 민간에는 예로부터 '부정보허(扶正補虛)에는 반드시 혈육지품(血肉之品)을 이용하라'는 약품 사용 경험이 전해지고 있다.

독약과 해독약의 광범위한 응용은 장족 의학의 중요한 치료 특색으로 장족 의학에 큰 기여를 했다. 해독은 장족 의약의 큰 특징으로 해독 범위도 매우 광범위하여 사독(蛇毒), 충독(虫毒), 식물중독, 약물중독, 전독(箭毒), 고독(蠱毒) 등이 포함된다.

광서장족자치구에는 정골수(正骨水), 운향정(雲香精), 중화질타환(中華跌打丸), 금계충복제(金雞沖服劑), 계골초환(鷄骨草丸), 염견녕(炎見寧), 삼금편(三金片), 백년락(百年樂), 대력신(大力神) 등을 대표로 하는 일정한 생산 규모를 갖춘 중약이 있다. 이런 약은 대부분 장족 의학의 처방과 밀방 그리고 기타 민간 단방이나 밀방을 기초로 만들어졌다. 지역과 민족 특색이 다분한 이런 중약은 효과가 뛰어나고 모방하기 힘들다.

9. 회족 의학

　회족 의학은 중국 전통의학과 아랍–이슬람 의학의 결합으로 형성된 '동서합벽(合璧)'의 산물이다. 금나라와 원나라시기에 회족 의약은 전성기를 누렸다. 하여 이 시기 회족 약물과 관련되고 아랍 의약과 중국 전통 의학이 하나로 어우러지는 중국 회족 특색이 다분한 대형 종합성 약물 의서《회회약방(回回藥方)》등 저서가 나타났다.《회회약방》에 기재된 처방을 보면 약물 제형에는 중국식의 환(丸), 산(散), 고(膏), 탕(湯)이 있는가 하면 아랍식의 방향(芳香) 휘발성 약, 점비제(點鼻劑), 노주제(露酒劑), 유제(油劑), 당액제 등이 있다.

　회족 의학은 장기간의 발전을 통해 독특한 민간 치료법을 형성했다. 회족의 민간 처방은 '약식동료(藥食同療)', '우약우식(寓藥于食)'의 중요한 특징이 있다. 이것은 요리를 잘하고 정성껏 음식을 만드는 회족의 음식 문화와 일정한 연관성이 있다. 예하면 일정한 량의 참기름(麻油)를 넣은 유산나트륨을 복용하면 변비와 식도염, 조기 식도암 등 질병을 치료하며 이것은 통폐산결(通閉散結)의 작용을 한다.

10. 묘족 의학

묘족 의학은 독(毒), 휴(虧), 상(傷), 적(積), 균(菌), 충(蟲)을 인체 질병을 유발하는 6가지 원인으로 보고 6인(因)이라 부른다. 묘족 의학에는 이론적으로 '양병양강(兩病兩綱)'이란 학설이 있는데 '양병(兩病)'은 모든 질병을 냉병과 열병 두 가지로 나눈다는 뜻이고 '양강(兩綱)'은 '냉병은 열로 치료하고 열병은 냉으로 치료한다'는 2대 원칙을 말한다. 질병 진단은 진맥, 청진, 안색관찰, 병세문진을 통해 진행하고 손으로 접촉하고 만져보며 구(扣), 타(打), 괄(刮), 안(按), 반(搬), 양(量) 등 전통적인 방법으로 인체 형태 구조의 변화와 정신변화를 관찰한다.

묘족 약품은 식물약과 동물약이 많고 소량의 광물약이 있다. 약의 특징을 귀납하면 열과 냉, 불열불랭(不熱不冷) 세 가지 종류가 있다. 열약(熱藥)은 냉병을 치료하고 냉약(冷藥)은 열병을 치료하며 혼합약은 보신 작용이 있고 쇠약 증상을 치료한다. 불완전한 통계에 따르면 현재 흔히 접할 수 있는 약이 1,500어 종이나 되며 자주 쓰이는 약은 약 200종에 달한다.

묘족 약은 주로 묘족이 집거하고 있는 묘령(苗嶺)산맥, 오몽(烏蒙)산맥과 무릉(武陵)산맥 등 지역에 집중돼 있다. 각 지역의 위도와 지리 환경 차이로 약물 사용 습관이 다르고 각종 약물의 분포도 다르다. 예하면 견혈비(見血飛), 어성초(魚腥草), 인동덩굴, 도라지 등 약재는 대부분 지역에 분포됐으나 애납향(艾納香), 마빈랑(馬檳榔), 금철쇄(金鐵鎖), 송라(松蘿), 자금련(紫金蓮) 등 약재는 일부 지역과 일정한 해발고도 지역에만 분포되었다. 최근 연간 중국은 묘족 집거지역에서 많은 약재 재배 생산 기지를 만들고 천마(天麻), 복령(茯苓), 두중(杜仲) 등 자주 쓰이는 약재의 인공 재배를 적극 개발하고 있다.

11. 중국 고대 4대 명의

　중국 '의사의 조상'으로 불리는 편작(扁鵲), 후한시기 '신의(神醫)' 화타(華佗), 명나라 '의성(醫聖)' 이시진(李時珍), 중의의 '방조(方祖)' 장중경(張仲景)은 중국 고대 4대 명의이다.

1) 편작(扁鵲)

　편작(기원전 407년~기원전 310년)은 춘추전국시기 명의로 성(姓)이 희(姬)이고 씨(氏)가 진(陣)이며 이름이 월인(越人)이고 호가 노의(盧醫)이다. 춘추전국시기 위나라 삼천군(三川郡, 현재 하남 탕음현河南湯陰縣) 출신인 편작은 의술이 출중해 신의로 존경 받았다. 하여 사람들은 고대신화 속 황제시기 신의 '편작'의 이름을 붙여 불렀고 후손들도 그를 중의학의 조상으로 추대하고 있다.

　편작은 어려서 장상군(長桑君)에게서 의술을 배우고 장상군의 의술 금방(禁方)을 전수받았으며 의학의 각 과를 정통했다. 여러 나라를 다니면서 환자 치료에 진력했는데 조나라(趙)에서는 산부인과, 주나라(周)에서는 오관과(五官科), 진나라(秦)에서는 소아과로 명성을 날렸다. 편작은 망(望), 문(聞), 문(問), 절(切) 진단법을 발명했고 중의 임상진단과 치료방법의 기초를 다졌다. 사마천(司馬遷)의 불후의 명작《사기(史記)》와 진나라 이전의 일부 서적에서 편작의 진실하고 전설적인 삶을 읽을 수 있다. 또한 유명한 중의서적《난경(難經)》이 편작의 저작으로 전해지고 있다.

2) 화타(華佗)

화타(약 145년~208년)는 동한 말년의 유명한 의학자로 자는 원화(元化), 이름은 부(旉), 한족이며 패국초(沛國譙, 현재 안휘 호주安徽亳州) 사람이다. 화타는 동봉(董奉), 장중경(張仲景)과 함께 '건안 3신의(建安三神醫 건안시기 3대 신의)'로 불린다.

화타는 어려서 여러 곳을 돌아다니며 의학을 배우고 의술에만 몰두했으며 벼슬을 바라지 않았다. 모든 의술에 능했던 그는 외과에 특히 뛰어났고 수술에 정통해 후세 사람들은 그를 '외과의 성수(聖手)', '외과의 조상'으로 부른다. 화타는 내과, 산부인과, 소아과, 침구를 정통했고 안휘, 하남(河南), 산동(山東), 강소(江蘇) 등지를 돌아다녔다. 그는 '마비산(麻沸散)'을 사용해 환자를 마취시킨 뒤 절개 수술을 진행했다. 화타의 마비산은 세계 의학 역사에서 전신마취로 수술을 진행한 최초 기록으로 된다. 화타는 범, 사슴, 곰, 원숭이, 새 등의 동작을 모방해 '오금희(五禽戲)' 체조를 독창적으로 만들어 운동과 신체건강을 강조했다. 하지만 화타는 조조가 내리는 관직을 거절해 살해됐고 그의 의서《청낭서(青囊書)》도 유실됐다. 현재 중국 상구시(商丘市)에는 '화타사당(華佗祠)' 등 유적이 남아있다.

3) 이시진(李時珍)

이시진(1518년~1593년)은 자가 동벽(東璧)이고 사람들은 그를 이동벽이라 불렀다. 이시진의 호는 빈호(瀕湖)이고 노년에는 호를 빈호산인(瀕湖山人)으로 자칭했다. 그는 호북(湖北) 기주(蘄州, 현재 호북성 황강시 기춘현 기주진湖北省黃岡市蘄春縣蘄州鎮) 태생으로 한족이며 명무종(明武宗) 정덕(正德) 13년(기원 1518년)에 태어났고 명신종(明神宗) 만력(萬曆) 22년(기원 1593년)에 별세했다. 이시진은 중국 고대의 위대한 의학자이고 약물학자이다.

이시진은 800여 가지 역대 의약 관련 저서 및 학술 서적을 참고하고 자체 경험과 조사연구를 결부해 27년간의 시간을 들여 총 52권, 약 190만 자에 달하는《본초강목(本草綱目)》을 편찬했다.《본초강목》에는 기존의 본초 약물 1,518종과 새로 추가된 약물 374종을 포함한 총 1,892종의 약물이 수록됐고 그중 식물이 1,195종에 달한다. 또한 고대 약물학자와 민간 단방(單方)이 11,096편 기록됐고 약물형태 그림이 1,100장 수록되어 있다. 이 위대한 저작은 역대 본초 저작의 정수를 흡수하고 기존의 불합리한 내용을 바로잡았으며 부족점을 보완했다.《본초강목》은 중요한 발견이 많았고 16세기까지 중국에서 가장 체계적이고 완정하며 과학적인 의약학 저서로 기록된다.《본초강목》은 중국뿐만 아니라 해외에서도 높이 평가하고 있으며 여러 가지 언어로 번역 출판됐다.

4) 장중경(張仲景)

장중경(약 기원 150년~154년-약 기원 215년~219년)은 이름이 기(機)이고 자는 중경이며 한족으로 동한시기 남양군(南陽郡) 열양현(涅陽縣) 출신이며 중국 동한시기의 위대한 의학자이다.

장중경은 몰락한 관료 가정에서 태어났으며 장중경의 부친 장종한(張宗漢)은 조정에서 관리로 있었다. 특별한 가정 배경으로 장중경은 어려서부터 많은 서적을 접했다. 그는 사서에서 편작이 채환공(蔡桓公)의 병을 눈으로 보기만 하고도 알아냈다는 이야기를 읽고 편작을 존경하게 되었다. 그는 일생동안 옛 도리를 따르고 처방을 광범위하게 수집하며 전인들의 성과와 정수를 집대성하여 불후의 의학 명작《상한잡병론(傷寒雜病論)》을 써냈다. 원리, 방법, 처방, 약을 아우르는 이 의서는 변증법적 치료의 시작이라 할 수 있으며 독특한 중국의학 사상 체계를 형성했다. 또한 후손들이 중의를 공부하는 필수 명작이고 중국 의학의 발전을 추진하는데 큰 역할을 했다. 하여 장중경은 후세 사람들에 의해 '의성(醫聖)'으로 추대되고 있으며 장중경을 모시는 절도 있다.

제13장
중국 왕조

1. 중국 최초의 왕조-하

하나라(夏)는 중국 역사상 최초의 왕조로 기원전 약 21세기부터 기원전 16세기까지 14대에 17명의 왕이 있었으며 도합 500여 년간 존속하였다. 하나라가 통치하던 중심지역은 현재의 산서(山西) 남부와 하남(河南) 서부 일대이다.

하나라의 창시자 대우(大禹)는 물을 다스려 사람들에게 복을 마련해 준 역사 영웅이다. 전하는데 의하면 대우는 장기간 범람하여 큰 피해를 주던 황하를 성공적으로 다스려 백성들의 추대를 받으면서 하나라를 건립하였다. 하나라의 건국은 오랜 세월 지속되어 온 원시사회가 사유제사회에 의해 교체되고 중국이 노예제사회에 들어서기 시작했음을 상징한다.

하나라 말기에 왕실은 정치가 혼란한 상태였고 계급모순이 날로 심각해졌다. 특히 마지막 왕인 하걸(夏桀)은 즉위 후 개혁을 도모하지 않고 음란하고 사치하며 부화방탕한 생활을 계속하였다. 제후국 중의 하나인 상나라(商)가 기회를 타서 걸을 정벌하였으며 결국 하나라 걸왕의 군대를 전승하였다. 걸은 도망을 치다가 남소(南巢)에서 생을 마감했으며 하왕조도 멸망하였다.

지금까지 전해진 하나라 관련 역사자료가 매우 적기에 역사상 하나라가 정말 존재했는지에 대해 학술계에는 현재까지도 서로 다른 견해가 존재한다. 그러나 중국의 유명한 사서인 《사기·하본기(史記·夏本記)》에는 하나라 왕들의 계보가 정확하게 기재되어 있다. 1959년부터 중국 고고학계는 '하허(夏墟)'에 대한 조사를 시작함으로써 하 문화 연구의 서막을 열었다. 현재 다수 학자들은 하남(河南) 언사이리두(偃師二里頭) 유적을 '이리두 문화'로 명명하고 하 문화 연구의 주요 대상으로 인정하였다. 추산에 따르면 이 문화가 존재하던 시기는 대략 기원전 1900년경으로 하기년(夏紀年) 범위에 속한다.

이리두 문화유적에서 출토된 생산도구는 여전히 석기를 위주로 골각기(骨角器)와 방기

▶ 하왕조시기의 주기(酒器)

(蚌器)도 사용하였으며 일부 건물의 기초부분과 온돌, 고분의 벽에는 나무쟁기로 흙을 판 흔적이 남아 있다. 이는 당시 사람들이 비교적 원시적인 도구를 이용하고 자신들의 근면함과 지혜로 물을 다스리고 땅을 개척하여 농업을 발전시켰음을 예측케 한다.

고대 문헌 기재에서 가장 주목을 받는 것이 하나라시기의 역법이다. 《대대례기(大戴禮記)》의 '하소정(夏小正)'이 바로 현존하는 '하력(夏曆)'에 관한 중요한 문헌이다. 그중에는 당시 사람들이 이미 북두칠성의 자루가 가리키는 방향에 따라 매달을 확정하였다는 설명이 있는데 이는 중국에서 가장 이른 역법으로 되고 있다. 이 역법은 하력의 12개월 순서대로 각기 매달의 성상(星象), 기상(氣象), 물상(物象) 그리고 응당 종사하여야 하는 농사와 정사(政事)들을 기술하였다. 이는 하조시기 농업의 발전수준을 보여줬으며 중국에서 가장 오래된 비교적 소중한 과학지식자원이다.

2. 역사 기록에 오른 최초의 왕조 – 상

　중국의 학술계는 하(夏)를 중국 고대 최초의 왕조로 인정한다. 고고학 자료로 확실하게 실증할 수 있는 중국 고대의 가장 이른 왕조는 상나라(商)이다.

　상나라는 기원전 16세기경에 세워져 기원전 11세기경에 멸망하였으며 약 600여 년간 존속했다. 상나라는 초기 여러 차례 수도를 이전하였으며 최후로 천도한 수도가 은(殷, 현재의 하남 안양 부근)이다. 고고학 증명에 따르면 상나라 초기 중국의 문명은 이미 상당한 수준에 이르렀으며 그 주요한 특징이 바로 갑골문과 청동문화이다.

　갑골문은 매우 우연한 기회에 발견되었다. 20세기 초 당시 하남성 안양 서북부의 소둔(小屯)촌 농민이 우연한 기회에 얻은 귀갑(거북의 껍질)과 수골(獸骨)을 약재로 팔려고 하였는데 한 학자가 그 위에 새겨진 고대 문자를 발견하게 되었고 더 많은 귀갑을 찾기 시작하였다. 얼마 후 중국의 고문자 연구학자들이 귀갑과 수골에 새겨진 문자가 상나라 때 문자임을 확인하였고 그 뒤 소둔촌이 바로 옛 기재에 나오는 상나라 도성의 유적인 은허(殷墟)라는 것이 밝혀졌다.

　은허의 발견과 발굴은 20세기 중국 최대의 고고발견이다. 1928년에 첫 발굴을 시작한 이래 소둔촌에서는 갑골문과 청동기를 망라한 대량의 진귀한 문물이 출토되었다. 갑골문은 귀갑과 수골에 새겨진 고대문자이다.

　현재까지 은허에서는 도합 16만 개 이상의 갑골이 발견되었다. 그중 일부는 완전하고 일부는 문자기재가 없는 조각들이다. 통계에 따르면 이런 갑골에는 서로 다른 글자가 도합 4천여 자 있는데 그중 학자들이 고증을 마친 것이 3,000자이다. 이 3,000자 중 학자들의 해석이 일치한 것이 1,000여 자이며 나머지는 해석이 불가능하거나 학자들 사이에 논쟁이 많다. 그럼에도 불구하고 이 1,000여 자를 통하여 사람들은 이미 상나라의 정치, 경제, 문화 등 각 분야의 상황을 대체적으로 알 수 있게 되었다. 갑골문을 연구하는 최초의 전문 저서는 1913년 출판된 유악(劉鄂)의 《철운장귀(鐵雲藏龜)》이다. 중국의 유명한 사학자와 문학가인 곽말약(郭沫若)이 1929년 출판 발표한 《갑골문자연구(甲骨文字硏究)》역시 갑골문 연구의 중요한 저서이다.

글이 새겨진 갑골문과 마찬가지로 청동기도 상나라 때의 대표적인 기물이다. 상나라의 청동기 제련은 이미 상당한 기술수준을 갖췄으며 은허에서 발굴된 청동기만 해도 수천 점에 달한다. 그중 1939년 은허에서 출토된 사모무대방정(司母戊大方鼎)은 무게가 875kg, 높이가 133cm, 길이 110cm, 너비 78cm로 모양이 웅장하여 중국 고대 청동기 문화 전성시기의 대표작품의 하나로 인정된다.

고고 발굴 및 학술 연구를 통해 상나라 때 이미 국가가 산생되었고 사유제가 기본적으로 확립되었으며 그때로부터 중국역사가 문명시대에 들어섰다는 것을 알 수 있다.

3. 서주(西周)와 춘추전국(春秋戰國)

하(夏)와 상(商)을 이어 나타난 중국 고대 세 번째 왕조는 주(周)이다. 주나라는 기원전 1027년경에 건립되었으며 기원전 256년에 진(秦)에 의해 멸망된 왕조로서 약 770여 년간 존속하였다. 주나라는 도읍의 동부 이전을 기점으로 초기를 서주, 후기를 동주라고 한다. 동주는 또 춘추(春秋)와 전국(戰國) 두 단계로 나뉜다.

서주는 기원전 1027년경에 설립되어 기원전 771년에 멸망되었으며 약 257년간 존속했다. 주나라의 초대 왕인 주무왕(周武王)은 도읍을 호(鎬, 현재의 섬서 장안의 서북쪽)에 옮긴 후 연합군을 거느리고 상을 정벌하고 주왕조를 세웠다. 주성왕(周成王)이 즉위한 후에는 나이가 어려 나라를 다스릴 수 없었기에 숙부인 주공단(周公旦)이 섭정하였다. 주공이 섭정한 주나라는 나라의 기반을 탄탄하게 하는 일련의 중요한 조치를 취하였다. 주성왕과 주강왕(周康王)이 즉위하였던 시기를 사학자들은 '성강의 통치(成康之治)'라 부른다.

주나라의 국가 제도에는 뚜렷한 특점이 있다. 가장 중요한 것은 정전제(井田制), 종법제(宗法制), 국야제(國野制)와 예악(禮樂)이다.

기원전 770년부터 기원전 476년까지는 춘추시기이다. 경제발전과 인구증가와 함께 대국 간의 권력다툼이 날로 치열해졌다. 사회상황에 큰 변화가 발생했으며 농업생산에 철제 농기구가 사용되기 시작했으며 소를 부려 밭을 갈기 시작하였고 수리사업이 발전하였으며 농작물 생산량이 증가하였다. 춘추시대는 서주의 전통적인 정치사회질서가 점차 해체되는 과도기였다.

중국 역사상 첫 사상가이며 위대한 교육자인 공자가 바로 춘추 후기에 태어났다. 공자는 과거의 문화와 사상을 연구한 기초에서 춘추 후기의 불안정한 사회정세와 결부하여 윤리도덕, 사회정치문제와 관련한 일련의 이론적인 관점을 제시하여 고대 유가학파를 창설하였다.

전국(기원전 403년~기원전 221년)은 동주 열국에 이은 또 하나의 제후 할거시대이다. 전국과 춘추는 역사적으로 명확한 계선이 없고 습관적으로 기원전 403년 진(晉)이 조(趙), 한(韓), 위(魏) 3국으로 나뉘던 때를 기점으로 하여 기원전 221년 진(秦)이 6국을 통일한 때까지를 전국시대라고 한다.

전국시대 중국의 정세에는 변화가 발생했다. 많은 중소 제후국들이 합병되었으며 결국 진, 초, 연, 한, 조, 위, 제 7국이 전국시기의 주요 제후국이 되었다. 전국시기 각국에서는 변법을 실시하였는데 그중 진나라의 상앙(商鞅)변법이 가장 철저하고 영향력도 제일 컸다.

전국시대는 전란이 이어진 시기였으나 이는 중국 고대문화의 발전에 큰 영향을 주지 않았으며 사회에는 신흥의 사림(士人)계층이 나타났다. 이들은 학술과 문화지식을 장악하는 것을 통해 신분을 나타냈으며 사림계층의 활약은 학술문화의 번영을 한층 추진하였다. 이때에 이르러 중국 고대 사상문화도 사상 최고수준에 이르렀다. 그중 공자와 맹자를 대표로 하는 유가, 노자와 장자, 열자를 대표로 하는 도가, 한비자를 대표로 하는 법가, 묵자를 대표로 하는 묵가 등 이론이 후세 사람들의 칭송을 받았다. 이런 학파들의 출현으로 '백화제방(百花齊放), 백가쟁명(百家爭鳴)'의 상황이 나타났으며 이런 이론은 당시의 정치경제발전을 일정한 정도로 촉진했을 뿐만 아니라 그 심원한 영향은 오늘까지도 전해 내려와 중국 사상발전사의 중요한 한 페이지를 장식했다.

기원전 230년 진나라 왕 영정(嬴政)이 전국통일전쟁을 시작하였다. 9년 동안 진나라는 선후로 6국을 멸하고 기원전 221년에 전국을 통일하였다. 약 600년간 지속되어 온 분열국면이 이로써 끝나게 되었다.

4. 중국 최초의 봉건왕조 – 진(秦)

2000여 년간 지속된 노예제 사회가 기원전 221년에 막을 내린 후 중국 사상 최초의 중앙 집권 봉건왕조인 진나라(秦)가 탄생하였다. 진의 탄생은 중국역사에 매우 중요한 의의가 있다.

기원전 255년부터 222년까지는 중국 역사에서 전국(戰國)시대에 속하며 중국 노예제사회 말기였다. 당시 많은 독립적인 소국들이 있었는데 이들은 상호 합병의 과정을 거쳐 비교적 큰 7개 나라만 남게 되었다. 이 나라들이 바로 '칠웅(七雄)'이라 불렸던 진, 제(齊), 초(楚), 위(魏), 연(燕), 한(韓), 조(趙) 일곱 나라였다. 7국 중 서북쪽에 위치한 진나라(秦)가 군사개혁과 농업개혁을 비교적 일찍 실시하였기에 국력이 신속히 커졌다. 기원전 247년 13살인 영정(嬴政)이 진나라 왕으로 즉위하였다. 그 후 22살에 친정을 실시한 영정은 6국을 통일하는 대장정을 시작하였다. 영정은 널리 인재를 모았는데 실력만 있으면 그 누구든 중용했다. 기원전 230년부터 221년까지 10년도 안 되는 사이에 영정은 선후로 한, 조, 위, 연, 초, 제 6국을 멸하고 통일대업을 완성하였다. 이로써 중국에는 할거국면을 결속 짓고 통일된 전제주의 중앙집권의 진왕조가 나타나게 되었다. 진나라 왕 영정은 중국 역사상 최초의 황제가 되었고 때문에 영정을 '시황제(始皇帝)'라고도 부른다.

진의 중국 통일은 중국역사에 대한 큰 기여이며 중요한 의의가 있다. 우선 정치면에서 진시황은 분봉제를 폐지하고 군현제를 실시하였으며 전국을 36개 군으로 나누고 군 산하에 현을 설치했으며 중앙과 지방의 관리를 모두 황제가 직접 선발하고 임명, 파면하였으며 세습하지 못하도록 하였다. 진이 세운 군현제는 중국의 2000여 년 봉건역사에서 대대로 이어진 제도였다. 현재 중국의 많은 현들의 이름이 바로 2000여 년 전 진왕조 때 정한 것이다.

진의 중국 통일이 가져온 또 하나의 큰 기여가 바로 문자를 통일한 것이다. 진은 각국을 통일한 후 진의 소전체(小篆體) 한자를 전국의 통용문자로 정하였다. 이때부터 중국 한자가 일정한 규범에 따라 발전하기 시작하였다. 이는 중국의 역사 형성과 문화 계승에 큰 의의를 갖는다.

이밖에 진은 또 전국의 도량형을 통일하였다. 문자와 마찬가지로 통일 이전에 각국의 길이, 용적, 무게 단위가 서로 달랐기에 경제 발전을 크게 저해하였다. 이런 상황에 대비해 진시황은 화폐와 법률을 통일하여 나라의 경제발전을 위한 조건을 마련하였으며 중앙정권의 지위도 극대화시켰다.

사상적인 독재통치를 강화하기 위해 기원전 213년 진시황은 명을 내려 사관이 소장한 《진사(秦史)》외의 타국의 사서나 유가경전을 소각하였을 뿐만 아니라 이런 책들을 함부로 소장하거나 전파하는 사람들을 극형에 처했다. 이와 동시에 북방의 소수민족들이 진나라를 침범하는 것을 방지하기 위하여 진시황은 과거의 진과 조, 연 등 나라의 장성을 보수하여 연결함으로써 서부의 사막에서 시작하여 동부의 바닷가에 이르는 만리장성을 축조하였다. 진시황은 또 인부 70여 만 명을 동원하고 막대한 자금을 들여 웅장하고 아름다운 능을 축조하였다. 이것이 바로 오늘날까지 남아 내려오는 진시황릉과 병마용이다. 진시황의 중국 통일은 중국 역사상 장기적인 분열과 할거국면을 끝냈을 뿐만 아니라 한족을 주체로 다민족이 공존하는 강대한 봉건대제국을 건립하였다. 이때로부터 중국역사의 새로운 장이 열리기 시작하였다.

▶ 13년전 섬서성 서안시에 새롭게 건설한 아방궁 정문

4. 한(漢)

기원전 206년부터 기원 8년까지는 중국 역사상 서한(西漢)시기이다. 한고조(漢高祖) 유방(劉邦)이 한나라를 세우고 장안(長安)을 도읍으로 정하였다.

한고조(漢高祖)는 재위 7년간 중앙집권통치를 강화하였고 일련의 '여민휴식(與民休息)' 정책을 실시하여 통치를 공고히 하였다. 기원전 183년 문제가 즉위했고 그 후 아들 경제(기원전 156년~기원전 143년)에 이르기까지 '여민휴식'정책을 계속 실시하여 백성들의 조세를 줄였고 이때 한나라의 경제가 크게 발전하였다. 사학자들은 이 시기를 '문경의 통치(文景之治)'라 한다.

'문경의 통치'를 통하여 한나라는 점차 강대해졌다. 기원전 141년 무제(武帝)가 즉위하였다. 재위 기간 무제는 위청(衛青)과 곽거병(霍去病)을 파견하여 흉노(匈奴)를 정벌함으로써 서한왕조의 통치범위를 확대하고 한나라 북방의 경제와 문화의 발전을 담보하였다. 재위 후기에 무제는 전쟁을 끝내고 농업발전에 주력해 서한의 경제를 지속적으로 발전시켰다. 그 후 즉위한 소제(昭帝)가 계속 경제를 발전시켰으며 서한의 전성기를 누렸다.

소제와 선제(宣帝) 두 황제가 38년에 걸쳐 실시한 '여민휴식'정책은 서한의 국력을 증강시켰다. 그러나 동시에 지방 세력들도 커져 한나라의 통치에 심각한 영향을 미쳤다. 기원 8년 왕망(王莽)이 황위를 탈취하고 국호를 신(新)이라 하였으며 이로써 서한의 통치가 막을 내렸다.

서한왕조는 중국 역사에서 비교적 강대하였던 제국의 하나였다. 역대로 '여민휴식'정책을 실행하였기에 백성들이 풍족하고 안락한 생활을 하였다. 따라서 한왕조의 정치도 비교적 안정되었다. 문제는 대신 동중서(董仲舒)가 제기한 '파출백가(罷黜百家), 독존유술(獨尊儒術)'의 방책을 가납하였다. 이때부터 유교와 유학이 한왕조와 그 이후 중국의 역대 왕조가 일관하게 실시하는 국책으로 되었다.

정치와 경제가 안정하였기에 수공업과 상업, 인문예술, 자연과학이 빠른 속도로 발전되었다. 과학기술의 향상에 따라 야금과 섬유를 위주로 하는 서한 수공업의 생산효율이 크게 향상되었고 수공업의 발전은 상업을 번영시켰을 뿐만 아니라 실크로드의 개척을 통해 외교와 상업무역 등 분야에서 서아시아 여러 나라와 교류를 확대할 수 있게 되었다.

기원 25년부터 기원 220년은 동한왕조가 존재했던 시기이며 광무제(光武帝) 유수(劉秀)가 동한을 세웠다.

기원 25년 녹림군(綠林軍)의 도움을 받은 유수는 황위를 찬탈한 왕망을 몰아내고 황제로 되었으며 국호를 여전히 한이라고 하였다. 다만 도읍을 낙양(洛陽)에 정하였다.

기원 1세기 중엽 광무제(光武帝)와 명제(明帝), 장제(章帝) 3대 황제의 통치를 거쳐 동한왕조는 과거 한나라의 강대함을 회복하였다. 이 시기를 후세사람들은 '광무의 중흥'이라고 한다.

동한 전반기에는 정권 강화와 지방 세력의 융합으로 나라가 안정되고 경제와 문화, 과학기술 등이 서한 때의 수준을 초과하였다. 기원 105년 채륜(蔡倫)이 제지술을 혁신함으로써 중국의 문자기록방식은 죽간(竹簡)시대를 벗어나게 되었다. 제지술은 중국 고대 4대 발명의 하나로 오늘까지 전해 내려왔다. 자연과학에서는 장형(張衡)을 대표로 하는 동한의 학술계가 큰 성과를 거두었다. 장형은 '혼천의(渾天儀)', '지동의(地動儀)' 등 과학계기를 만들었다. 이밖에 동한 말년의 명의 화타(華佗)는 역사 기록이 있은 이래 최초로 마취술을 이용하여 환자를 수술한 의사이다.

5. 위진(魏晉) 남북조(南北朝)

위진(魏晉) 시기는 기원 220년부터 589년까지이다. 기원 2세기 말 동한의 통치가 쇠약해지면서 중국 역사는 비교적 오랜 기간 분열단계에 들어섰다. 최초에는 위(魏), 촉(蜀), 오(吳) 3국이 정립(기원 189년~기원 265년)하였으며 3국 정립 국면은 서진(西晉)에 의해 결속되었다. 그러나 서진의 통일은 아주 짧은 기간(기원 265년~기원 316년)밖에 지속되지 못하였으며 또 다시 분열이 시작되었다. 서진의 황족이 강남에 동진(東晉 기원 317년~기원 420년)을 건립하였으며 북방은 민족 간 혼전상태에 처했고 수많은 정권이 나타났다. 이런 나라들을 통칭해 16국이라고 한다.

이 시기 남방의 경제가 신속하게 발전하였다. 서부와 북부의 여러 소수민족들이 계속 내지에 이주하였고 각 민족의 이주와 혼합거주는 융합과 활발한 교류를 가져왔다. 문화에서는 현학(玄學)이 흥행하였으며 불교와 도교가 서로 경쟁을 하면서 세를 넓혀갔다. 그러나 다수 통치자들은 불교를 선호하였다. 문학예술에서는 건안 7자(建安七子)와 도연명(陶淵明) 등 문사들의 시문이 유명했고 왕희지(王羲之)와 같은 유명한 서예가와 고개지(顧愷之) 등 유명 화가가 있었다. 돈황석굴 등 석굴사원의 예술도 불후의 명작으로 현재까지 남아있다.

과학기술분야에서는 조충지(祖沖之)가 처음으로 원주율의 정확한 수치를 소수점 아래 일곱 자리까지 계산하였고 가사협(賈思勰)의《제민요술(齊民要術)》은 세계 농학사의 거작으로 평가된다.

남북조(南北朝 기원 420년~기원 589년)는 남조와 북조의 통칭으로 북조의 왕조에는 먼저 북위가 있고 북위가 또 동위와 서위로 나뉘었으며 후에 북제(北齊)가 동위를, 북조(北朝)가 서위를 대체하였으며 서주는 또 북제를 멸하였다. 남조 때는 선후로 송(宋), 제(齊), 량(梁), 진(陳)이 있었다.

남북조시기 중원의 인구가 끊임없는 전란을 피해 남방으로 이주했는데 이는 강남의 노동력을 늘려준 동시에 선진적인 생산기술을 현지에 가져다주는 결과를 가져왔으며 이로써 남방의 경제가 크게 발전할 수 있었다. 양주(揚州)와 그 주변지역은 당시 남조에서 경제가 발전한 지역이었다.

이 시기 문화에서 가장 대표적인 것은 현학사상의 발전이다. 난세는 사상 자유에 비옥한 토양을 제공하였다. 하여 문학 성취도 매우 높았는바 가장 뛰어난 것이 시가이다.

이 시기 대외교류도 활발하였다. 동으로는 일본과 조선, 서로는 중아시아와 대진(大秦, 현재의 로마)에 이르렀다. 이밖에 동남아지역과도 교류가 있었다.

동진이 멸망한 이래 남북조는 중국 역사상 그리 많지 않은 남북 분열시기의 하나로 되었다. 남북조시대의 형성은 당시 경제발전을 일부 저애하였다. 그러나 외부민족의 중원통치로 형성된 황하 유역의 민족 대 융합은 그 전례가 없었다. 이런 상황에서 중국 북방의 여러 민족이 점차 한족에게 동화되어 최종적으로 같은 민족이 되었다. 때문에 남북조의 분열은 민족 통일을 가속화하는데 중요한 역할을 하였으며 중화민족의 발전과정에서 중요한 부분으로 된다.

6. 수당(隋唐)

기원 581년 수문제(隋文帝) 양견(楊堅)이 수나라를 세웠다. 수나라는 618년 수양제(隋煬帝) 양광(楊廣)이 교살될 때까지 도합 37년간 존속하였다. 수나라는 전형적인 단명(短命) 왕조이다. 전반 수나라 역사를 보면 수문제의 기여가 가장 큰데 그중 하나가 관리제도이다. 수문제는 북주(北周)의 6관(官)제를 폐지하고 3성 6부제를 확립하였으며 새로운 법전을 제정하였는데 형벌이 더는 남북조시기처럼 가혹하지 않았다. 이밖에 과거제도를 정하여 관리 선발방법을 혁신하였다. 수양제는 대운하를 파는데 절반의 공이 있는 외(나머지 반은 부화방탕한 생활을 위해서이다) 후세에 아무것도 남기지 못하였다. 수양제의 폭정은 역사적으로 유명하다. 수양제의 폭정으로 백성들의 원한은 하늘에 사무쳤으며 결국 수양제가 강도(江都)에서 교살당하는 결과를 초래하였고 수나라는 멸망되었다.

기원 618년 당나라가 건립되어서부터 907년 주온(朱溫)에 의하여 멸망되기까지 대당(大唐)왕조는 총 289년간 존속하였다. 당왕조는 안사의 난(安史之亂)을 분기점으로 전반기와 후반기로 나뉘는데 전반기는 번성기이며 후반기는 패망기이다. 당고조가 당나라를 세웠으며 당태종 이세민(李世民)이 백성들과 군사들을 거느리고 십여 년의 시간을 들여 통일 위업을 성취하였다. 현무문(玄武門)의 정변을 거쳐 황제로 등극한 이세민은 나라를 잘 다스렸기에 당나라 때 중국 봉건사회는 전에 없이 번영하였으며 '정관의 통치(貞觀之治)'가 출현했고 정치와 경제, 문화 등에서 모두 당시 세계의 선두위치를 차지하였다. 그 후 당현종(唐玄宗)시기에 또 '개원의 성세(開元盛世)'가 나타나 나라가 부강하고 백성들이 부유하였으며 역사상 또 한 차례의 태평성대가 나타났다. 그러나 당현종시기에 일어난 안사의 난으로 당왕조는 몰락의 길을 걷기 시작했다.

수당시기 전장(典章)제도가 크게 발전하였다. 예하면 3성(省) 6부(部)제, 과거제도, 양세법(兩稅法) 등은 후세에도 큰 영향을 미쳤다. 수와 당은 개방적인 대외정책을 취하였기에 중외 경제문화 교류가 활발하였다. 문학에서 성과가 가장 큰 것은 당시(唐詩)이다. 초당(初唐)시기 진자앙(陳子昻), 성당(盛唐)시기 이백(李白), 두보(杜甫), 중당(中唐)시기 백거이(白居易), 원진(元稹), 만당(晩唐)시기 이상은(李商隱), 두목(杜牧)이 그 걸출한 대표인물이다. 한유(韓愈), 유종원(柳宗元)이 제창한 고문운동도 후세에 큰 영향을 미쳤다. 안진경(顔眞卿)의 서예, 염립본(閻立本), 오도자(吳道子), 이사훈(李思訓), 왕유(王維)의 그림과 '예상우의무(霓裳羽衣舞)' 등 음악무용 그리고 많은 석굴예술은 모두 후세까지 전해졌다. 과학기술에서는 중국 고대 4대 발명에 속하는 인쇄술과 화약이 이 시기에 나타났다.

후기의 당나라는 우리(牛李)당쟁이 출현하고 환관정권이 나타나는 등으로 정치가 혼란하였다. 이때는 농민봉기가 그칠 새 없었으며 결국은 황소(黃巢)봉기가 일어났다. 봉기 지도자의 한 사람인 주온(朱溫)이 당왕조에 투항을 하였다가 다시 당나라 권력을 탈취해 황제로 되었다. 주온은 5대(五代)의 첫 왕조인 후량(后梁)을 세웠다.

7. 송(宋)

    기원 960년 송태조 조광윤(趙匡胤)이 진교병변(陳橋兵變)을 일으켜 송나라를 세워 5대 (代) 10국(國)의 분열국면을 결속지었다. 송나라는 1279년 원나라(元)에 의해 멸망될 때까지 319년간 존속하였다. 송은 북송과 남송 두 시기로 나뉜다. 북송과 동시에 거란(契丹)인이 중국 북방지역에 요나라(遼, 947~1125)를 세웠으며 당항인(黨項人)이 송나라의 북부에 서하(西夏, 1038~1227)를 세웠고 1115년에 여진인(女眞人)이 북방에 금나라(金, 1115~1234)을 세웠다. 금은 1125년에 요를 멸하고 1127년에 송나라(宋)의 도읍인 개봉(開封)을 공격하여 송의 휘종(徽宗)과 흠종(欽宗) 두 황제를 포로로 잡아갔다. 이로 하여 북송이 멸망되었다. 송고종 조구(趙構)는 남경(南京) 응천부(應天府, 현재의 하남 상구)에서 즉위한 후 임안(현재의 항주)에 도주하여 장기간 강남에 있으면서 남송을 세웠다. 북송은 요와 서하, 금이 대치하던 시기이며 남송은 밀리기만 하다가 패망하던 시기였다.

    북송이 북방지역을 통일한 후 사회경제와 문화가 크게 발전하였고 해외무역도 매우 발달하였다. 범중엄(范仲淹)의 '경력신정(慶歷新政)', 왕안석(王安石)의 변법은 북송의 장기적인 번영을 실현하지는 못했으나 일부 사회모순을 해결하였다. 방랍(方臘), 송강(宋江)의 농민봉기는 송휘종시기의 부패하고 암흑한 통치에 반항한 행동이었다. 금이 북송을 멸한 후 남송은 거의 강남지역으로 밀렸으며 북방을 통일할 웅대한 계획도 없었다. 남송 통치자들이 명장 악비(岳飛)가 북벌하여 금나라(金)에 대항하도록 한 것도 자신들의 안전을 위해서였다. 남송 말년 가사도(賈似道)의 권세욕도 남송의 멸망을 가속화하였다.

    이 시기 과학기술에서 큰 성과를 보여 지남침, 인쇄술, 화약 등 3대 발명이 연이어 개발, 응용되었다. 그중 필승(畢升)이 발명한 활자 인쇄술은 유럽보다 400년이나 앞섰으며 소송(蘇頌)이 제조한 세계 최초의 천문시계-수운의상대(水運儀象臺)나 심괄(沈括)의 《몽계필담(夢溪筆談)》은 과학기술사에서 높은 지위를 차지한다. 문화에서는 이학(理學)이 성행하여 주희(朱熹), 육구연(陸九淵) 등 유명한 이학대가들이 있었고 도교, 불교 및 외래 종교가 유행하였다. 북송의 구양수(歐陽修)가 편찬한 《신당서(新唐書)》는 당나라 역사 보전에 크게 기여하였다. 사마광(司馬光)이 집필한 《자치통감(資治通鑑)》은 편년사(編年史)의 표본으로 되었다. 문학에서는 구양수와 소식(蘇軾) 등 산문대가들이 나타났으며 송사(宋詞)는 이 시기 문학의 최고봉을 이루었다. 이 시기 안수(晏殊), 유영(柳永), 주방언(周邦彦), 이청조(李淸照), 신기질(辛棄疾) 등 유명한 사(詞)의 대가들이 나타났다. 송과 금나라시기에는 화본(話本)과 연극이 비교적 유행하였으며 회화는 산수화조(山水畵鳥)가 유명하였다. 장택단(張擇端)의 유명한 작품인 《청명상하도(淸明上河圖)》는 중국 회화에서 불후의 걸작으로 손꼽힌다.

8. 원(元)

몽골의 테무진이 1206년에 나라를 세웠고 1271년에 쿠빌라이가 국호를 원(元)이라 정하였으며 1279년에 송(宋)을 멸하고 도읍을 대도(大都, 현재의 북경)에 정하였다.

몽골족은 원래 고비사막의 북부에 있었는데 테무진이 각 부락을 평정하고 몽골을 통일한 후 몽골국을 건립, 칭기즈칸이라 자칭하였다. 몽골군은 이에 앞서 서쪽으로 진격하여 중아시아, 동유럽, 페르시아까지 정벌하였다. 하린(和林, 오늘의 몽골인민공화국 하얼하린)을 중심으로 유라시아를 가로지른 대칸국(大汗國)은 얼마 지나지 않아 여러 개의 독립적인 칸국(汗國)으로 분열되었으며 명의상 몽골황제를 대칸(大汗)이라 불렀다.

원왕조의 북방은 장기적인 전란으로 피폐해졌고 이에 원세조는 농업 개간을 장려하고 황하를 다스렸다.

당, 송, 원시기 중국은 세계에서 가장 발달한 나라였으며 따라서 그 경제와 문화는 주변국들에 큰 영향을 주었다. 이 시기 각국 사절단과 상인, 학자들이 빈번히 내왕했으며 중국과 외국간의 내왕이 전에 없이 활발하였다. 원나라 때는 동서양 간을 내왕하는 사절과 상인들이 그 어느 때보다 많았다. 원과 일본, 동아시아 여러 나라들은 모두 많은 연계가 있었다. 중국과 인도 간의 바다에서는 많은 중국 선박들이 항행하였다. 중국의 인쇄술과 화약, 지남침 3대 발명도 원나라시기 아랍을 통해 유럽에 전파되었다. 아랍 나라들의 천문학과 의학, 산술도 중국에 들어왔으며 이슬람교도 널리 전파되었다. 아랍반도와의 교통도 해로(海路) 외에 운남을 거치는 육로가 있었다. 동아프리카에 수송된 중국자기는 멀리 모로코에까지 팔렸다.

문화에서는 원곡(元曲)의 성과가 제일 컸다. 대표인물로는 관한경(關漢卿)과 왕실보(王實甫), 백박(白撲), 마지원(馬志元) 등이 있으며 대표작으로는 《두아의 억울함(竇娥寃)》과 《서상기(西廂記)》 등이 있다.

　한족들에 대한 몽골정권의 폭정은 강한 반항을 불러 일으켰다. 1333년 종교와 비밀결사로 결집한 농민폭동이 전국을 휩쓸었으며 1351년 황하 수리공사에 참가했던 민부들이 홍건(紅巾, 붉은 두건)을 표식으로 하는 큰 봉기를 일으켰다. 1341년 호주(濠州)의 홍건군 수령 주원장(朱元璋)이 '오랑캐를 몰아내고 중화를 회복하자(驅逐胡虜, 恢復中華)'는 기치를 내걸고 대도를 진공하여 원나라를 뒤엎고 명나라를 세웠다.

9. 명(明)

　기원 1368년 주원장(朱元璋)이 남경에서 즉위하여 명나라(明)를 세웠다. 명태조는 31년 간의 재위기간 봉건전제주의 중앙집권을 극도로 강화하였다. 그는 공신들을 척살하고 이견을 가진 사람들을 몰아내어 황권을 강화했으며 반대세력을 탄압하였다. 명태조가 죽은 후 손자인 건문제(建文帝)가 즉위하였다. 그 후 건문제의 숙부 주체(朱棣)가 출병하여 황제 자리를 차지하였다. 주체가 바로 명성조(明成祖)이다. 그는 1421년 도읍을 북경(北京)으로 옮겼다.

　명나라는 비록 중앙집권제를 실시하였으나 많은 황제들이 아둔하거나 나이가 어려 정사를 볼 수 없었기에 결국 대권이 환관의 손에 들어갔다. 환관들이 횡령과 뇌물수수를 일삼고 정직한 대신들을 박해하였기에 조정이 날로 부패해지고 사회모순이 첨예해졌다. 명나라 중반에는 여러 차례 농민봉기가 일어났으나 모두 진압 당했다.

　명나라시기 유명한 정치가인 장거정(張居正)은 사회모순을 완화하고 명나라 통치를 만구하기 위한 개혁을 단행했다. 그는 관리를 다스리고 농업과 양잠을 권장했으며 물길을 빼고 여러 가지 명목의 가렴잡세와 부역을 한 가지로 통합하여 백성들의 부담을 일정한 정도로 줄였다.

　명나라의 농업은 그 전 왕조에 비해 일부 발전하였다. 비단방직업, 도자기업이 발달하였으며 철 채취, 동 주조, 제지, 조선 등 산업도 크게 발전하였으며 대외경제문화 교류가 발달하였다. 항해가 정화(鄭和)는 선후로 일곱 차례 서양에 갔으며 아시아와 아프리카의 30여 개 나라와 지역에 갔다. 그러나 명나라 중반 이후 중국은 일본과 스페인, 포르투갈, 네덜란드 등 나라의 침공을 받았다.

　명나라 때 상품경제가 발전하여 자본주의 맹아가 나타났다. 명나라 초기에는 주인 없는 황무지가 많았다. 명태조는 이런 곳들에 유랑민들을 모아 놓고 여러 가지 세금을 면제해

주었기에 농민의 수가 대폭 늘어났다. 명나라 때 잎담배, 고구마, 옥수수, 땅콩 등 외국의 농업 신제품이 중국에 들어왔다. 이 시기 중국의 수공업 예하면 도자기제조, 방직 등도 비교적 높은 수준에 도달했다. 특히 비단방직업에서 수십 개의 직포기를 가진 공장주(工場主)가 나타났으며 기술을 장악하고 전문 고용을 받는 '기계공(機工)'이 나타났다. 이는 중국에 자본주의의 미약한 맹아가 나타났다는 것을 뜻한다. 명나라 때 상품종류가 많았고 교환이 활발하였으며 물산이 풍부하고 교통이 편리한 지역에는 크고 작은 상업중심이 생겨났고 북경, 남경(南京), 소주(蘇州), 항주(杭州), 광주(廣州) 등 번화한 도시들이 나타났다.

명나라 때 과거시험은 통상 팔고문(八股文)을 사용했다. 명나라시기에는 장편소설이 많이 창작되었는데《수호전(水滸傳)》,《삼국연의(三國演義)》,《서유기(西遊記)》,《금병매(金瓶梅)》등이 대표적이다. 그 외 지리학의《서하객여행기(徐夏客遊記)》, 의학에서 이시진(李時珍)의《본초강목(本草綱目)》, 농업학에서 서광계(徐光啓)의《농정전서(農政全書)》, 공예학에서 송응성(宋應星)의《천공개물(天工開物)》, 문헌류로는《영락대전(永樂大典)》등 일련의 경전 작품도 나타났다.

명나라 후기 토지집중현상이 심각하여 황실과 번왕들의 장전(庄田)이 각지에 널렸으며 정부의 과세도 날로 많아져 사회모순이 첨예해 졌다. 일부 관리와 사대부들은 사회모순을 완화하기 위해 환관과 귀족의 특권을 줄이기를 바랐다. 학문을 논하고 시사정치를 담론하는 이런 사람들을 '동림당인(東林黨人)'이라 불렀으며 이들은 귀족계층과 환관들의 탄압과 박해를 받았다. 이로 하여 사회는 더욱 불안정해졌다.

농촌의 모순도 날로 심각해졌다. 1627년 섬서(陝西)에 재해가 들었는데 관리들은 여전히 세금을 걷기에 여념이 없었으며 급기야 민란이 일어났다. 수많은 굶주린 백성들이 여러 갈래의 봉기군을 형성하였다. 1644년 봉기군은 북경에까지 진군했고 명나라 숭정(崇禎) 황제는 자결하였다.

10. 청(淸)

청나라(淸)는 1644년부터 1911년까지 존속했다. 황제라 자칭한 누르하치로부터 마지막 황제 부의(溥儀)까지 도합 12명의 황제가 재위했다. 산해관내에 진출한 후부터 계산하면 도합 10명의 황제가 있었으며 268년간 존속하였다.

청나라는 지역판도가 가장 클 때에는 1,200여 만㎢에 이르렀다. 1616년 누르하치가 후금(後金)을 세웠으며 1636년 황태극(皇太極)이 국호를 청으로 바꿨다. 1644년 이자성(李自成)의 농민군이 명나라 통치를 뒤엎었고 명나라 마지막 황제 숭정(崇禎)은 자결하였다. 청나라 군대는 이 기회를 타서 산해관을 지나 중원에 들어왔으며 농민군을 대패시키고 도읍을 북경에 정하였다. 청나라 조정은 선후로 각지 농민봉기군과 청에 대항하는 남명(南明)정권의 무장세력을 진압하고 점차 전국을 통일하였다.

청나라 초기에는 계급모순을 완화하기 위해 개간을 장려하고 과세를 감면하였기에 내지와 변강의 사회와 경제가 모두 발전하였다. 그 후 18세기 중엽, 봉건경제가 새로운 단계에로 발전하였는데 역사상 이를 '강옹건(康雍乾) 성세'라 한다. 이 시기 중앙집권 전제제도가 한층 엄밀해졌고 국력이 강대하였으며 사회질서가 안정되었다. 청의 인구는 18세기 후반에 이미 3억 명 정도에 달했다.

1661년 정성공(鄭成功)이 전함을 이끌고 대만해협을 가로질러 38년간 대만을 차지하고 있던 네덜란드 식민통치자들을 대패시켰다. 다음해 초 네덜란드 식민주의자들이 투항하고 대만이 조국의 품에 돌아왔다.

16세기 후반 차르 러시아가 동으로 확장하였다. 청나라 군대가 산해관에 진입할 때 차르 러시아는 기회를 타 야크싸와 니부추 등지를 강점하였다. 청나라 정부는 수차례나 러시아 침략자들에게 중국 영토에서 물러날 것을 요구하였다. 1685년과 1686년 강희(康熙)황제는 청군에 명령하여 야크싸에 주둔한 러시아군을 두 차례 공격하였다. 이 전투가 있은 후

러시아군은 중국과 러시아 동부의 국경문제를 담판을 통해 해결하는데 동의하였다. 1689 년 중국과 러시아 양측 대표는 니부추에서 담판을 가지고 최초의 국경선 조약인 《니부추 조약》을 정식 체결하였다.

건륭(乾隆) 중엽에는 중갈부 거르단의 분열세력과 회부(回部)의 대화탁(大和卓)과 소화 탁(小和卓)의 반란을 평정하고 신강을 통일하였으며 일련의 정책을 취해 신강지역의 경제 와 문화, 교통을 발전시켰다.

청나라는 도광(道光)황제 이전에 문화 분야에서 큰 성과를 이룩했으며 왕부지(王夫之), 황종의(黃宗義), 고염무(顧炎武), 대진(戴震) 등 걸출한 사상가와 조설근(曹雪芹), 오경재(吳 敬梓), 공상임(孔尙任), 석도(石濤) 등 유명한 문학 예술가들을 배출하였다. 사학에서도 큰 성과를 거두었는데 고증학파의 유명인사들이 많았으며 관에서 편찬한 《사고전서(四庫全 書)》, 《고금도서집성(古今圖書集成)》 등 대형서적들이 선을 보였다. 과학기술에서도 많은 성과를 거두었는데 그중 건축분야의 성과가 대표적이다.

청나라는 경제에서는 여전히 농업을 기본으로 하였으며 문화사상적으로는 봉건예의를 제창하여 수차례나 문자옥(文字獄) 현상이 나타났으며 대외 관계에서는 장기간 폐관자수 하고 맹목적으로 자고자대하였다.

청나라 중반 이후 각종 사회모순이 날로 뚜렷해졌으며 반청투쟁이 여기저기에서 일어 났다. 그중 백련(白蓮)봉기가 청나라의 전성기를 종말 지었다.

1840년 아편전쟁과 그 후 제국주의 열강의 침략으로 청나라 조정은 침략자들과 일련의 불평등조약을 체결하고 땅을 떼어주고 배상을 했으며 항구를 개방하였다. 그로부터 중국 은 점차 반봉건 반식민지 사회로 전락되었다. 청나라 후기 정치가 부패하고 사상이 경직되 였으며 통치자들은 나약하고 자비감에 젖어 있었다. 이때부터 청나라는 쇠락의 길을 걷기 시작하였고 끊임없는 억압 속에서 대중들은 태평천국(太平天國)운동, 염군(捻軍)봉기 등 일련의 반제반봉건 운동을 일으켰다. 몰락의 운명을 만구하기 위해 통치계급의 일부 인사 들이 양무(洋務)운동, 무술(戊戌)변법 등 일련의 개혁을 단행했으나 모두 실패로 끝났다.

1911년 신해혁명이 폭발하고 청 정부가 멸망하였다. 그때로부터 중국은 2000여 년간 지속되어온 봉건군주제도를 결속 짓고 새로운 역사 시기에 들어섰다.

제14장

고전문학

1. 천재작가 소식(蘇軾)

소식(1037~1101)의 자(字)는 자첨(子瞻)이고 호(號)는 동파거사(東坡居士)이며 사천 미산(四川眉山)사람이다. 소식의 아버지는 저명한 고문학자이다. 가문의 문화적인 영향으로 소식은 어려서부터 큰 뜻을 품었다. 벼슬길에 오른 후 그는 악정을 개혁하고 나라를 태평하게 다스리기 위해 최선을 다하였다. 지방관리와 조정의 대신으로 있는 기간 소식은 이로운 것은 늘리고 해로운 것은 제거하였으며 개혁을 주장하였다.

하지만 천성적으로 공명정대한 성품을 가졌던 소식은 직설적으로 조정의 병폐를 폭로하면서 궁정 권력다툼의 희생양으로 되었다. 후반생을 그는 줄곧 정치적인 재난 속에서 보냈다. 43살부터 소식은 여러 차례 유배생활을 했는데 번마다 더 멀리 갔고 여건도 갈수록 열악해졌다. 험난한 인생길을 가면서 소식은 중국의 유가, 불교, 도교 철학을 서로 융합하였다. 불교와 도교사상은 그에게 문제를 관찰하고 고통과 번뇌에서 벗어날 수 있는 방법을 가르쳐 주었다. 동시에 유가사상은 그가 이상을 견지하고 인생과 아름다운 사물을 계속 추구하는 바탕으로 되었다. 이는 소식을 인격과 지조(節操)를 지키게 하였고 가혹한 시련을 이겨낼 수 있게 하였다.

소식은 말과 행동이 일치했으며 기개가 돋보였다. 그의 성격은 활달하고 소탈하였으며 추호의 진부함이 없다. 그의 이런 인격적인 특점은 중국 봉건사회 후기 문인들의 부러움을 샀으며 이른바 '소식범식(蘇軾範式)'을 형성하기도 했는데 중국에서 800년간 유행되었다

재능이 뛰어난 소식은 시(詩)와 사(詞), 문장에서 모두 대가(大家)로 불려졌다. 소식의 시는 내용이 풍부하고 형식이 다양하며 상상이 특이하고 비유가 참신하다. 또한 언어가 생동감 있다. 소식은 사(詞)에서 자신만의 풍격을 이루었다. 그는 문자의 화려함만 추구하지 않고 사에 보다 넓은 사회적인 면과 인생적인 면을 도입했다. 소식의 산문(散文)은 기본기가 튼튼하고 재주가 넘친다. 중국 당(唐), 송(宋) 8대 문학대가 중에서 그의 성과가 가장 크다.

소식의 산문에서 가장 큰 성과는 서사기유산문(敍事紀遊散文)이다. 그의 작품 전, 후《적벽부(赤壁賦)》를 그 예로 들 수 있는데 전편에서는 시원한 바람과 밝은 달, 맑은 강물과 가을 하늘을 묘사했고 후편에서는 높은 산과 작은 달, 수락석출(水落石出, 물이 빠지고 바위가 드러난다는 뜻)의 겨울 경치를 묘사하였다. 비록 문장은 서로 다르지만 모두 시적인 정취와 그림 같은 화면을 그려내 송나라 문장과 부의 모범을 보여주었다.

2. '시성(詩聖)' 두보(杜甫)와 그의 시(詩)

중국 문학사에서 사람들은 흔히 '이(李)와 두(杜)'를 당나라(唐, 기원 618년~기원 907년) 시가의 대표주자로 간주한다. '이(李)'는 바로 세계적인 명성을 떨친 시선(詩仙) 이백(李白)을 지칭하고 '두(杜)'는 시성(詩聖)으로 불리는 두보(杜甫)를 말한다.

기원 712년에 태어난 두보는 유명한 시인 두심언(杜審言)의 손자이다. 청년시절의 두보는 스스로 재능이 있고 포부가 크다고 자부해 19살부터 천하를 유람하면서 '경망스럽고 사치한' 낭만을 즐겼다. 이 시기는 당나라가 한창 번성하던 시기였다. 두보는 수많은 명산대천을 유람하면서 견식을 넓혔다. 이때 그는 '정상에 올라야만 모든 산을 한눈에 굽어볼 수 있다(會當凌絕頂, 一覽衆山下)'란 천고의 명구를 남겼다.

두보 역시 많은 문인들과 마찬가지로 벼슬길에 올라 공명을 이룩하기를 바랐다. 그는 항상 시문으로 권세와 부귀를 취득하기 위해 노력하였고 과거시험에도 여러 번 응시했으나 번번이 낙방하였다. 중년시절의 두보는 당나라 수도 장안에서 빈궁한 생활을 하면서 권력 있는 자들의 사치한 생활과 가난한 사람들의 비참한 생활을 직접 보고는 '돈 많은 호족의 집안에서는 술과 고기가 썩어나는데 길가에는 얼어 죽은 시체가 나뒹군다.'라는 경구를 쓰기도 하였다. 벼슬길에서의 실패와 생활고를 통해 두보는 통치자들의 부패와 백성들의 질고를 잘 알게 되었고 나라와 백성들의 운명을 근심하는 시인으로 되었다.

기원 755년, 43살의 두보는 드디어 관직을 얻었다. 하지만 한 달도 안 돼 당나라에 전란이 발생했고 그 후에도 전란은 계속되었다. 이 시기 두보는 떠돌이 삶을 살면서 현실에 대해 더욱 잘 알게 되었다. 그는 유명한 시가인《석호리(石壕吏)》,《동관리(潼關吏)》,《신안리(新安吏)》,《신혼별(新婚別)》,《수로별(垂老別)》,《무가별(無家別)》을 창작하여 백성들에 대한 깊은 동정과 전쟁에 대한 증오를 표현했다.

기원 759년에 두보는 정치에 크게 실망하고 관직을 사임하였다. 이때 장안에는 큰 가뭄이 들었다. 두보는 더는 살길이 없어 가족을 데리고 중국 서남부의 성도(成都)에 도착했다. 성도에서 그는 친구들의 도움으로 4년간 은거생활을 하였다. 생활고를 겪으면서 두보는 '모옥위추풍소파가(茅屋爲秋風所破歌)'라는 시를 써 집안의 초라한 처지를 묘사하였다. 그는 자신의 체험을 통하여 역지사지(易地思之)하면서 천하에 수많은 집이 생겨 가난한 사람들의 고통을 해결해주고 심지어 개인의 희생으로 굶주림에서 허덕이는 사람들에게 기쁨을 주기를 갈망하였다. 진실감으로 충만한 이런 시편들은 시인의 고매한 품성을 잘 구현하였다.

기원 770년 두보는 가난과 질병으로 망명길에서 59년의 생을 마감하였다. 두보는 후세에 1,400여 수의 시를 남겼다. 그의 시는 당나라의 전란으로부터 번성기, 쇠퇴까지의 20여 년간의 사회 전 모습을 생동하게 그려냈다. 그의 시는 서사시와 같이 웅장하고 기세가 드높다. 두보의 시는 장르가 다양할 뿐만 아니라 많은 사람들의 장점을 모아 서사, 기행, 서정, 의론의 수법을 모두 활용해 내용적으로 풍부하고 깊이가 있으며 감정이 풍부하다. 예술적으로는 고전시가를 집대성한 기초에서 혁신과 발전을 더해 시가의 영역을 넓혔으며 후세에 지대한 영향을 미쳤다.

3. '시선(詩仙)' 이백(李白)과 그의 시(詩)

이백(李白, 기원 701년~기원 762년)은 중국 당나라(唐) 때의 저명한 시인이다. 이백의 비범한 자부심과 오만하고 독립적인 인격, 호방하고 소탈한 성격, 자유롭게 창조하는 낭만적인 기질은 중국 당나라 지식인들의 시대적인 성격과 정신적인 풍모를 그대로 보여주고 있다.

이백의 본적(祖籍)은 지금의 감숙(甘肅)이다. 그의 가문과 출생지는 아직까지 정확히 알려지지 않고 있다. 그는 견식이 넓고 박식했으며 총명이 과인했다. 이로 하여 그는 시가창작에서 걸출한 성과를 거두었다. 당시는 인쇄업과 교통이 극히 발달하지 못했음에도 문인들 사이의 작품의 상호 증정과 교류를 통하여 이백은 젊은 나이에 벌써부터 그 명성을 널리 떨쳤다.

공부하고 과거시험을 통해 벼슬길에 오르는 것은 중국 고대지식인들의 일관된 추구였다. 나이 젊은 이백도 출세하기 위하여 수도 장안(長安)을 찾았다. 그때 그의 시는 이미 유명했고 명사들의 추천까지 받아 천봉원년(天寶元年, 기원 742년) 황궁에 입궁해 한림(翰林)이 되었다.

이백은 천성적으로 성격이 도도했다. 그는 당시 관료들의 부패한 현상에 더없는 불만을 품었으며 황제의 임용을 받아 자신의 정치적인 능력을 과시하기를 바랐다. 하지만 황제는 이백을 어용시인 정도로만 간주했을 따름이다. 그런데다가 궁정의 권력자가 이백을 헐뜯어 황제는 더는 그를 신임하지 않았다. 이백은 조정(朝廷)에 대한 실망을 안고 수도 장안을 떠나 또다시 각지를 떠돌면서 시와 술로 세월을 보내는 방랑자의 생활을 하게 되었다.

이백은 인생의 대부분 시간을 유람하면서 보냈다. 유람 기간 그는 자연경치를 묘사한 많은 시를 썼다. 그가 쓴 《촉도난(蜀道難)》 중의 '촉도지난, 난우상청천(蜀道之難, 難于上靑天, 촉으로 가는 길은 험해, 하늘에 오르기보다 더 힘드네)', 《장진주(將進酒)》 중의 '군불견황하지수천상래, 분류도불복회(君不見黃河之水天上來, 奔流到不復回, 하늘에서 내린 황하의 물, 바다에 흘

러들어 다시는 되돌아오지 못한다)',《여산폭포를 바라보며(望廬山瀑布)》중의 '비류직하삼천
척, 의시은하낙구천(飛流直下三千尺, 疑是銀河落九天, 나는 듯 쏟아지는 삼천 척 물줄기, 마치 은
하수가 구천에서 떨어지는 듯하구나)' 등 시구는 과장된 수법과 생동한 비유로 천고에 길이
빛나는 명구로 남아있다.

   현재까지 전해진 이백의 시는 900여 수, 산문은 60여 편이나 된다. 그의 시는 기묘한 상
상과 웅장한 기세로 사람들을 매료한다. 이백의 시는 후세에 깊은 영향을 남겼으며 후세
사람들은 이백을 시선(詩仙)'이라 불렀다.

4. 당나라의 시가

당나라(唐)는 중국역사에서 중요한 조대로 손꼽히고 있다. 이 시기에는 경제가 번성하고 사회가 안정되었으며 문화예술에서 빛나는 업적을 이룩하였다. 특히 중국 고전시가는 이 때가 전성기였다. 시가창작은 당나라 때 이미 사회문화 활동의 주요한 내용의 하나로 되었으며 조정의 과거시험도 문장을 쓰던 데로부터 시가로 바뀌었다. 전해 내려오는 문학고서인 《전당시(全唐詩)》에는 2천 3백여 명의 시인들이 쓴 5만여 수의 시가가 수록되어 있다.

당나라 시가의 발전은 일반적으로 당나라 초기인 초당(初唐), 당나라 전성기인 성당(盛唐), 당나라 중기인 중당(中唐), 당나라 말기인 만당(晚唐) 4개 단계로 나눈다.

당나라 초기(기원 618년~기원 712년)의 초당4걸(初糖四杰)로 불리는 왕발(王勃), 양형(楊炯), 노조린(盧照隣), 낙빈왕(駱賓王)은 시가의 성율화(聲律化) 과정을 완성하고 중국시가의 율시형식에 기초를 다져놓았다. 이때로부터 당나라 시가는 자체의 특점을 가지게 되었다. 그들의 노력으로 시가의 소재도 궁정의 사치에서 사회대중 생활로 바뀌었고 나약하고 쇠퇴함을 보이던 시풍도 명쾌하고 청신하게 전환되었다. 이 시기 가장 걸출한 시인은 진자앙(陳子昻)이다. 그는 현실생활을 반영하는 시가의 우수한 전통을 회복할 것을 주장하였다. 진자앙의 시가는 힘 있고 소박하며 당나라 시가의 발전을 위해 길을 열어주었다.

기원 712년부터 762년까지는 성당시기이며 시가의 번영기이다. 이 시기는 시가가 가장 번영하고 성과가 컸던 시기로 시가의 제재가 풍부하고 풍격이 각이하다. 자연을 노래하는 사람이 있는가 하면 변경을 배경으로 하는 변경시(邊塞詩)를 좋아하는 사람이 있었고 영웅을 노래하는 사람이 있는가 하면 실망적인 탄식을 서술하는 사람도 있었다. 수많은 시인들은 낭만적인 분위기 속에서 자유로운 창작활동을 하면서 후세를 탄복케 한 '성당기상(盛唐氣象)'을 창조하였다.

이 시기 저명한 시인들로는 이백(李白), 두보(杜甫), 왕유(王維), 맹호연(孟浩然), 고적(高

適), 잠참(岑參) 등이 있다. 잠참은 변경을 묘사한 시를 잘 쓰고 고적의 시가는 서민들의 고통을 잘 반영하였다. 그중 진정으로 성당시단을 대표할 수 있는 대시인은 시선(詩仙) 이백과 시성(詩聖) 두보이다. 그들의 시가는 중국 후세의 시가창작에 깊은 영향을 미쳤다.

당나라 중기(中唐, 기원 762~기원 827년) 두각을 나타낸 시인들 중에는 백거이(白居易), 원진(元稹), 이하(李賀) 등이 있다. 백거이는 풍자와 비유에서 뛰어난 기질을 보였다. 그의 시가는 가렴주구를 풍자하고 무력사용과 전쟁을 반대하며 명문권세가들을 비난하는 특징이 있다.

기원 827년부터 기원 859년까지는 당나라 말기인 만당(晚糖) 시기이다. 이 시기 시인 이상은(李商隱)과 두목(杜牧)이 크게 활약했다. 두목의 시가는 청신하고 날카롭다. 이러한 특점은 시가에서 정치적 포부와 격정을 구현하는데 아주 적합했다. 이상은은 섬세한 구성과 화려한 언어, 우울한 풍격으로 벼슬길에서 겪은 어려움을 보여주고 있다. 그의 시가는 늘 슬픈 정서를 동반하고 있다.

5. 전원(田園)시인
   도연명(陶淵明)과 그의 시

도연명은 도잠(陶潛)이라 부르기도 한다. 그는 기원 4세기 동진(東晉) 시기에 생활했다. 중국 전원시의 개척자로서 한평생 안빈낙도하고 자연을 숭상하였다. 고결하고 소박하며 솔직한 성격은 중국 역대 문인들의 찬미와 숭배를 받았다.

소년시기 도연명은 벼슬에 뜻을 두었고 공명을 이루기를 바랐다.

하지만 동진시기는 동란의 년대로 왕족 간의 분쟁이 끊이지 않았고 조정이 부패하였다. 천성이 순박한 도연명은 29살에 처음으로 벼슬자리에 올랐지만 얼마 지나지 않아 관리들의 부패와 암흑상에 참을 수 없어 관직에서 물러나 낙향하였다. 그 후 도연명은 생활고 때문에 여러 번 말단 벼슬을 하였으나 번마다 오래가지 못하였다.

41살 되던 해에 그는 다시 관청에서 일자리를 찾아 팽택현(彭澤縣)의 현령으로 되었다. 도연명은 공명과 부귀를 멸시하고 권세 있는 자에게 아부할 줄 몰라 현령을 맡은 지 80여 일 만에 또다시 사직하고 말았다. 이때로부터 도연명은 벼슬생활을 영원히 멀리하고 농사를 지으면서 생계를 유지하는 은거생활을 하였다.

도연명의 전원생활은 매우 가난하였다. 도연명은 '여름에는 굶주린 창자를 달래고 겨울에는 이불 없이 잠잔다.'라는 시구로 자신의 극빈한 처지를 묘사하였다. 하지만 도연명의 정신생활은 아주 여유로웠다. 이 시기는 바로 그의 창작에서 전성기였으며 대량의 전원시를 창작하였다. 그는 처음으로 농촌생활과 전원경치를 중요한 소재로 활용하였다. 그의 시에서 전원생활은 고도로 순결하고 아름답게 묘사되었으며 고통스러운 현실세계에서 정신적인 은신처로 부각되었다.

도연명은 만년에 저명한 산문인《도화원기(桃花源記并詩)》를 창작하였는데 이 작품에서 이상향 사회를 그려냈다. 《도화원기》가 서술하는 내용은 이러하다. 한 어부가 도원에 우연히 찾아들어 갔는데 거기에는 전란을 피해 은거생활을 하는 사람들이 있었다. 그들은 세세대대로 이 도원을 떠나지 않았다. 이들은 바깥세상을 잘 몰랐고 순진하고 소박했으며 근면하게 일하면서 근심걱정 없는 평화로운 생활을 영위하였다. 《도화원기》는 아름다운 상상을 서술한 작품이다. 《도화원기》는 당시 동란의 사회에서 생활하는 백성들이 소망하는 태평성대를 그려냈다.

도연명이 남긴 작품은 백여 수의 시와 10여 편의 산문밖에 없지만 중국 문학사에서 차지하는 지위는 아주 높다. 당시 도연명이 생활했던 동진(東晉)시기는 문학에서 형식주의가 판을 치면서 미사여구만 추구하는 경향이 많았지만 도연명은 전원시라는 참신한 방식을 창조해 문단에 새로운 기상을 형성했다. 도연명의 시는 중국 전통시가의 고풍스럽고 소박한 이미지를 계승했으며 생기로 넘치고 있다. 그의 작품은 언어가 소박하고 신선하며 유창하다. 도연명은 고풍스러운 시가 도달할 수 있는 최고의 경지를 보여준 이정표적인 인물이다.

6. 굴원(屈原)과 그의 시가

　굴원(屈原)은 수천 년간 중국인들의 사랑과 존경을 가장 많이 받아 온 시인이다. 굴원은 전국시기(기원전 475~221년)에 생활했다.

　굴원은 초나라의 귀족으로 관청의 고위직을 맡고 있었다. 학식 있고 외교에 능한 그는 일찍 초나라 국왕의 총애와 신임을 받았다. 그는 조국에 대한 무한한 사랑을 안고 자신의 재능을 다바쳐 초나라 왕을 도와 초나라의 정치가 개명하고 국력이 강성하기를 바랐다. 이와 같은 신념을 품고 굴원은 인생을 마감할 때까지 조국을 떠난 적이 없다. 하지만 유감스러운 것은 내정과 외교적인 면에서 굴원과 초나라 집권자들 간에는 첨예한 갈등이 생겼고 이로 하여 굴원은 권력자들로부터 모함을 받았다. 초나라 국왕은 굴원을 멀리하였다. 이때로부터 초나라의 대국의 지위와 강한 국력도 점점 쇠락하기 시작하였다. 기원전 278년 진나라(秦) 군대가 초나라의 도읍지인 영도(郢都)를 점령하였다. 망국의 한을 품고 굴원은 비분을 못 이겨 멱라강에 투신자살하였다.

　굴원은 후세에 불후의 유산을 남겼다. 첫 독립적인 창작시인으로서 그가 창작한 대표작 《이소(離騷)》는 중국 고대문학사에서 가장 긴 편폭의 낭만주의 정치서사시이다. 《이소》는 중국의 첫 시가총서인 《시경》의 표현방식을 벗어나 시가의 표현력을 크게 풍부히 했으며 중국 고대 시가창작에 새로운 세계를 열어주었다. 때문에 후세 사람들은 '초사(楚辭)'와 '시경(詩經)'을 '풍(風), 소(騷)'라고 비견해 부르고 있다. '풍(風), 소(騷)'는 중국 시가사상 현실주의와 낭만주의의 2대 전통의 원천이다.

　대표작인 《이소》를 제외하고도 굴원의 《천문(天問)》은 고금에 보기 드문 독특한 시이다. 그는 172개의 문제를 의문문의 형식으로 표현했는데 천문과 지리, 문학, 철학 등 분야와 관련된다. 이밖에 《구가(九歌)》는 민간제가(祭歌)에 기초하여 다듬어진 한조의 제사음악(祭神樂歌)인데 신의 이미지를 크게 강조하고 인격신에 대한 연가를 보여주었다.

7. 최초의 시가총서《시경(詩經)》

　기원전 7세기 중국 최초 시가총서인《시경(詩經)》이 탄생하였다.《시경(詩經)》에는 역사시(史詩), 풍자시(諷刺詩), 서사시(敍事詩), 연가(戀歌), 전투가(戰歌), 송가(頌歌), 절령가(節令歌) 및 노동가요(勞動歌謠)까지 구전하게 수록돼 있다. 시경은 한 사람이 아니라 여러 사람이 창작한 것이며 고대 그리스의 저명한《호메로스서사시》보다 수백 년을 앞섰다.

　《시경》은 중국 역사상 첫 시가총서이다. 서주(西周) 초기부터(기원전 11세기) 춘추(春秋) 중반까지(기원전 7세기)의 약 5백여 년 동안의 시가 305편이 수록됐다.《시경》은 풍(風), 아(雅), 송(頌) 3개 부분으로 나뉜다. '풍'은 15개 제후국의 160수의 민간가곡을 지칭하며 '아'는 주나라 도읍지 부근의 105수의 낙가(樂歌)를 말한다. '송'은 국왕이 종묘제례에서 사용하는 악장(樂章)인데 주로 조상의 위대한 공적과 귀신들의 거대한 위령을 칭송한다. 여기에는 제가(祭歌), 찬미시(贊美詩) 등 40편이 망라된다.

　형식적인 측면에서《시경》은 주로 사언율시 방식을 사용했고 간혹 2언(二言)이나 3언, 5언, 6언, 7언, 8언의 형식으로 된 것도 있다. 이와 동시에 첩자(疊字), 쌍성(雙聲), 첩운어(疊韻語)를 사용해 문학작품에 유연성과 다양성을 더해주었고 읽을 때에도 고저장단이 잘 맞아 강한 음악성을 돋보이게 하였다.

　내용적인 측면에서 '풍'은《시경》의 알맹이다. 이런 시가들은 민간에서 왔기 때문에 다듬어지지 않았고 꾸밈이 없으며 주나라 민가의 아름다움과 다채로움을 그대로 보여주고 있다. '풍'에 담겨진 작품은 일반인들의 진실한 생활을 보여주었다. 예하면 아름다운 사랑을 동경하고 추구하는 청년남녀의 심정을 보여주는《관저(關雎)》와《출기동문(出其東門)》그리고 노동하지 않고도 취득하는 노예주들에 질문하는《벌담(伐檀)》과《석서(碩鼠)》, 전쟁과 관련된《양지수(揚之水)》와《군자우역(君子于役)》 등이다.

　《시경》의 창작자 신분은 매우 다양하다. 만일 시문중의 저술자의 신분을 작자의 신분으

《詩經》 The Book of Songs

로 인정한다면 시의 작자에는 일반인과 병사, 그리고 많은 '사(士)'와 '군자(君子)' 계층의 인물들이 포함된다. '사'는 당시 귀족들 중에서 제일 낮은 급별이며 '군자'는 귀족에 대한 통칭이다.

이밖에 신분을 확인할 수 없는 많은 인물들도 있다.

《시경》에 들어있는 작품의 원래 용도는 세 가지이다. 하나는 여러 가지 경축의식에서 예의의 일부분으로 사람들이 읊도록 하는 것이며 둘째는 오락, 셋째는 사회와 정치문제에 대한 작자의 견해이다.

《시경》은 중국문학의 눈부신 시작이며 중국문학이 아주 일찍 발달했음을 보여주는 표징이기도 하다. 《시경》에는 중국의 오랜 역사시대의 사회생활과 관련된 다양한 분야의 내용이 들어있다. 노동과 사랑, 전쟁과 부역, 억압과 반항, 풍속과 혼인, 제사와 연회 심지어 천문현상과 지모, 동물, 식물 등을 포함해 그 분야가 광범하다. 《시경》의 언어는 기원전 11세기부터 기원전 6세기까지의 한어발전과정을 연구하는데 있어서 가장 중요한 자료로 되고 있다.

8. 중국고전희곡문학(中國古典戲曲文學)

1] 희극학자(戲劇學家) 이어(李漁)

이어는 1610년 중국 명나라(明) 때 태어났으며 그가 30살이 되던 해에 명나라가 멸망하였다. 중국의 마지막 봉건왕조인 청나라(淸)가 무력으로 명나라를 정복하면서 사회는 심각한 동란을 겪었으며 이런 상황은 수십 년간 계속되었다. 이어는 바로 이런 동란의 사회에서 생활하다 1680년에 생을 마감했다.

이어의 인생에서 가장 큰 성과는 희극창작과 희극이론이다. 현존하고 있는 이어의 희극작품으로는 《가자미(比目魚)》, 《황구봉(凰求鳳)》, 《옥비녀(玉搔頭)》, 《련향반(憐香伴)》 등을 포함하여 10부가 있다. 이런 극본들은 대체로 남녀의 사랑이야기를 썼으며 대부분 현실생활을 소재로 하고 있다. 이어의 연극은 당시 사회적으로 큰 호평을 받았으며 중국과 밀접히 내왕한 일본을 포함해 동남아 나라에까지 전해졌다. 지금까지도 중국전통희극에서 그가 창작한 극목이 공연되고 있다.

이어는 대량의 극본을 창작하였을 뿐만 아니라 극단을 창단해 자신이 쓴 극을 공연하기도 하였다. 공연에서 그는 대부분 연출을 담당하고 간혹 배우로 출연하기도 하였다. 그가 찾아다닌 지역만 중국 남북의 10여 개 성에 달했고 20여 년간 대중공연을 견지하였다. 장기간의 희극실천을 통하여 이어는 풍부한 경험을 쌓았다.

2) 저명한 희극가 관한경(關漢卿)

중국 원나라(元) 때의 희극작가 관한경은 중국 문학사와 희극사(戲劇史)에서 가장 위대한 작가 중의 한 명으로 꼽히고 있다. 그가 창작한 비극《두아의 억울함(竇娥寃)》은 700년간 공연되면서 그 인기가 식을 줄을 모르고 여러 가지 언어로 번역되어 지금까지 세계 각지에서 명성을 떨치고 있다.

관한경은 기원 13세기 원나라에서 생활했다. 그는 지혜롭고 유머감각이 뛰어났으며 풍류가 넘치고 소탈했으며 거기에 박식하고 재주가 뛰어났다. 그는 시와 통소, 춤, 장기, 사냥 등 여러 가지 재능을 한몸에 지녔다. 당시 원나라에서는 한창 '잡극(雜劇)'이라고 불리는 희극(戲劇)이 유행되었다. 잡극은 내용적인 면에서 민간설창이야기를 풍부히 하였으며 사회현실을 널리 반영해 고관대작에서 일반백성에 이르기까지 모두 좋아하는 극 종목으로 되었다. 관한경이 쓴 잡극은 귀족들의 소일거리로서의 극이 아니라 백성들의 고통을 하소연한 극이었다.

관한경은 사회 최하층에서 살고 있는 백성들을 동정해 관직을 버리고 그들 생활 속에 들어가 그들의 처지를 이해한 후 원나라 잡극이라는 예술형식을 빌어 암흑한 현실을 폭로하고 사회에 대한 자신의 이상을 기탁하였다. 저명한 비극《두아의 억울함》이 바로 그의 결출한 대표작이다.

잡극《두아의 억울함》은 젊은 여성 두아의 비참한 처지를 묘사하였다. 지난 수백 년간 이 극은 줄곧 사람들의 사랑을 받아 왔으며 중국 10대 고전비극의 하나로 평가되면서 여러 가지 문자로 번역되어 세계적인 명성을 떨쳤다.

관한경은 일생동안 67부의 잡극을 썼는데 지금까지 보존된 것은 18부이다. 관한경의 희극창작은 중국 희극사와 문학사에서 중요한 지위를 차지하며 그는 '원나라 잡극의 창시자(鼻祖)'로 이름 높다. 관한경은 세계 문학사에서도 높은 명성을 떨치고 있으며 '동방의 세익스피어'로 불리고 있다.

9. 중국고전소설

1) 포송령(蒲松齡)과 그의 작품 《요재지이(聊齋志異)》

18세기 초 중국에는 아주 유명한 단편소설집인 《요재지이》가 창작되었다. 작자 포송령 (蒲松齡)은 독특한 필법으로 여우에 관힌 많은 괴상힌 이야기를 썼다.

포송령(1640~1715년)은 중국 청나라(淸) 때의 문학가이다. 상인가문에서 태어난 그는 한평생 학생을 가르치는 일을 업으로 삼았다. 포송령은 일생동안 많은 문학작품을 창작하 였는데 단편소설집《요재지이》는 그의 대표작이다.

《요재지이》는 431편으로 되어있는데 그중 짧은 문장은 2~3백자, 긴 문장은 수천 자나 된다. 이런 이야기들은 여우와 귀신을 등장시키는 독특한 수법으로 봉건예교의 속박과 과 거제도의 부패를 규탄하고 개성의 자유를 주장하였다. 작품집에서 사랑을 묘사한 작품이 독자들의 사랑을 제일 많이 받았다. 이런 사랑이야기는 대부분 사람과 여우, 귀신 간의 이 야기로서 봉건예교의 속박에서 벗어나려는 청년남녀들의 소망을 보여주고 있다.

포송령은 《요재지이》에서 많은 명의상의 '여우'를 여성 이미지로 묘사하였으며 그들의 이미지에 인간이 갖추지 못한 뛰어한 성품을 기탁하였다.

《요재지이》는 중국 문학사의 불후의 작품이다. 2백여 년간 20여 가지 언어로 번역되어 세계각지에서 전해지고 있다. 그중 적지 않은 이야기는 이미 영화와 드라마로 개편되어 사 람들의 사랑을 받고 있다.

21 《서유기(西遊記)》

《서유기(西遊記)》는 중국 고대 역사상 가장 성공적인 신화소설이다. 소설은 기원 7세기 중국의 저명한 불교대사 당승(唐僧, 현장법사 玄奘法師)이 인도에 가서 경문을 구하는 이야기를 원형으로 하여 창작되었다. 당승과 그의 세 제자가 경문을 구하러 가는 과정에 겪는 여러 가지 간난신고를 허구의 수법으로 표현하였으며 권세 앞에 굴하지 않고 모든 악 세력과 결사전을 벌이는 '손오공(孫悟空)'의 이미지를 성공적으로 부각하는 것으로 현실생활에 대한 작자의 소망을 은유적으로 표현하였다.

작자 오승은(吳承恩)은 강소 회안(江蘇淮安) 출신이다. 그는 어려서부터 총명했고 많은 취미를 갖고 있었다. 그는 회화와 서예에 능했으며 글짓기와 작곡에 흥미가 있었다. 또 바둑을 잘 두었고 명인들의 서화를 소장하기를 즐겼다. 어린 시절에 벌써 그는 출중한 글재주로 고향에서 이름을 날렸으며 사람들의 사랑을 받았다. 하지만 그의 벼슬길은 순탄치 않았다. 그는 번마다 과거시험에서 낙방하였다. 그의 처지는 매우 어려웠고 생활도 극빈했다. 이런 조우를 통해 그는 봉건관료사회의 부패와 사회세태에 대한 인식을 깊이 했으며 이는 그의 마음속 깊은 곳에 불평과 반항의 씨앗을 심어 주었다. 그는 자신의 불평과 분노, 아름다운 소망을 모두 소설 《서유기》에 쏟아 부었다. 50살 전후에 그는 《서유기》의 이야기 중 전반부 10여 편을 썼으며 그 후 사정 때문에 여러 해 동안 창작을 중단했다가 만년에 관직을 사임하고 낙향한 후 소설 《서유기》의 창작을 완성하였다.

《서유기》는 전부 이야기의 형식으로 되어있다. 모든 이야기는 독립적인 이야기가 될 수도 있고 전후가 연결이 될 수도 있다. 이야기에는 여러 가지 신선과 요괴가 등장하는데 각기 정의와 사악을 대표한다. 작자는 전반소설에 걸쳐 기이하고 다양한 신화세계를 보여주었다. 오승은이 부각한 영웅 손오공은 불합리한 현상, 인물들을 원수처럼 증오하고 신통력이 있어 그 어떤 흉악하고 잔인한 악마일지라도 그의 신비한 무기인 '여의봉(金箍棒)' 앞에서는 위풍을 상실하거나 순식간에 절명하거나 속수무책이 되고 만다. 이러한 묘사는 사회의 추악한 현상과 추악한 세력을 제거하려는 오승은의 강한 소망을 잘 보여주고 있다.

오승은의 《서유기》는 후세에 큰 영향을 미쳤다. 수백 년간 《서유기》는 줄곧 아동문학작품과 영화, 드라마, 연극 작품의 원천으로 되고 있다.

3) 《삼국연의(三國演義)》

중국에서 고전문학명작인《삼국연의(三國演義)》라고 하면 모르는 사람이 거의 없다. 몇 세기에 걸쳐《삼국연의》가 보여준 방대한 전쟁장면과 생동한 인물형상, 지혜와 용기, 재미있는 이야기는 줄곧 중국인들의 사랑을 받아 왔으며 많은 학자들이 장기간에 걸쳐 연구하는 과제이기도 하다.

이 책의 작가 나관중(羅貫中)은 14세기에 생활했다. 학자가문에서 자란 나관중은 어려서부터 책 읽기를 즐기면서 역사를 깊이 알게 되었다. 이는 향후 그의 문학창작에 좋은 기초를 마련해주었다.

《삼국연의(三國演義)》에는 기원 184년부터 280년까지 약 백 년간의 복잡하고 긴 역사이야기가 담겨있다. 나관중은 3국의 역사와 잡록(雜記), 예전부터 전해오는 일화, 야사소설, 민간전설을 수집하여 자신의 정치포부와 농민봉기군에 가담했을 때 겪은 전쟁생활 경험과 결부해 위(魏), 촉(蜀), 오(吳) 3국 간의 정치와 군사대결 역사를 생동하게 재현하였다.

《삼국연의(三國演義)》의 예술적 성과는 다방면적이다. 작자는 서술을 통해 사람들의 심금을 울리는 군사 및 정치투쟁을 묘사하였고 여러 가지 예술적 수법을 활용해 많은 참신한 인물형상을 부각했다. 전반 작품에는 400여 명의 인물이 등장하는데 그중 작자가 알심 들여 묘사한 개성적인 인물만 수십 명이나 된다. 권모술수를 잘 쓰며 음험하고 의심 많은 위(魏) 왕 조조(曹操), 지혜롭고 계략이 뛰어난 촉나라(蜀)의 군사 제갈량(諸葛亮), 용맹하면서도 호방하고 세심한 촉나라 대장 장비(張飛), 지혜롭고 승벽심이 강하며 마음이 좁은 오나라(吳) 원수 주유(周瑜) 등은 많은 사람들이 익숙히 알고 있는 대표적인 인물이다.

나관중이 쓴《삼국연의》는 중요한 문학가치가 높을 뿐만 아니라 당시 사회의 여러 분야를 모두 묘사한 봉건사회 백과전서식의 작품이기도 하다. 중국에서 갈수록 많은 전문가와 학자들이 이 거작을 연구하고 있다. 학자와 전문가들은 역사학과 인재학, 심리학, 관계학, 모략학, 관리학, 군사학, 예술학, 윤리학 등 여러 측면에서 그 문화적인 가치와 현실적 의의를 탐구하고 있다.

《삼국연의》는 세계 많은 나라 독자들의 사랑을 받고 있다.《삼국연의》이미 여러 나라 언어로 번역되어 전 세계에서 널리 알려지고 있으며 동시에 '진정으로 대중성을 풍부히 한 걸작'으로 불리고 있다.

4)《홍루몽(紅樓夢)》

18세기 중엽은 청나라(淸朝) 건륭(乾隆)제가 최전성기를 일군 때였다. 당시 중국 문단에는 봉건사회 종말이 곧 도래할 것이고 이에 미리 슬픔을 표한다는 아주 민감한 내용을 다룬 장편소설이 나타났는데 바로 조설근(曹雪芹)이 쓴《홍루몽》이다.

《홍루몽》은 중국 고전소설 중의 불후의 걸작이다. 조설근이 이같이 걸출한 작품을 쓸 수 있었던 것은 물론 그의 천부적인 재능과 개인적 수양과도 관계되지만 중요한 것은 그가 어린 시절 부유하고 고귀한 집안 생활과 가난이 절정에 달했던 생활을 모두 경험했기 때문이다. 조부가 일찍 강희(康熙)황제의 신임을 받으면서 조설근은 유년시절을 매우 유족한 환경에서 보냈다. 그 후 조씨 가문에는 큰 변화가 생겼다. 조부가 관직을 삭탈당하고 가산을 몰수당했으며 남방에서 북경으로 옮겨와 살게 되었다. 청년시절의 조설근은 인간사회의 복잡함과 비정한 사회세태를 모두 겪었다. 만년에 조설근은 북경서쪽 교외에 은거해 생활하면서 극도로 열악한 환경에서 80회에 달하는《홍루몽》을 써냈다. 소설 창작을 채 끝내지 못한 채 그는 몸져누웠다가 갑자기 세상을 떠났다.

《홍루몽》을 일명《석두기(石頭記)》라고도 부른다. 조설근이 창작을 끝내기 전에 벌써 그의 친필 원고가 나돌기 시작했는데 그가 세상을 뜬 후 고악(高鶚)이라는 문인이 작가의 원래 뜻을 유추해 그 뒤의 40회를 창작해《홍루몽》을 완성하였다.

《홍루몽》은 백과전서식 소설이다. 책에 등장하는 인물들로는 황제의 친척이나 외척이 있는가 하면 귀족관료도 있고 시녀와 시동, 승려와 상인, 농민 등 당시 중국사회의 모든 계층이 망라되었다. 소설이 묘사한 범위 역시 넓다. 상류사회의 예의교제로부터 희사와 상사 때의 내왕, 일반백성들이 종사하는 건축이나 제조, 나무와 화초재배, 의학과 점치기, 연예 설창 등 관련되지 않는 분야가 거의 없으며 청나라의 사회생활의 모든 면을 포괄했다고 할 수 있다.

《홍루몽》중의 인물형상들은 아주 성공적으로 부각되었다.《홍루몽》에 등장하는 캐릭터는 700명을 넘는데 그중 대표적인 인물만 해도 백 명이 넘는다.

《홍루몽》의 언어와 구성, 인물묘사는 모두 중국고전소설의 절정을 보여준다.

10. 서사시

1) 《게사르왕전(格薩爾王傳)》

《게사르왕전(格薩爾王傳)》은 세계적으로 명성을 날리고 있는 대 서사시이다. 지금까지 백여 명의 민간예술인들이 중국의 티베트(西藏)와 내몽골(內蒙古), 청해(靑海) 등 지역에서 영웅 게사르왕의 위대한 공적을 전하고 있다.

《게사르왕전》은 기원전 2, 3백 년으로부터 기원 6세기 사이에 생겨난 것으로 추정된다. 거의 천 년이라는 기나긴 세월 동안 민간예술인들이 귀로 듣고 입으로 전하면서 그 이야기와 언어를 끊임없이 풍부히 하였다. 12세기 초엽에 와서 《게사르왕전》은 날로 성숙되고 보완되어 티베트족 지역에서 널리 유행되었다.

《게사르왕전》은 이런 이야기를 담고 있다. 아득히 먼 옛날 천재지변과 인위적인 재난이 티베트지역을 휩쓸었고 마귀와 요괴들이 날뛰면서 백성들에게 커다란 피해를 입혔다. 대자대비(大慈大悲)한 관세음보살은 도탄에 처한 중생을 제도하기 위하여 아미타불에게 천신의 아들을 인간 세상에 보내주기를 청했다. 그는 천신의 아들 퇴바거와(推巴噶瓦)가 티베트지역에서 검은 머리의 티베트인들의 제왕인 게사르왕으로 되기를 바랐다. 게사르왕이 귀신과 요괴를 쫓아내고 백성들에게 행복을 마련해주는 신성한 사명을 완성할 수 있도록 도와주기 위하여 서사시의 작자들은 그에게 특수한 성품과 비범한 재능을 부여하여 그를 신(神)과 용(龍), 염(티베트족의 원시종교의 한 가지인 여신 厲神)을 모두 겸비한 삼자합일의 영웅으로 받들었다.

게사르는 인간 세상에 내려온 후 여러 번에 걸쳐 모함을 받았으나 자체의 힘과 천신의 보호로 살아남았을 뿐만 아니라 인간을 해치는 악마와 귀신을 처단하였다. 게사르는 탄생한 날부터 백성들을 위해 악귀들을 제거하였다. 5살 되던 해에 게사르는 어머니를 따라 황하 기슭으로 이사를 하였다. 12살 때 부락의 경마시합에서 우승을 차지하면서 왕위를 차지했다. 이때로부터 게사르는 남북을 전전하면서 위용을 떨치기 시작하였다. 인간세상의 요괴를 굴복시킨 후 게사르는 모든 일을 원만히 마치고 어머니, 왕비와 함께 하늘로 돌아간다. 웅장한 서사시 《게사르왕전》도 여기서 막을 내린다.

《게사르왕전》은 방대한 규모의 서사시이다. 지금까지 수집 정리한 자료로 보면 서사시는 120여 부, 100여만 행(行)에 총 2,000여 만 자에 달한다. 이는 세계적으로 제일 긴 서사시이다. 수적인 측면에서 세계적으로 가장 유명한 5대 서사시인 고대 바빌로니아의 서사시 '길가메시(Gilgamesh)'와 그리스 서사시 '일리아드(Iliad)'와 '오디세이(Odyssei)', 인도의 서사시 '라마야나(Rāmāyaṇa)'와 '마하바라타(Mahābhārata)'를 모두 합친 것보다 더 방대하다.

진귀한 문화유산인 《게사르왕전》의 정리, 번역, 출판은 중국 정부의 높은 중시를 받아 왔다. 2002년에 중국에서는 《게사르왕전》 천년기념행사를 성대하게 치렀다. 현재 중국의 10여 개 대학과 학술기구들에는 이 서사시 연구에 종사하는 학자와 전문가들이 있다.

2) 《쟝거르(江格爾)》

두 살 때 고아로 되고 세 살 때부터는 남북을 넘나들며 악 세력과 싸웠고 7살에는 이미 세인들이 다 아는 영웅으로 되었다. 이는 중국서사시 《쟝거르》에 기록된 내용이다.

《쟝거르》는 15세기부터 17세기 상반기까지의 기간 당시 몽골족 '오이라트(衛拉特)' 지역에서 형성되었다. '오이라트'는 고대 몽골족의 한 부락의 이름이며 '산림부락'이라는 뜻이다. 주요하게 중국 신강 알타이 산 일대에서 생활했다.

서사시의 주인공인 쟝거르가 두 살 되던 해에 흉악하고 난폭한 망구스(莽古斯)는 쟝거르의 고향을 강점하고 쟝거르의 부모를 살해하였으며 이때로부터 쟝거르는 고아로 되었다. 부모의 원수를 갚기 위하여 쟝거르는 세 살 되던 해에 신비한 말 아런잔(阿仁贊)을 타고 출정길에 올랐다. 7살 되던 해부터 그는 무훈을 세우고 업적을 쌓기 시작했으며 보무바(寶木巴) 지역의 백성들은 그를 칸(군주)으로 추대하였다.

하지만 망구스는 실패를 달가워하지 않고 기회만 있으면 보무바 국을 침범하였다. 쟝거르는 35명 맹장과 8천 명의 용사들을 거느리고 보무바 국을 지켜내면서 44개 나라에 그 이름을 떨쳤다.

힘든 전쟁을 치르면서 쟝거르는 자신의 비범한 재능을 발휘해 '이상적인 나라'를 세웠다. 쟝거르가 세운 나라에서는 백성들이 장생불로하고 영원히 25살의 청춘을 유지했다.

《쟝거르》는 장편영웅서사시로서 인물묘사에서 뛰어난 성과를 보였다. 예를 들면 주인공 쟝거르를 묘사함에 있어서 그의 고통스러운 어린 시절과 힘들었던 전투경험을 거듭 서술해 그를 지혜롭고 용감하며 재능 있고 부족 사람들의 존경을 받으며 보무바를 위해 고군분투하는 영웅인물로 묘사하였다. 위대한 영웅 홍구르(洪古爾)에 대한 묘사에서도 짙은 감정을 담아 홍구르의 몸에는 '몽골인의 99가지 장점이 모두 있다'고 쓰면서 초원용사들의 모든 우수한 성품을 구현했다. 이로부터 근로하고 완강하며 영용무쌍한 몽골족들의 성격을 잘 구현하고 있다.

모든 서사시와 마찬가지로 《쟝거르》의 민족성은 언어사용에서 구현되고 있다. 서사시는 풍부하고 아름다운 오이라트의 민간구두어를 몽골족의 고대 민가(民歌), 축사(祝辭), 찬사(贊辭), 격언(格言), 속담(諺語) 그리고 진술, 과장, 비유 등에 융합하였다. 예를 들면 결혼을 앞둔 쟝거르 칸을 묘사할 때 서사시에서는 큰 편폭으로 쟝거르 칸이 절색의 49명 처녀들의 청혼을 거절하고 최종 16살의 처녀 아개사부더라(阿盖沙布德拉) 공주를 아내로 맞아들였다는 이야기를 반복했다.

쟝거르는 몽골족 고전문학의 대표작의 하나로서 후세의 문학창작에 거대한 영향을 미쳤다. 현재 이 서사시는 중국정부가 중점적으로 보호하는 문화프로젝트의 하나이다.

3) 《마나스(瑪納斯)》

《마나스》는 키르기스족의 영웅서사시이다. 키르기스족은 중국 소수민족 중에서 역사가 오랜 민족으로 주로는 중국 서북의 신강위구르자치구에서 생활하고 있다.

《마나스》가 처음 생겨난 때는 기원 9세기부터 10세기 사이이다. 그 후 유전과정에 키르기스족 출신의 천재적인 가수들이 대를 이어 정리, 보완하고 키르기스 전 민족의 지혜를 융합시켜 짙은 민족 특색을 가진 문학작품으로 만들었다.

마나스는 키르기스족 전설 중의 유명한 영웅이고 수령이며 힘과 용맹, 지혜의 화신이다.

서사시는 마나스의 일가 자손 8대가 키르기스족을 이끌고 기타 민족 통치자들의 약탈과 예속에서 벗어나 자유와 행복한 삶을 실현하기 위하여 분투하는 이야기를 서술하였다. 서사시는 8개 부분으로 되었는데《마나스》가 서사시의 총 제목이며 그 나머지 부분은 모두 매 편에 등장하는 주인공의 이름으로 명명하였다. 서사시의 매 편마다 독립적인 내용으로 한 세대 영웅이야기를 서술하며 각 편은 상호 연관성이 있어 완정한 통일체를 이루고 있다. 전반 서사시는 21만 여 행에 달하며 총 2,000만 자 분량이다.

《마나스》의 가장 큰 특점은 인물과 주위환경에 대한 묘사이다. 서사시에는 주인공 마나스와 그 자손들을 제외하고도 100여 명의 개성이 뚜렷한 인물들이 등장한다. 서사시에는 또 수십 차의 방대한 규모의 전쟁장면이 나타나는데 여러 가지 병기를 제외하고도 영웅들이 타고 다니는 말의 털색만 해도 30여 가지가 된다.

키르기스족의 민간서사시《마나스》의 계승자와 창작자는 수없이 많다. 이런 사람들은 '마나스기(瑪納斯奇)'라고 불린다.

키르기스족 민간문학의 우수한 대표작《마나스》는 키르기스족들 중에서 큰 영향력을 가지고 있다. 이들은 영웅 마나스가 결코 죽지 않았다고 믿고 있으며 이를 대대로 전하고 있다.《마나스》는 중외문학사에서도 높은 명성을 누리고 있다. 유엔은 1995년을 '국제 마나스의 해'로 정했다.

11. 민간이야기

1] 신화이야기

요와 순이 제위를 양보한 이야기

중국의 기나긴 봉건역사에서 제위는 거의가 황제의 아들이 계승하곤 했다. 하지만 중국 신화 중에서 제일 오랜 세 황제인 요(堯), 순(舜), 우(禹)는 제위를 혈연에 따라 계승한 것이 아니었다. 그때 사람들은 덕과 재능이 있는 자를 제위를 잇는 사람으로 추천했다.

요는 중국 전설에 나오는 첫 황제이다. 나이가 든 요는 그의 자리를 이를 사람을 물색하려고 각 부족의 두령들을 불러놓고 의논했다.

요가 자기의 생각을 말하자 방제(放齊)라 부르는 사람이 말했다. "당신의 아들인 단주(丹朱)는 개명한 사람으로 제위를 계승하기에 매우 적합한 인물입니다."

그러자 요는 근엄한 표정으로 그 말을 잘랐다. "안되오. 나의 아들은 품성이 좋지 않아 남과 다투기를 즐긴단 말이오."

다른 한 사람이 말했다. "수리를 주관하는 공공(共工)이 적임자라 생각됩니다."

요는 머리를 저었다. "공공은 말을 잘하고 겉으로는 공경하는 것 같지만 그 속셈이 다르니 내 자리를 맡길 수 없네."

결국 이번 토론은 합의를 보지 못하고 요는 계속해 그의 계승자를 찾았다.

얼마 후 요는 각 부족의 두령들을 다시 불러 놓고 토론을 계속했다. 이번에 몇몇 두령 모두 평범한 젊은이인 순을 천거했다. 요도 머리를 끄덕였다. "음. 나도 이 사람이 괜찮다고 들었소. 그의 공로를 상세하게 말해보시오."

두령들은 순의 상황을 상세하게 소개했다. "순의 아버지는 아둔한 사람으로 사람들은 그를 바보라 놀립니다. 순의 생모는 일찍 세상 떴으며 계모는 순을 매우 학대했습니다. 계모가 낳은 동생은 상이라 부르는데 오만불손하지만 그의 아버지는 상을 매우 총애했습니다. 순은 이런 가정에서 생활해 왔지만 아버지와 계모 그리고 동생을 잘 대해 주었습니다. 때문에 사람들은 순의 품성이 매우 바르다고 생각합니다."

요는 순에 대한 소개를 들은 후 먼저 순을 고찰해 보기로 결정했다. 요는 자기의 두 딸인 아황(娥皇)과 여영(女英)을 순에게 시집보냈으며 순을 위해 식량창고를 지어주었고 많은 소와 양을 하사했다. 순의 계모와 동생은 이를 보자 부럽고 질투가 난 나머지 아버지와 함께 몇 번이나 순을 해치려 음모를 꾸몄다.

한번은 아버지가 순에게 식량창고의 지붕을 수리하게 했다. 순이 사다리를 타고 지붕에 올라가자 아버지는 아래서 불을 질러 순을 태워 죽이려 했다. 그때 지붕 꼭대기에 있던 순은 불이 난 것을 보고 사다리를 찾았으나 보이지 않았다. 순은 마침 가지고 있던 삿갓 두개를 새의 날개처럼 두 손에 퍼들고 뛰어 내렸다. 삿갓에 의지한 순은 가볍게 땅에 내렸으며 털끝 하나 다치지 않았다.

또 한번은 아버지와 동생이 순에게 우물을 청소하라고 시켰다. 순이 우물 안에 들어가자 아버지와 동생은 바위들을 우물 안에 던져 넣어 우물을 막고 순을 매장시키려 했다. 순은 우물벽에 굴을 파고 나왔으며 또 한 번 안전하게 집에 돌아갔다.

순이 위험에서 벗어난 줄 모른 상은 의기양양해서 집에 돌아와 아버지에게 말했다. "이번에는 제가 낸 묘책으로 형이 꼭 죽었을 것입니다. 이제는 형의 재산을 나누지요." 말을 마친 상은 순이 거주하는 방으로 갔다. 그런데 문에 들어서니 순이 침대에 앉아 거문고를 타고 있었다. 깜짝 놀란 상은 얼굴을 붉히며 말했다. "형이 보고 싶어 왔습니다."

순은 전혀 티를 내지 않고 말했다. "잘 왔구나. 일이 많아 너의 도움이 필요했거든."

그 후에도 순은 이전과 마찬가지로 부모와 동생을 정답게 대했고 아버지와 동생은 더는 순을 해치려는 생각을 하지 못했다.

그 후 요는 순에 대해 여러 가지로 고찰한 후 순이 품성이 우수할 뿐만 아니라 능력도 뛰어나다고 인정해 황제의 자리를 순에게 넘겼다. 이렇게 자리를 양보하는 것을 중국 역사학자들은 '선양'이라 했다.

몇 년이 지나 요가 사망했는데 순은 황제의 자리를 요의 아들 단주에게 내주려 했으나 모두들 반대했다. 순은 나이가 많아지자 같은 방식으로 품성과 재능이 모두 뛰어난 우를 자기의 계승자로 삼았다.

사람들은 요, 순, 우의 시대에는 세상에 이익과 권세를 위한 암투가 없었고 황제와 백성들이 모두 아름답고 소박한 생활을 했다고 믿는다.

천지를 개벽한 반고(盤古)

태고시기 천지는 한 덩어리였다. 우주는 큰 계란처럼 한데 뭉쳐 있었으며 칠흑같이 캄캄했고 상하좌우와 동남서북도 분간키 어려웠다. 하지만 이 거대한 계란 중에 한 명의 위대한 영웅이 잉태되어 있었으니 그가 바로 천지를 개벽한 반고였다. 반고는 계란 속에서 족히 만 팔천 년이나 잉태되었다가 끝내 깊은 잠에서 깨어났다. 눈을 뜨고 난 그에게는 세상이 칠흑같이 캄캄했고 온몸이 뜨거운 열기에 휩싸여 숨도 제대로 쉴 수가 없었다. 일어서려 했지만 계란 껍데기가 그의 몸을 단단히 둘러 쌌으므로 손발을 펴기도 힘들었다. 노한 반고는 몸에 지니고 태어난 큰 도끼를 들어 힘차게 휘둘렀다. 천지를 진동하는 굉음이 울리더니 계란이 갑자기 깨졌다. 계란 속의 가벼운 흰자는 공중으로 날아오르면서 하늘로 되었고 무겁고 혼탁한 노른자는 점점 가라앉아 대지로 되었다.

천지를 개벽한 반고는 날듯이 기뻤다. 하지만 그는 천지가 다시 하나로 합쳐질까 두려워 머리로 하늘을 이고 발로 땅을 밟고 신통력을 발휘하여 하루에도 아홉 번 변했다. 그는 매일 한 장(丈)씩 키가 자랐으며 하늘도 그에 따라 한 장씩 높아졌으며 땅도 한 장씩 두터워졌다. 만 팔천 년이 지난 뒤 반고는 이미 하늘을 떠받치고 땅 위에 우뚝 선 거인으로 성장했고 몸은 족히 구만리나 되었다. 이렇게 또 몇만 년이 흘러 끝내 하늘땅이 안정하고 견고하게 자리 잡아 다시 합쳐지지 않게 되어서야 반고는 안심하게 되었다. 하지만 천지를 개벽한 영웅은 이미 기진맥진했으며 몸을 지탱하지 못한 채 거대한 체구가 갑자기 땅에 쓰러졌다.

반고는 임종 시 온몸에 거대한 변화가 일어났다. 그의 왼눈은 붉은 태양으로 변했고 오른눈은 은백색의 달로 되었으며 마지막 한 숨은 바람과 구름으로 되었고 최후의 목소리는 우뢰로 되었다. 그의 머리털과 수염은 반짝이는 별이 되었고 머리와 수족은 대지의 4극과 높은 산으로 되었으며 피는 강과 호수로 되었고 핏줄은 길로 되었고 근육은 비옥한 토지로 되었으며 피부와 솜털은 화초수목으로 되었고 치아와 뼈는 금은동철과 옥석보물로 되었으며 그의 땀은 빗물과 감로수가 되었다. 이로부터 세계가 생겨났다.

여와(女媧)가 사람을 만든 이야기

전설에 의하면 대 영웅 반고가 천지를 개벽한 후 여와는 하늘과 땅 사이에서 각지를 돌아보고 있었다. 당시 비록 대지에 산과 강, 풀과 나무가 있었고 새와 짐승과 곤충, 물고기가 있었지만 여전히 생기가 전혀 없었다. 인류가 없었기 때문이었다. 어느 날 황량한 대지를 걷고 있던 여와는 지독한 고독감을 느꼈다. 여와는 하늘과 땅 사이에 더욱 생기를 띤 물건을 보태야겠다고 생각했다.

여와는 대지 위의 수목과 화초를 사랑했다. 하지만 그는 더욱 활기차고 더욱 생기 있는 조류와 짐승, 곤충과 물고기들을 더 사랑했다. 이런 동물들을 지켜보고 난 여와는 반고의 창조가 완정하지 못하다고 여겼다. 새나 짐승, 곤충과 물고기의 지능이 그녀를 만족시키기에는 너무나 부족했다. 여와는 그 어떤 생명체보다도 더욱 뛰어난 생명을 만들려 결심했다.

황하를 따라 걷던 여와는 머리를 숙여 자기의 아름다운 그림자를 보자 자기도 모르게 기분이 즐거워졌다. 그는 강바닥의 진흙으로 자기의 용모를 본뜬 인형을 빚기로 결심했다. 총명하고 솜씨 있는 여와는 얼마 되지 않아 많은 흙 인형을 빚었다. 이런 흙 인형은 거의 여와의 모습과 같았다. 여와는 그들에게 두 손과 서로 어울리게 두 발을 빚어 용꼬리를 대체했다. 다 빚고 난 뒤 여와는 흙 인형에 입김을 불어넣었다. 그러자 흙 인형들은 여와의 활력이 주입되어 곧 살아났다. 이들은 직립보행하고 말할 수 있었으며 총명하고 민첩한 생명으로 변했다. 여와는 그들을 '인간'이라 불렀다. 여와는 그중의 일부 사람에게 양기, 즉 자연계의 일종의 전투정신이 강한 웅성요소를 주입하였으며 그들은 곧 남자로 되었다. 나머지 사람에게 여와는 음기, 즉 자연계의 일종 유순한 자성 요소를 주입하여 여자로 만들었다. 그가 만든 남녀는 여와를 둘러싸고 춤추고 환호했으며 대지에 생기를 가져왔다.

여와는 인류를 광활한 대지에 널리 분포시키고 싶었지만 지치고 느렸다. 여와는 한 가지 간단한 방법을 생각했다. 그는 풀로 만든 밧줄을 강바닥의 진흙 속에 넣은 뒤 이러저리 돌려 끈에 흙을 잔뜩 묻힌 뒤 그것을 들어 지면에 휘둘렀다. 흙방울이 튕기는 곳마다 작은 사람이 만들어졌고 여와는 이렇게 대지에 인간을 가득 창조해 주었다.

대지에 인류가 생겨난 뒤 여와신은 일을 멈출 수 있었다. 하지만 그는 어떻게 하면 인간이 훌륭하게 생존할 수 있을지에 대해 생각하게 되었다. 사람은 언젠가는 죽기 마련이고 그들이 죽은 다음에 다시 또 만들어야 하는 것은 너무나 시끄러운 일이다. 여와신은 고심 끝에 남자와 여자를 짝을 지어주고 그들끼리 후대를 번식하고 후대 양육책임을 맡게 했다.

이렇게 되어 인류는 후대를 번식하며 인간사회를 이어갈 수 있게 되었고 날이 갈수록 그 숫자가 많아지게 되었다.

견우(牛郎)와 직녀(織女)

견우는 가난하지만 성격이 쾌활한 총각이었다. 견우가 의지해 살아가는 것은 늙은 소 한 마리와 쟁기 한 벌뿐이었다. 견우는 매일 밭에 나가 일하고 집에 돌아와서는 밥 짓고 빨래하며 고된 나날을 보냈다. 그러던 어느 날 기적이 발생했다.

밭일을 끝내고 집에 들어선 견우는 깜짝 놀랐다. 방이 깨끗하게 정돈되었고 빨래도 깨끗이 빨아졌으며 밥상에는 따끈한 밥과 향기로운 요리가 그를 반기지 않는가. 견우는 놀란 나머지 두 눈이 휘둥그레졌다. 어찌된 영문인가? 신선이라도 내려왔단 말인가? 견우는 아무리 생각해도 그 원인을 알 수가 없었다.

그 후 며칠째 같은 일이 반복되었고 견우는 더 이상 궁금해서 견딜 수 없었다. 비밀을 밝히리라 작심한 견우는 이날 평소와 같이 아침 일찍 집 문을 나섰고 집에서 멀지 않은 곳에 몸을 숨기고 집 안 동정을 살폈다.

얼마 지나지 않아 아름다운 처녀가 나타났다. 처녀는 견우의 집 문을 열고 사뿐 들어가더니 집일을 시작했다. 견우는 더 이상 참을 수가 없어 숨겼던 몸을 일으키며 물었다.

"낭자는 뉘신데 저를 도우시는 거요?"

미모의 처녀는 갑작스레 들려온 목소리에 흠칫 놀라더니 낯을 붉히며 작은 소리로 대답했다.

"소녀는 직녀라고 하옵니다. 힘들게 지내시는 걸 보고 도와드리고 싶었습니다."

이 말을 들은 견우는 미칠듯이 기뻤다. 그는 용기를 내어 말했다.

"그럼 아예 나에게 시집오는 게 어떻겠소? 우리 함께 일하고 생활합시다."

직녀는 이 말에 동의했고 견우와 직녀는 이때부터 부부가 되었다. 매일 견우는 밭에 나가 일하고 직녀는 집에서 베를 짜고 가사를 돌보며 행복한 나날을 보냈다.

몇 해 뒤, 그들에게는 일남일녀가 태어났으며 한 가족은 더욱 즐거운 나날을 보냈다.

그러던 어느 날, 하늘에 검은 구름이 가득 덮이고 광풍이 휘몰아치더니 하늘의 두 사자가 견우의 집에 찾아왔다. 그제야 견우는 직녀가 천제의 외손녀이며 직녀가 몇 년 전에 가출한 후로 천제가 줄곧 찾고 있었음을 알았다. 두 사자는 직녀를 강제로 하늘에 끌고 갔다.

어린 두 아이를 품에 안은 채 견우는 하늘나라로 끌려가는 아내를 바라보면서 상심이 극에 달했다. 견우는 하늘에 올라가 직녀를 찾아와 가족이 다시 모이리라 결심했다. 하지만 속세의 인간이 어찌 하늘에 오를 수가 있으랴.

견우가 걱정하고 있을 때 오랜 세월 서로 의지해왔던 늙은 소가 말했다.

"나를 죽인 뒤 나의 가죽을 쓰면 천궁에 가서 직녀를 찾을 수 있을 것이다."

견우는 한사코 반대했지만 늙은 소의 고집을 꺾을 수가 없었다. 다른 방법이 없게 된 견우는 고통을 참으며 눈물을 머금은 채 늙은 소의 말을 따를 수밖에 없었다.

견우는 늙은 소의 가죽을 쓰고 멜대로 두 아이를 메고 천궁에 날아올랐다. 하지만 신분 차별이 엄격한 천궁에서는 그 누구도 속세의 청빈한 인간을 거들떠보지도 않았다. 천제도 견우가 직녀와 상봉하는 것을 금지했다.

후에 견우와 아이들의 간곡한 청으로 천제는 그들 가족의 짧은 상봉을 허락했다. 갇혀 있던 직녀는 남편과 아이들을 보자 희비가 겹치면서 가슴이 미어졌다. 시간은 매우 빨리 흘러갔다. 천제는 직녀를 끌어가도록 명령했다. 크게 상심한 견우는 두 아이를 손에 잡은 채 몇 번이나 넘어지면 다시 일어나면서 직녀를 뒤쫓았다. 거의 따라잡게 될 찰나에 잔인한 천제의 왕후가 머리에 꽂았던 금비녀를 꺼내 쭉 금을 긋자 그들 사이에 넓은 은하수가 펼쳐졌다. 견우와 직녀는 은하수의 양쪽에 갈라져 멀리서 바라볼 수밖에 없었다. 이들은 해마다 음력으로 7월 7일에만 한 번 만날 수 있도록 허락받았다. 이날이 되면 수많은 까치들이 날아와 은하수에 기나긴 오작교를 놓아 견우와 직녀가 다시 만날 수 있게 한다.

치우(蚩尤)를 전승한 황제(黃帝)

수천 년 전에 중국의 황하, 장강 유역에 많은 씨족과 부족이 있었다. 그중 황제는 황하 유역에서 제일 이름난 한 부족의 두령이었다. 다른 한 유명한 부족의 두령은 염제라 불렀다. 황제와 염제는 형제였다. 장강 유역에는 구려족이 있었는데 그들의 두령은 치우라 불렀으며 매우 용맹스러웠다.

치우는 81명의 형제가 있었다. 그들은 모두 야수의 몸통에 인간의 얼굴을 가졌으며 힘이 세고 용맹하기로 비할 자가 없었다. 그들은 칼, 화살 등 여러 가지 병기 제조에 능숙했다. 치우는 그의 강대한 부족을 이끌고 늘 다른 부족을 침략했다.

한번은, 치우가 염제의 부족을 진공했다. 염제는 병사들을 이끌고 저항했지만 치우의 적

수가 아니었으며 여지없이 패배했다. 염제는 하는 수 없이 황제가 있는 탁록(涿鹿)에 도망가 도움을 청했다. 황제는 일찍부터 이 치우라는 화근을 제거하려 했던 차라 여러 부족의 두령을 모아 놓고 탁록의 들판에서 치우와 대결전을 벌렸다. 이것이 바로 유명한 '탁록대전'이다.

전쟁 초기에 치우는 훌륭한 무기를 갖춘 용맹한 병사들을 거느리고 승승장구했다. 후에 황제는 용과 기타 괴이한 맹수들을 싸움에 투입했다. 치우의 병사들은 비록 용맹했지만 황제의 군대와 이 한 무리의 맹수를 만나면 저항하지 못하고 뿔뿔이 도망쳤다.

황제는 승리의 기세를 몰아 병사들을 이끌고 적군을 추격했다. 그런데 갑자기 천지가 어두워지고 안개가 자욱한 가운데 광풍이 일고 우레가 울고 번개가 치더니 하늘에서 폭우가 쏟아졌다. 황제의 병사들은 추격을 멈추었다. 치우가 '바람의 신'과 '비의 신'을 청했던 것이었다. 황제도 이에 질세라 하늘 위의 '가뭄 신'을 청해 비바람을 몰아갔다. 한순간에 바람이 멎고 비가 그쳤으며 하늘이 맑게 개었다.

치우는 또 요술로 짙은 안개를 만들어 황제의 병사들이 방향을 잃게 했다. 황제는 하늘 위의 북두칠성이 영원히 북쪽만 가리키는 자연현상을 이용해 '지남차'를 발명하여 병사들을 이끌고 안개 속에서 탈출했다.

여러 차례의 치열한 싸움을 거쳐 황제는 선후로 치우의 81명의 형제를 모두 제거하고 끝내는 치우를 생포했다. 황제는 명령을 내려 치우에게 족쇄를 채우고 처형했다. 치우가 죽은 뒤에도 말썽을 부릴까봐 황제는 그의 머리와 몸통을 따로 먼 곳에 묻었다. 치우에게 채웠던 족쇄는 황산에 던져졌는데 단풍나무숲으로 되었으며 빨간 단풍잎들은 모두 치우의 피 흔적이라 한다.

황제는 다재다능하여 많은 발명과 창조를 했다. 예를 들어 궁전을 짓고 수레와 배를 만들고 오색의 의상 등을 제작했다. 황후 누조(嫘祖)도 발명가이다. 원래 누에는 야생이었고 사람들은 누에의 용도를 몰랐다. 누조는 사람들에게 누에치기, 누에고치에서 실뽑기, 비단짜기를 가르쳐 주었으며 이로부터 중국에는 비단문명이 나타나게 되었다. 황제가 정자를 발명한 후 그의 아내 누조는 또한 비 오는 날에 움직일 수 있는 정자인 우산을 발명했다.

중국 고대의 전설에서는 모두 황제를 매우 숭배하고 있다. 후세의 사람들은 모두 황제가 화하족의 시조라고 인정하면서 자신을 황제의 자손이라고 자칭한다. 염제족과 황제족은 모두 근친이었고 후에 하나로 융합되었기 때문에 중국인들은 자신을 염황자손이라고 부른다.

곤(鯀)과 우(禹)가 홍수를 다스리다

대우가 홍수를 다스린 이야기는 중국에서 거의 모든 사람들이 알고 있다. 하지만 대우의 아버지인 곤도 백성을 위해 복을 마련해준 치수 영웅이었다.

먼 옛날, 중국 땅에는 장장 22년이나 홍수가 범람했다. 대지는 물바다가 되었고 오곡이 물에 잠겼으며 백성들은 집을 잃고 의지할 곳이 없었으며 늘 야수의 습격을 받아 인구는 급감했다. 안달이 난 국왕 요(堯)는 각 부락의 두령을 모여 놓고 대책을 의논했고 그 결과 곤을 파견해 홍수를 다스리기로 결정했다.

곤은 명령을 받고 도처에 범람한 홍수를 보면서 깊은 사색에 빠졌다. 그러던 그는 옛날 속담을 떠올렸다.

'쳐들어오는 적은 장군이 막고 물은 흙으로 막는다.'

마을 주위에 높은 둑을 쌓는다면 홍수를 막을 수 있지 않을까? 하지만 이 큰 홍수를 막을 그 많은 흙과 돌을 어디서 구해온단 말인가? 이때 물속에서 거북신령이 나타나 곤에게 방법을 알려주었다.

"하늘에 '식양'이라고 부르는 스스로 자라는 흙보물이 있는데 그것을 가져다 대지 위에 뿌리면 그 흙들이 절로 자라서 산을 이루고 둑이 될 것이다."

그 말을 들은 곤은 크게 기뻐하며 거북신령과 작별하고 머나먼 서쪽으로 향했다.

곤은 천신만고 끝에 끝내 서쪽의 곤륜산 기슭에 도착해 천제를 배알했다. 그는 홍수를 다스리고 백성들을 구제하도록 식양이란 흙을 하사해 줄 것을 천제에게 간청했다. 하지만 천제는 그의 부탁을 거절했다. 홍수의 재난에 허덕이는 백성들을 걱정한 곤은 하늘의 관리인이 방심한 틈을 타서 식양을 훔쳤다. 곤이 동방에 돌아온 뒤 식양을 물에 던졌더니 과연 식양은 빠르게 자랐고 홍수가 일 미터 불면 식양도 일 미터씩 자라고 홍수가 십 미터 불면 식양도 십 미터 자랐다. 홍수는 식양으로 만들어진 높은 둑 안에 가두어졌다. 사람들은 홍수의 포위에서 벗어나 다시금 즐겁게 땅을 갈고 파종하며 생산을 시작했다.

천제는 곤이 식양을 훔쳐간 사실을 알자 즉각 천병을 지상에 파견해 식양을 회수했다. 식양을 거두자 홍수는 금세 마을에 침입해 둑을 허물었고 논밭을 파괴했으며 많은 백성을 매장시켰다. 대노한 요왕은 명령을 내렸다.

"곤은 둑을 쌓아 물을 가둘 줄밖에 모른다. 일단 둑이 무너지면 그 피해는 더욱 크다. 9년 간 물을 다스려도 성공하지 못했으니 죽어 마땅하다!"

요왕은 곤을 우산(羽山)에 감금하고 3년 후 곤을 처형했다. 곤은 죽을 때까지도 홍수의 피해 속에서 허덕이는 백성들을 생각하며 분개하고 요왕을 원망했다.

20년 후 요왕은 그의 제위를 순에게 선양했다. 순왕은 곤의 아들 대우를 불러 계속 홍수를 다스리게 했다. 이때에 와서 천제는 식양을 대우에게 주었다. 대우는 처음에 아버지와 같은 방법으로 물을 막아 홍수를 다스리려 했으나 둑을 쌓은 뒤 물길이 막힌 홍수는 더더욱 위력을 과시하며 매우 빨리 둑을 삼켜버렸다. 여러 번의 실패를 겪은 뒤 대우는 끝내 한 가지 도리를 터득했다.

"막기만 해서는 안 된다. 막을만한 것은 막고 빠져 보낼 것은 빠지게 해야 한다."

대우는 거북신령의 등에 식양을 실은 뒤 그를 따라 땅이 내려간 곳에는 식양을 뿌려 사람들의 거주지를 높여주고 동시에 신룡에게 길을 부탁해 강바닥을 파고 물길을 뚫어 바다로 흘러들게 했다.

전설에 의하면 대우는 초인간적인 힘으로 용문산(龍門山)을 뚫어 황하의 물길이 절벽 사이로 흘러 지나게 했으며 이로 하여 용문협이 생겨났다. 용문 하류에서 대우는 물길을 막은 산을 여러 개로 쪼개 물길이 굽이져 동해로 흘러들게 했는데 이것이 삼문협(三門峽)이다. 천백년래 황하의 용문협과 삼문협은 모두 물살이 세고 풍경이 아름다운 곳으로 유명했다.

우가 물을 다스린 이야기는 그 외에도 많다. 전설에 의하면 대우는 홍수를 다스리기 위해 신혼 네 번째 날에 집을 떠났으며 그 후로 13년간 세 번이나 집 앞을 지났지만 한 번도 집에 들르지 않았다. 많은 난관과 시련을 겪은 뒤 대우는 끝내 홍수를 다스렸고 강물은 제 곳을 따라 백 갈래로 나뉘어 바다에 흘러들었으며 백성들도 평안한 생활을 누렸다. 대우에게 감사드리기 위해 백성들은 그를 왕으로 추대했다. 요도 우의 공로를 높이 사 기꺼이 왕위를 그에게 선양했다.

생산력이 극히 낙후했던 원시사회에서 사람들은 모든 힘을 다해 홍수와 싸운 동시에 자연재해를 극복하려는 그들의 강렬한 소망을 신화와 전설을 통해 표현했다. 곤과 우가 바로 사람들의 이런 소망을 담은 신격화된 영웅이었다. 나중에 사람들은 지혜롭게 '배수와 둑을 결합시킨' 치수방법을 터득했으며 곤과 우가 홍수를 다스린 신화이야기도 기나긴 세월을 두고 진해졌다.

후직(後稷)과 오곡

중국 고대문명은 농경문명에 속하며 때문에 중국의 신화 중에도 농업과 관련된 많은 이야기들이 전해지고 있다.

인류는 탄생 초기에는 사냥을 하거나 물고기를 잡거나 야생 과일을 채집해 생활을 유지했으며 종일토록 피곤을 감내하면서 사처로 먹을 음식을 찾아 헤매야 했고 찾지 못하면 굶주릴 때도 많았다.

당시 강원(姜原)이라 부르는 젊은 처녀가 유태(有邰)라는 곳에 살고 있었다.

어느 날 강원은 밖에서 놀다가 집에 돌아오는 도중 우연하게 습지에 찍힌 거대한 발자국을 발견했다. 처녀는 놀랍기도 하고 재밌게도 여겨져 자기의 발을 거인의 발자국 속에 넣어 보았다. 하지만 놀라운 것은 그가 거인의 발자국 속의 엄지발가락을 디뎠을 때 곧 몸속에서 작은 진동이 일어났다. 집에 돌아온 뒤 얼마 지나지 않아 강원은 임신했다. 시간은 매우 빨리 흘러 해산날이 되었고 강원은 남자아기를 낳았다. 아기의 아버지가 없었으므로 주위 사람들은 모두 불길하게 여겨 강원의 품속에서 아기를 빼앗아 들에 던졌다. 그들은 아기가 굶어 죽을 것이라 여겼다. 하지만 마침 지나가던 동물들이 아기를 보호했다. 일부 암컷은 아기에게 젖도 먹여주었다. 사람들은 아기가 죽지 않자 다시 그를 안아다 산림 속에 버렸다. 마침 이때 어떤 사람이 나무하러 왔으므로 아기를 버리지 못했다. 화난 사람들은 이번에는 아예 얼음 위에 아기를 버렸다. 하지만 사람들이 몇 발작 옮기기도 전에 하늘 위의 새들이 아기에게로 날아와 날개로 바람과 추위를 막아 주는 것이었다.

사람들은 그제야 이 아기가 범상치 않음을 느끼고 아이를 주어다 엄마에게 돌려주었다. 아기가 일찍 여러 번이나 버려졌으므로 강원은 아기에게 '기(棄)'라는 이름을 지어 주었다.

기는 어릴 때부터 원대한 꿈이 있었다. 그는 사람들이 동물을 쫓고 야생과일을 먹으며 방랑생활을 하는 것을 보고 만약 음식물을 공급할 수 있는 고정 장소가 있으면 좋겠다고 생각했다. 그는 자세한 관찰을 통해 야생의 밀, 벼, 콩, 보리와 여러 가지 과일 종자를 채집하여 자기가 일군 땅에 심고 제 시간에 물을 주고 김을 매며 알심 들여 재배했다. 뿌린 종자들이 무럭무럭 자랐고 여기에 열린 과일과 곡식은 야생 곡식이나 과일보다 맛이 좋았다.

이런 야생 식물을 더욱 잘 재배하기 위해 기는 나무와 돌로 간단한 농업도구를 만들었다. 성인이 된 기는 농업분야에서 풍부한 경험을 쌓았다. 기는 자기의 농경지식을 아낌없이 사람들에게 전수해 주었으며 사람들은 점차 수렵이나 고기잡이, 야생과일 채집에 의존하던

생활에서 벗어났다. 때문에 사람들은 기를 존중하여 '후직(後稷)'이라 불렀다. 여기서 '후'
란 왕을 의미하며 '직'은 알곡을 가리킨다.

2) 우화이야기

화사첨족(畵蛇添足)

고대 초나라의 한 귀족이 조상에 제사를 지낸 후 제삿술 한 주전자를 일손을 도와준 문
객들에게 주었다. 문객들은 서로 "이 많은 사람이 이 술을 같이 마시기에는 부족하고 혼자
마시면 족할 테니 우리 모두 땅 위에 뱀 그리기 시합을 해서 먼저 그리는 사람이 이 술을 마
시도록 하자!"고 결정했다.

그중 한 사람이 먼저 뱀을 다 그렸다. 술 주전자를 추켜들고 마시려고 하던 그는 왼손으
로 술 주전자를 들고 득의양양해 하며 오른손으로는 계속 뱀의 발을 그리면서 "다들 보시
게나. 난 아직도 뱀의 발을 그려줄 시간이 있네."라고 말했다.

그러나 그가 뱀의 발을 채 그리기 전에 다른 사람이 이미 뱀을 다 그렸다. 그 사람은 술
주전자를 가로채고서는 "뱀은 원래 발이 없는데 무슨 발을 그리려 하시는가?"라고 하고나
서 술을 다 마셔버렸다. 뱀의 발을 그리려던 사람은 원래 자신의 차지할 수 있었던 그 술을
결국 마시지 못했다.

이 이야기는 무엇을 하나 반드시 구체적인 요구와 명확한 목표가 있어야 하고 확고한 의
지로 그 일을 추진하고 완성해야지 승리에 현혹돼 실패를 초래하지 말아야 한다는 도리를
말해준다.

화씨헌벽(和氏獻璧)

초나라의 변화(卞和)가 초산(楚山)에서 다듬지 않은 옥돌을 얻게 됐다. 그는 초나라 국왕
인 초려왕(楚厲王)에게 그 옥돌을 바쳤다. 려왕은 옥돌가공 장인에게 옥돌을 감별하라 지
시했다. 장인은 "이는 돌멩이입니다."라고 말했다. 변화가 사기꾼이라고 여긴 려왕은 변화
의 왼발을 잘라버렸다.

초려왕이 숨진 뒤 무왕(武王)이 초나라의 국왕으로 됐다.

변화는 그 옥돌을 다시 무왕에게 바쳤다. 무왕은 또 옥돌가공 장인더러 감별하라고 하명 했다. 옥돌가공 장인은 이 옥돌은 평범한 돌에 지나지 않는다며 지난번과 똑같은 말을 했다. 무왕도 변화를 사기꾼으로 여기고 그의 오른발을 잘라버렸다.

무왕이 숨진 뒤 문왕(文王)이 왕위를 계승했다. 변화는 그 옥돌을 품에 안고 초산 아래서 3일 동안 통곡했는데 눈물은 다 말라버렸고 눈에서 피까지 흐를 정도였다. 이 소식을 접한 문왕은 사람을 보내 변화에게 물었다. "천하에 양쪽 발을 잘린 사람이 많고도 많은데 넌 어찌 그리 슬피 우는고?"

변화는 "저는 잘린 발 때문에 괴로워하는 것이 아니라 보석을 돌이라 하고, 충성을 다하는 호인(好人)을 사기꾼이라고 하는 것이 괴로운 것입니다."라고 답했다. 하여 문왕은 옥돌 가공 장인더러 이 옥돌을 정성스레 다듬도록 했는데 과연 세상에 보기 드문 보석임이 드러 났다. 하여 이 옥을 '화씨지벽(和氏之璧)'이라고 이름 지었다.

이 이야기에서 저자 한비자(韓非子)는 화씨의 처지를 이용해 자신의 정치주장이 국왕에게 채납되지 못하고 오히려 배척당하고 있는 고통스러운 마음을 비유했다. 그러나 이 이야기에는 더 깊은 철리가 담겨 있다. 그것은 바로 '옥돌가공 장인은 옥을 식별할 줄 알아야 하고 국왕은 사람 보는 눈이 있어야 한다. 또한 보물을 바치는 자는 이 보물 때문에 희생될 준비를 해야 한다'는 것이다.

편작설병(扁鵲說病)

어느 날 명의 편작(扁鵲)이 국왕인 채환공(蔡桓公)을 만나 뵈러 갔다. 국왕의 곁에서 한참 관찰하고 나서 편작은 채환공에게 "제가 보기로는 국왕폐하의 살갗에 작은 병이 있는 것 같습니다. 제때에 치료하지 않는다면 몸속에까지 병이 미칠 우려가 있습니다."라고 말했다. 그러나 채환공은 아무렇지도 않게 생각하며 "난 아무 병도 없노라."고 말했다. 이에 편작은 하직인사를 올리고 나서 떠났다. 채환공은 곁의 대신에게 "의사들은 늘 병 없는 사람들의 병을 치료해주는 척하고 상을 타길 바란다네."라고 말했다.

열흘이 지나 편작은 또 채환공을 만나서는 "국왕폐하의 병이 이미 근육에까지 뻗쳤습니다. 치료하지 않고 방치한다면 더욱 중해질 것입니다."라고 말했으나 채환공은 역시 편작의 말을 듣지 않았다. 편작은 하는 수없이 자리를 떴으며 채환공 또한 기분이 좋지 않았다.

다시 열흘이 지났다. 편작은 또 국왕에게 "국왕님의 병세가 이미 위장에까지 미쳤습니다. 제때에 치료하지 않는다면 더욱 중해질 것입니다."라고 말했다. 그러나 채환공은 또 그의 말을 스쳐 지나버렸다.

그리고 또 열흘이 지났다. 멀리서 채환공을 본 편작은 돌아서 가버렸다. 채환공은 급히 사람을 파견해 편작에게 물었다. "왜서 말없이 돌아서서 가는고?"

그러자 편작은 "피부병은 물약으로 씻거나 또는 약을 붙이면 효과를 볼 수 있고 피부와 근육 사이까지 병이 깊어지면 침을 써서 다스릴 수 있고 위장까지 미쳤을 경우에는 약 몇 첩을 쓰면 치료할 수 있지만 일단 골수까지 미치면 염라대왕을 찾을 수밖에 없습니다. 의원으로서는 도무지 방법이 없습니다. 현재 임금님의 병은 이미 골수까지 미쳤으니 나로서는 방법이 없습니다."라고 말했다.

닷새가 지나 채환공은 온몸이 쑤셔나기 시작했다. 하여 사람을 파견해 편작을 찾았지만 편작은 어느새 도망가 버렸다. 얼마 지나지 않아 채환공은 병들어 숨지고 말았다.

이 이야기는 우리들에게 한 사람의 착오와 결점은 응당 제때에 고쳐야 하고 만약 그대로 방치한다면 작은 일로부터 큰 일로, 경한 상태에서 중한 상태로 발전해 그 후과는 상상할 수 없게 된다는 도리를 알려준다.

호가호위(狐假虎威)

어느 날 굶주린 호랑이가 먹잇감을 찾아 헤맸다. 마침 여우 한 마리를 잡게 된 호랑이는 한 끼 맛있게 먹으려 했다. 그런데 이때 여우가 호랑이에게 "넌 감히 날 먹지 못할 거야. 난 하느님이 파견한 짐승의 왕이다. 네가 만약 나를 먹는다면 바로 하느님의 뜻을 어긴 것이다."라고 엄포를 놓았다.

배가 몹시 고팠지만 여우의 말에 반신반의한 호랑이는 어쩔 바를 몰랐다. 호랑이가 주저하는 것을 보자 여우는 또 "내 말이 믿어지지 않거든 내가 앞에서 걸을 테니 넌 나의 뒤를 따라오라. 나를 보고 도망가지 않는 짐승들이 없을 것이다."라고 말했다.

여우에 말에 일리가 있다고 여긴 호랑이는 여우의 뒤를 따라 걸었다. 아니나 다를까 뭇 짐승들은 모두 겁을 먹고 뿔뿔이 도망쳤다. 호랑이는 이런 짐승들이 자기가 무서워 도망치는 줄 모르고 오히려 여우가 두려워 달아나는 줄로 알았다.

이 이야기는 진위를 식별할 줄 알아야 하며 현상에서 본질까지 들어가 진상을 밝혀야만

'호가호위' 즉 남의 권세를 빌어 위풍을 부리는 사람들의 속임에 넘어가지 않음을 일깨워 준다.

동곽(東郭)선생과 중산늑대

이는 13세기 중국 명나라 때 마중석(馬中錫)의 《동전전(東田傳)》에 실린 이야기이다.

선비 동곽선생은 하루 종일 죽은 글만 읽고 쓰는, 세상 이치에 매우 어두운 사람이었다. 어느 날 동곽선생은 당나귀 등에 책을 한자루 싣고 관직이나 얻어 볼까 하여 '중산국(中山國)'이란 지방으로 향했다. 갑자기 부상당한 늑대 한 마리가 그의 앞으로 오더니 "선비님, 전 지금 사냥꾼에게 쫓기고 있습니다. 사냥꾼이 쏜 활에 하마터면 목숨을 잃을 뻔 했습니다. 저를 선생님의 자루 속에 숨겨주십시오. 훗날 제가 꼭 보답해 드리겠습니다."라고 애걸 했다. 늑대가 사람을 해친다는 걸 동곽선생도 잘 알고 있었다. 그러나 부상당한 늑대를 가 엽게 여긴 동곽선생은 잠시 생각하고 나서 "너의 말대로 하게 되면 난 사냥꾼의 미움을 사 게 된다. 그런데 기왕 네가 나에게 애걸한 이상 꼭 방법을 대서 너를 살려주마."라고 말했 다. 그런 뒤 동곽선생은 늑대더러 사지를 움츠리게 하고나서 끈으로 동여맨 후 책을 넣은 자루에 넣었다. 얼마 지나지 않아 사냥꾼이 쫓아왔다. 늑대의 종적이 보이지 않자 그는 동 곽선생에게 물었다. "늑대를 보지 못했습니까? 어느 방향으로 갔습니까?" 그러자 동곽선 생은 "난 늑대를 보지 못했다. 여기는 갈림길이 많아서 혹시 다른 길로 갔을지도 모르지." 라고 말했다. 사냥꾼은 동곽선생의 말을 믿고 다른 길로 쫓아갔다.

책 자루 속에서 사냥꾼의 말발굽소리가 점차 멀어진 것을 들은 늑대는 동곽선생에게 "선비님, 제가 도망칠 수 있도록 저를 풀어주십시오."라고 애걸했다. 마음씨 착한 동곽선생 은 늑대의 감언이설에 못 이겨 늑대를 놓아주었다. 그런데 늑대는 큰 소리로 으르렁거리면 서 동곽선생에게 "난 지금 배가 무척 고파. 당신이 선심을 써 내 목숨을 살려주었으니 좋은 일을 한번만 더 해. 내가 당신을 먹어야겠어."라고 말하고 나서 이발을 드러내고 발톱을 치 켜세우면서 동곽선생에게 덮쳐들었다.

동곽선생은 맨손으로 승냥이와 싸우면서 '이 배은망덕한 놈'이라고 외쳤다. 바로 이때 한 농부가 호미를 메고 지나갔다. 동곽선생은 다급히 농민에게 자초지종을 들려주었다. 그 러나 늑대는 동곽선생이 자신의 목숨을 살려준 사실을 부인했다.

농민은 잠깐 생각한 뒤 "당신들 말은 난 모두 믿을 수 없군요. 이 작은 자루에 저렇게 큰 늘대를 어떻게 넣을 수 있단 말입니까? 내가 직접 볼 수 있게 다시 담아보시지요."라고 말했다. 이에 동의한 늑대는 또 땅에 누워 웅크리고 동곽선생더러 다시 끈으로 묶고 자루에 넣게 했다.

농민은 즉시 자루를 동여매고 동곽선생에게 "사람을 해치는 이런 짐승은 본성을 고칠 수 없습니다. 늑대에게 인심을 베푼다는 것은 너무나도 황당한 일이지요."라고 말하고 나서 호미로 늑대를 때려죽였다.

그제야 깨달은 동곽선생은 목숨을 살려준 농부에게 사의를 표했다. 현재 '동곽선생'과 '중산늑대'는 이미 중국어의 고정적인 단어로 됐다. '동곽선생'은 시비를 가리지 못하고 동정심을 남발하는 사람들을 가리키고 '중산늑대'는 배은망덕하고 은혜를 원수로 갚는 사람들을 가리킨다.

3) 명소이야기

오대산의 전설

중국에는 4대 불교명산이 있는데 각기 오대산(五台山), 아미산(峨嵋山), 보타산(普陀山), 구화산(九華山)이다. 전설에 의하면 이 네 산은 각기 불교의 4대 보살인 문수(文殊), 보현(普賢), 관음(觀音), 지장(地藏)의 수행지로 유구한 종교문화역사를 가지고 있는 동시에 중국의 유명한 풍경명승지로 되었다.

오대산은 중국 중부 산서성(山西省) 경내에 위치해 있으며 다섯 개 산봉우리들이 서로 원을 이루며 둘러서 있다. 다섯 개 산의 정상은 평평하고 넓으며 마치 흙으로 만든 큰 무대와 같아 각기 동대, 서대, 남대, 북대, 중대로 불리며 합쳐서 '오대'라고 한다. 오대산은 화북에서 해발고가 가장 높은 곳이다.

오대산의 원래 이름은 오봉산이었다. 이 산은 기후가 이상하게 열악하여 겨울에는 물 한 방울을 떨어뜨려도 얼음이 되고 봄에는 모래바람이 거세게 불었고 여름에는 무더워 견딜 수 없어 농민들이 논에 씨 뿌리고 곡식을 심을 수가 없었다. 문수보살이 마침 이곳에 와서 전교하게 되었는데 사람들의 고생이 막심한 것을 보고 이곳 기후를 개변시키기로 결심했다.

문수보살은 동해 용왕에게 신비한 돌로 불리는 '헐용석(歇龍石)'이 있는데 그 돌로 건조한 기후를 습윤하게 변화시킬 수 있다는 것을 알고 스님으로 변해 용왕에게 헐용식을 빌리러 갔다.

문수보살이 동해에 도착하니 과연 용궁 밖에 큰 돌 하나가 있었다. 곁에 다가기도 전에 이미 시원한 바람이 불어옴을 느낄 수 있었다. 문수보살은 용왕을 만나 온 뜻을 밝혔다. 용왕은 매우 죄송해하며 이렇게 말했다. "대사께서 무엇을 빌려도 다 좋은데 유독 이 헐용석만은 빌려갈 수 없습니다. 이 돌은 수백 년의 공을 들여 바다 밑에서 건져 올린 것이어서 특별히 시원하지요. 제 자식들이 매일 일을 끝내고 집에 오면 땀투성이로 되고 더워서 견디지 못합니다. 그때면 이곳에서 쉬면서 체력을 회복합니다. 만약 당신이 이 돌을 빌려간다면 저의 자식들은 쉴 곳이 없지 않습니까?" 문수보살은 자신은 오봉산의 스님이며 사람들에게 복을 마련해 주기 위해 특별히 와서 도움을 청한다고 재삼 설명했다.

용왕은 속으로는 이 신비로운 돌을 빌려주기 싫었지만 또한 대놓고 문수보살의 청을 거절할 수도 없었다. 이 늙은 스님 한사람의 힘으로 절대 돌을 운반할 수 없을 것이라고 생각한 용왕은 마지못해 이렇게 대답했다. "이 무거운 신석(神石)을 그 누구의 도움도 없이 대사께서 혼자 옮길 수 있다면 가져가시오."

문수보살이 용왕에게 고맙다는 인사를 한 후 신석 앞에 가서 주문을 외우자 거대한 돌이 작은 돌멩이로 변했다. 문수보살은 이 작은 돌멩이를 소매주머니에 넣고 떠났다. 늙은 용왕은 입을 딱 벌리고 할 말을 찾지 못했으며 땅을 치며 후회했지만 방법이 없었다.

문수보살이 오봉산에 도착했을 때는 볕이 쨍쨍 내리쬐고 있었다. 오래 동안 비 한 방울 내리지 않아서 땅은 거북등처럼 갈라 터졌으며 사람들은 혹서와 가물로 곤경에 처해 있었다. 문수보살이 신석을 산 중턱의 골짜기에 내려놓으니 기적이 나타났다. 오봉산이 즉시 시원한 곳으로 변했다. 하여 이 골짜기는 청량곡(淸凉谷)으로 불렸고 사람들은 이곳에 사원을 짓고 청량사(淸凉寺)라고 이름을 지었으며 오봉산도 청량산으로 이름을 바꿨다. 하여 지금까지 오대산은 청량산이라고도 불린다.

현재 오대산은 국가급 풍경명승구이다. 이곳에는 불교를 배경으로 하는 많은 인문경관이 있는가 하면 또한 수려하고 기이한 자연풍경도 있다. 현재 전반 풍경구에 고대 사원이 총 42개가 있는데 그중 남선사(南禪寺)와 불광사(佛光寺)는 중국 당나라 때 세워져 현재까지 이미 1,200여 년의 역사를 가지고 있는 중국에서 현존하는 가장 최초의 목조건축이다.

이런 건축들은 중국 고대 종교와 종교예술발전의 역사면모를 반영했을 뿐만 아니라 고대 건축예술의 성과를 집중적으로 반영했다.

국가급 자연풍경구인 오대산은 도처에서 기이한 산봉우리와 괴석, 시내물을 볼 수 있으며 식물대가 잘 보호되어 있다. 산 정상에는 눈이 쌓여있는 날이 많아 무더운 여름에도 이곳의 기후는 매우 시원해 좋은 피서 명승지로 되고 있다.

서호의 이야기

중국 동부에 위치한 항주 서호(杭州西湖)는 경치가 수려하여 고금중외 무수한 여행객들의 발길을 끌어왔다. 14세기 이탈리아 유명한 여행가 마르코 폴로는 항주에 와 본 후 '이곳에 오면 천당에 온 느낌을 받는다.'고 서호의 아름다움을 묘사했다.

중국 동부 절강성 소재지 항주시의 아름다운 보물인 서호는 삼면이 산으로 둘러있고 수려한 호수풍경을 자랑한다. 서호에는 중국의 이름난 시인 소동파(蘇東波)와 백거이(白居易)의 성씨를 본 딴 두 개의 긴 제방이 있는데 백제와 소제라고 한다. 이 두 제방은 마치 두 갈래 녹색띠가 잔잔한 파도 위에 놓인 것 같아 관광객들이 제방 위를 지날 때 가까이에서 보면 빨간 꽃, 파란 잎 같고 멀리서 보면 호수 물빛이 반짝여서 걸음마다 경관이 바뀐다는 말의 뜻을 충분히 느낄 수 있다. 서호의 사계절은 경치가 아름다워 역대 문인들을 매료했으며 그들은 필묵을 아끼지 않고 마음껏 서호의 아름다움을 묘사했다. 당나라의 이름난 시인 백거이는 시에서 서호에 대한 자신의 정을 이렇게 토로했다. '항주에 가는 일이 있다면 그 절반은 이 서호 때문이다.' 송나라 시인 소동파는 서호를 고대의 미인 서시(西施)에 비유했다. 이 시는 서호의 아름다움을 읊은 천고의 명시로 남아 있다.

서호를 말할라치면 사람들은 모두 국내외에 이름난 '서호 10경'부터 떠올릴 것이다. 이 십경은 소제춘소(蘇堤春曉), 곡원풍하(曲院風荷), 평호추월(平湖秋月), 단교잔설(斷橋殘雪), 유랑문영(柳浪聞鶯), 화항관어(花港觀魚), 삼담인월(三潭印月), 뢰봉석조(雷峰夕照), 남병만종(南屏晚鐘), 쌍봉삽운(雙峰揷云)이다.

서호에는 아름다운 전설이 많다. '단교잔설' 중의 단교 즉 끊어진 다리는 중국에서 널리 알려진《백사전(白蛇傳)》의 주인공인 백낭자와 허선이 만난 곳이다.

전설에 의하면 흰 뱀 한 마리가 천 년을 수련해 마침내 아름다운 백낭자(白娘子)가 되었다. 다른 한 마리 파란 뱀은 500년간 수련해 청춘의 활력으로 가득 찬 소청(小靑)처녀로 변

했다. 그들 둘이 함께 서호에 놀러왔는데 단교를 지날 때 백낭자가 사람들 속에서 청수하
게 생긴 서생을 발견하고 은근히 사모했다. 소청(小靑)이 마법을 써서 큰비가 내리게 했고
서생 허선(許仙)이 우산을 들고 호숫가에 배 타러 왔다.

백낭자와 소청이 큰 비를 맞고 있는 모습을 보고 허선은 자신의 우산을 넘겨주며 그들에
게 비를 피하게 하고 자기는 멀리 서서 비를 맞고 있었다. 백낭자는 허선이 이렇게 순박하
고 수줍어하는 모습을 보고 더 마음에 들었다. 허선도 아름다운 백낭자를 보고 사랑의 마
음이 싹텄다. 소청의 중매로 허선과 백낭자는 결혼을 했고 서호 부근에 약방을 차려 환자
들을 구원해 주었고 고향사람들은 이들을 칭찬해 마지않았다.

하지만 금산사(金山寺) 법사 법해(法海)는 백낭자가 요정이라고 하면서 인간을 해치고
재난을 가져다준다고 여겼다. 그는 가만히 허선에게 백낭자가 하얀 뱀의 화신이라고 귀띔
해 주고 백사를 구별하는 방법도 알려주었다. 허선은 반신반의했다. 어느덧 단오절이 되어
백성들이 모두 황주(黃酒)를 마시며 액막이를 했다. 허선은 법해가 가르쳐 준 대로 백낭자
에게 황주를 먹였다. 백낭자는 그 당시 임신 중이었는데 허선의 말에 어찌지 못하고 술을
마셨다. 술을 마시자마자 백낭자는 뱀으로 변했으며 허선은 놀라서 죽고 말았다. 백낭자는
허선을 구하기 위해 임신한 몸으로 천리길을 걸어 곤륜성산(崑崙聖山)에 구사회생의 효능
이 있다는 영지초를 얻으러 갔다. 백낭자는 영지초를 지키는 수호사와 한바탕 겨루게 되었
는데 수호사가 백낭자의 일편단심에 감동되어 영지초를 선물로 주었다. 허선은 영지초를
먹고 회생한 후 백낭자가 진심으로 자신을 사랑하는 것을 알고 부부의 정이 더 돈독해졌
다.

하지만 법해는 백사가 인간생활을 하는 것을 용납할 수 없었다. 그는 허선을 속여 금산
사에 오게 한 후 그를 억지로 출가시켜 중으로 만들었다. 백낭자와 소청은 매우 분개해 수
족병사를 거느리고 금산사를 공격해 허선을 구하려 했다. 그들은 마법을 사용해 홍수를 일
으켰고 금산사는 홍수에 포위되었다. 이것이 바로 전설에서 말하는 '수만금산(水漫金山)'
이다. 법해도 법력을 사용했는데 해산일이 다가오던 백낭자는 결국 법해의 법력를 이기지
못하고 소청의 보호를 받으면서 도망갔다. 하지만 그들이 단교까지 왔을 때 금산사에서 도
망쳐 온 허선을 만났다. 허선과 백낭자 두 사람은 많은 시련을 겪은 후 다시 단교에서 상봉
했고 너무나 기쁜 나머지 부둥켜안고 울었다. 백낭자가 아들을 낳자마자 법해가 와서 무정
하게 백낭자를 서호가의 뇌봉탑(雷封塔) 밑에 봉인시키고 주문을 외워 서호물이 마르고 뇌

봉탑이 무너져야만 백낭자가 다시 인간세상으로 돌아올 수 있다고 말했다.

여러 해가 지난 후 수련을 마친 소청이 다시 서호로 와서 법해와 싸워 이기고 서호의 물을 다 말리고 뇌봉탑을 넘어뜨려 마침내 백낭자를 구해냈다.

백낭자와 허선이 서호 단교에서 만나고 이별하는 감동적인 이야기는 유람객들의 마음을 사로잡고 있으며 이로 하여 서호는 더욱 인상적인 곳으로 되고 있다.

라마교사원 옹화궁(雍和宮)

베이징 시내에는 특색 있는 고대 건축이 많은데 한족, 만족, 몽골족, 티베트족 민족 특색을 동시에 띤 고대건축은 오직 한 곳뿐이다. 그곳이 바로 옹화궁이다.

옹화궁은 중외에 이름난 티베트불교 사원 중의 하나이다. 부지 면적이 6만여 평방미터에 달하며 수많은 전당이 있다. 옹화궁은 원래 청나라 두 번째 황제인 강희(康熙)가 1694년 그의 넷째 아들 윤정(胤禎)을 위해 세운 왕부이다. 1723년 이 왕자가 황제로 된 후 그의 가족들은 황실규정에 따라 황궁으로 이사 갔다. 옹정은 옹화궁의 절반을 행궁으로 만들고 나머지 절반을 라마인 장가후투크투에게 하사했으며 황교사원으로 삼았다.

황교(黃敎)는 라마교의 한 유파로 그의 창시자 로브잔 자크바는 8살 때 출가해 17살 때 티베트에 가서 라마학설을 연구했다. 그 후 황교는 티베트의 집권교파로 되었다. 이 교파 성원들이 모두 노란색 옷을 입기 때문에 '황교(黃敎)'라고 불린다. 로브잔 자크바는 라마교리의 개혁에 중대한 기여를 했으며 달라이와 벤첸은 모두 그의 이름난 제자이다.

옹화궁에는 문화재, 고대 건축군이 많으며 그중에서도 유명한 것은 '3절'로 불리는 세 가지 문화재이다.

3절 중의 하나는 법륜전 후전의 5백 나한산이다. 산 높이가 약 4m, 길이가 3m 넘으며 단향목으로 정교하게 조각했다. 3절 중의 두 번째는 만복각(萬福閣) 내에 있는 미륵불상이다. 만복각은 또한 대불루라고도 하는데 옹화궁 내에서 가장 큰 전각이다. 그 높이는 30여m, 처마가 3겹으로 모두 나무구조로 되었다. 옹화궁의 3절 중 세 번째는 전담불이다. 이는 동으로 만든 석가모니불상이다. 불상 뒤에 병풍같은 불광이 있는데 이 불광과 불단은 모두 귀한 금사 녹나무로 정성들여 조각한 것이며 정교한 기법으로 세상에 유명하다.

위에서 소개한 '3절'외에 옹화궁 내의 건축 및 장식은 모두 특색이 있다. 예를 들면 법륜전은 '十'자형 건축이며 전각의 꼭대기에는 티베트풍격으로 5개 도금보탑을 올려 티베트족 건축특색이 농후하며 한족과 티베트족 문화예술의 결정체이다. 또한 궁중의 4체문 비를 예로 든다면 비문은 청나라 황제가 쓴《라마설》이며 거기에는 라마교의 내원과 라마교에 대한 청나라 정부의 정책이 적혀져 있다. 비문은 한어, 만주어, 몽골어, 티베트어 4가지 문자로 쓰였으며 민족단결 등 내용을 구현했다. 1981년에 옹화궁을 대외에 개방한 이래 해마다 수백만 명의 중외인사들이 여기에 와서 향을 올리고 참관한다. 지금에 와서 옹화궁은 불교 성지일 뿐만 아니라 또한 한족, 만족, 몽골족, 티베트족 문화예술의 보물고이기도 하다.

산서 현공사

일반 사원은 평평한 곳에 세우는 것이 정석이다. 허나 중국 북부의 산서성에는 절벽에 세워진 절이 있는데 이것이 바로 현공사(懸空寺)이다. 현공사는 산서성 북부의 대동시 부근에 있으며 1,400년 전에 세워진 절이다. 이는 중국에서 유일하게 불교, 도교, 유교 3교 합일의 독특한 사원이다. 현공사는 원래 '현공각(玄空閣)'이라 불렸으며 '현'은 중국 전통종교인 도교의 교리에서 기원되었다. '공'은 불교의 교리에서 나왔으며 후에 이름을 '현공사(懸空寺)'라고 고쳤다. 이는 전반 사원이 벼랑 끝에 걸려있는 것 같으므로 한자 중 '현(懸)'과 '현(玄)'의 동음이라 하여 불려온 이름이다.

중국의 많은 건축물 중 현공사는 매우 기묘한 건축이다. 사원은 깊은 골짜기의 한 분지 내에 위치해 있으며 양쪽은 백미터에 달하는 깎아지른 듯한 절벽이다. 현공사는 마치 벼랑 위에, 하늘공중에 걸려있는 것 같으며 지면과 약 50m 떨어져 있다. 멀리서 보면 층층의 전각으로 되어있으며 이런 전각은 열몇 개 가늘고 긴 나무기둥이 밑받침해주고 있다. 이 사원 위의 큰 암석은 앞으로 기울어진 모양을 보이고 있는데 마치 곧 떨어져 사원을 깔려는 듯하여 참관자들은 손에 식은땀을 쥐게 된다. 현공사는 크고 작은 건물 40칸으로 되어있으며 누각은 잔도로 연결되어 있는데 관광객은 잔도를 밟으면 약속이나 한듯 모두 발뒤축을 들고 호흡을 멈추게 되며 걸을 때면 나무 바닥을 조심조심 밟게 된다. 혹시나 한걸음 잘못 밟아 절이 무너지지 않을까 근심해서이다. 하지만 발로 쿵쿵 굴러도 암석에 붙은 이 절은 전혀 움직이지 않는다.

현공사의 건축특색에서 첫 번째는 '기이함'이다. 현공사는 옛 벼랑 중턱에 걸려있어 벼랑 끝에 펼쳐진 우산과 같은 모양을 하고 있다. 이로 하여 사찰은 빗물의 세례를 이겨내고

산 밑 홍수가 범람할 때도 물에 잠기지 않는다. 사원의 주위 산봉우리는 뜨거운 햇살을 막아주는 병풍역할을 한다. 소개에 의하면 햇빛은 매일 3시간 정도만 사원을 비출 수 있다고 한다. 때문에 현공사는 비록 목조건축이지만 천년의 바람과 비의 세례를 거치고도 완벽하게 보존될 수 있었다.

다음은 '현(懸)'이다. 많은 사람들은 현공사가 그 밑의 십여 개 사발 굵기의 나무기둥에 의해 받쳐져 있다고 생각한다. 사실 나무기둥은 전혀 힘을 받지 않고 있다. 실제로 사원을 떠받치고 있는 것은 암석에 꽂혀있는 들보이다. 이 들보는 현지 특산인 철삼나무를 가공하여 만든 네모난 나무들보인데 단단한 암석 밑에 깊이 박혀있다. 나무들보는 오동나무기름에 담궈 낸 것이며 이는 흰개미의 부식에도 견딜 수 있는 방부제역할을 한다. 다락방의 앉음 자리는 바로 이 들보 위에 펼쳐져있다. 이밖에 현공사 밑에 세운 나무기둥 역시 전반 사원을 위로 떠받드는 중요한 역할을 한다. 이 열몇 개 나무기둥을 박은 지점은 모두 정밀한 계산을 거친 것이며 어떤 것은 나무기둥의 힘받이역할을 하고 어떤 것은 누각의 고저를 평형 잡는 역할을 하며 어떤 것은 일정한 중량을 위에 가해야만 밑받침 역할을 발휘할 수 있으며 위에 아무 물건도 없으면 힘을 발휘할 수 없게 된다.

현공사의 또 하나의 특색은 '교묘함(巧)'이다. 이는 주로 사찰을 만들 때 실제상황에 따라 건설하는 방법을 사용한데서 구현되는데 절벽의 자연형태와 배치에 따라 사원의 각 부분의 건축이 세워졌으며 설계가 매우 정교하다. 예를 들어 사찰의 두 개 가장 큰 건축물 중 하나인 삼궁전이 바로 암벽의 공간을 활용하는 원리를 이용해 궁전 앞면에 나무집을 짓고 뒤의 암벽에 많은 석굴을 파서 전당을 보다 넓게 만들었다. 현공사의 기타 전당은 거의 다 작게 만들었고 깊이가 다 비교적 얕다. 전내의 조각상 형태들도 상대적으로 작다. 전당의 분포도 매우 재미있는데 산세에 따라 대칭되면서 변화를 보이고 있다. 관광객들이 복도 잔도를 걸으면 마치 미궁에 진입한 느낌이며 심지어 출구를 찾지 못하는 경우도 있다.

사람들은 옛사람들이 왜 사원을 절벽에 세웠는지 이상하게 생각할 것이다. 원래 현공사 밑은 그 당시 교통요충지였으며 사람들이 사원을 여기에 세운 것은 바로 오가는 신자들이 향불을 피우도록 하기 위함이었다. 또 다른 원인은 산 밑에 강물이 흐르고 있는데 이곳에는 늘 수재가 많았고 강물이 범람해 사람들은 금룡이 수작을 부리는 것으로 생각했다. 그들은 탑을 지어 이 금룡을 진압하려고 생각했고 결국 절벽에 공중사찰을 세웠다고도 전해진다.

현공사의 잔도 석벽에는 '공수천교(公輸天巧)'라는 네 글자가 새겨져 있다. 이는 현공사의 건축공예를 높이 평가하는 것이다. 공수는 바로 2천여 년 전 유명한 목수였던 공수반(公輸般)을 말하는데 그는 중국 건축공예가들이 인정하는 조상이다. 이 네 글자는 이 건축물은 오직 공수반과 같이 이름난 사람만이 세울 수 있다는 뜻이다.

황산의 이야기

중국 중남부 황산풍경구에 위치한 황산(黃山)은 세계적인 관광명승지일 뿐만 아니라 세계자연유산 중의 하나이다. 황산은 예전에 이산(黟山)이라고 불렸다. 그것은 산 위의 돌이 검은 광택을 내서 얻은 이름이다. 그럼 후에 어떻게 되어 황산으로 되었을까?

황제는 중화민족의 전설속의 시조이다. 전설에 의하면 그는 즉위한 100여 년 동안 백성들의 사랑을 한몸에 받았다고 한다. 그 후 연로하여 제왕의 자리를 젊은 소호(少昊)에게 넘겨주었다. 황제는 생활에 대한 열정으로 넘치는 사람이었다. 그는 자신이 늙어서 죽길 원하지 않았으며 장생불로의 경지를 추구하기로 결심했다.

그는 당시 도교의 유명한 인물인 용성자, 부구공을 스승으로 모시고 그들과 함께 연단술

을 연마하면서 장생불로의 방도를 연구했다.

도교는 중국의 본토종교이며 역사상 장생불로의 약을 만드는 전통이 있다. 영약을 만들려면 반드시 영험한 산과 물을 선택해야 한다. 하여 황제 등 세 사람은 영약을 만들 수 있는 좋은 곳을 찾아 떠났다.

그들은 산을 넘고 물을 건너 중국 각지를 돌아다녔으며 그 후 중남부의 이산에 왔다. 이산을 보니 산봉우리가 매우 높아 구름을 뚫었고 하얀 구름이 주단처럼 온 하루 산봉우리를 에워싸고 떠돌고 있었다. 산골짜기는 깊고 가파로웠는데 마치 바다 밑에 온 듯했다. 산골짜기에도 구름과 안개가 자욱했다. 황제일행은 이곳이 바로 영약을 만들 수 있는 가장 이상적인 장소라고 인정했다.

그들은 매일 나무를 채벌하고 목탄을 만들어 산에서 찾아온 약재들을 달였다. 비가 오나 바람이 부나 이 작업은 중단되지 않았다. 전한데 의하면 장생불로 영약은 반드시 반복적으로 9번 달여야 성공할 수 있다 하여 '구전환단(九轉還丹)'이라고 한다. 그들은 반복적으로 작업했으며 반복할수록 더 힘들었다. 하지만 황제의 결심은 오히려 커만 갔다. 그렇게 480년이 지나고 반짝반짝 빛나는 금단영약이 마침내 만들어졌다. 황제가 한 알을 먹자 갑자기 온몸이 날듯이 가벼워졌으며 하늘 공중에 날아오를 수 있었다. 황제의 하얀 수염이 검게 변했으나 노쇠로 인한 피부 주름살은 여전했다.

바로 이때 산봉우리 벼랑사이로 갑자기 한 줄기 빨간 샘물이 흘러내렸으며 열기를 뿜기고 향기가 코를 찔렀다. 부구공은 황제더러 이 홍샘에서 목욕하라 했다. 황제는 홍샘에 연속 7일 동안 몸을 담궜는데 온몸의 원래의 피부가 물에 씻겨 갔고 완전히 젊은 사람처럼 보였다. 얼굴에는 윤기가 돌았고 청춘을 되찾았다. 황제는 드디어 신선이 되었으며 다시는 늙어 죽을 근심을 하지 않게 되었다. 황제가 이 곳에서 신선으로 되었기에 그 후 이산은 황산으로 불리게 되었다.

황산의 가장 이름난 경관 중의 하나가 바로 '몽필생화(夢筆生花)'이다. 산골짜기에 하늘에 치솟은 석회주가 있는데 석회주 아래의 직립부분은 둥글고 길쭉해 마치 붓대와 같다. 꼭대기는 뽀족한데 마치 붓대의 머리 부분 같다. 오랜 소나무 한 그루가 석회주에서 자라고 있는데 푸르름이 무성해 마치 아름다운 꽃 한 송이가 붓끝에 피어있는 것 같다 하여 사람들은 이 석회주를 '몽필생화' 라 불렀다.

전한데 의하면 중국 당나라 때의 시인 이백이 어느 하루 깊은 밤 취기가 몽롱한 가운데 시를 읊으며 바람을 따라 해상의 선산에 와 닿았다. 그는 주위가 망망한 구름바다로 되어 있고 꽃과 나무가 무성한 대자연의 아름다움에 도취되었다. 바로 이때 거대한 붓대 한 자루가 구름 바다 속에서 우뚝 솟아올랐다. 높이가 10장이나 되었고 옥으로 만든 기둥 같았다. 이백은 속으로 이렇게 생각했다. '만약 저 거대한 붓을 얻어 대지를 벼루로 바닷물을 먹으로 푸른 하늘을 종이로 인간의 아름다움을 그릴 수 있다면 얼마나 좋을까!'

그가 환상에 빠져 있을 때 갑자기 아름다운 선악소리가 들리고 오색찬란한 빛이 붓대 끝에서 뿜어 나왔으며 붓대 머리 부분에서 아름다운 빨간 꽃이 피어났다. 이 붓이 점점 이동하면서 그에게로 다가왔다. 이백은 그 빛을 뿌리는 붓대와 차차 가까워져 손을 내밀면 쥘 수 있게 되었다. 마침 붓대에 손이 닿는 순간 그는 꿈에서 깨어났다.

이백은 꿈에서 깨어난 후 반복해 꿈속의 절경을 되새겼지만 그 곳이 어딘지 도무지 생각이 나지 않았다. 그는 전국 명산대천을 찾아다니며 꿈속의 선경을 찾으리라 다짐했다. 그 후 이백은 황산에 왔는데 꽃이 핀 거대한 붓을 보자마자 저도 모르게 소리쳤다. '예전에 내가 꿈속에서 보았던 생화거필이 바로 여기 있었구나.'

전한데 의하면 이백은 '몽필생화'를 본 후부터 명시들을 연달아 세상에 내놓았다고 한다.

4] 성구이야기

소시요요(小時了了)

이 이야기는 중국 고대의 유명한 소설집《세설신어(世說新語)》에 기록되어 있다.

공융은 기원 2세기 중국 한나라 때 사람으로 아주 박식했다. 출중한 가문에서 태어난 그는 어릴 적부터 총명이 과인했는데 특별히 사령(辭令)에 능해 어린 나이에 벌써 명성을 날리고 있었다.

10살 나던 해에 공융은 아버지를 따라 수도 낙양(洛陽)에 가 당지 행정장관을 지내고 있던 이원례(李元禮)를 찾아뵙게 되었다. 이원례는 거만하기로 이름난 학자였다. 평소 그를 찾는 사람이 아주 많았는데 찾아온 사람이 별로 이름 없는 사람이면 문지기는 아예 통보도 하지 않았다.

10살밖에 안 되었던 공융은 이 대단한 학자를 만나 보고픈 마음이 간절했다. 공융은 이원례의 저택을 찾아 문지기에게 통보를 부탁했다. 그러나 문지기는 공융이 아직 어린 아이임을 보고 그냥 돌려보내려 했다. 문뜩 꾀가 떠오른 공융은 문지기에게 "나는 이 대인(大人)의 친척입니다. 대인께서는 꼭 나를 만나줄 것입니다."라고 말했다.

문지기의 통보를 받은 이원례는 이상한 생각이 들었다. 자신에게는 이런 친척이 없었기 때문이었다. 하지만 이원례는 공융을 만나보기로 결정했다.

이원례는 공융을 보자 호기심에 "너와 나는 어떤 친척관계냐?" 하고 물었다.

그러자 공융은 "저는 공자의 후손이고 대인은 노자의 후손입니다. 공자가 일찍 노자한테서 예의에 관해 가르침을 청했다는 사실은 모르는 사람이 없습니다. 그들은 틀림없이 사제관계였습니다. 때문에 우리는 대대로 전해 내려오는 교분을 가지고 있는 사이가 아니겠습니까!"라고 답했다.

중국역사에는 공자와 같은 시대의 저명한 철학자 노자(老子)가 있었다. 노자는 본명이 이담(李耼)인데 중국 도가(道家)학파의 창시인이다. 전하는데 의하면 공자는 당시 모를 문제가 있으면 스스로 학생임을 자처하면서 겸손하게 이담에게 가르침을 청했다고 한다.

당시 이원례의 저택에는 많은 손님들이 자리하고 있었는데 이들은 열 살 밖에 안 되는 공융이 이처럼 박식하고 임기응변에 능한 것을 보고 모두 놀라움을 감추지 못했다.

마침 이때 진위(陳韙)라는 사람이 이원례를 찾아왔다. 진위도 이름 있는 학자였다. 자리에 있던 사람들이 방금 있었던 공융의 행동을 진위에게 말해주자 진위는 대수롭지 않게 공융을 앞에 두고 "소시요요(小時了了), 대미필가(大未必佳)"라고 한마디했다. 그 뜻인즉 어릴 적에 똑똑하고 총명했다고 해서 반드시 자라서도 훌륭한 사람이 되는 것은 아니라는 것이다. 총명한 공융은 즉시 "저는 진 대인께서 어렸을 때 틀림없이 아주 총명했을 것으로 생각합니다."라는 말로 반박했다. 공융의 말은 진위가 용재(庸才)임을 뜻하였다. 진위는 공융의 이 한마디에 말문이 막혀 반나절이나 말을 잇지 못했다.

그 외, '공융양리(孔融讓梨)'의 이야기도 중국인들은 거의 다 알고 있다. 공융은 어려서부터 예의에 아주 밝아 가족들과 함께 배를 먹게 되면 항상 큰 것을 골라 윗사람들에게 드리고 자기는 작은 것만 골라 먹었다고 전해지는 이야기이다.

공융은 나이가 들면서 박식하면서도 다재다능한 사람이 되었고 지방 행정장관까지 지냈다. 그러나 그때 당시 나라는 이미 분열의 국면을 맞이했고 역사상의 '삼국시대'가 바야

흐로 막을 올리게 될 무렵이었다. 공융은 전통 학자로 언행과 문장을 통해 자주 시국에 대한 우려와 불만을 드러냈는데 결국은 중국 역사상의 다른 한 유명한 인물인 조조(曹操)에 의해 살해된다.

일명경인(一鳴驚人)

기원전 9세기에서 기원전 5세기까지 중국은 전국(戰國) 시대에 처해 있었다. 이 시기 전국에는 수십 개의 제후국들이 생겨났는데 생존을 위해 여러 제후국들은 정확하면서도 효과적인 대내외 정책을 매우 필요로 했다. 이 때문에 또 전문 임금에게 계략을 짜주는 책사계층까지 나타났다. 이런 책사들은 모두 자신의 철학사상과 치국지도(治國之道)를 가지고 있었으며 특히 생동한 비유로 집권자들을 풍자하거나 권유하는데 능했으며 이런 방식은 집권자들이 화내지 않고 오히려 이들의 견해나 주장을 쉽게 받아 들일수 있게 했다.

'일명경인(一鳴驚人)'의 이야기가 바로 책사 순우곤(淳于髡)이 임금을 권유한 이야기이다.

제위왕(齊威王)은 재위한지 얼마 안 되는 제나라(齊) 국왕이었다. 제위왕은 태자로 있을 때까지만 해도 재능과 지혜가 뛰어났고 문무를 익히는데 게을리하지 않았다. 또 치국(治國) 책략도 연구하면서 즉위 후 나라를 강대국으로 건설할 수 있기를 바랐다. 그러나 즉위 후 제위왕은 국왕의 권위와 누릴 수 있는 향락은 태자 때와는 비교가 안 된다는 사실을 발견하게 되었다. 매일 조정에 나갈 때면 조정대신들이 떠받들고 퇴조 후에는 최고의 주안상과 아릿다운 비빈들이 기다리고 있었다. 점점 시간이 흐르면서 제위왕이 태자 때 가지고 있던 웅심도 점차 사라지기 시작했다.

2년 남짓한 시간이 흘렀다. 제위왕은 갈수록 주색에 빠져들어 날마다 술과 사냥만 즐겼고 국사처리는 모두 대신들에게 맡겼다. 이 때문에 국정혼란이 빚어졌고 관리들의 탐오와 실직행위가 성행했다. 국력은 갈수록 쇠퇴해졌고 주변 나라들은 호시탐탐 침범할 기회를 노리고 있었다. 정직한 관리와 백성들은 나라의 앞날을 크게 걱정하면서도 문책이 두려워 아무도 제위왕에게 직언을 하려 들지 않았다.

순우곤이라는 책사가 있었는데 그는 달변이었고 말재주가 이만저만이 아니었다. 평소에도 그는 늘 재미있는 은어(隱語)로 다른 사람과 변론하기를 즐겼다. 그는 제위왕도 이런 은어로 자신의 지혜를 과시하기 좋아한다는 사실을 알고 기회를 타서 제위왕에게 충고를 드리기로 결심했다.

어느 날, 순우곤은 제위왕을 알현하게 되자 바로 왕에게 "폐하, 신이 알고 있는 수수께끼가 하나 있는데 한번 맞춰보셨으면 합니다."고 아뢰자 제위왕은 곧 "어떤 수수께끼인가?" 하고 물어왔다.

순우곤은 "한 나라에 큰 새 한 마리가 궁에서 살았다고 합니다. 이미 3년이 지났는데도 이상하게 이 새는 날지도 울지도 않고 아무 생각 없이 몸만 움츠리고 있습니다. 무슨 새인지 맞춰보시겠습니까?"라고 말했다.

위왕은 듣자마자 순우곤이 국왕인 자신의 무능함을 풍자하는 것임을 눈치 챘다. 그러나 정답을 어떻게 말해줘야 할지 생각이 바로 떠오르지 않았다.

한동안 생각을 더듬던 끝에 제위왕은 순우곤에게 "너는 이 큰 새를 잘 모르고 있구나. 이 새는 날지 않으면 그뿐이지만 한번 날았다 하면 곧바로 하늘에 오르고 또 울지 않으면 그뿐이지만 한번 울기만 하면 많은 사람들을 놀라게 할 것이다. 어디 두고 보라!" 하고 말했다.

이때로부터 제위왕은 두문불출하고 잘못을 반성했다. 그는 과오를 시정하고 분발해 큰 뜻을 이루리라 결심했다. 그는 우선 국정을 정돈하고 전국의 관리들을 불러 직책에 충실한 사람들한테는 상을 베풀고 부패하고 무능한 자들에게는 엄벌을 내렸다. 또 군대를 정돈해 무력도 증강했다. 이런 조치로 제나라는 새롭게 변모됐고 이르는 곳마다 생기가 차 넘쳤다. 제나라를 노리고 있던 제후국들은 이 소식을 접하자 모두들 깜짝 놀라며 제위왕을 큰 새에 비유해 울지 않으면 그뿐이지만 한번 울기만 하면 사람을 놀라게 한다는 뜻으로 '불명칙기(不鳴則己), 일명경인(一鳴驚人)'이라고 평가했다.

그 후 '일명경인(一鳴驚人)'은 고사성어로 고착돼 비범한 재능을 가진 사람이 이를 잘 활용하고 발휘하기만 한다면 얼마든지 사람들을 놀래우는 정도의 큰일을 해낼 수 있다는 뜻으로 쓰이게 되었다.

봉화로 제후들을 놀래운 이야기

주유왕(周幽王)은 기원전 8세기 주나라의 마지막 왕이다. 그는 어리석고 아둔했으며 정무에는 전혀 신경을 쓰지 않고 날마다 후궁과 미인들 속에 파묻혀 살았다. 주유왕은 포사(褒姒)라는 왕비를 특별히 총애했는데 그녀의 요구라면 다 만족시켜 주었다. 하지만 포사는 언제나 불쾌해했고 거의 웃는 얼굴을 드러내지 않았다. 주유왕은 갖은 방법을 다해 포사를 한번 웃게 하려고 했으나 그가 노력하면 할수록 포사는 더욱더 불쾌해 하면서 일부러 웃지 않았다. 미인의 웃음을 한번만이라도 보기 위해 주유왕은 갖은 잔머리를 다 굴렸다.

어느 날, 주유왕은 포사와 함께 밖에 나갔다가 여산(驪山) 봉화대에 이르렀다. 주유왕은 포사에게 봉화대의 용도를 설명해주면서 봉화대는 전쟁소식을 알리는 건축이라고 했다. 당시 국경으로부터 나라 도읍에 이르기까지 일정한 거리를 사이 두고 높은 토성이 하나씩 있었으며 병사들은 밤낮없이 이 토성을 지켰다. 적들이 국경을 침범하게 되면 봉화대를 지키는 병사는 즉시 봉화를 지피고 이웃해 있는 봉화대에 긴급신호를 보내며 이렇게 하나씩 전해지면서 국경에서 발생한 상황은 아주 빨리 도성에까지 전해진다. 일단 도읍이 위협을 받게 되면 여산의 봉화대에도 봉화가 타올라 주왕조에 부속해 있는 제후국에 소식이 전해지게 되며 제후국들은 즉시 지원병을 파견하곤 했다.

주유왕의 말을 들은 포사는 이같은 토성에 불을 지펴 천 리 밖의 구원병들을 불러 올 수 있다는 사실을 믿으려 하지 않았다. 포사의 환심을 사기 위해 주유왕은 즉시 병사들에게 봉화대에 불을 지피도록 명했다. 봉화는 하나하나 꼬리를 물고 타올랐으며 각지의 제후들은 도읍이 진공을 받은 줄로만 알고 분분히 군사를 끌고 구원하러 왔다.

하지만 각 제후들이 급급히 여산 기슭에 이르러 보니 눈앞에서는 주유왕과 왕비가 높은 보루에 앉아 술을 마시며 즐기고 있었고 적은 그림자도 볼 수 없었다. 그제야 제후들은 국왕이 자신들을 우롱했음을 알게 되었다. 제후들은 분한 마음을 누른 채 군사를 이끌고 돌아갈 수밖에 없었다. 포사는 평소에 기개가 이만저만 아니던 제후들이 우롱을 받고 낭패한 얼굴을 하고 있는 것을 보고 저도 모르게 방그레 웃었다. 주유왕은 총애하는 왕비가 끝내 웃는 모습을 보고 아주 기뻐했다.

제후들이 모두 물러간 후 주유왕은 병사를 시켜 다시 봉화를 지피도록 했으며 제후들은 또 총망히 군사를 끌고 왔다. 주유왕과 포사는 제후들이 또 속은 것을 보고 봉화대우에서 박장대소했다. 이렇게 주유왕은 몇 번이나 봉화를 지피고 제후들을 놀렸다. 마지막에 봉화가 또 다시 타올랐을 때는 그 어느 제후도 속임수에 넘어가지 않았다.

얼마 지나지 않아 주유왕은 포사를 왕후로 삼고 포사의 아들을 태자로 봉하려 했다. 그리고 목적을 이루기 위해 왕후와 태자를 폐위시켰다. 왕후의 아버지는 신나라(申)의 국왕이었는데 자기의 딸이 폐비가 되었다는 소식을 듣고 노하여 즉시 다른 나라와 연합하여 병사들을 이끌고 주나라를 공격했다. 주유왕은 급히 명령을 내려 봉화를 지피고 제후들을 부르도록 했다.

하지만 제후들은 주유왕을 더는 믿지 않았다. 봉화가 끊임없이 타올랐지만 그 어느 제후도 구원하러 오지 않았으며 따라서 주왕조의 도읍은 함락되고 말았다. 주유왕은 살해되었고 포사는 잡혔으며 주나라는 멸망하게 되었다.

모수자천(毛遂自薦)

속담에 '황금은 꼭 빛을 발할 날이 있다'는 말이 있다. 중국에는 '모수자천(毛遂自薦)'이라는 고사성어가 있는데 역시 같은 뜻을 말한다.

중국 고대 전국(戰國)시기 조나라(趙)의 도읍 한단(邯鄲)이 강대한 진나라(秦) 군대에 겹겹이 포위되어 나라의 존망이 위급해졌다.

한단을 구하기 위해 조나라 왕은 다른 대국인 초나라(楚)와 연합해 공동으로 진나라에 대항하려고 했다. 하여 그는 친왕(親王) 평원군(平原君)을 초나라에 사신으로 보냈다.

평원군은 자기가 거느리고 있던 문객 중에서 용맹하고 지혜가 있는 20명을 선출해 함께 초나라로 가기로 했다. 그러나 고르고 골랐지만 19명밖에 선택하지 못했다. 이때 한 문객이 자청해 함께 가려고 했다. 그가 바로 모수(毛遂)였다.

평원군은 모수를 아래위로 훑어본 후 물었다. "그대는 누군데 무슨 일로 나를 찾는가?"

모수는 이렇게 대답했다. "저는 모수라고 하옵니다. 한단성을 구하기 위해 초나라로 유세하러 간다는 말을 듣고 함께 가려고 하옵니다."

평원군이 또 물었다. "그대가 우리 집에 온지 얼마 되었는가?"

모수의 대답이다. "3년이 되었습니다."

이에 평원군이 말했다. "3년이면 짧지 않은 시간이다. 한 사람이 특별한 재주가 있다면 자루 안에 넣은 송곳이 그 날카로움을 드러내듯이 재주가 금방 나타날 것이 아니겠는가? 그대가 우리 집에 3년이나 있었다는데 나는 아직까지도 그대가 특별한 재주가 있다는 소리를 듣지 못했다. 내가 이번에 초나라에 가는 것은 구원병을 불러 나라를 구하는 중임을 완성하기 위해서이다. 때문에 재주가 없는 사람은 함께 갈 수가 없으니 그대는 집에 남아 있는게 좋겠다."

평원군은 아주 솔직하게 말했다. 그러나 모수는 도리어 자신이 넘쳐 이렇게 대답했다. "당신의 말은 사실에 맞지 않습니다. 내가 특별한 재주가 없어서가 아니라 당신이 나를 자루 안에 넣지 않았기 때문입니다. 만약 일찍 나를 자루 속에 넣었더라면 나의 특별한 재주는 금방 송곳처럼 드러났을 것입니다."

이야기가 오고가는 중에 평원군은 모수가 확실히 재주가 있다고 여기고 모수의 청을 받아들여 20명의 수종을 무어 초나라로 향했다. 초나라에 도착한 후 평원군은 초나라 왕과 담판을 시작했다. 평원군이 공동으로 진나라에 대항하는 필요성에 대해 세세히 설명한 후 조속히 구원병을 파견해 한단을 구할 것을 요구했지만 초왕은 가타부타 답이 없었다. 담판은 아침부터 점심까지 계속되었지만 아무런 진전이 없었다. 그러자 밖에서 기다리고 있는 20명의 수행인원들도 조급해했다.

모수가 자청해서 이번에 함께 초나라에 오게 되었기 때문에 다른 19명의 수행인원들은 마음속으로 모수를 얕잡아 보며 그가 자화자찬한다고 생각했다. 이때라고 생각한 이들은 모수가 도대체 무슨 재주가 있는가 보려고 모수를 꼬드겼다.

"모 선생, 담판이 아직도 결과가 없는데 당신이 한번 들어가 구경 어찌된 영문인지 알아볼 수 없겠소?"

모수는 즉시 응대를 하고 허리에 찬 검을 손으로 꼭 잡아 쥐고 초왕 앞에 다가서서 말했다.

"대왕폐하, 초나라와 조나라가 연합해 진나라에 대항하는 것은 반드시 해야 할 일입니다. 이는 한두 마디로 결정할 수 있습니다. 그런데 아침부터 지금까지 좀처럼 결론을 보지 못하고 있습니다. 이는 도대체 무엇 때문입니까?"

모수의 출현과 문책에 초왕은 아주 불쾌했다. 그는 모수를 상대하지 않고 몸을 돌려 성난 어조로 평원군에게 물었다.

"이 사람은 누구시오?"

평원군이 대답했다. "저의 수행원입니다."

초왕은 분노를 참지 못하고 몸을 돌려 모수를 꾸짖었다.

"과인이 그대의 주인과 함께 대사를 거론하는데 네가 누구라고 감히 말참견을 하는거냐!"

초왕의 질책에 노한 모수는 검을 뽑아들고 초왕을 향해 두걸음 다가선 후 큰소리로 외쳤다.

"존경하는 초왕폐하, 당신이 감히 나를 질책하는 것은 당신들 초나라가 대국이라고 생각해서가 아닙니까? 또 지금 당신 옆에 둘러선 호위병이 많다고 생각해서가 아닙니까? 그러나 똑똑히 보시오. 지금 10보(步) 내의 거리에서는 당신의 나라가 대국이여도, 당신의 부하가 많아도 소용이 없습니다. 당신의 목숨은 내 손안에 들어 있습니다. 그런데도 당신은 무슨 호통질입니까?"

모수가 이렇게 말하자 초왕은 놀라 머리에 땀이 돋으며 아무 소리도 하지 못했다.

모수는 또 이렇게 말한다. "초나라는 대국으로서 응당 천하를 제패해야 했을 것입니다. 그러나 당신은 뼛속으로부터 진나라를 두려워하고 있습니다. 진나라가 여러 번 초나라를 침범하고 당신들의 많은 땅을 점령했으니 이는 얼마나 큰 치욕입니까? 이를 생각하면 우리 조나라 사람들도 부끄러움을 금치 못합니다. 지금 우리들이 당신들과 연합으로 진나라에 대항하려는 것은 한단을 구하기 위해서라고 할수도 있지만 역시 당신들 초나라를 위해 복수하기 위해서입니다. 그런데 당신이 이처럼 나약할 줄은 몰랐습니다. 이게 무슨 대왕입니까? 당신은 부끄럽지도 않습니까?"

모수의 열변에 조나라 왕은 부끄러워 어찌할 바를 몰랐다.

모수가 또 입을 열었다. "존귀하신 초왕폐하, 어떻습니까? 우리 초나라와 함께 진나라와 대항하겠습니까?"

"그렇게 하겠소. 그렇게 하겠소!"

초왕은 연이어 대답했다.

초나라와 조나라가 공동으로 진나라에 대항하는 맹약을 체결한 후 평원군 일행은 한단에 돌아왔다.

조나라 왕을 알현한 평원군은 이렇게 말했다.

"제가 이번에 초나라에 사신으로 가서 임무를 완성하게 된 것은 모두 모수선생의 공로입니다. 그의 세 치 혓바닥으로 우리 조나라의 안전을 되찾았습니다. 그는 정말로 백만의 용맹한 군사보다 강합니다!"

사흘도 지나지 않아 조나라 서울 한단에서 모수의 이름을 모르는 사람이 없게 되었다. 지금은 이 성구로 재능이 있는 사람이 다른 사람에게 자신을 추천하는 것을 비유하고 있다.

사면초가(四面楚歌)의 이야기

한 사람이 일을 처리함에 있어서 아주 큰 난관에 부딪치고 또 주변의 상황이 모두 이 사람이 실패할 것이라고 예언하는 것 같을 때 한어에서는 '사면초가'라는 고사성어를 빌어 형용한다.

기원전 202년 중국의 첫 통일된 봉건왕조인 진나라(秦)가 건국했다. 현재 세계문화유산의 하나인 중국 섬서성(陝西省)의 진시황병마용(兵馬俑)은 바로 이 왕조가 남겨놓은 유적이다.

또 다른 세계문화유산인 만리장성도 이 진왕조시기에 초보적인 규모를 갖추었다.

진나라의 통치자들은 허례허식을 좋아했다. 특히 진시황은 자신을 위해 호화로운 황궁과 능묘를 만들었다. 여기에 드는 비용이 막대해 백성들에 대한 착취도 잔혹해 졌으며 민중봉기가 여기저기서 일어났다. 결국 15년 후 진왕조는 전복되었다. 진왕조가 멸망한 후 두 갈래의 세력이 새로운 패권을 쟁탈하게 되었는데 한 갈래는 항우(項羽)가 인솔하고 다른 한 갈래는 유방(劉邦)이 이끌었다.

항우는 초나라의 장군으로 성격이 강직하고 거만했으며 용맹하고 싸움을 잘했다. 유방은 진나라가 멸망되기 전에 말단 관료로 있었으며 성격이 교활했으나 사람을 잘 등용했다. 진왕조를 반대하는 전쟁에서 두 사람은 일찍 의형제를 맺고 서로 도왔으나 진왕조가 멸망하자 두 사람은 즉시 반목했다.

처음에는 항우가 절대적인 우세를 점했다. 그는 황제에 상당하는 '서초패왕(西楚霸王)'으로 자칭하고 유방은 제후왕에 상당한 '한왕(漢王)'으로 봉했다. 유방은 자기의 역량을 보존하기 위해 겉으로는 항우의 통치지위를 승인하는 체 했지만 암암리에 인재를 널리 모으고 군사력을 키웠다. 하여 유방의 세력은 점차 항우와 비견할 수 있게 되었다.

항우와 유방간의 전쟁은 수년간 계속되었는데 역사상 '초한전쟁(楚漢之爭)'이라고 부른다.

유방과 항우의 최후 결전은 해하(垓下, 오늘의 안휘경내)에서 진행되었다. 치열한 전투를 거친 후 유방의 군대는 항우와 그의 군사를 포위했다. 항우는 비록 열세에 처해 있으나 여전히 10만 군사를 가지고 있었기 때문에 유방은 단숨에 항우를 제압할 수 없었다.

어느 날 밤, 포위되었던 항우와 그의 병사들은 사방에서 들려오는 귀 익은 노래 소리를 듣게 되었다. 자세히 들어보니 고향 초나라의 민가였다. 노래 소리는 유방의 군영에서 들려 왔다. 항우와 그의 병사들은 깜짝 놀라 유방이 이미 그들의 고향을 점령하고 많은 고향의 친인들을 포로로 잡았다고 생각하게 되었다. 귀에 익은 고향의 노래는 병사들의 향수를 자아냈다. 항우진영의 군심이 크게 흔들렸고 병사들은 야음을 타서 도망하기 시작했다. 10만의 군사가 수백 명밖에 남지 않았다.

원래 이는 유방의 계략이었다. 그는 자기 군대의 병사들을 모아 사람을 슬프게 하는 초나라의 민가를 부르게 해서 항우군의 심리를 소란한 것이었다. 해하전역은 유방의 승리로 끝나고 항우는 결국 자살했다. 그 후 유방은 한왕조를 건립했다. 한왕조시기는 중국역사에서 제일 강성한 시기의 하나였으며 경제문화면에서 모두 세계의 주목을 받았다.

비수(淝水)전역 이야기

기원전 4세기 초 중국 당시의 중앙집권정부가 와해되면서 남과 북에 두개 정권이 탄생하였다. 남방의 한족정권 동진(東晉)은 장강유역을 통제하고 도읍을 건강(建康, 지금의 남경)으로 정하고 북방 황하유역은 저족 정권인 전진(前秦)이 통치하면서 도읍을 장안(長安, 지금의 서안)에 정했다.

전진황제 부견(符堅)은 능력이 출중했다. 그는 한족 대신들을 중용하고 불법 귀족세력을 타격했으며 중앙집권을 강화하고 수력개발, 농업발전의 경제정책을 실행함과 아울러 군사력을 대폭 발전시켰다. 그는 조만간 동진(東晉)을 소멸하여 중국 전역을 통일할 수 있기를 희망했다.

기원 383년 부견은 87만 명의 대군을 이끌고 남하하여 동진을 진공하였다. 동진에 십여만 병력밖에 없다는 정보를 입수한 부견은 오만방자하게 "우리의 대군이 말고삐를 강에 던져도 그 물길을 막을수 있을진대 진을 멸망시키지 못하겠는가?"라고 호언장담했다.

동진은 전진의 대군이 남하한 것을 알고 급히 사석(謝石), 사현(謝玄)에게 8만여 명의 정예병을 주어 적과 대항하도록 하였다. 이때 전진의 선견부대가 이미 동진 수도에서 멀지 않은 낙간(洛澗 즉 洛河, 오늘의 안휘 회남동)에 이르러 회화(淮河)의 교통을 차단했으며 이로 하여 정세는 매우 위급해졌다. 사석, 사현은 5천 명의 경기병을 파견하여 낙간의 적군을 기습해 큰 승리를 거두었다. 하여 동진군의 사기가 크게 올라가고 수륙양로로 병진해 비수동안(淝水東岸, 회수지류淮水支流 즉 오늘의 안휘 중부安徽中部)에까지 이르러 군사를 배치하였다.

부견은 선두부대가 패했다는 소식을 듣고 급히 달려와 친히 싸움을 독려했다. 그는 성루에 올라 비수동안의 동진군대를 관찰했는데 대안에 군영이 많고 깃발이 무수히 바람에 나붓기며 군영에서는 북소리가 가끔씩 들려 오는걸 듣고 깜짝 놀라며 몸을 돌려 먼 북방의 팔공산(八公山)을 바라보았다. 부견은 속으로 동진 군영의 엄밀한 진세를 생각하며 얼결에 팔공산의 초목도 온 산에 적의 기발이 나붓기는 것으로 잘못 보았다. 그는 공포감에 휩싸여 더는 눈 뜨고 보지 못하면서 몸을 돌려 부하에게 물었다.

"동진 군대가 이토록 숫자가 많아 분명히 강적임에 틀림없는데 너희들은 어찌하여 그들을 오합지졸이라고 하느냐?"

이때 사석, 사현은 사전분석을 거쳐 전진 군대는 비록 인원수는 많지만 병사들을 각 민족 평민들 중에서 강제로 초모하여 군심이 동요되고 있으며 먼 길을 달려와 사람과 말이 다 지쳤다는 것을 알고 속전속결의 전술을 취하기로 하였다. 하여 사석, 사현은 부견에게 편지를 써서 전진군이 비수 강안에서 후퇴하면 동진군이 비수를 건너 일전을 치르자고 제안했다. 부견은 동진군이 도하하는 시기를 이용해 공격한다면 아주 좋은 기회로 될 것이라고 생각해 후퇴하도록 전진군대에 명령하였다. 전진 병사들은 전투의욕이 없던 차였는데 뒤에 있는 부대들은 후퇴의 명령을 듣자 전방에서 패한 줄 알고 앞다투어 도망을 쳤다. 전진군은 삽시에 큰 혼란에 빠졌다. 동진군은 이 기회를 타 비수를 건너 적들과 싸웠다. 이때 전진군 내부에서 "전진군이 패했다! 전진군이 패했다!"라는 외침소리가 들렸다. 전진병사들은 이 소리를 듣자 더욱 혼란에 빠졌다. 전진의 수십만 명의 군사는 서로 밟고 밟히고 하면서 사망자가 부지기수였으며 부견도 화살에 맞아 부상했다. 동진군은 이 기회를 타 바짝 추격했으며 부견은 황급히 친위부대를 거느리고 나를 살려라 하고 도망을 쳤다. 전진군대가 기진맥진해 휴식하려 할 때 갑자기 '우우' 하는 바람소리와 학의 울음소리가 들렸다. 전진군대는 동진군이 추격해 오는 줄 알고 머무를 새도 없이 또 줄행랑을 놓기 시작했다. 전진은 대패하여 돌아갔으며 그때부터 국세가 기울어 2년 후에는 멸망하고야 말았다. 비수전역에서 동진군은 8만여 명의 군사로 전진의 87만 명 대군을 물리쳐 큰 승리를 이룩함으로써 중국 역사에서 소수병력으로 다수병력을 이긴 대표적인 사례를 창조하였다. 한편 비수전역에서 '투편단류(投鞭斷流, 말채찍만 던져도 강물을 막을수 있다. 병력이 아주 강하다는 뜻임)', '초목개병(草木皆兵, 나무와 풀이 모두 적군으로 보이다)', '풍성학려(風聲鶴唳, 바람소리와 학의 울음소리도 모두 적병으로 의심한다. 자라보고 놀란 가슴 솥뚜껑 보고도 놀란다)' 등 고사성어가 나왔다.

적벽(赤壁)을 불사른 이야기

중국역사에는 적은 군사로 많은 군사를 이긴 전쟁사례가 아주 많다. 그중 삼국시기 적벽을 불사른 이야기는 민간에서 가장 널리 유전되고 있다. 이 전쟁에는 사람들이 지금도 즐겨 이야기하는 유래가 있다.

기원 2세기 말 중앙집권정부 동한(東漢)이 쇠락한 후 장기적인 군벌혼전을 거쳐 조조(曹操), 유비(劉備), 손권(孫權)이 각기 중원(中原)과 파촉(巴蜀), 강동(江東)지역을 점했다. 그중 조조의 세력이 제일 강대하였다. 기원 208년 조조는 군대를 거느리고 남하하여 유비를 패배시키고 군사 요충지인 형주(荊州)의 대부분 지역을 점령하였다. 유비는 하는 수 없이 하구(夏口, 오늘의 호북한구)로 물러가게 되었다. 조조는 유비를 일거에 소멸하고 손권이 차지하고 있는 강동지역을 병탄하려고 생각하였다. 유비와 손권은 공동으로 조조에 대항하기로 결정지었다. 당시 조조는 20여 만 명의 대군을 거느리고 강릉(江陵, 오늘의 호북에 속함)으로부터 강을 따라 동쪽으로 진군하여 하구까지 갔다. 손유 연합군 5만 명은 강을 거슬러 북상하여 적벽(현재의 호북 무창 서쪽 적기산 湖北武昌西赤矶山)에서 만났다.

주유는 유비의 모사 제갈량(諸葛亮)과 계책을 논의하였다. 그들은 조조는 인마가 많고 군대의 진법이 정연하기에 정면으로 대결할 경우 손유 연합군이 이기기가 어려우니 화공을 취하기로 결정하고 완벽한 계책을 세웠다. 하루는 주유가 수하대장들을 소집하여 조조를 진공할 데 대해 논의하였다. 노장 황개(黃盖)는 대방이 너무 강하기에 아예 투항하는 게 나을 것이라고 주장하였다. 주유는 대로하여 황개에게 곤장 50대를 치라고 명령하였다. 황개는 벌을 받은 후 사람을 파견하여 조조에게 편지를 보내 투항하겠다고 알렸다. 이때 주유군영의 조조군 첩자도 주유가 황개를 때린 소식을 전했다. 조조는 황개가 진짜 투항하러 온다고 생각해 아주 기뻐하였다. 이때 세상에 이름을 떨친 군사가 방통(龐統)이 조조를 배알하러 왔는데 조조는 기쁜 나머지 즉시 방통에게 계책을 물었다. 원래 조조의 군사들은 북방사람들로서 수전을 모르고 남방수토에 맞지 않아 늘 병에 걸린다는 것이었다. 방통은 "그게 뭐 대수입니까? 크고 작은 배들을 배합하여 30척이거나 50척의 배를 선두와 선미가 이어지게 하고 쇠사슬로 이어 놓은 후 그 위에 널판자를 깔면 됩니다."라고 하였다. 조조는 즉시 그 말대로 하였다. 결과 조조의 전함은 쇠사슬로 연결된 후 심한 파도에도 전혀 흔들림이 없었다. 병사들은 배에서 창과 칼을 다루면서 육지에서나 마찬가지로 어지럼증을 느끼지 않았다. 조조는 크게 기뻐하였다. 그러나 책사는 "전함이 쇠사슬로 이어져 비록 좋기는 하나 대방이 불로 공격하면 도망할 방법이 없을 것 같습니다."라고 하였다.

조조는 그 말을 듣고 크게 웃었다. "걱정할 필요가 없다. 우리는 북쪽에 있고 그들은 남쪽에 있다. 지금은 겨울이라 서북풍이 불지 어디 동남풍이 부는가? 그들이 만일 불로 공격한다면 저들만 손해볼 게 아닌가?"라고 하였다. 부하들은 모두 조조가 식견이 있다고 치하하면서 경계를 늦추었다.

그런데 11월 20일 갑자기 동남풍이 불었다. 유비의 책사 제갈량은 날씨변화를 주의 깊게 살피면서 일찍부터 주유와 함께 만반의 준비를 다하였다. 이때 조조는 황개가 사람을 파견하여 보낸 편지를 받고 황개가 투항하러 오도록 시간을 잡았다. 조조는 장군들을 거느리고 선두에 서서 황개를 기다렸다. 과연 황개가 십여 척의 작은 배들을 거느리고 순풍을 따라 오고 있었다. 조조는 이 모습을 보고 아주 득의양양해졌다. 십여 척의 작은 배들은 바람을 타고 얼마 안 되어 조조의 전함 앞까지 왔다. 황개가 손을 젓자 작은 배들에 갑자기 불이 달렸다. 원래 배에는 장작과 기름종이 등 타기 쉬운 물품들이 가득 실렸던 것이었다. 불에 탄 작은 배들은 동남풍을 타고 조조의 전함을 향해 돌진했으며 조조의 배들에는 즉시 불이 달렸다. 조조의 배들은 한데 이어져 있었기에 도망갈 수 없었고 삽시에 군영은 불바다로 되었다. 조조는 급히 배를 버리고 강안에 올랐다. 엎친데 덮치기로 주유가 사전에 매복시킨 군사들이 강안에 있는 식량창고에 불을 질렀다. 손유 연합군은 이 기회를 빌어 맹공격을 들이댔으며 조조는 결국 참패하여 간신히 포위를 뚫고 북방으로 도망쳐 갔다.

적벽전쟁을 통해 손권은 강남에서의 통치를 공고히 하게 되었고 유비도 기회를 타 형주의 대부분 지역을 점령하였으며 결국 조조, 손권, 유비 세 세력이 대치하는 국면이 형성되었다. 적벽을 불태운 이야기 중에는 많은 고사도 남아 내려온다. 예를 들어 황개가 주유에게 매를 맞은 후 조조에게 가짜로 투항한 것은 '고육책'으로 불린다. 또한 방통은 사실 유비의 책사 제갈량의 친간 친구였으며 그가 조조에게 철삭으로 배를 연결시켜 조조군대가 불의 공격을 이겨내지 못하게 했는데 이는 '연환계'라고 불린다.

홍문연(鴻門宴)의 이야기

중국 고대의 정권쟁탈과 상호 토벌의 역사 중 적은 병력으로 많은 병력을 이기고 지혜로 승리를 이룩한 군사이야기들이 있다.

기원전 221년 중국 역사상 첫 통일된 봉건왕조인 진나라(秦)가 세워졌다. 진의 통치자는 시대의 흐름에 역행하여 인민들을 잔혹하게 착취해 백성들을 고난에 처하게 했고 이로 하여 민중봉기가 끊임없이 폭발하였다. 많은 봉기 대오 중에서 두 갈래의 봉기군이 신속히 세력이 커졌는데 하나는 초나라(楚)의 대장 항우(項羽)가 인솔한 봉기군이고 다른 한 봉기군의 수령은 진나라의 말단 관료 유방(劉邦)이었다.

항우는 성격이 오만하고 독단적이지만 용맹하게 싸움을 잘해 명성이 널리 알려졌다. 유방은 성격이 교활하지만 사람을 잘 기용했다. 항우와 유방은 진나라와 대항하는 전쟁에서 연맹을 맺고 서로 도우면서 그 세력이 날로 강대해졌다. 항우와 유방은 만일 누가 진의 도성 함양(咸陽)을 먼저 공략하면 그 사람이 왕이 된다고 약속했다.

기원전 207년, 항우는 거록(巨鹿)에서 진나라의 주력군을 대패시켰다. 하지만 이때 유방은 이미 군대를 이끌고 진나라의 도성 함양을 공략하였다. 유방은 책사의 계책을 받아들여 군대를 함양 부근의 파상에 배치하고 함양에 들어가지 않았다. 그는 진왕의 궁전, 국고 등 중요한 곳들을 폐쇄하고 함양의 백성을 위로하였다. 백성들은 유방이 사람을 너그럽게 대하고 군대의 기율이 엄한 것을 보고 크게 기뻐하며 유방이 진나라 왕이 되길 바랐다.

항우는 유방이 먼저 함양에 도착했다는 소식을 듣고 아주 분노하여 40만 대군을 이끌고 함양 부근의 홍문(오늘의 섬서 임동 부근)에 주둔했으며 함양을 탈취하려 하였다. 항우의 책사 범증(范增)은 일거에 유방을 소멸할 것을 항우에게 권하였다. 그는 "유방은 전에 재물과 여색을 탐하는 인간이었습니다. 지금 그가 함양에 들어간 후 재물도 다치지 않고 미녀도 찾지 않습니다. 여기에는 필경 큰 계략이 있음이 틀림없으니 우리는 그 세력이 더 커지기 전에 죽여야 합니다."라고 하였다.

이 소식이 유방의 귀에 들어갔다. 유방의 책사 장량은 지금 유방의 군대는 십여 만밖에 안되고 그 세력이 아주 약하기에 항우와 정면대결을 할 수 없다고 판단했다. 장량은 좋은 친구인 항우의 숙부 항백(項伯)을 찾아가 사정이야기를 하였다. 그 후 유방은 장량과 대장 번쾌(樊噲)를 데리고 친히 홍문에 가 항우에게 자신은 함양을 지키면서 항우가 와 왕으로 되길 기다리고 있다고 설명하였다. 항우는 유방의 말을 듣고 연회를 차려 그를 초대하였다. 범증은 항우의 옆에 앉아 여러 번 유방을 죽이라고 암시했지만 항우는 이를 못 본 체하였다. 범증은 대장 항장(項莊)더러 연회에서 검무를 추어 흥을 돋울 것을 제안하면서 이 기회를 타 유방을 암살하려 하였다. 항우의 숙부 항백이 얼른 검을 뽑아들고 함께 검무를 추면서 몸으로 유방을 지켜주었기에 항장은 손을 쓸 기회가 없게 되었다. 장량은 상황이 긴박한 것을 보고 얼른 나가 유방의 대장 번쾌를 불러들였다.

번쾌는 즉시 방패와 검을 들고 달려 들어와 항우에게 "우리 주군께서는 함양을 공략하고도 왕으로 자처하지 않고 파상에 와 대왕이 오길 기다렸습니다. 이처럼 공이 있는 사람에게 상을 주기는커녕 소인배의 말을 듣고 자기의 형제를 죽이려 합니까?"라고 하였다. 항우는 속으로 아주 면구스러웠다. 유방은 이 기회에 소피를 보러 가는 척하면서 수행원을 데리고 자신의 군영으로 돌아왔다. 모사 범증은 항우가 우유부단하게 유방을 놓아준 것을 보고 크게 화를 내며 "항우는 큰일을 하지 못할 것이다. 두고 보아라. 앞으로 천하는 꼭 유방의 것이다."라고 한탄하였다.

이것이 바로 중국역사에서 유명한 '홍문연'이다. 당시 항우는 자신의 세력이 강대함을 믿고 유방을 경솔하게 신임해 유방에게 도망칠 기회를 주었다. 후에 항우는 자기를 황제와 맞먹는 '서초패왕(西楚霸王)'으로 봉하고 유방을 제후와 맞먹는 편벽한 지역의 한왕(漢王)으로 봉하였다. 얼마 후 유방은 항우가 출병하여 기타 제후를 공격하는 틈을 타 함양을 점령하였다. 하여 항우와 유방 간에는 수년간에 걸친 '초한전쟁'이 벌어졌다. 초나라 군대는 병력에서 우세를 차지해 여러 차례나 한나라 군대를 패배시켰다. 하지만 항우는 성격이 잔인했고 통솔한 군사들이 마음대로 살인 방화하여 민심을 잃었기에 점차 세력이 약화되었다. 유방은 민심을 얻기에 주력했고 사람을 잘 기용하여 세력이 날로 강대해졌으며 끝내는 승리하게 되었다.

기원전 202년 유방은 한나라 군대를 인솔해 해하(垓下, 현재의 안휘 영벽 남부)에서 초나라 군대를 포위하였다. 항우는 포위를 뚫었지만 한나라 군대의 끈질긴 추격을 받아 결국 자결하였다. 유방은 황제로 되어 중국역사에서 두 번째 통일된 봉건왕조인 한나라(漢)를 세웠다.

제15장

민속

1. 명절민속

1) 중국인의 음력설 – 춘절(春節)

서양인의 성탄절과 마찬가지로 춘절(春節)은 한 해 중 중국인의 가장 성대한 명절이다. 춘절은 봄의 명절 다시 말하면 음력설을 가리킨다. 비록 시대의 변화에 따라 춘절 내용이 변하고 사람들이 춘절을 쇠는 방식도 변하고 있지만 중국인들의 생활과 관념에서 춘절의 지위는 무엇으로도 대체할 수 없다.

중국인의 춘절풍속은 4천 년의 역사를 지니고 있다. 하지만 초기에는 춘절이라 부르지 않았고 고정된 날짜도 없었다. 기원전 2100여 년에 와서 당시의 사람들은 목성(木星)이 한 바퀴 도는 시간을 1세(歲)로 정했고 춘절을 '세(歲)'라고 했다. 기원전 1천 년경에 사람들은 '연(年)'으로 음력설을 표시했다. 그때 '연(年)'의 뜻은 오곡이 풍성하다는 뜻으로서 풍작을 이룩하면 '유년(有年)'이라 했고 대 풍작을 이룩하면 '대유년(大有年)'이라고 했다.

중국의 민간풍속에 따르면 넓은 의미의 춘절은 음력 12월 23일부터 시작해 새해 정월 보름날 원소절까지 계속되며 전후로 약 3주간이다. 이 기간 중에서도 섣달 그믐날 밤과 정월 초하루는 가장 성대하여 춘절의 백미라 할 수 있다.

춘절을 맞이하기 위해 도시로부터 농촌에 이르기까지 사람들은 다양한 준비를 한다. 농촌에서 설 준비는 12월부터 시작되는데 수많은 농가들에서는 집을 청소하고 집안과 주위를 깨끗이 정리한다. 또 명절기간 식구들이 먹고 손님을 접대하기 위해 시장에서 사탕, 과자, 육류, 과일 등 식품과 물건을 사들인다.

대도시들에서도 명절준비는 매우 일찍 시작되는데 문화부문과 예술단체들은 다양한 공연을 준비하고 방송국에서는 각종 설 프로그램을 준비한다. 여러 큰 공원들에서는 전통적인 '절간장모임'을 개최하여 유람객들에게 평시보다 훨씬 더 많은 오락내용을 제공한다. 백화점들에서는 전국 각지 뿐만 아니라 외국에서 상품을 조달해 주민들의 수요를 만족시

킨다. 통계에 따르면 중국인들의 춘절기간 소비는 연간소비의 3분의 1 심지어 그 이상이라고 한다.

중국 각지의 춘절을 쇠는 모습은 서로 다른 전통습관이 있으나 섣달 그믐날 밤 온 가족이 한자리에 모여 식사하는 것은 북방이나 남방이나 마찬가지다. 남방에서 이 한 끼 식사에 보통 십여 가지 요리가 오르는데 그중 두부와 물고기는 반드시 있어야 한다. 그것은 한자에서 두부라는 부(腐)자와 물고기라는 어(魚)자가 부유(富裕)와 음이 비슷하기 때문이다. 북방에서 그믐날 저녁에 모여 먹는 음식은 대부분 물만두인데 온 집안이 함께 만든다. 둥글게 민 밀가루 피에 맛나는 고기소를 넣어 싼 다음 물에 삶아내고 온 집안 식구들이 밥상에 둘러앉아 조미료에 찍어 먹는데 가족적인 분위기가 짙다.

사람들은 섣달 그믐날 밤에 자지 않고 밤을 새우는데 이날 밤은 즐거운 분위기 속에서 묵은해를 보내고 새해를 맞이한다. 과거에 새해가 다가올 때면 사람들은 폭죽을 터뜨리면서 경축했다. 사악한 것을 쫓아 버리는데서 기원한 이런 풍속은 최근에 와서 안전문제와 대기오염 등 원인으로 북경과 일부 대도시에서는 금지되었다.

초하루날이면 온 집안의 남녀노소는 설빔을 입고 손님을 맞이하거나 세배를 하러 나간다.

춘절 경축내용은 풍부하고 다채롭다. 지방극을 공연하거나 영화를 상영하는 곳이 있는가 하면 사자춤이나 양걸춤, 나무다리춤을 추거나 절간장행사를 둘러보는 사람도 있으며 이르는 곳마다 명절의 즐거운 분위기로 넘친다.

물론 사람들은 더 많이는 집에서 방송프로를 감상하는데 여러 방송국에서는 명절 기간 각 연령대 시청자들에게 적합한 다양한 프로를 방송한다.

춘련(春聯)과 세화(年畵)를 붙이고 꽃등을 켜는 것은 사람들이 춘절을 즐기는 방식이다. 춘절기간 시장에는 국민들의 행복한 생활과 유쾌한 노동, 각양각색의 꽃과 산수를 반영한 많은 세화와 춘련이 나온다.

춘절기간의 등불놀이도 좋은 볼거리이다. 꽃등은 중국 민간전통 공예품으로서 역대로 꽃등제작공예는 그 맥을 이어 왔다. 꽃등에는 각양각색의 동물, 풍경, 영웅인물 등을 내용으로 하며 그 모양도 다양하다.

생활수준이 향상됨에 따라 중국인의 춘절을 쇠는 방식도 변화하고 있다. 그중 관광이 중국인이 춘절을 쇠는 새로운 유행으로 자리 잡고 있다.

2] 중양절(重陽節)

음력으로 9월 9일은 중국 민간의 중요한 전통명절인 중양절(重陽節)이다. 해마다 이날이면 사람들은 노인들을 모시고 어린이들을 데리고 국화를 감상하거나 등산을 하며 수유(茱萸, 수유는 향기 있는 약용식물임)를 머리에 꽂고 대추, 밤 등속을 박은 떡을 먹는다.

옛사람들은 9는 '양수(陽數)'이고 9월 9일은 양수가 겹치는 날이라고 해서 중양절이라고 불렀다.

중양절의 다른 한 풍속은 국화떡을 먹는 것인데 한어 발음에서 떡 고(糕)와 높을 고(高)는 같은 음으로서 걸음마다 높이 오르고 흥성, 발전한다는 것을 뜻한다. 사람들은 찹쌀이나 기장쌀, 대추 등으로 시루떡을 만들고 그 위에 작은 오색기를 꽂는데 이것을 꽃떡(花糕)이라고 한다.

평원에 사는 사람들은 중양절이 되여도 높은 곳에 오를 수 없어 꽃떡을 먹는 것으로 대신한다.

옛날에 중양절은 또 장수의 뜻도 가졌다. 사람들은 중양절과 관련된 이런 풍속습관을 지키면 장수할 수 있다고 여겼다.

현재까지도 중국인들은 중양절이면 높은 곳에 오르고 국화를 감상하는 습관을 유지하고 있으며 상점들에서도 이날 꽃떡을 판다. 뿐만 아니라 최근 연간에 사람들은 '9월 9일'이 '오랠 구(久)'의 음과 같다고 하여 이 날을 '노인의 날'로 정했는데 이는 중양절 기존의 내용을 포함했을 뿐만 아니라 노인을 공경하고 어린이를 사랑하며 노인들의 건장장수를 축원하는 뜻을 담고 있다.

3] 단오절(端午節)

중국의 음력으로 5월 초 닷새는 단오이다. 단오는 춘절, 추석과 함께 '중국의 3대 명절'로 불리고 있다.

여기서 단(端)은 초(初)라는 뜻으로서 '초닷새'는 바로 '단오'이다. 중국의 역법에 따르면 5월은 오(午)월이기 때문에 5월 초닷새는 '단오'인 것이다.

단오의 기원에 대해서는 여러 가지 다른 해석이 있다. 단오는 예로부터 전해 내려온 하지풍속(夏至習俗)이라고 주장하는 사람이 있는가 하면 옛날 장강 일대의 사람들이 용 토템

▶ 단오절의 용주경기

(龍圖騰)에 대한 숭배에서 기원했다고 인정하는 사람도 있으나 항간의 가장 보편적인 설법은 단오가 고대 애국시인 굴원을 기념하기 위해서라는 것이다.

굴원(屈源)은 기원전 3세기의 초나라(楚) 사람이며 나라가 멸망된 후 비분을 금치 못해 멱라강(汨羅江)에 투신했는데 이날이 바로 5월 초 닷새였다. 그 후 해마다 5월 초면 사람들은 굴원의 고결한 성품을 기리기 위해 대나무 통에 쌀을 넣어 강에 던지면서 제사를 지냈다. 대나무 통에 쌀을 넣은 방식이 후에는 종자(粽子)라는 음식으로 변했다는 것이다.

종자(粽子)를 먹는 것은 단오의 가장 중요한 풍속이다. 종자는 옛날 각수(角黍)라고 했는데 갈대 잎이나 참대 잎 등으로 참쌀을 싸서 실로 원추형이나 베개 모양으로 묶은 다음 쩌 먹는 음식이다. 단오 전날 밤이면 집집마다 종자를 만들어 가마에 찌면서 명절준비를 한다. 종자는 서로 주고받는 선물로도 사용되어 단오 때면 친척이나 친구들을 방문하면서 자기 집에서 만든 종자를 서로 선물한다.

중국 각지의 단오음식에는 다른 음식들도 있다. 예하면 소금에 절인 오리알을 먹고 웅황주(雄黃酒)를 마시는데 이런 것은 사악한 것을 피한다는 항간의 설법에서 기원했다고 한다.

먹는 음식 외에 단오에는 아주 독특한 민속장식이 있다. 이날은 집집마다 문 앞에 두 가지 약초인 쑥과 초포(草蒲)를 걸어놓는다. 이렇게 하면 사악함을 피할 수 있고 다른 한편 초여름엔 비가 많이 내려 습하고 병충해가 생겨 쉽게 병에 걸릴 수 있는데 이 두 가지 약초는 병을 미리 막고 치료하는데 일정한 역할을 한다고 한다. 그 외 단오에 사람들은 어린이들에게 오색비단실을 감아주는데 이는 장명백세(长命百岁)를 의미한다. 또한 향주머니를 만들어 주기도 하는데 범이나 조롱박 모양으로서 안에 향료를 넣은 후 어린이의 가슴에 걸어준다.

어린이들에게 호두(虎头) 모양의 신을 신기고 호랑이를 수놓은 복대를 둘러 주는데 이 모든 것은 어린이가 평안하길 바라는 뜻을 담고 있다.

중국 남부의 장강 중하류지역에서 용주(龍舟)경기를 진행하는 것도 단오의 중요한 풍속의 하나이다.

4] 원소절(元宵節)

음력으로 정월 보름날은 중국의 전통적인 명절인 원소절이며 전반 춘절의 마지막이기도 하다.

원소절은 원석(元夕), 원야(元夜)라고 하며 원절(元節)이라고도 한다. 원소절 저녁은 음력 새해 처음으로 달이 둥근 밤이다. 중국 민간에서 역대로 이날 저녁에 꽃등을 거는 습관이 있으므로 원소절을 등절(燈節)이라고도 한다.

등불을 구경하고 원소를 먹는 것은 원소절의 두 가지 큰 내용이다. 원소절에 등불을 거는 유래를 알아보자.

기원전 180년, 서한의 한문제(漢文帝)는 정월 보름에 황제로 즉위하였다. 이 날을 경축하기 위해 한문제는 정월 보름을 등절로 정했다. 해마다 이날 저녁이면 한문제는 궁을 나와 백성들과 함께 즐겼다. 이날이면 집집마다, 거리나 골목마다 각양각색, 천태만상의 꽃등이 내걸렸다. 기원전 104년 원소절을 정식으로 국가의 중대한 명절로 정했다. 이 결정은 원소절의 규모를 한층 확대시켰다. 그때의 규정에 따르면 공공장소나 집집마다 모두 꽃등을 걸고 번화가나 문화중심지에서는 모두 성대한 대형 등불회나 등불전시회를 진행하도록 했다. 남녀노소는 밤을 새며 등불을 구경하고 수수께끼를 풀고 용등춤(舞龍燈)을 추었다. 후에는 해마다 이렇게 경축하다보니 풍속으로 자리를 잡았다.

기재에 의하면 기원 713년 당시의 당나라(唐)는 도읍인 장안(오늘의 서안)에 대형 '등산(燈山)'을 만들었는데 높이가 약 7미터, 각종 꽃등 5만여 개를 걸었다고 한다.

원소절에 원소(元宵)를 먹는 것은 전통적인 습관이다. 대략 송나라(宋 기원 960년부터 1279년까지) 때부터 민간에서는 명절 때 신기한 식품이 유행되기 시작했다. 즉 여러 가지 간식용 과일로 소를 만들고 겉은 찹쌀가루를 발라 둥글게 만들어 익혀 먹는 것인데 맛이 향기롭고 달콤했다. 그 후 북방 사람들은 이런 식품을 '원소(元宵)'라고 했고 남방 사람들은 '탕원(湯圓)'이나 '탕단(湯團)'이라 불렀다.

원소절에는 꽃등을 구경하고 탕원(湯圓)을 먹는 외 많은 문화적인 오락행사가 파생되였는데 나무다리춤, 양걸춤, 사자춤 등이 그것이다. 특히 사자춤은 중국 외에도 세계 거의 모든 차이나타운에서 해마다 명절 때면 볼 수 있다. 중국의 사자춤은 남방파와 북방파로 나뉜다. 남방의 사자춤은 동작과 기교의 변화를 보여주고 흔히 2인무를 주요 형식으로 하며 무용동작이 변화무쌍하다. 북방의 사자춤은 기세가 당당하며 흔히 십여 명 심지어 수십 명이 함께 춘다. 사자춤을 출 때는 중국 민간특색의 음악을 연주하는데 출연자든 관중이든 모두 적극 참여하면서 정월 보름 원소절의 흥겨운 장면을 연출한다.

5) 중국 소수민족의 음력설 습관

춘절은 중국 56개 민족의 공동 명절이다. 한족 외에 많은 소수민족도 특유의 방식으로 이 전통적인 명절을 경축한다.

리족(黎族, 주로 중국 남부의 해남성에 분포): 섣달 그믐날 밤이면 리족은 온 집안이 함께 모여 앉아 맛있는 술과 요리를 먹으며 새해를 축하하는 노래를 부른다. 과거에는 정월 초하루나 초이튿날이면 사람들은 단체로 사냥을 나가며 사냥물의 절반을 처음 사냥물을 쏘아 맞힌 사냥꾼에게 주고 나머지 절반은 모두가 똑같이 나누는데 임신부는 두 몫을 받을 수 있다.

이족(彝族, 주로 중국 서남의 사천성에 분포): 춘절기간 이족들은 집단적으로《아세도월무(阿細跳月舞)》라는 춤을 추는 것으로 경축한다. 일부 마을에서는 정월 초하루날 남자들에게 가사를 맡기고 여성들은 휴식하는 것으로 여성들의 한 해 노고를 치하한다.

묘족(苗族, 주로 중국의 호남, 귀주 등 성에 분포): 묘족은 춘절을 '객가년(客家年)'이라고 하며 집집마다 돼지와 양을 잡고 새해 모든 일이 순조롭고 풍년이 들기를 기원한다. 이 밖에 묘족들은 또《개춘가(開春歌)》라는 노래를 부르는데 노래의 내용은 사춘(思春), 반춘(盼春), 석춘(惜春), 만춘(挽春)이다.

만족(滿族, 주로 중국 동북 3성과 북경, 하북성 일대에 분포): 만족들은 춘절을 두 번 쇠는데 섣달 그믐날 밤과 정월 초하루날 각기 한 번씩 쇤다. 춘절 전에는 말타기와 낙타타기 경기를 진행한다.

뚱족(侗族, 주로 중국 서남 귀주성 일대에 분포): 뚱족은 정월 초하루날 아침 양어장에서 산 잉어 몇 마리를 건져 식탁에 놓는 것으로 새로운 한 해에 길상여일(吉祥如一)하길 바란다. 그것은 여(余)와 어(魚)가 동일한 음이기 때문이다.

장족(壯族, 주로 중국 서남 광서장족자치구에 분포): 장족은 섣달 그믐날 밤에 정월 초하루날의 밥을 지어놓는데 이 밥을 '새해 밥'이라고 한다. 이것은 새해에 풍년이 들고 경사스러움을 예시한다.

창족(羌族, 주로 중국 서남 사천성에 분포): 춘절기간 창족은 집집마다 소, 양 등 제물을 차려 놓고 선조에게 제사 지낸다. 이외에 섣달 그믐날 밤 모두 술독에 빙 둘러앉아 연장자가 선두가 되어 1미터 되는 긴 빨대로 독 안의 술을 빨아 마신다.

수이족(水族, 주로 중국 서남 귀주성에 분포): 춘절기간 수이족 어린이들은 다른 집들에 놀러 다니면서 사탕을 얻어먹는데 가장 많이 얻은 어린이가 복을 제일 많이 받으며 앞으로 총명하고 건강해진다고 여긴다.

바이족(白族, 주로 중국 서남 운남성에 분포): 정월 초하루날 아침 바이족의 첫 끼니는 온 집안 남녀 노소가 쌀 강정을 담근 설탕물을 마시는 것인데 새로운 한 해에 꿀 같은 날을 보내리라는 것을 예시한다.

조선족(朝鮮族, 주로 중국 동북의 길림성에 분포): 조선족의 춘절습관은 집집이 춘련을 붙이고 갖가지 풍성한 요리를 만들고 '오곡밥'을 먹는 것이다. 정월 초하루날이 밝으면 사람들은 명절 옷차림을 하고 연장자들에게 세배를 한다.

몽골족(蒙古族, 주로 중국 서북 내몽골자치구에 분포): 정월 초하루날 아침 갖가지 색깔의 옷차림을 한 몽골족 청년남녀들은 준마를 타고 각 몽골포(몽골족들이 거주하는 집)에 가 연장자들에게 세배한다. 이외에 몽골족은 또한 성대한 《도신회(跳神會)》를 진행하는데 가면을 쓰고 춤추고 노래하는 것으로 송구영신의 뜻을 나타낸다.

하니족(哈尼族, 주로 중국 서남 운남성에 분포): 하니족의 남녀청년들은 춘절기간 함께 모여 술 마시고 노래하고 춤추면서 마음에 드는 대상자를 선택한다.

나시족(納西族, 주로 중국 서남 운남성에 분포): 정월 초하루 나시족은 13살이 되는 소년소녀들을 위해 큰 행사를 가진다. 여자애들은 '치마 입는 행사', 남자애들은 '바지 입는 행사'를 진행하며 이런 의식을 통해 어른이 되었음을 뜻한다.

푸미족(普米族, 주로 중국 서남 운남성과 사천성에 분포): 정월 초하루날 아침 푸미족은 폭죽을 터뜨리고 소라를 부는 것으로 경축한다.

부이족(布依族, 주로 중국 서남 귀주성에 분포): 춘절기간 부이족 청년남녀들은 명절옷차림을 하고 서로 방문하며 짝을 무어 야외에 놀러 가서 실컷 춤추고 노래한 후 집으로 돌아온다.

오르천족(鄂伦春族, 주로 중국 동북 흑룡강성에 분포): 정월 초하루날 아침 오르천족 젊은이들은 집안의 연장자에게 술 한 잔을 넘치게 드리고 선물을 드리는 것으로 효도와 인사를 표시한다. 이어 동년배들끼리 술을 마시면서 축복한다. 아침을 먹은 후 청년들은 한자리에 모여 말타기 경기와 활쏘기 등 행사를 진행한다.

다우르족(达斡尔族, 주로 중국 동북 흑룡강성에 분포): 정월 초하루 아침이면 다우르족 젊은 이들은 두 손에 가마 밑 숯검정을 손에 가득 묻혀 다른 사람의 얼굴에 바르는데 예쁜 처녀들은 흔히 총각들의 '집중습격'으로 '검정 처녀'로 변한다. 이는 풍작과 행복을 축원하는 뜻이라고 한다.

6) 그믐날, 제야(除夜)의 전설

중국에서는 음력으로 섣달의 마지막 밤을 제석(除夕)이라고 한다. 여기서 제(除)는 제거한다는 뜻이고 석(夕)은 밤을 가리킨다. 섣달 그믐날 밤은 그 해의 마지막 밤을 보내고 다가올 새해를 맞이하는 시간이다. 중국에서 제석(除夕)은 제야(除夜), 연야(年夜)라고도 하며 그믐날이라고도 부른다.

중국의 항간에는 섣달 그믐날 밤과 관련된 풍속이 많다. 그중 섣달 그믐날 밤 대청소를 하는 풍속은 오랜 역사가 있다. 섣달 그믐날 밤을 앞둔 며칠 전부터 사람들은 집 안팎을 깨끗이 청소한다. 섣달 그믐날 밤이면 사람들은 다시 청소하면서 '낡은 것을 제거하고 새것을 받아들인다.'

청소를 끝낸 후 사람들은 문에 춘련(春聯)을 붙이고 등을 걸며 명절의 분위기를 한껏 낸다. 항간에서는 섣달 그믐날 밤이면 술이나 물로 만든 '도소(屠蘇)'라는 음료를 마신다.

옛날 '도소'라는 초가집에 범상치 않은 사람이 살았는데 그는 숲속에서 약재를 캐는 일을 전문으로 했다. 섣달 그믐날 밤이 되면 그는 미리 만들어 놓은 중약(中藥)을 이웃집들에 나누어 주면서 새해 초하루날 집안 식구들이 이 약을 마시면 병을 쫓고 재난을 피할 수 있다고 알려 주었다. 그는 약방문까지도 마을사람들에게 알려 주었으며 마을사람들은 이 약을 '도소(屠蘇)'라고 불렀다. 그럼 '도소'란 도대체 무엇일까? 고대 의서의 기재에 따르면 이 약은 대황, 도라지 등 7종의 약재로 제작되었는데 질병을 예방하는 기능이 있었다고 한다.

섣달 그믐날 밤에 온 집안이 함께 모여 식사하는 것은 거의 집집의 전통습관으로 되었다. 이 날이 되면 외지에 나갔던 사람들은 대부분 집에 돌아와 한집안 식구들과 한자리에 모여 단원밥(團遠飯)을 먹는다.

중국 각지에서 단원밥을 먹는 습관은 차이를 보인다. 님빙에서는 이 한 끼에 십어 가지 반찬을 준비하며 그중에는 반드시 두부와 물고기가 있어야 하는데 그것은 한자에서 두부라는 부(腐)자와 물고기라는 어(魚)자가 '부유(富裕)'와 같은 음이기 때문이다.

섣달 그믐날 밤 어른들은 아이들을 데리고 친구나 이웃집에 가 선물을 전하고 세배하는데 이것을 '궤세(饋歲)'라고 한다. 또 다른 사람을 집에 청해 연야밥(年夜飯)을 먹는데 이를 '별세(別歲)'라고 한다. 식사가 끝나면 모두들 서로 축하를 한 후 집에 돌아가는데 이것을 '산세(散歲)'라고 한다. 어린 사람들은 연장자들에게 세배를 올리며 연장자들은 어린 사람들에게 덕담을 해주고 어린이들에게 세뱃돈을 주면서 서로 축하하는데 이것을 '사세(辭歲)'라고 한다. 이때는 모두들 잠을 자지 않는데 TV를 보거나 카드를 치면서 새해가 될 때까지 가족의 즐거움을 누리며 이를 '수세(守歲)'라고 한다.

2. 민간풍속

1) 재미있는 동지(冬至)

동지(冬至)는 중국 음력으로 24절기 중의 하나이며 중국인들의 전통 명절이기도 하다. 일찍 2,700여 년 전 춘추전국시대에 벌써 '동지(冬至)'라는 절기가 있었다.

중국어로 '지(至)'는 극점, 정점이라는 뜻이다. 이것은 기온이 동지에 극점이 이른다는 것을 말하는 것이 아니라 지구가 태양을 둘러싸고 도는 위치를 말하는 것이다. 북반구에 사는 사람들에게는 동지가 낮이 가장 짧은 하루이다. 동지가 지나면 낮이 하루하루 길어진다.

옛날 동지날에는 '하동(賀冬)'의 습관이 있었다. 이날 아침 사람들은 아침 일찍 일어나 어른이나 애들이나 할 것 없이 정결한 옷차림을 하고 서로 축하한다. 동지를 중국 항간에서는 또 '교구(交九)'라고도 한다. 사람들은 이날부터 '9자를 세는데' 매 9일마다 하나의 '9'로 한다. 첫 번째 9일(九天)을 '일구(一九)'라고 하는데 동지는 '일구'의 첫 날이다.

두 번째 9일을 '이구(二九)'라 한다. 이렇게 추산하면 모두 9개의 '구(九)'가 있는데 구구 팔십일일이 지나면 복사꽃이 피고 날씨가 따뜻해진다. 항간에는 동지가 시작되는 날씨 변화 법칙을 알리는 형상적인 가요가 있다.

'일구, 이구는 손을 내밀 수 없이 매서운 날씨고 삼구, 사구엔 고양이와 개가 얼어 죽고 오구, 육구엔 강 건너편의 버드나무가 움트는 것을 보며 칠구에는 얼음이 녹고 팔구에는 기러기가 날아오고 구구엔 추위가 끝나 봄이 오고 꽃이 핀다.'

중국의 항간에는 또한 동지부터 《구구소한도(九九消寒圖)》를 그리는 습관이 있다. 먼저 색을 들이지 않은 매화(梅花)를 그리고 81개 꽃잎을 그리는데 동지부터 시작되는 81일을 표시한다. 동지가 지나면 매일 하나의 꽃잎에 색을 칠하는데 81일이 돼야 꽃잎에 칠을 다 하며 이때면 봄도 돌아온다. 어떤 사람은 흐린 날을 만나면 위쪽의 꽃잎에 색칠을 하고 맑

은 날이면 아래쪽에 칠하며 바람 부는 날이면 왼쪽, 비 내리는 날이면 오른쪽, 눈 오는 날이
면 가운데 꽃잎에 색칠을 한다. 이렇게 81일이 지나면 재미있는 날씨 통계도표가 완성되
는 것이다.

2) 청명(淸明)

청명은 중국 음력으로 정한 24절기의 하나로서 양력으로 4월 상순이다. 이날이 되면 사
람들은 야외에 나가거나 선조들에게 제사를 지내며 성묘하고 봄놀이를 하거나 버드나무
가지를 꺾어 문에 꽂는다.

일부 지방에서는 청명절을 '귀신명절(鬼節)'이라고 부르는데 이날이 제사 지내는 날임
을 알 수 있는 대목이다. 청명절을 전후하여 집집마다 조상묘지에 가서 제사를 지내는 것
으로 효도를 한다.

조상에게 제사를 지낼 때 후손들은 벌초하고 가토를 하며 향을 사르고 종이돈을 태우며
머리 숙여 절하거나 묵념한다.

전설에 의하면 청명은 한나라(漢, 기원전 206~기원 220년) 때에 기원했으며 명청(明淸,
1368~1911)시기에는 성묘하는 풍습이 극에 달해 일부 사람들은 조상의 무덤에 가 종이돈
을 태울 뿐 아니라 열 가지 요리를 해서 봉분 앞에 놓았다고 한다.

청명에 성묘하는 것은 민간의 중요한 습관으로 지금까지 계속되어 왔지만 현재는 형식
이 이전에 비해 간단해졌다. 성묘하던 습관도 이전에 일가족씩 조상에게 제를 지내던 데로
부터 조직적이고 단체적으로 성묘하는 활동으로 확대되었다. 해마다 청명이 되면 사람들
은 열사 능원에 가서 생화 한 송이나 화환 한 개, 송백 한 그루를 진정하는 방식으로 선열들
을 추모한다.

청명절은 대지에 봄이 깃드는 계절이어서 비록 원래 조상들에게 제사 지내는데서 시작
되었지만 장기간의 발전과정에 오락내용도 섞이게 되었다. 그 예로 야유회 성격을 띤 '답
청(踏靑)'을 들 수 있다. 일부 지역에서는 청명을 '답청절(踏靑節)'이라고도 한다.

옛날에는 답청하면서 냉이를 고르는 습관이 있었는데 이런 습관은 지금은 없어졌다. 청
명을 전후하여 처녀들과 부녀자들은 답청하면서 신선한 야채를 캐어 집에 돌아와 교자를
빚고 원소를 만드는데 그 맛이 일품이었다. 일부 여성들은 흰색의 작은 냉이 꽃을 머리에

꽂기도 한다.

청명이면 사람들은 연을 날리고 줄다리기를 하며 그네 뛰는 습관이 있다.

그럼 '청명'이라 부르는 이유는 무엇일까? 이 절기가 되면 대자연은 봄의 서막을 열고 따뜻한 바람이 불며 풀들은 새싹을 움틔워 봄빛이 완연한데 아마도 이것이 '청명'의 뜻일 것이다. 청명은 밭갈이 하고 씨를 뿌리기 좋은 계절이기에 농업 속담 중 많은 내용은 청명을 농사와 연관시켰다. 그 예로 '청명을 전후해 오이 심고 콩 심는다', '나무를 심으려면 청명을 넘기지 말고 이날은 방망이를 심어도 새싹이 난다.'는 것이다.

옛날 청명에는 또한 버드나무 가지를 꽂으며 식목하는 행사가 있었는데 옛 시구에는 '온 거리의 백양나무, 버드나무 푸르러 청명 3월 하늘을 장식한다.'는 구절이 있다.

3 중국의 결혼 풍속

중국은 유구한 역사와 광활한 국토를 가지고 있는 나라이다. 중국의 결혼풍속은 예로부터 변화해 왔으나 성대하고 열렬하고 즐겁고 상서로운 결혼식 분위기는 시종 변하지 않고 있다.

중국 고대에 결혼에는 여섯 가지 예식 절차가 있었는데 그중에는 납채(納彩, 선물을 보내고 구혼하다), 납길(納吉, 선물을 보내고 정혼하다), 영친(迎親) 등이 있다. 이전에 총각이 처녀가 마음에 들면 중매인을 여자 집에 보내 구혼했는데 이때 남자 측에서는 중매인에게 일부 선물을 줄 뿐만 아니라 그를 통해 선물을 여자 집에 보내는데 이때 중매인은 쌍방의 이름, 나이가 적힌 단자를 교환한다. 만일 쌍방이 대체적으로 동의하면 서로 사귀기 시작하는데 이때면 남자측 주부(主婦)는 상서로운 날을 택해 여자 측에 가서 여자 측의 경제력과 처녀의 품성, 용모 등 상황을 세세히 알아본다. 여자 측 부모가 사윗감을 보러 가는 경우도 있지만 옛날에 처녀는 미래의 남편을 결혼 전에는 만나볼 수 없었다.

지금은 정반대로 되어 대다수 여자들은 부모와 함께 신랑 측 가족 상황을 알아본다. 북경의 일부 농촌에서는 여자와 그 부모가 남자 집에 남아서 식사를 하게 되면 마음에 들었음을 나타낸다.

약혼은 혼례 풍속에서 가장 중요한 부분이며 비록 개인들이 혼사를 약정하는 것이지만 대부분 법적인 역할을 놀기도 한다.

약혼은 흔히 남자 측이 처녀에게 약혼선물을 주는 것을 말한다. 중국 남방의 온주(溫州)에서는 반지 한 쌍을 선물하는데 둥근 반지는 고대 상형(象形)문자에서 영원함을 뜻하므로 이는 혼사를 변치 않겠다는 뜻이다. 전통적인 관념으로 볼 때 약혼한 후에는 혼사를 중도 변경할 수 없으며 다른 사람과 더는 혼인을 논할 수 없다. 약혼을 일종 법률적인 계약으로 보는 것이다.

쌍방은 일련의 절차를 거친 후 영친을 하게 되는데 이는 예나 지금이나 혼사에서 가장 번거롭고 가장 복잡하며 가장 분위기가 있는 행사의 하나이다.

시집가는 날 신부는 흔히 상서로움과 기쁨을 표시하는 붉은색 옷을 입는데 지금은 흰색 드레스를 입기도 한다. 신부는 집을 떠나면서 눈물을 흘리는데 이는 집을 떠나기 아쉬워하는 애잔한 마음을 보여준다. 신부가 신랑 집에 도착하면 혼례가 시작된다. 일부 지방에서는 신부가 뜰 안에 놓인 화로를 넘어야 하는데 이는 불길한 것을 태워 버리고 부부생활이 화로처럼 뜨겁기를 바라서이다.

신부가 방에 들어서면 식순이 이어진다. 먼저 절을 하는데 첫 번째 절은 천지(天地)신명에게 하고 두 번째 절은 부모에게, 세 번째 절은 부부의 맞절이다. 이어 합환주를 마신다. 신방에서 신랑신부는 서로 상대의 머리카락을 조금 잘라 부부관계의 징표로 함께 보관한다.

혼례의 고조는 혼연(婚宴)으로서 '희연(喜宴)'이라고도 한다. 하여 사람들은 혼례에 참가하는 것을 희연주를 마신다(喝喜酒)고도 한다. 민간의 희연(喜宴)은 규모가 중요한데 이는 혼례의 성대함을 보여주기 때문이다. 연회에서 신부는 하객들에게 직접 술을 부어 드리고 요리를 집어주면서 감사의 마음을 표한다.

신방(新房)은 '희방(喜房)', '동방(洞房)'이라고도 하는데 하객들이 신혼부부 방에 몰려가 장난치는 것은 마지막 행사로서 참가자들은 대부분 미혼 남녀들이다. 이들은 여러 가지 방법으로 신혼부부를 놀리며 신혼부부에게 어려운 문제를 내거나 웃기는데 목적은 혼례의 분위기를 돋우고 신랑신부로 하여금 이 날을 잊을 수 없게 하는 것이다.

3. 음식풍속

1) 중국인들의 차 마시는 습관

중국인들은 4천여 년 전부터 차를 마시기 시작했으며 차는 중국인의 일상생활에서 없어서는 안 될 음료이다. 속담에 '땔감, 쌀, 기름, 소금, 간장, 식초, 차'라는 말이 있는데 차는 생활을 영위하는 일곱 가지 물건 중의 하나로 여겨졌으며 여기서 차를 마시는 중요성을 알 수 있다. 손님에게 차를 대접하는 것은 중국인의 습관이다. 손님이 집에 들어서면 주인은 즉시 향기로운 차 한 잔을 올린다. 차를 마시면서 이야기를 나누다 보면 기분이 상쾌해진다.

차 마시는 습관은 중국에서 그 역사가 오래다. 전하는데 의하면 기원 280년 전에 중국 남방에 오나라라는 소국이 있었는데 국왕은 대신들을 연회에 초대할 때 술로 대신들을 취하게 하는 것을 재미로 삼았다고 한다. 그중 위소(韋昭)라고 하는 대신은 주량이 아주 적어 국왕은 차로 술을 대신하게 했다. 이때로부터 문인들은 차로 손님을 접대했다고 한다.

당나라(唐) 때에 와서는 차 마시는 것이 사람들의 습관으로 되였다. 이런 습관은 불교와 연관이 있다고 한다. 기원 713년경부터 741년경까지 당시 절의 스님과 신도들은 '좌선(坐禪)'하는 시간이 길어 졸거나 음식을 먹기도 했는데 고승들은 좌선하는 신도들에게 차를 마시게 해 그들의 뇌신경을 자극했다. 그때부터 이 방법이 각지에 퍼졌다고 한다. 이와 함께 당나라 때 부잣집들에는 전문 차를 끓이고 차를 맛보며 독서하는 방이 있었는데 이것을 차실(茶室)이라고 했다.

기원 780년 당나라의 찻잎 전문가 육우(陸羽)는 차를 심고 차를 만들고 차를 마시는 경험을 총화하여 중국의 첫 차 관련 저서인 《차경(茶經)》을 써냈다.

중국에서 차는 이미 독특한 문화현상으로 되었다. 사람들은 차를 끓이고 차를 마시는 것을 일종의 예술로 여기고 있다. 예로부터 지금까지 중국 각지들에서는 부동한 형식의 차루

(茶樓)와 차관(茶館) 등을 설치했다. 북경의 번화가 전문(前門)거리에는 전문 차를 파는 차관(茶館)이 있다. 사람들은 이곳에서 차를 마시고 딤섬을 먹으면서 예술 공연을 관람하는데 이는 휴식과 오락을 함께 하는 일거양득의 방식이라 할 수 있다.

중국의 남방에는 차루나 차관이 있을 뿐 아니라 차붕(茶棚)이라는 것이 있는데 이런 차붕은 대부분 풍경이 아름다운 곳에 마련되어 있다. 관광객들은 이곳에서 차를 마시면서 풍경을 감상할 수 있다.

차를 마실 때도 그 습관이 있다. 찻잎을 놓고 보아도 지역마다 기호가 서로 다르며 즐기는 차도 다르다. 북경인들은 화차(花茶), 상해인들은 녹차를 즐긴다. 그런가 하면 중국 동남의 복건인들은 홍차를 즐겨 마신다.

중국 각지의 차 마시는 예절도 다르다. 북경에서는 주인이 손님 앞에 차를 가져가면 손님은 즉시 일어나 두 손으로 찻잔을 받으면서 "감사합니다."라고 한다. 남방의 광동, 광서에서는 주인이 차를 올리면 손님은 오른쪽 손가락을 조금 굽힌 후 가볍게 식탁을 세 번 두드려 감사의 마음을 표시한다. 일부 지역에서는 손님이 차를 더 마시고 싶으면 찻잔에 찻물을 좀 남기며 주인은 이것을 보고 계속 찻물을 부어주는데 손님이 찻물을 다 부어 버리면 더는 찻물을 마시지 않을 것임을 표시하는 것이고 주인도 더는 찻물을 부어주지 않는다.

2] 독특한 젓가락

세계적으로 음식을 먹는 세 가지 방식이 있다. 직접 손으로 집어 먹는 것이 40%, 나이프와 포크로 먹는 것이 30%이고 약 30%는 젓가락으로 먹는다고 한다.

젓가락(筷子)은 중국인의 일대 발명이다. 중국에서는 3천여 년 전의 은나라(殷) 때부터 젓가락을 사용하기 시작했으나 최초에는 젓가락이라고 하지 않았다. 옛 문헌의 기재에 따르면 그때 사람들은 젓가락을 저(箸) 또는 협(莢)이라고 했다.

기원 6, 7세기부터는 젓가락을 근(筋)이라고도 불렀다.

그럼 이 콰이(筷)라는 이름은 어떻게 생긴 것일까? 문헌기재에 따르면 중국 동부 강남 일대의 사람들은 저(箸)자와 주(住)자의 발음이 같다고 생각했다. 강변에서 배를 모는 사람들은 정주(停住)라는 말을 매우 꺼렸으며 반대 의미를 취하여 저(箸)자를 콰이(快)자로 바꾸게 되었다. 기원 10세기의 송나라(宋) 때 사람들은 콰이(快)자에 죽(竹)자 변을 더했는데 이는 젓가락을 대부분 대나무로 만들었기 때문이다. 따라서 중국인이 발명한 이 식사 도구는 지금 사람들이 알고 있는 이름인 콰이즈(筷子)라고 부르게 되었다.

그럼 콰이즈(筷子, 젓가락)는 어떻게 발명되었을까? 먼 옛날 사람들은 음식을 불에 구워 먹을 때 나무가치 두 개나 대나무 가치로 집어 먹었으며 이렇게 집어 먹으면 손도 데지 않고 뜨거운 음식을 먹을 수 있었기 때문에 젓가락으로 변화했을 것이라고 추측하는 사람이 있다. 젓가락의 구조는 아주 간단하다. 모양을 보면 두 개의 작고 가는 막대로 되어 있는데 중국의 젓가락은 위가 굵고 아래는 가늘며 위는 네모나고 아래는 뾰족하다. 이런 모양새의 우점은 손으로 쥐기 편하고 쉽게 미끄러지지 않으며 상에 놓아도 쉽게 굴러 떨어지지 않고 요리를 집어 먹는 젓가락 끝은 둥글고 매끄러워 입이 상하지 않는다.

젓가락은 비록 간단하지만 중국인들이 젓가락을 만드는 재료와 조각 장식은 다양하다. 2천여 년 전에 이미 상아 젓가락과 청동 젓가락이 있었다. 기원 6~7세기 이래 궁궐과 관청, 부잣집에서는 금, 은으로 젓가락을 만들고 옥석, 산호 등으로 젓가락을 장식했다. 정교하게 만든 젓가락은 은두(銀斗)가 있었는데 이런 젓가락으로는 음식에 독이 있는지를 알아낼 수 있으며 독이 있으면 은두는 검은 색이나 녹색으로 변한다.

젓가락은 중국인의 민속에서 중요한 역할을 한다. 일부 지방에서는 신부가 시집갈 때면 신혼부부를 위해 꼭 두 쌍의 사발과 젓가락을 준비하며 붉은 끈으로 함께 묶어 '자손사발'이라고 하는데 이것은 이때로부터 신혼부부가 함께 생활할 뿐만 아니라 '筷'와 '快'의 동일음을 이용해 옥동자를 빨리 낳길 미리 축원하는 뜻도 담고 있다.

중국 북방의 농촌에서는 신혼신부가 신방에 들어간 것을 놀릴 때 친구들은 창문 밖에서 신방 안으로 젓가락을 던져 넣는데 이는 모든 것이 길하고 뜻대로 되며 빨리 귀동자를 낳을 것을 축원하는 뜻이다.

젓가락은 비록 두 개의 작은 막대에 불과하지만 이 두 개의 작고 가는 막대를 자유롭게 사용하려면 숙련과정이 필요하다.

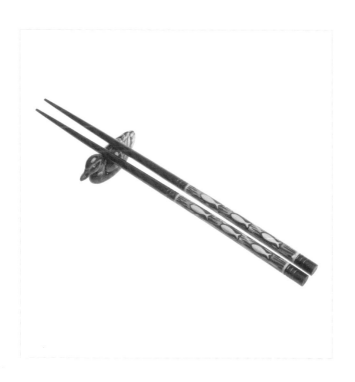

3] 중국인의 음식습관

중국에는 '음식이 약보다 낫다.'라는 속담이 있다. 이것은 사람들이 보건과 양생(養生)에서 음식구조에 주의해야 한다는 것을 말해준다. 음식문화는 사람들 생활의 구석구석에 침투되었고 사교 예의 식사풍속과 세시 명절 식사풍속, 신앙 식사풍속, 혼례와 장례 때 식사풍속, 장수 식사풍속과 산아 식사풍속으로도 나타나게 되었다.

사교, 예의 식사풍속은 주로 서로간의 내왕에서 많이 나타나는데 그중 친구들 사이의 내왕에서 가장 많이 사용된다. 사람들은 친구에게 출산과 이사, 승진 등 중요한 일이 있으면 흔히 무언가 선물을 한다. 이때 주인은 먼저 손님들에게 무엇을 대접할 것인가를 생각하며 될수록 음식을 풍성하게 차려 손님들을 만족케 하려고 한다. 사업 상담을 하거나 거래를 할 때도 습관적으로 함께 식사를 곁들이는데 이 식사를 즐겁게 끝내면 장사나 거래가 성사되기도 한다.

각지마다 풍속이 다르기 때문에 손님을 대접하는 요리도 다양하다. 북경에서는 이전에 손님에게 국수(面条)를 대접하면 손님더러 가지 말고 집에 묵기를 바라는 뜻이었고 만일 손님이 집에 묵으면 교자(餃子, 물만두라고도 함)를 대접해 성의를 보여주었다. 친척이나 친구를 방문할 때의 선물은 '경팔건(京八件, 북경의 여덟 가지)' 다시 말하면 이른바 여덟 가지 딤섬을 준비하기도 했다.

중국 남방의 일부 농촌에서는 손님이 오면 먼저 차를 대접하고 즉시 주방에 가 간식거리를 만든다. 혹자는 계란 몇 개를 삶은 다음 설탕을 뿌리거나 년고(年糕)라는 떡 몇 개를 물에 삶은 후 설탕을 뿌려 손님이 먼저 맛보게 한다. 이어 정식 식사를 준비한다.

손님을 연회에 초대하는 각지 풍속도 서로 다르다. 북경의 최저 기준은 2팔석인데 여덟 접시, 여덟 사발로 된 요리가 오른다는 뜻이다. 여기서 8개는 냉요리이고 8개는 익힌 요리이다. 중국 북방의 흑룡강지역에서는 손님을 대접할 때 요리개수가 짝수여야 하며 매 요리 또한 반드시 짝수여야 한다. 일부 지역에서는 물고기 요리가 올라야 하는데 이는 생활이 여유로움을 상징한다. 물고기가 있다는 '有魚'와 생활이 여유롭다는 '有余'는 같은 음을 가지고 있기 때문이다.

일상생활에서 가장 많이 접하는 연회는 혼례를 위한 여러 가지 식사가 있다. 여기에는 혼담밥(提親飯), 약혼밥(訂婚飯), 결혼 피로연(婚宴), 회문(回門)밥 등이다.

그중 결혼 피로연은 가장 성대하고 집주인이 가장 알심을 들이는 연회다. 예로 중국 서부의 섬서성 일부 지역에서 피로연의 매 요리는 그 뜻을 내포하고 있다. 첫 번째 요리는 홍육(紅肉)으로서 붉을 '홍'자로 '홍희만당(紅喜滿堂)'을, 두 번째 요리 '전가복(全家福)'은 온 집안이 단란히 모이고 함께 복을 받는다는 뜻을 가지고 세 번째 요리는 찹쌀, 대추, 백합, 백과, 연꽃뿌리 등 여덟 가지로 지은 '팔보밥(八寶飯)'인데 그 뜻은 검은 머리 파뿌리 될 때까지 잘 살라는 축복이다.

중국 동부의 강소 농촌에서는 결혼 피로연에 16가지, 24가지, 36가지 요리를 강조하며 도시의 결혼 피로연 역시 성대한데 여기에는 모든 것이 상서롭기를 뜻하는 내용이 들어있다.

장수연(壽演)은 노인들의 장수를 축복하는 연회로서 주식은 국수가 많으며 이 국수를 장수면(長壽面)이라고도 한다.

4) 식이요법과 약선 음식

예로부터 중국은 자연에서 천연 약재를 얻는 독특한 중의약을 형성했다. 이런 중의약학은 또 사람들의 음식과 긴밀히 연관된다. 약을 음식으로 먹을 수도 있고 먹으면 또 약으로 되어 식이요법과 약선(藥膳)이 형성되었는데 중국 민간에는 '밥이 약보다 낫다.'라는 말이 전해지고 있다. 식이요법은 중국 민간에서 예나 지금이나 아주 성행되어 왔으며 중국 식사 풍속중의 독특한 풍격을 보인다.

의식통일(醫食通一), 의주상통(醫厨統一)의 전통은 일찍 기원전 1046년부터 기원전 256년까지의 의식제도(醫食制度)에서 구현되었다. 고대 경전에는 식이요법에 대한 저서가 많은데 당나라(唐, 618~907) 때의 의학자 손사막(孫思邈)은 《천금방(千金方)》과 《천금익방(千金翼方)》 두 부의 저서에서 전문 식이요법에 대해 서술했으며 이는 고대 식이요법의 발전에 깊은 영향을 주었다.

손사막(孫思邈)은 사람의 건강은 합리한 음식을 기초로 해야 하며 제멋대로 약을 먹지 말아야 한다고 주장했다. 그는 의사들은 먼저 질병의 원인을 똑똑히 알고 식이요법으로 치료해 본 다음 식이요법이 효과가 여의치 않으면 다시 약을 써도 늦지 않다고 주장했다.

중국 민간의 식이요법과 약선(藥膳)요법은 모두 손사막의 식이요법 견해로부터 발전해 온 것이다.

손사막은 100여 세까지 살았다. 이 사실은 당시와 그 후 사람들이 식이요법과 양생(養生)이론을 흔쾌히 받아들이게 했다. 점차적으로 식이요법과 약선(藥膳)요법은 중국 민간에서 아주 성행되는 강장요법으로, 병을 예방하고 치료하는 방법으로 되었다.

식이요법은 식물을 약으로 삼는다. 중국에서 매일 먹는 야채와 식물을 이용해 병을 예방하고 치료할 수 있다는 것은 거의 모두가 아는 상식이다. 감기에 걸리면 생강편 몇 개와 파 몇 토막에 홍탕을 넣고 끓인 후 뜨거울 때 먹고 땀을 내면 거의 효과를 본다. 평시의 양생(養生)에는 아침에는 생강을 먹고 저녁에는 무를 먹으라는 말이 있다. 소금, 식초, 생강, 파, 마늘 등 조미료의 식이요법 작용은 민간에서 전해지고 지속적으로 발전해 왔다.

식이요법에서 화찬(花饌)은 독자적인 계열을 이룬다. 화찬이란 꽃으로 요리를 만드는 것을 말한다. 화찬(花饌)은 기원전 6~7세기 춘추시기부터 기원 7세기 당나라 때까지 널리 유행되었다.

화훼에는 수천 종이 있는데 중국 북방에서 식용할 수 있는 화훼는 100여 종에 달한다. 중국 서남부에 있는 '식물의 왕국'으로 불리는 운남성에는 식용할 수 있는 화훼가 260여 종이나 된다.

약선(藥膳)요법은 약을 식용으로 하고 약을 식탁에 올리는 방식으로 병을 치료하고 예방한다. 약선은 중국에서 고대로부터 지금까지 전해지고 있으며 지금은 갈수록 각광을 받고 있다. 흔히 볼 수 있는 것들로는 죽, 밀가루로 만든 간식, 수프와 요리 등이 있으며 또 전문 약선을 경영하는 식당까지 있다. 이런 약선은 오약팔문(五藥八門)이여서 가지각색이지만 또 각기 특징이 있는데 그 예로 '어린이죽'은 참마(山藥), 율무쌀(薏仁)과 곶감 등에 입쌀을 넣어 끓인 죽으로서 어린이의 비장과 위장이 허한 증세를 치료한다. 이외 '천패진피청탕 (天貝陳皮淸湯)'은 감기로 생기는 기침을 치료할 수 있으며 '삼즙청탕(參汁淸湯)'은 환자와 노인들의 보약으로 사용된다.

중국의 약선은 국내에서 유행될 뿐만 아니라 국제시장에까지 진출했다. 예로 국화주, 귤 껍질차, 복령병(伏茶饼), 약감람(藥柑欖) 등 중국 약선과 약 음료는 갈수록 많은 외국인들의 각광을 받고 있다.

5 중국의 3대 명절음식 - 원소, 종자, 월병

중국 전통음식 풍속의 특징은 세시(歲時) 명절 중에 특히 선명하게 나타난다. 춘절(春節)과 단오(端午), 중추절(仲秋節)은 중국 명절 민속 중 한 해의 가장 중요한 세 명절로서 이때의 독특한 음식으로는 원소(元宵)와 종자(粽子)와 월병(月餠)인데 이는 중국 3대 명절식품으로 불리고 있다.

그럼 아래에 원소와 종자, 월병을 살펴보기로 하자.

중국 음력으로 새해 춘절(春節)은 중국인들의 최대의 명절이며 춘절을 쇠는 데는 일련의 음식 풍속이 있다. 정월 대보름 원소절(元宵節)은 춘절을 쇠는 음식풍속의 대미를 장식한다. 이날은 집집마다 원소를 먹는데 중국 북방과 남방의 원소 이름은 다르다. 남방 사람들은 원소(元宵)를 탕원(湯圓)이라고 하는데 탕원과 원소를 만드는 방법도 좀 다르다.

중국 북방에서는 원소를 만드는 방법을 원소를 굴린다고 한다. 구체적인 방법은 참깨나 땅콩, 팥으로 만든 소에 사탕을 넣어 작은 완자처럼 소를 만든 다음 다시 물을 묻혀 찹쌀 가루 위에 반복적으로 굴리는데 계란보다 작은 공 모양이 되면 원소가 완성된다.

이에 비해 남방 사람들은 원소절에 직접 탕원을 만든다. 그들은 찹쌀가루를 더운 물로 반죽하고 호두, 땅콩, 참깨, 대추, 팥으로 만든 소를 반죽한 가루에 싸서 동그란 원소를 만든다.

원소나 탕원이나 모두 물에 삶아 먹는데 달콤하고 향기로우며 부드럽고 매끌매끌해 그 맛이 일품이다. 민간 전설에 의하면 원소절에 원소나 탕원을 먹는 것은 중국어 중의 비슷한 음을 딴 것으로서 '단단원원(團團圓圓)' 다시 말하면 함께 단란히 모인다는 뜻이다.

음력 5월 5일은 단오절로서 이날의 가장 중요한 음식풍속은 종자(粽子)를 먹는 것이다. 종자(粽子)는 대나무 잎이나 갈대 잎 등으로 찹쌀을 싼 후 다시 끈으로 삼각 원추형이나 베개 모양 또는 기타 모양으로 동여맨 다음 찌거나 삶아서 먹는 음식이다. 중국 각지 사람들의 입맛이 달라 종자(粽子)의 식재료와 제작과정, 맛도 서로 다르다.

중국 동부 장강 연안의 소주(蘇州), 가흥(嘉興), 영파(寧波)는 어미지향(魚米之鄕)으로 불리고 있다. 이곳의 종자는 남방 종자(粽子)의 대표주자인데 그 소는 주로 팥, 밤, 대추, 고기 등으로 하며 북방 종자는 주로 대추나 말린 과일을 소로 한다.

명절 음식인 종자는 오랜 역사를 자랑한다. 민간에서 유행되고 있는 설법으로는 단오에 종자를 먹는 것은 고대 위대한 애국 시인 굴원(屈原)을 기념하기 위해서라고 한다. 전설에 의하면 기원전 3세기 굴원은 조국인 초나라(楚)가 멸망하자 비분을 금치 못하고 5월 5일에 강에 투신자살했다고 한다. 그 후 사람들은 이 날을 굴원을 기념하는 명절로 정했다. 해마다 이 날이 되면 사람들은 대나무통에 찹쌀을 담아 강에 던져 넣으면서 굴원을 제사 지냈다고 한다. 후에는 또 강의 교룡(蛟龍)이 제물을 훔쳐 먹지 못하게 하기 위해 대나무통에 소태나무 잎을 덮어 색실로 동였는데 교룡은 이 두 가지 물건을 제일 두려워했다고 한다.

종자(粽子)는 명절음식일 뿐만 아니라 민간에서 서로 주고받는 선물이기도 하다. 해마다 단오절이 되면 사람들은 친척이나 친구 집에 갈 때면 종자를 선물로 가져간다.

음력 8월 15일은 중추절(추석)인데 이날 밤의 달이 가장 둥글기 때문에 '단원절(團圓節)'이라고도 한다. 중추절 저녁 달구경에서 월병이 빠져서는 안 된다. 월병(月餅)의 모양은 둥근 달처럼 되어 있으며 그 속에는 맛있는 소가 들어있다. 보통 떡과 다른 점이라면 월병의 겉면에는 신화 선설 중의 상아(嫦娥)가 달로 날아가는 도안이나 꽃이 활짝 피고 달이 둥글며 풍년이 들고 장수를 기원하는 등 내용의 도안이 새겨진 것이다.

중추절 저녁 둥근 달이 솟아오를 때면 사람들은 월병(月餅)과 가지각색의 과일을 제물로 차려 놓고 둥근달에 제사 지낸다. 제사가 끝나면 한집 식구들은 월병을 먹으며 '단원(團圓)'을 빈다.

중국 각지 월병의 맛도 서로 다른데 북경을 대표로 하는 경식(京式), 중국 동부의 소주를 대표로 하는 소식(蘇式), 중국 남부 광동지역의 광식(廣式)과 조주(潮州)지역의 조식(潮式) 월병이 가장 유명하다.

6 중국의 교자(餃子)

교자(餃子)가 중국 문화의 일부분이라는 말은 조금도 과장이 아니다. 중국 전통음식인 교자는 한집 식구들이 먹으면 단원(團圓)을 상징하고 손님에게 대접하면 존귀함과 성의를 표시한다. 외국인이 중국에 왔다가 교자를 먹어보지 못한다면 귀국한 후 헛걸음을 했다고 웃음거리가 될 것이다.

교자는 밀가루를 반죽해 얇게 민 다음 소를 넣고 싸서 물에 삶아먹는 음식이다. 교자는 주로 명절음식 특히는 섣달 그믐날 저녁 중국에서 집집마다 먹는 음식이다. 중국인들은 교자의 소를 준비하고 반죽한 밀가루로 싸며 먹는 전반 과정에 많은 신경을 쓴다.

먼저 교자의 소를 만드는 과정을 보자. 교자의 소는 고기소와 야채소가 있는데 보통 고기와 야채를 섞는다. 소를 만드는 과정에 가장 신경 쓰는 것은 고기를 잘게 다지는 것이다. 다시 말하면 육류와 야채, 각종 조미료를 잘 섞은 후 도마에 놓고 칼로 잘게 다진다. 이때 칼과 도마가 부딪치는 소리가 부단히 변하며 리듬감 있는 강약의 절주는 마치 아름다운 음악처럼 이웃에 전해진다. 사람들은 자기 집의 교자소를 다지는 소리가 가장 크고 다지는 시간이 가장 길기를 바란다. 고기에 야채를 섞어 소를 만드는 것은 고기의 '육(肉)'자와 야채라는 '채(菜)'자의 발음이 있을 '유(有)', 재부 '재(財)'자와 비슷하므로 재물이 생긴다는 뜻을 나타냈다. 소를 다지는 소리가 가장 크고 시간이 길다는 것은 남아도는 재물이 많다는 뜻이다. 또 소를 다지는 시간이 길수록 교자를 많이 싼다는 것을 의미하며 생활이 윤택함을 상징한다.

소를 만든 다음 교자의 모양도 신경 쓰는데 대부분 지역에서는 전통적인 반달 모양을 유지하고 있다. 이런 모양을 만들 때는 교자를 쌀 때 반죽한 밀가루를 동글납작하게 밀고 거기에 소를 놓고 엄지와 식지로 반원형으로 빚는데 이것을 '복을 빚는다'고 한다.

일부 가정에서는 반달형으로 빚은 교자의 두 각을 함께 붙여 '원보(元寶)' 모양을 만드는데 이것은 재부와 금, 은이 온 집안에 가득함을 상징한다. 농촌에서 사람들은 교자를 밀 이삭 꽃무늬처럼 싸는데 알알이 영근 밀 이삭은 새로운 한 해의 풍년을 상징한다.

교자를 빚은 후 이어지는 절차는 물에 삶는 것이다. 가마의 물이 끓으면 교자를 넣는데 마치 하나하나의 예술품을 맑은 물에 넣는 것 같은 느낌이다. 이어 교자가 가마 밑에 붙지 않도록 국자로 가마 밑까지 저어준다. 삶는 과정에 보통 교자가 매번 끓어오를 때마다 한 번씩, 모두 세 번에 걸쳐 가마에 냉수를 섞는데 이것을 복이 반복해 온다는 뜻으로 '반복(反福)'이라 한다. 약 10분 내지 20분간 삶으면 맛있는 교자를 먹을 수 있다.

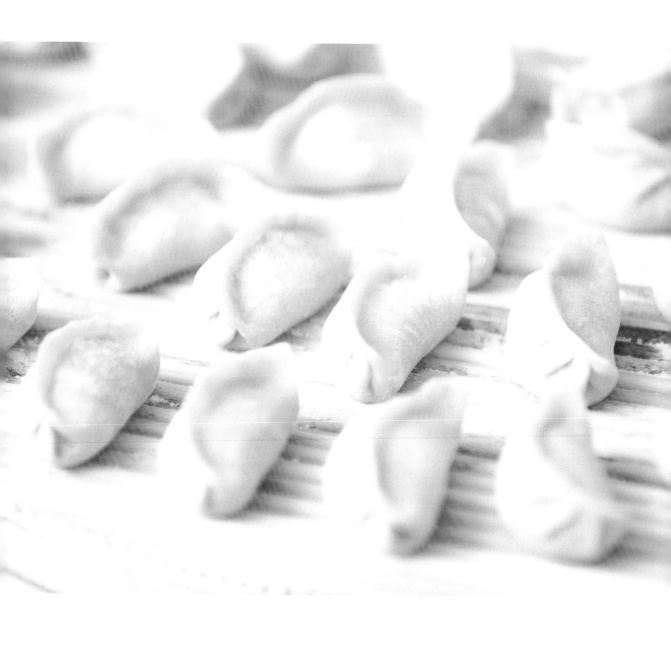

제16장

희곡(戲曲)

1. 중국경극(中國京劇)

1] 경극의 검보

경극(京劇)의 검보(臉譜)란 배우들의 얼굴에 짙은 화장을 하는 것으로 이는 배역의 성격,
품성, 운명을 보여준다.

경극의 배역(角色)

중국 경극의 배역은 생(生), 단(旦), 정(淨), 추(醜) 네 종류로 구분하며 각 유형은 또 다시 세분화된다. 그 분류와 대표작품을 들면 다음과 같다.

노생(老生):《감로사(甘露寺)》

소생(小生):《유음기(柳蔭記)》

노단(老旦):《진향련(秦香蓮)》

청의(靑衣):《귀비취주(貴妃醉酒)》

무정(武淨):《전완성(戰宛城)》

문추(文醜):《군영회(群英會)》

'생'은 '노생(老生)'과 '소생(小生)'으로 구분된다.

'노생(老生)'은 성숙된 중년 남자로 정면인물 혹은 제왕이나 장수, 재상을 연기한다.

'소생(小生)'은 젊은 남자이다.

'단'은 청의(靑衣)와 무단(武旦), 화단(花旦)으로 나눈다. 청의는 중년 여성으로 귀족 가문의 부인이나 아가씨를 형상한다. '무단(武旦)'은 여 장군을 의미하며 '화단(花旦)'은 사회 최하층에서 생활하는 여성으로 시녀와 같은 사람들이 여기에 속한다.

'정(淨)'은 여러 가지 화검(花臉)을 두루 말하는데 일반적으로 성격이나 품성, 외모에서 모두 특이한 남성 캐릭터이다.

'말(末)'도 노생에 속하는데 나이가 더 많고 사유가 명석하지 못하며 사회 최하층에서 생활하는 노인을 말한다. 콧등 위에 흰색 분장을 해 구분하며 일명 '소화검(小花臉)'이라고 부르기도 한다. 또한 정(淨)의 대화검(大花臉), 이화검(二花臉)과 함께 '삼화검(三花臉)'으로 불리기도 한다.

'추(醜)'는 소화검을 말하는데 대부분 사회 최하층에서 생활하는 사람들을 지칭하며 기민하고 익살스러운 이미지로 표현한다.

경극의 역사

중국경극은 '동방의 오페라'로 불리고 있다. 경극은 중국 고유문화의 정수이며 북경(北京)에서 생겨났다 하여 경극이라 부른다.

경극은 200여 년의 역사를 자랑한다. 경극의 역사는 오래된 몇 가지 지방연극으로 거슬러 올라갈 수 있다. 특히 18세기 중국 남방에서 유행된 지방극단인 '휘반(徽班)'이 여기에 속한다. 1790년에 첫 휘반 공연이 북경에서 있었는데 황제의 생일잔치에서 첫선을 보였다. 그 후 여러 휘반이 육속 북경을 찾아 공연하였다. 휘반은 유동성이 강하며 쉽게 다른 극종의 공연방식을 받아들이는 특징이 있다. 거기다 북경에는 지방극종이 밀집돼 휘반의 신속한 발전에 조건을 마련해 주었다.

수십 년간의 발전을 거쳐 19세기 말, 20세기 초에 경극이 형성되었고 중국 최대의 연극 극종으로 부상했다. 경극은 극종목이 풍부하고 종사자들이 많으며 극단이 많고 관객이 많으며 영향력이 커서 중국에서 으뜸으로 꼽히는 극종이다. 경극은 종합공연예술로서 '노래, 대사, 연기, 격투, 무용'을 겸비한 격식화된 연기수단으로 이야기를 서술하고 인물을 부각한다. 경극의 캐릭터는 생(生, 남자), 단(旦, 여자), 정(淨, 남자), 추(醜, 남자, 여자) 4대 역으로 구분되며 일부 조연도 있다. 얼굴분장은 경극에서 가장 특색 있는 예술이다. 얼굴분장을 통하여 인물의 충성심과 사악함, 아름다움과 추함, 선량함과 악함, 존귀함과 비천함을 모두 보여준다. 예를 들면 붉은색 얼굴은 인물의 충성심과 헌신정신을, 자색의 얼굴은 지혜와 강인함, 검은색은 충성심과 정직함, 고귀한 성품을, 흰색은 간교함과 잔인함, 남색은 강한 의지와 용맹함, 황색은 포악함, 금색과 은색은 신선, 부처(佛), 귀신 등을 상징하는데 온몸이 금빛으로 된 모습은 허황함을 나타내기도 한다.

일반적으로 18세기 말을 경극발전의 첫 번째 전성기라고 일컫는다. 그때는 민간에서 희곡공연이 활발했을 뿐만 아니라 황실 내에서도 희곡 공연이 아주 성행했다. 많은 황실귀족들이 경극을 좋아했는데 황실의 우월한 물질조건은 경극의 공연, 의상, 분장, 무대배경 등에 유리한 조건을 마련해 주었다. 이처럼 황실과 민간이 서로 영향을 주면서 당시 경극예술은 전례 없는 발전을 가져왔다.

1920년대와 1940년대는 경극의 두 번째 전성기였다. 이 시기 경극의 성행은 많은 유파를 형성했다. 대표적으로는 매(매란방梅蘭芳, 1894~1961), 상(상소운尙小云, 1900~1976), 정(정연추程硯秋, 1904~1958), 순(순혜생荀慧生, 1900~1968) 4대 유파이다. 상이한 경극 유파는 모두 이름난 배우들을 보유하고 있었으며 이런 배우들은 상해(上海)나 북경 등 대도시에서 활약하면서 경극예술의 무대를 화려하게 장식했다.

매란방은 국제적으로 가장 유명한 경극 예술가이다. 그는 8살에 연극을 배우기 시작해 11살에 무대에 올랐다. 50여 년의 경극생애에서 매란방은 단(旦)역의 노래곡조와 대사, 무용, 음악, 의상, 분장 등 6개 분야를 창조적으로 발전시켰으며 독특한 예술풍격을 형성하였다. 1919년에 매란방은 극단을 인솔해 일본에서 경극예술의 첫 해외 공연을 펼쳤다. 그 후 1930년에 있은 미국방문 공연에서도 큰 성공을 거두었으며 1934년에는 유럽에서 초청 공연을 했는데 유럽 연극계의 중시를 받았다. 그 후부터 세계적 범위에서 경극을 중국의 연극학파로 인정하게 되었다.

중국의 개혁개방 이후 경극은 또 한 차례 새로운 비약을 실현했다. 특히 전통예술을 정화한다는 방침에 힘입어 정부의 큰 지지를 받았다. 북경의 장안대극장(長安大劇院)에서는 일 년 365일 경극 프로그램이 공연되며 해마다 개최되는 국제경극아마추어 콩쿠르는 세계 각지의 경극 애호가들의 눈길을 사로잡고 있다. 경극은 중국과 외국 간의 문화교류에서 보류극목으로 되었다.

2. 중국지방연극

1) 황매극(黃梅戲)

황매극은 원래 '황매조(黃梅調)' 또는 '채차희(采茶戲)'로 불렸고 18세기 후반에 안휘성, 호북성, 강서성 3성 접경지역에서 작은 지방극으로 생겨났다. 그중 한 종류는 점차 동쪽으로 안휘성 회녕(懷寧)현 중심의 안경(安慶)지역으로 전해졌고 현지 지방극과 접목돼 현지 언어로 노래 부르고 대사를 말하면서 자체의 특징을 형성했는데 '회강(懷腔)' 혹은 '회조(懷調)'라고 불렸다. 이것이 바로 지금의 황매극의 전신이다. 19세기 중엽에는 또 '청양강(靑陽腔)'과 '휘조(徽調)'의 영향을 받으면서 완정한 극으로 발전하게 되었으며 연극의 한 극종으로 점차 사람들에게 알려지고 인정되었다. 초기 황매극은 노래 부르고 춤추는 것이 특징이었다. 자연생활을 모방하는 것이 중점이었는데 별도로 고정된 표현격식은 없었다. 당시 황매극 배우들은 대부분 농민과 수공업 노동자들이었으며 의상과 소품, 징, 북은 모두 임시로 구했는데 흔히 공연현지의 관객들에게서 돈을 주고 빌렸다. 이때의 황매극은 농민들이 스스로 즐기는 오락형식에 불과했다.

황매극은 화강(花腔)과 평사(平詞)로 구분된다. 화강은 간단한 극으로 생활적인 정취와 민가의 분위기가 짙다. 평사는 정극(正本戲)의 노래 곡조와 긴 서술, 서정을 많이 활용해 자연스럽고 유창하다.

황매극의 우수 극목으로는 《천선배(天仙配)》, 《견우직녀(牛郎織女)》, 《괴음기(槐蔭記)》, 《여부마(女駙馬)》, 《부처관등(夫妻觀燈)》, 《타저초(打猪草)》, 《유수정(柳樹井)》, 《남교회(藍橋會)》, 《노우(路遇)》 등이 있다.

2] 곤극(昆劇)

곤극은 발전과정에 '곤산강(昆山腔)', '곤조(昆調)', '곤곡(昆曲)', '남곡(南曲)', '남음(南音)', '아부(雅部)' 등 여러 가지 이름으로 불렸다. 일반적으로 곡조를 중점적으로 표현할 때는 곤산강(昆山腔)이라 하고 악곡, 특히 무대를 떠난 무반주 노래를 부를 때는 곤곡이라 하며 연기예술의 희곡극종을 지칭할 때는 곤극(昆劇)이라고 한다.

곤극이 크게 발전하고 극단에서 주도적인 지위를 차지한 시간은 230여 년이나 된다. 명나라(明) 융경(隆慶)황제에서 만력(萬歷)황제로 교체되는 때부터 청나라(淸) 가경(嘉慶) 초년(1570~1800)까지이다. 이때는 곤극예술이 가장 빛나는 성과를 거둔 시기로 극작가들은 새 작품을 연이어 출품하고 연기예술은 날로 성숙돼 갔으며 배역도 점점 더 세분화되었다. 공연 형식에서도 전편(全本傳奇) 공연으로부터 막별 공연으로 변하였다. 막별 공연은 극의 분산된 부분을 삭제하고 명장면만 선별하며 그에 기초해 더 보충하면서 독립적으로 공연할 수 있는 짧은 극이다. 막별 공연은 생동한 내용과 섬세한 연기, 다양한 예술풍격을 도입해 예전의 길고 지루하며 비슷하던 단점을 미봉하고 곤극 공연에 생동하고 활발한 기상을 불어넣었다. 하여 생(生), 단(旦), 정(淨), 추(醜) 등 자신 본연의 역을 맡아하는 응공극(應工戲)이라는 것이 나타났다. 이는 관중들이 특별히 즐겨 보는 극종목이기도 하다.

곤극은 극목이 많고 극본 대사가 우아하고 아름다워 문학성이 강하다. 단순히 극본만 보아도 미적인 향수를 느끼게 된다. 많은 가사는 내용이 함축적인 슬픈 시와 사이다. 곤극은 명나라와 청나라 두 조대에 걸쳐 가장 많은 작가와 작품을 배출한 극종이다. 곤극은 독립적인 곡조의 시스템을 갖추고 있으며 발성과 가사발음에서 4성을 강조한다. 율격(格律)이나 박자(板眼)를 엄수하며 가락이 감미롭고 완만하며 조화롭다. 곤극의 곡조는 중국고전문학 중의 연곡체(曲牌體)이다. 곤극은 연곡체를 강조하며 매 극마다 완정한 한 조의 곡패(曲牌)로 구성되며 완정한 공연시스템을 갖추고 있다. 곤극의 공연은 특히 무용성이 강하며 노래와 밀접히 결부되어 있는데 노래, 무용, 대사, 동작이 겸비된 종합성이 강한 예술형식이다. 중국희곡의 문학, 음악, 무용, 미술, 및 공연의 몸놀림, 방식, 반주악대의 편제 등은 모두 곤극의 발전 과정에서 보완되고 성숙되었다.

곤극의 발전은 중국 희곡의 발전을 대표하며 곤극은 경극(京劇), 천극(川劇), 상극(湘劇), 월극(越劇), 황매극(黃梅) 등 많은 극의 형성과 발전에 직접적인 영향을 주었다. 이것이 또한 곤극을 '백극의 시조'로 부르는 원인이기도 하다.

3) 예극(豫劇)

예극(豫劇)은 일명 '하남방자(河南邦子)', '하남고조(河南高調)'로도 불린다. 초기에 배우들이 자연목소리(本嗓) 그대로 노래 부르고 시작음과 마지막음을 가성으로 높이 올리고 뒤끝에 '구(謳)'를 달았다 하여 '하남구(河南謳)'라고 부르기도 한다. 과거에 하남방자는 하남성 서쪽지역 산간지대에서 많이 공연되었으며 공연 시 늘 산언덕을 이용해 흙 무대를 만들었는데 사람들은 그것을 산에 기대어 소리친다는 의미로 '고산후(靠山吼)'라고 지칭하기도 했다. '예극'이라는 이름은 중화인민공화국 건국 후부터 불려진 것이다. 예극은 하남(河南), 하북(河北), 산동(山東), 산서(山西), 호북(湖北), 영하(寧夏)자치구, 청해(青海), 신강(新疆)자치구 등 십여 개 성과 자치구에서 유행되는 중국에서 가장 큰 영향력을 가진 희곡의 한 가지이다.

예극은 명나라(明) 말, 청나라(清) 초기에 나타났으며 초창기에는 무반주 노래 위주였는데 관객들의 인기를 얻으면서 빠른 속도로 발전하였다.

예극은 그 체계가 형성된 후 각이한 유파들이 나타났는데 대체로 네가지로 나눌 수 있다. 바로 개봉(開封) 일대의 상부조(祥符調), 상구(商丘) 일대의 예동조(豫東調, 일명 동로조東路調라고도 함), 낙양(洛陽) 일대의 예서조(豫西調, 일명 서부조西府調 혹은 고산황靠山簧이라고도 함), 나하(漯河) 일대의 사하조(沙河調, 일명 본지방本地梆이라 함)이다. 곡조는 주로 느린 박자, 2·8박자, 유수(流水), 비판(飛板) 등이고 주요 유파는 예동조와 예서조이다. 예동조의 남자역의 소리는 높고 격앙되며 여자역의 소리는 활기차고 쟁쟁하여 희극 공연에 적합하다. 예서조의 남자역의 소리는 처량하고 비장하며 여자역의 소리는 낮고 은은해 비극 공연에 적합하다.

예극에 사용되는 반주악기로는 주로 판호(板胡), 이호(二胡), 3현(三弦), 비파(琵琶), 피리(笛), 생황(笙), 수르나이(嗩吶) 등이다.

예극은 노래가 중점인데 줄거리의 관건적인 부분에서는 자주 대판 창법(大板唱腔)을 활용해 흥을 돋우면서 특유의 예술매력을 과시한다. 예극의 특징은 첫째, 격정과 호방함이 넘치고 강인한 기개로 충만해 큰 장면을 보여주는 공연에 적합하며 정감의 힘이 강하다. 둘째, 지방특색이 짙고 소박하며 통속적이어서 백성들의 생활에 가깝다. 셋째, 리듬감이 강하고 갈등과 충돌이 첨예하고 스토리가 완정하고 인물성격이 뚜렷하다.

1927년 전의 하남방자에는 여배우가 없었다. 여배우가 나타난 후 상향옥(常香玉), 진소정(陳素貞), 마금봉(馬金鳳), 염입품(閻立品), 최난전(崔蘭田) 등을 대표로 5대 여성 유명 단역(名旦) 유파가 형성되었다. 상(常)파는 격앙되고 분방하며 진(陳)파는 명쾌하고 청신하며 마(馬)파는 강인하고 명랑하며 최(崔)파는 깊이 있고 함축되었으며 염(閻)파는 섬세하고 완곡하다. 현재 전국적으로 이 5대 유파의 계승인들이 많다.

예극의 전통 극목은 1,000여 개에 달한다. 그중 대부분 극목은 역사소설과 이야기에서 소재를 취했다. 봉신극(封神戲), 삼국극(三國戲), 와강극(瓦崗戲), 포공극(包公戲), 양가극(楊家戲), 악가극(岳家戲)을 그 예로 들 수 있다. 그 외에도 혼인, 사랑, 윤리도덕을 묘사한 극도 많다. 중화인민공화국 건국 후 현실생활을 노래한 현대극과 새로 창작한 사극이 많이 등장하면서 예극은 새로운 발전을 가져왔다.《조양구(朝陽溝)》,《쑈얼허이의 결혼(小二黑結婚)》,《인환마규(人歡馬叫)》,《재수 없는 아저씨의 혼사》,《시부(試夫)》,《홍과》등이 그 대표작이다.

제17장

악기

1. 탄현악기

1) 러와푸(熱瓦圃)

러와푸는 현악기의 일종으로 위구르족(維吾爾族)과 타지크족, 우즈베키족들이 즐겨 사용한다. 러와푸는 기원 14세기경에 처음으로 나타나 지금까지 600여 년의 역사를 보유하고 있다. 당시 신강과 국내외 여러 민족 사이에는 광범위한 경제, 문화교류가 있었는데 위구르족들은 그들 기존의 민간악기를 바탕으로 외래 악기의 장점을 받아들여 일부 새로운 악기를 만들어냈다. 그중 가장 대표적인 악기가 현재까지 전해 내려온 러와푸이다.

러와푸는 대부분 목제악기로 외형이 아주 독특하다. 위쪽은 가늘고 긴 몸체인데 꼭대기가 휘어져 있고 아래쪽에 반원형의 울림통이 달려있다.

러와푸는 3현, 5현, 6현, 7현, 8현과 9현 등의 다양한 구조를 가지고 있으며 일반적으로 제일 바깥쪽의 현으로 선율을 연주하고 기타 현은 공명현(共鳴弦)으로 쓰인다.

러와푸는 그 소리가 쟁쟁하고 음색이 맑으며 독특하다. 주로 독주나 합주, 반주에 사용된다. 러와푸는 앉아서 연주하든 서서 연주하든 항상 단정한 자세를 취해야 하며 어깨의 평형을 유지해야 한다. 연주자는 악기 울림통이 오른쪽 팔굽 안쪽에 닿도록 러와푸를 가로 안고 왼손 아귀로 몸체를 받치면서 손가락으로는 괘를 짚어 음을 정하고 동시에 오른손의 발목(撥木)으로 발현해 아름다운 소리를 낸다.

2) 유금(柳琴)

유금은 비파류(琵琶類)의 현악기에 속하는데 버드나무로 만들어지고 외형 또한 버드나무 잎새와 비슷하다고 해서 유금 혹은 '유엽금(柳葉琴)'으로 불린다. 유금은 외형과 구조가 비파와 매우 흡사하다. 최초의 유금은 구조가 아주 간단했으며 외형이 촌스럽고 민간에서 주로 사용되었기 때문에 중국의 민간인들은 이를 '토비파(土琵琶)'라고 불렀다. '토비파'는 장기간 중국의 산동(山東)과 안휘(安徽), 강소(江蘇) 일대에서 유행하면서 지방 희곡의 반주에 많이 사용되었다.

유금은 외형과 구조에서 비파와 비슷할 뿐만 아니라 연주방법도 비파와 크게 다르지 않다. 다만 발목(撥木)을 사용해 발현할 뿐이다. 유금 연주 시 연주자는 바른 자세로 앉아 유금을 경사지게 가슴에 안고 왼손으로 몸체를 받치며 손가락으로 괘를 짚는다. 오른손은 엄지와 식지 사이에 쥐어진 발목(撥木)으로 발현하는데 그 자세가 아주 우아하다.

현재 유금은 중국의 음악무대에서 다양한 역할을 담당하고 있다. 민족 악대에서 유금은 탄현류 악기부의 고음악기로 독특한 음향 효과를 자랑하면서 항상 고음부의 중요한 주선율을 연주한다. 유금은 또 음색이 쉽게 기타 악기에 매몰되거나 융합되지 않기에 때에 따라서는 기교성이 크게 강조되는 카덴자(Cadenza) 연주도 담당한다. 동시에 서양악기 만돌라의 음향효과도 낼 수 있어 서양악대와 협주하면 또 다른 특별한 매력을 발산하기도 한다.

3] 칠현금(古琴)

칠현금은 중국의 오랜 현악기이다. 칠현금은 고대에 '금(琴)' 또는 '요금(瑤琴)'으로 불렸으며 그 역사가 유구하다. 일찍 3,000여 년 전의 주 나라(周) 때에 중화민족의 선조들은 이미 칠현금을 만들었다.

칠현금은 조형이 아주 정교하고 음색이 둥글고 맑지며 음향은 섬세하고 풍부하면서 변화가 많다. 옛사람들은 칠현금을 연주할 때 여러 가지 예의를 갖추었다. 연주하기 전 목욕하고 옷을 갈아입으며 향을 피우고 나서 가부좌 자세로 앉아 칠현금을 다리 위에 올려놓거나 테이블에 올려놓는다. 칠현금을 탈 때에는 왼손으로 악기 줄을 타고 오른손으로 악기 줄을 눌러 소리를 내며 음의 정확도에 대한 요구도 매우 높다.

칠현금의 제작은 가히 전문 예술이라고 할만하다. 당, 송시기는 칠현금 제작의 황금 시기로서 공예가 정교하고 음색이 아름다운 우수한 연주곡들이 많이 나왔다. 하지만 칠현금의 전통적인 제작방법은 이미 오래전에 실전되었고 역대로 남아 내려온 일부 칠현금은 연주가들이 스스로 만든 것이어서 각 부품의 위치와 크기가 통일되지 않았다. 최근 수십 년간 중국은 칠현금의 제작을 회복, 개량함으로써 이 오랜 악기에 새로운 활력을 주입하였다.

　칠현금은 아주 풍부한 표현력을 가지고 있다. 희로애락의 정감과 대자연 경물에 대한 묘사는 칠현금 연주에서 생생하게 느껴 볼 수 있다.

4) 허부스(火不思)

허부스는 오래된 현악기의 일종으로 몽골족들의 깊은 사랑을 받고 있다. 한자 번역음의 차이로 '호비스(好比斯)'나 '화비스(和比思)', '후버츠(琥珀飼)' 등으로 불리기도 하는데 모두 현악기라는 뜻이다. 기원전 1세기 초, 중국 북방 민족들은 쟁(箏)과 공후(箜篌) 등 한족 악기를 참고해 이런 신형의 악기를 만들어냈다.

전통 허부스는 모양이 숟가락과 흡사하다. 길이가 90㎝이며 상단 머리 부분이 휘어져 있고 손잡이는 곧다. 원형의 울림통에는 구렁이 가죽을 씌웠고 현은 3~4줄이다. 허부스는 네크(琴杆)가 길고 울림통이 작은데다 그 위에 가죽 막까지 씌워져 있어 그 음색이 짙은 북방초원 풍격을 띤다. 허부스의 연주 방법은 기타 현악기와 거의 비슷한데 연주자는 악기를 세로 가슴에 안고 왼손으로 현을 누르며 오른손 엄지손가락과 식지로 발성한다. 허부스는 밝고 투명한 소리를 내며 음색이 부드럽고 아름다워 독주나 합주, 가무반주에 많이 사용된다.

5 둥부라(東不拉)

둥부라는 카자흐족의 오래된 현악기이며 일부 카자흐족 가정들에서는 지어 일가족 남녀노소 모두 몇 곡씩 연주할 수 있다. 카자흐어에서 둥부라는 특수한 의미를 가지고 있는데 '둥(東)'은 악기의 연주 소리를 뜻하고 '부라(不拉)'는 악기의 현을 조율한다는 뜻이다.

둥부라는 유구한 역사를 가지고 있으며 일찍 기원전 3세기에 벌써 중국의 신강 일대에서 전해졌다.

둥부라는 몸체가 목질 구조로 되었고 모양은 확대된 숟가락 모양이다. 최초의 둥부라는 제조공예가 아주 간단했다. 민간예술인들은 재목을 숟가락 모양으로 잘라내고 위에 나무판을 맞춘 다음 양의 창자로 현 2줄을 만들어 걸고 네크에 9개의 프렛(Fret)을 부착하여 '둥부라'를 만들었다. 둥부라는 카자흐족 민간 가수에게는 필수로 되는 반주악기이다. 카자흐족들은 둥부라가 있어 방목 시 고독을 잊고 저녁에 귀가해서는 둥부라 연주에 맞춰 춤추고 노래하며 가족이 함께 즐긴다.

둥부라는 독주, 합주와 반주에 모두 사용할 수 있고 표현력도 아주 풍부하다.

6) 완(阮)

완(阮)은 중국 현악기의 일종으로 고대에는 줄곧 '진비파(秦琵琶)'로 불렸다. 기원전 2~3세기의 진나라 때 사람들은 손잡이가 달린 작은 탬버린(搖鼓)에 현을 달아 현악기를 만들었는데 '현도(弦鼗)'라고 불렸다. 후에 사람들은 쟁과 축(築)을 비롯한 악기를 참고해 '현도'에 비해 훨씬 선진적인 악기를 만들 수 있게 되었는데 이를 '진비파'라 불렀다. '진비파'가 바로 '완'의 전신이다.

기원 3세기경 완함(阮咸)이라는 음악인이 이런 둥근 모양의 울림통을 가진 '진비파'를 잘 연주했는데 그 연주기교가 출중해서 많은 사람들의 사랑을 받게 되었다. 사람들은 점차 그의 이름인 '완함'으로 아예 이 악기의 명칭을 대체해 버렸다. 완함이 후에 완으로 불리기 시작한 것은 천여 년 전 송나라 때부터다.

완은 외형 구조가 아주 간단한데 헤드(琴頭)와 지판(琴杆), 몸체(琴身) 3개 부분으로 구성되었다. 머리 부분은 대부분 중국전통의 용과 여의(如意) 등 뼈를 재질로 한 조각예술품으로 장식돼 있고 양쪽에 4개의 줄감개가 달려있다. 완의 몸체는 납작한 원형 울림통인데 앞판과 뒤판을 이음 판으로 연결해 만들었다. 완은 구조원리와 제조재료, 연주기법에서 모두 비파와 같은 점이 많다.

최근년래, 중국정부가 민족 악기에 중시를 돌리기 시작하면서 음악가들은 완에 대한 개량작업을 추진했고 선후로 고음완과 중음완, 차중음완, 저음완을 만들어냈다.

7) 공후(箜篌)

공후(箜篌)는 중국의 오래된 현악기로 유구한 역사를 자랑한다. 고증에 의하면 지금까지 전해져 내려오고 있는 공후는 이미 2천여 년의 역사를 가졌다 한다. 공후는 옛날 궁정악대에서 사용되었을 뿐만 아니라 민간에서도 널리 유행되었다. 중국 역사에서 당나라 전성기(618~907년)에 이르러 경제문화의 비약적인 발전과 더불어 공후 연주도 높은 수준에 달했다. 이 시기 중국 고대 공후는 선후로 일본, 조선 등 주변국으로 전해졌다. 일본 토쇼 다이지 사원에는 아직까지 당나라 때의 공후 잔품이 유물로 보존돼 있다. 그러나 이 오래된 악기는 14세기 후반에 들어서면서 더 이상 유행되지 않고 점차 사라졌다. 그 후 사람들은 옛날 벽화나 부조(浮雕) 조각상을 통해서만 일부 공후 도안을 만나볼 수 있었다.

　오래전에 소실된 이 악기를 다시 무대에서 올리기 위해 지난 세기 50년대로부터 중국 음악인들과 악기제작자들은 대량의 연구 작업을 진행해왔다. 그들은 우선 고서 기재와 보존돼 내려온 고대 벽화의 도형에 근거해 몇 가지 종류의 공후를 시험 제작했다. 그러나 이렇게 만들어진 공후 대부분은 자체에 존재하는 많은 결함으로 보급에 실패했다. 지난 세기 80년대에 이르러 신형의 공후인 안주(雁柱)공후가 세상에 나왔다. 안주공후는 구조가 비교적 완벽하고 과학적이면서 음향에 민족적인 특색이 있어 음악실천에 널리 응용되었다.

2. 찰현악기

판호(板胡)

일명 '방호(梆胡)' 또는 '진호(秦胡)' 등으로 불리는 판호(板胡)는 지방극의 일종인 방자강(梆子腔)의 출현과 더불어 호금(胡琴)에서 파생되었다. 중국의 기타 호금류 악기에 비해 판호의 최대 장점은 음량이 크고 음색이 깨끗한 것인데 특히 드높은 기세와 격앙된 정서 그리고 정열적인 감정 표현에 적합하고 여기에 아름답고 섬세한 음질까지 갖추었다.

판호는 중국에서 약 3백여 년의 역사를 자랑하는데 그 이름 역시 울림통을 얇은 나무판을 접착해 만들었다 하여 지어진 것이다.

최초에 판호는 주로 중국의 북방지역에서 널리 유행하였으며 현지 많은 지방극과 곡예, 예하면 하북방자(河北梆子), 평극(評劇), 에극(豫劇), 진강(秦腔) 등은 모두 판호를 반주악기로 사용했다. 중국의 희곡, 곡예와 깊은 연관관계를 가지고 있기에 판호는 희곡, 곡예음악 연주 시 자체의 장점을 가장 잘 발휘한다. 지방극과 곡예 반주에서 각지의 판호는 또 지역별 자체의 특성을 잘 보여주는데 지역특색이 다분하다.

판호는 구조가 거의 이호(二胡)와 비슷하나 울림통에서 약간의 차이를 보인다. 판호는 울림통 앞면에 이호처럼 가죽을 씌우지 않고 오동나무판을 사용하는데 이는 판호가 소리를 내는 데서의 관건이기도 하다. 판호는 맑고 낭랑한 음색으로 짙은 시골 정취를 풍기면서 악대에서 다양한 반주악기의 수석(領鉉)의 역할을 하며 현악(弦樂)에서는 고음성부를 연주한다.

중화인민공화국 건국 후 음악인과 악기 제작자들의 노력으로 판호 제작기술도 큰 발전을 가져왔으며 많은 신제품이 '판호 패밀리'에 가세했다. 그중에는 중음판호, 고음판호, 3현판호, 죽통(竹筒)판호, 진강(秦腔)판호 등이 들어있다.

2) 마두금(馬頭琴)

마두금은 중국의 소수민족인 몽골족의 찰현악기(拉弦樂器)인데 악기의 네크(neck) 부분에 말머리가 조각돼 있다고 해서 지어진 이름이다. 마두금은 오랜 역사를 보유한 악기로 일찍 13세기 초에 벌써 몽골인들 속에서 널리 유행되었다. 전해내려온 지역에 따라 마두금은 이름, 조형, 음색과 연주방법이 서로 다르다. 내몽골 서부지역에서는 '머린후우얼(莫林胡兀爾)'로, 동부지역에서는 '초얼(潮爾)'로 불려진다.

마두금의 울림통은 바른 사다리꼴이며 네크 부분에 말머리가 조각돼 있다. 이는 마두금의 기본 모양이며 또한 악기 명칭의 유래이기도 하다. 마두금은 현도 아주 특별한데 말총을 묶어 양쪽 끝을 명주실로 매듭지은 다음 동체(胴體)에 건다. 역시 말총을 재료로 쓴 활대로 말총 현을 마찰해 감미롭고 부드러우며 서정적인 소리를 내는데 중외를 막론하고 찰현악기에서는 거의 찾아보기 힘든 악기이다.

최초의 마구금은 모두 마두금 악사들이 자체로 만들어 자신이 사용했는데 음량이 비교적 작아 주로 몽골포를 비롯한 실내에서만 연주됐다. 시대 발전에 따라 중국 악기제작자들은 전통 마두금에 대해서도 개량작업을 단행하게 되었다. 그 결과 마두금은 음역도 전에 비해 넓어졌고, 말총 현이 나일론 현으로 대체되면서 음량도 확대되었고 음높이도 4도음이 높아졌다. 또 전통 마두금의 부드럽고 은은하던 음색에 투명감과 밝은 감을 더해주는 계기로까지 작용해 개량 마두금은 이미 무대공연과 실외연주까지 완전히 소화할 수 있게 되었다. 한편, 찰현연주 뿐만 아니라 탄발연주까지 가능해 지금은 몽골족의 가장 대표적인 독주악기로 되었다.

8 우퇴금(牛腿琴)

우퇴금(牛腿琴)은 중국의 오랜 민간 찰현악기로 주로 중국의 귀주성(貴州省), 광서(廣西) 장족자치구와 호남성(湖南省)의 뚱족(侗族) 집거구에서 유행되며 가늘고 긴 악기 모양이 소의 다리와 흡사하다고 해 우퇴금이란 이름을 얻게 되었다. 전통적인 우퇴금은 통삼나무로 만들어지며 아래 부분을 파고 그 위에 삼나무나 오동나무로 된 앞판을 맞춰 공명통으로 사용한다. 목 부분은 조금 넓은 편이며 머리 부분은 사각형 모양이고 양쪽으로 단단한 나무 줄감개가 하나씩 꽂혀 있는데 종려섬유 재질의 현(絃) 두 줄을 고정한다. 우퇴금의 활대는 가는 대나무를 사용하고 활 털로는 가는 종려섬유 끈을 쓴다.

중국의 다른 찰현악기에 비해 우퇴금은 색다른 특성을 가진다. 우퇴금은 종려섬유 재질의 활 털이 같은 종류의 현을 마찰하면서 소리를 내기 때문에 소리가 부드럽고 다소 갈린 소리가 난다. 음색이 독특하며 사람의 목소리와 잘 어우러지는 장점과 함께 선명한 민족특색과 짙은 지방풍격을 지녔다. 우퇴금의 연주자세는 서양악기인 바이올린과 거의 비슷하다. 연주자는 공명통 아래 부분을 왼쪽 어깨에 올려놓고 왼손으로 악기의 목 부분을 받쳐주면서 손가락으로 음을 짚고 오른손 활대로 현을 찰주한다. 그러나 우퇴금은 바이올린에 비해 음역이 좁고 연주 시에도 한 개의 찰현 자세만을 유지하면 된다. 통상적으로 5음계 표준에 따라 현을 고정시킨다.

우퇴금은 대부분 민간에서 자체로 제작해 자체로 사용하기 때문에 쓰이는 재료나 크기가 각이하다. 우퇴금의 표현력을 높이기 위해 뚱족인들은 장기적인 실천을 거치면서 우퇴금을 부단히 개량해 왔다. 개량을 거친 우퇴금은 공명통이 전에 비해 커졌고 앞판에 울림 구멍이 뚫려졌으며 앞판과 뒤판 사이에 원형 받침나무가 세워졌다. 또 자판이 생겨났고 명주 현과 강철 현, 말 초리 활대가 기존 종려섬유 재질의 현이나 활대를 대신했다. 그 외 우퇴금의 아래쪽 부분에 구부정하게 금속으로 만들어진 고정 틀을 부착했는데 연주 시 악기의 몸체를 연주자의 겨드랑이에 고정시키는 것으로 공명통에 대한 연주자의 왼팔 부담을 덜어주고 우퇴금의 연주기교를 풍부히 하고 발전시켰다.

4) 고호(高胡)

고호는 '고음이호(二胡)'의 통칭이며 이호를 개량해 만든 것이다. 고호의 출현은 중국 민간음악의 한 분류인 광동(廣東)음악과 밀접한 관계가 있다.

'광동음악'은 중국 광동지역에서 유행되고 있는 일종의 민간악기 표현형식을 말하며 현지의 지방연극과 민간음악에서 기원되었다.

고호의 구조와 제조, 사용재료는 이호와 별반 차이가 없으나 몸통이 이호에 비해 조금 가늘다. 고호는 그 탄생 연대가 비교적 늦은 원인으로 악기 제작자들은 고호를 개량함에 있어서 우려나 속박을 덜 받을 수 있었다. 어떤 제작자들은 초기 고호의 원형 울림통을 둥글납작한 형태로 바꿔 음량을 늘렸고 어떤 제작자들은 기존의 2현 고호를 3현 고호로 개조해 음역을 저음 5도까지 넓혔다.

고호는 음색이 맑고 우렁차 여 고음을 방불케 하는데 이런 특성에 저음부의 부드러운 특색까지 가미되면서 악대에서 아주 두드러진 위치를 차지하게 되었다.

5] 이호(二胡, 얼후)

이호는 중국의 유명한 찰현악기인데 일찍 기원 7세기에서 10세기 사이에 존속한 중국 당나라 때에 생겨났으며 주로 중국 서북부의 소수민족지역에서 유행되었다. 천여 년의 발전사에서 이호는 줄곧 희곡의 반주악기였다.

이호는 구조가 간단한데 나무로 만든 한 개의 가는 입죽은 길이가 약 80㎝정도고 위에 2줄의 현이 고정돼 있으며 아래쪽에는 찻잔 모양의 울림통이 달려있고 말의 꼬리털을 이용해 만든 활대를 이용한다. 이호는 보통 앉은 자세로 연주하는데 왼손으로 음을 짚고 오른손으로 활대를 잡는다. 이호는 음역이 3개 옥타브에 이르는 경우도 있다. 이호는 풍부한 표현력을 가지고 있는데 사람의 음색에 가까워 '가창력이 뛰어난 악기'로 불리기도 한다. 어떤 사람들은 이호를 '중국식 바이올린'이라고 부르기도 한다. 이호는 음색에 애잔함이 섞여있어 깊은 정감을 곧잘 표현한다.

이호는 제작이 간단하고 가격이 싸며 쉽게 연주법을 익힐 수 있어 많은 중국인들의 사랑을 받고 있으며 중국 민간에 많이 보급된 악기로 정착했다

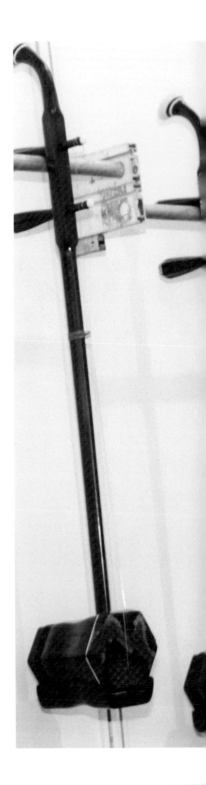

3. 취주악기(吹奏樂器)

1) 세피리(세필률 細篳篥)

　세피리는 조선족들 중에서 널리 유행되고 있는 민간악기인데 주로 중국 길림성 연변조선족자치주와 기타 조선족 집거지역에서 많이 찾아볼 수 있다. 세피리는 소리가 낭랑하며 음색이 밝고 힘차 짙은 조선족 특색을 지니고 있다.

　세피리는 아주 오랜 역사를 가지고 있는데 고대 피리에서 파생되었다. 세피리는 구조적으로 겹서와 관 두 개 부분으로 나뉜다. 겹서는 4㎝ 길이로 껍질을 벗긴 갈대를 이용해 만들어졌으며 20~25㎝의 관은 가는 대나무로 만드는데 지름이 약 1㎝정도, 정면에 7개의 지공이 뚫려 있고 뒷면에 또 고음 지공 하나가 뚫려있다.

　세피리의 연주방법은 대다수의 취주악기와 비슷하다. 연주 시 연주자는 악기를 세로로 하고 겹서를 입 속에 물고 부는데 왼손 손가락으로 뒷면의 고음 지공과 정면 위쪽의 3개 지공을 짚고 오른손 손가락으로 정면 아래쪽 4개의 지공을 짚는다.

　세피리는 고음과 중음, 쌍피리 세 가지 종류로 구분된다. 전통 고음 세피리는 오직 한 가지 화음만 연주할 수 있었으나 그 후 악기 제작자들이 제6 지공의 오른쪽 상단에 작은 구멍 하나를 더 뚫어주면서 음역이 2개 반 8도까지 넓어지게 되었고 전조(轉調)의 기능도 추가되었다. 중음 세피리는 고음 세피리와 기능적으로는 비슷하나 음역에서 1개 8도음이 낮다. 쌍관 세피리는 크기와 고음이 모두 같은 두 개의 고음 세피리를 나란히 묶어 만들어졌는데 피리마다 모두 겹서가 꽂혀있다. 연주 시 연주자는 피리를 하나씩 불어 홀 음을 낼 수도 있고 두 개의 겹서를 같이 입에 물고 불어 같은 음계의 동일음 두 개를 함께 낼 수도 있다. 그 외에도 쌍관 세피리는 3도와 4도, 5도 음계의 화음도 불 수 있는데 음량도 일반 세피리에 비해 훨씬 넓고 음색도 한층 맑고 구성지다. 그러나 연주기교가 비교적 어렵다.

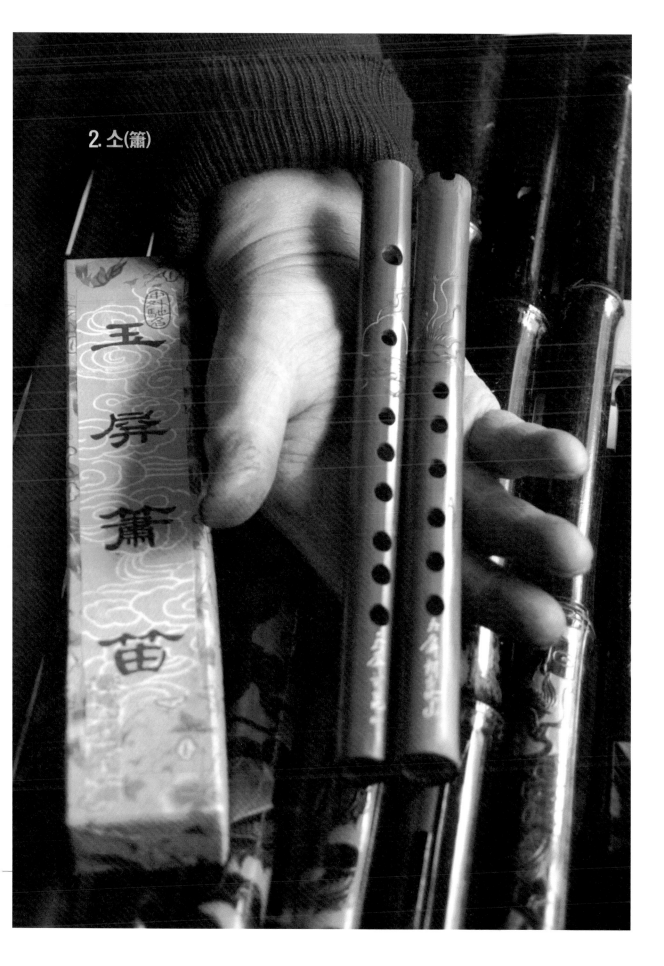

소(簫)는 중국의 오래된 기명(氣鳴)악기인데 통소(洞簫)라고도 불린다. 수천 년 전에 통소는 벌써 중국 민간에서 널리 유행되었다. 통소의 내력은 배소(排簫)와 깊은 연관이 있다. 수천 년 전 배소가 방금 세상에 나오자 사람들은 이를 소(簫)라고 불렀다. 그 후 사람들은 배소를 부는 과정에서 하나의 관(管)에도 거리가 서로 다른 지공만 뚫어져 있으면 얼마든지 고저음을 연주할 수 있다는 사실을 발견하게 되었다. 그러면서 소(簫)는 점차 여러 개의 대나무 관으로 만들어지던 형식에서 벗어나 하나의 관(管)에 여러 개의 지공이 뚫려진 통소 형식으로 변모하게 되었다.

오늘과 같은 통소는 한나라(漢) 때에 이미 있었는데 당시에는 '강적(姜笛)'으로 불렸다. 강적은 원래 사천(四川), 감숙(甘肅) 일대에서 생활하던 창족(姜族)의 악기였으며 기원 1세기경에 황하유역에 전해졌고 발전을 거쳐 점차 6개의 지공을 가진 형태로 정착하면서 오늘의 통소와 비슷해졌다.

통소는 구조가 비교적 간단한데 모양은 피리와 흡사하다. 보통 자죽(紫竹)이나 황죽(黃竹), 백죽(白竹)으로 만들어지며 관신(管身)이 피리에 비해 조금 길고 위쪽 끝부분이 대 마디에 의해 봉해져 있다. 그 모서리에 취구(吹口)가 나있고 관신 정면에 5개의 지공이 뚫려져 있으며 뒷면 위쪽에 또 하나의 지공을 가지고 있다. 그 외에도 관신 하단 뒷면에 3~4개의 출음공(出音孔)과 조음공(助音孔)을 뚫어 음의 정확도를 조절하고 음색을 곱게 하며 음량을 높여주기도 한다.

통소는 음색이 부드럽고 우아하다. 저음구에서는 낮고 굵은 소리가 나오며 약음 연주가 가장 특징적이다. 중음구의 음색은 부드럽고 아름답다. 통소의 연주법은 거의 피리와 비슷하나 활용성이 떨어져 경쾌한 곡조나 화사한 곡조보다는 은은하면서도 섬세하고 서정적인 선율을 연주하는데 적합하다. 대부분 대자연의 아름다운 경치나 인물의 내면정서를 표현하는데 쓰인다.

통소는 그 종류가 아주 많은데 흔히 접할 수 있는 것들로는 자죽통소, 옥병소(玉屛簫), 구절소(九節簫) 등이 있다.

3) 훈(塤)

훈은 중국의 가장 오래된 취주악기 중 한 가지인데 약 7천 년의 역사를 가지고 있다.

전하는데 의하면 훈은 일종의 '석류성(石流星)'이라는 사냥 도구에서 유래되었다고 한다. 오래전에 사람들은 기다란 줄 한쪽 끝에 돌공(石球)이나 흙공(泥球)을 매달고 이를 날려서 날짐승이나 길짐승을 사냥했다고 한다. 그런데 어떤 공은 가운데가 비어있었으므로 휘두를 때면 바람을 맞아 소리를 냈다. 이에 호기심을 느낀 사람들은 점차 입으로 이를 불어 소리를 내보기도 했다. 이렇게 석류성은 점차 훈으로 변하게 되었다고 한다.

훈은 위쪽에 취구가 나있고 바닥은 평평하며 옆쪽에 지공이 뚫려있다. 최초의 훈은 하나의 지공만을 가지고 있었으나 점차 발전하면서 여러 개의 지공을 가지게 되었다. 기원전 3세기 말에 이르러 6지공 훈이 나타났다.

중국음악대학의 조정(曹正)교수는 1930년 말부터 토기훈을 만들기 시작했다. 그 후 천진음악대학의 진중(陳重)교수가 고대 6지공 배 모양의 훈을 참조해 신형의 9지공 토기훈을 설계했는데 강소성(江蘇省) 의흥시(宜興市)의 도자기를 재질로 제조했다. 9지공 훈은 전통 훈의 외형과 음색을 유지한 기초에서 음량을 증대시키고 음역을 넓혔는데 음계와 반음연주가 가능해 전조(轉調)악기로 되었으며 음색도 고풍스럽고 소박하며 낮고 비장한 감이 느껴져 더욱 특색을 지니게 되었다. 그 외에도 9지공 훈은 또 기존 불규칙적인 지공 배열을 현대인들의 연주 습관에 맞게 개변시킴으로써 연주가 훨씬 편리해져 독주나 합주, 반주에 모두 사용된다.

훈은 중국 음악사에서 주로 역대의 궁중음악에 사용되어 왔다. 궁중음악 중에서 훈은 또 송훈(頌塤)과 아훈(雅塤)으로 나뉜다. 송훈은 형체가 작은 편이며 계란 모양으로 음이 비교적 높다. 아훈은 상대적으로 형체가 조금 큰 편이며 소리는 낮고 부드럽다. 훈은 대나무로 만들어진 취관 악기인 지(篪)와 함께 연주에 자주 등장한다. 중국 최초의 시가 총서인《시경》에는 '맏이(伯)가 훈을 불고 둘째(仲)가 지를 불었다'는 묘사가 있다. 두 형제 중 한 사람이 훈을 불고 다른 한 사람은 지를 불었다는 뜻으로 형제간의 다정함을 표현한 대목이다.

4] 생황(笙)

생황은 중국의 오래된 취주악기이며 세계적으로 가장 먼저 자유식 리드를 사용한 악기로 서양 악기의 발전에 긍정적인 역할을 놓았다.

1978년 중국 호북성 수현(隨縣) 증후을(曾候乙)묘에서 출토된 2,400여 년 전의 포생(匏笙) 몇 점은 지금까지 중국에서 발견된 가장 오래된 생황이다.

생황의 역사는 3,000여 년 전으로 거슬러 올라간다. 최초의 생황은 배소(排簫)와 비슷했으며 리드도 없었고 몸통(笙斗)도 없었다. 다만 끈이나 나무들을 이용해 서로 다른 음률의 죽관을 배열, 고정시켰을 뿐이다. 그 후 사람들이 점차 생황에 대나무 재질의 리드를 달고 조롱박으로 만든 몸통을 붙여주면서 배소와 구별되기 시작했다.

생황의 몸통은 조롱박으로 만들어지고 취구는 나무를 재료로 쓴다. 길이가 서로 다른 십여 개의 죽관이 말 발굽 형태로 몸통 위에 꽂힌다. 당나라 이후부터는 몸통 재료로 나무를 활용하기 시작했고 그 후 계속 전해져 내려오다가 동으로 몸통을 만든 생황까지 나타나게 되었다. 리드 재료 역시 대나무에서 동(銅)으로 변모했다.

오랜 역사를 가진 연고로 지역별로 서로 다른 양식의 생황이 나타나게 되었다. 중화인민공화국 건국 후 중국의 악기 제작인들과 음악가들도 부단히 생황에 대한 기능 개진을 단행했는데 선후로 넓은 음역의 생황과 건반 생황 등 새로운 양식의 생황을 탄생시켰으며 이를 통해 음역이 좁고 전조(轉調)가 안 되며 빠른 연주가 어려웠던 등 기존 생황의 단점을 극복하고 생황에 새로운 활력을 부여했다.

생황은 음색이 맑고 아름답다. 고음 부분은 밝고 투명한 감을 주며 중음 부분은 부드러우면서도 현란하고 저음 부분은 소박하면서 우렁차다. 음량도 비교적 크다. 한편 생황은 또 중국의 전통 취관악기 중에서 유일하게 화음을 연주할 수 있는 악기이기도 하다.

5) 피리(笛子)

피리는 중국에서 널리 유행되고 있는 취주악기인데 천연 대나무를 재료로 만들어진다고 해서 '죽적(竹笛)'으로 불리기도 한다.

피리는 하나의 죽관으로 만들어지는데 속의 마디를 없애고 관대에 취공 한 개, 청공 한 개, 지공 6개를 뚫었다. 취공은 피리의 맨 위쪽에 있는 구멍으로 입김이 들어가 관내 공기를 진동시키면서 소리를 낸다. 청공은 취공 바로 옆에 있는 구멍으로 울림막을 붙이는 구멍이다. 울림막은 일반적으로 갈대 속청이나 대나무 속청을 이용하는데 공기의 진동에 따라 밝고 부드러운 소리를 낸다.

피리는 비록 작고 간단하지만 이미 7천년의 역사를 가졌다. 약 4천5백년 전에 피리는 그 재료를 뼈에서 대나무로 바꾸었다. 기원전 1세기 말 한무제 때 피리는 '횡취(橫吹)'라고 불렸으며 당시의 고취악(鼓吹樂) 중에서 상당히 중요한 지위를 차지하였다. 7세기가 되어 피리는 또 다시 새롭게 개진되며 청공이 증가되면서 표현력이 크게 높아졌고 연주기교도 상당한 수준에 도달했다. 10세기에 이르러 송사(宋詞)와 원곡(元曲)이 성행하면서 피리는 사(詞)나 곡(曲)의 주요 반주악기로 등장했고 민간 희곡과 소수민족 연극 종류에서도 빠지지 않는 악기로 변모했다.

피리는 표현력이 아주 풍부해 은은하면서도 우렁찬 선율의 연주는 물론 끝없이 펼쳐지는 광활한 느낌의 정서 표현까지 가능하다. 동시에 경쾌하고 현란한 무곡과 부드럽고 아름다운 속곡도 연주할 수 있다. 피리의 표현력은 아름다운 선율에만 있는 것이 아니다. 자연의 각종 소리도 표현하는데 여러 가지 새소리 모방이 가장 대표적이다.

4. 격현악기(擊弦樂器)

양금(揚琴)

양금(揚琴)은 또 양금(洋琴)으로도 불리는데 중국에서 흔히 볼 수 있는 격현악기(擊弦樂器)의 일종이다. 음색이 밝고 낭랑하며 표현력이 극히 풍부해 독주나 합주, 금서(琴書), 설창과 희곡의 반주 악기로 쓰이며 민간 기악합주와 민족 악대에서 중요한 자리를 차지한다.

사서에 따르면 중세기 전 중동의 아조프, 페르시아 등 고대 아랍국가들에서는 일종의 격현악기가 유행되었는데 솔팁리금(Saltepry)이라 불렀다. 명나라(1368~1644) 때, 중국과 서아시아, 동아시아 간의 친선 교류가 갈수록 많아지면서 솔팁리금은 페르시아에서 바다를 건너 중국에 전해지게 되었는데 처음에는 광동 일대에서만 유행되다가 점차 중국의 기타 지역으로까지 퍼졌다. 그 후 중국 민간 예술인들의 개량을 거치면서 솔팁리금은 점차 중국의 민족악기인 양금(揚琴)으로 변모했다.

양금은 주로 목질 재료로 만들며 울림통으로 활용되는 몸통이 나비 모양 같다고 '호접금(蝴蝶琴)'이라 불리기도 한다. 연주 시에는 양금을 나무로 만든 틀 위에 올려놓고 양손에 든 탄력 있는 대나무 채로 줄을 쳐서 충격음을 얻는다.

양금은 연주기교가 다양하고 음색도 풍부하다. 저음구에서는 낮고 무게감 있는 소리가 나며 중음구는 깨끗하고 투명한 음을 자랑하며 고음구에서는 밝고 낭랑한 소리가 들려온다. 양금은 빠른 악곡의 연주에 비교적 적합한 편인데 경쾌하고 활기찬 정서와 유쾌하고 즐거운 감정을 잘 표현한다.

양금은 중국에서 오래 동안 전해져 내려오면서 이미 악기 제작이나 연주 또는 악곡 창작에서 모두 중국 전통의 민족 특색을 지니게 되었으며 사람들이 선호하는 악기로 변모했다.

5. 타악기(打擊樂器)

1) 경쇠(磬)

경쇠(磬)는 중국에서 가장 오래된 민족 악기로 모양이 고풍스럽고 제작이 정교하다. 유구한 역사를 자랑하는 경쇠는 먼 옛날 모계 씨족 공동체 사회에서 '석(石)'이나 '명구(鳴球)'로 불리기도 했다. 당시 사람들은 어렵으로 생계를 유지하였는데 일이 끝나면 돌을 두드리면서 각종 야수로 분장하고 춤추는 것으로 오락을 즐겼다. 이렇게 두드리던 돌이 점차 현재 타악기의 일종인 경쇠로 변화했다. 경쇠는 처음에는 주로 선인들에 의해 음악 반주가 있는 춤에 이용되었으나 후에는 편종(編鐘)과 마찬가지로 역대 상류층 통치자들이 출정과 제사 등 각종 행사의 아악(雅樂)에 사용되었다.

사용 장소와 연주 방식에 따라 경쇠는 특경(特磬)과 편경(編磬) 두 가지로 나뉘며 특경은 황제가 천지신명과 선조에게 제를 올릴 때 쓰던 악기이고 편경은 여러 개의 경쇠를 일 열로 틀에 달아 놓고 연주하던 악기로 주로 궁중음악에 사용되었다. 2,000여 년 전의 전국(戰國) 시기에 이르러 초나라(楚) 경내의 편경 제조 공예는 이미 비교적 높은 수준에 도달했다.

1978년 8월, 중국 고고학자들은 호북성(湖北省) 수현(隨縣)의 뢰고돈(擂鼓墩)에서 2,400여 년 전의 고분-증후을(曾侯乙)고분을 발굴했다. 무덤에서는 고대 초나라 문화 특색의 편종, 편경과 거문고(琴), 슬(瑟, 거문고와 비슷한 현악기), 퉁소, 북 등 120여 점의 고대 악기와 대량의 문화재가 출토되었는데 증후을 편경은 총 32매로 상하 두 층의 청동 틀에 달려있었고 각기 석회석과 청석, 옥석을 편경 재료로 활용해 음색이 밝고 아름다웠다.

1983년, 호북성 가무단은 12평균률에 따른 32매의 경쇠 배열로 한 세트의 석부편경(石編磬)을 제조했다. 1984년 9월, 소주(蘇州)민족 악기공장과 옥석조각공장은 또 벽옥으로 한 세트 18매의 편경을 만들어내기도 했다.

편종(編鐘)

편종(編鐘)은 중국 고대의 중요한 타악기로 종(鐘)의 일종이다. 편종은 크기가 서로 다른 여러 개의 종을 순서에 따라 나무틀에 매달아 놓고 조별 분리를 시키는데 종마다 음높이가 서로 다르다. 제조년대에 따라 편종은 모양과 형태에서는 서로 차이가 나나 몸통에는 모두 아름다운 도안이 조각돼 있다.

일찍 3,500년 전의 상나라(商) 때 중국에는 이미 편종이 있었다. 고대의 편종은 주로 궁정 아악 연주에 많이 쓰였고 민간에서는 거의 사용되지 않았다. 당시 출정과 황제 알현, 제례 등 행사에서는 어김없이 편종이 연주됐다.

고대 중국에서 편종은 상류사회의 전용 악기로 등급과 권력의 상징이었다. 근래 중국의 운남, 산서와 호북 등지의 고대 제왕, 제후와 귀족들의 무덤에서는 선후로 대량의 고대 편종이 출토되었다. 그중 가장 주목받는 것은 호북성 수현(隨縣) 증후을(曾侯乙) 고분에서 발견된 증후을 편종이다. 이 편종 세트는 공예가 정교하고 아름다우며 음역이 5 옥타브에 까지 이르고 음계구조가 현대 C장조 7성 음계에 근접해 있다. 그 외 편종 표면에는 또 악률과 관련된 명문(銘文) 2,800여 자가 새겨져 있는데 많은 음악용어가 적혀있어 중국 고대 음악문화의 선진수준을 보여주고 있다. 증후을 편종은 지금까지 중국에서 출토된 수량이 가장 많고 규모가 가장 크며 보존이 비교적 잘 돼 있는 편종으로 인류문화사의 기적으로 불린다. 편종은 음색이 밝고 청아하며 은은하고 감동적이어서 노래와 같은 선율을 연주할 수 있는데 이 때문에 '노래하는 종'이라는 미칭도 가졌다.

1982년, 무한(武漢) 민족악기공장과 무한 정밀기기주조공장은 증후을 편종에 근거해 한 세트의 모조 편종을 제조했다. 후에 이 편종은 또 무대 공연과 현대 음악의 수요에서 출발해 일련의 개혁도 단행했다. 세트 전체는 총 24개의 편종으로 구성됐는데 편종마다 2개음을 낼 수 있도록 만들어졌고 상, 중, 하 3단으로 틀에 고정된다.

징(鑼)

징(鑼)은 중국의 전통 타악기로 중국의 민족 악대에서 아주 중요한 위치를 차지한다. 사용범위도 매우 넓은바 민족 악대에만 제한 받지 않고 민간 기악합주나 각종 희곡과 곡에 그리고 가무 반주에도 사용되며 경축 집회나 용선(龍舟) 시합, 사자춤 공연, 풍년 축제, 노동 경쟁 등에도 어김없이 등장한다.

중국의 타악기 중 징은 금속류 타악기로 분류된다. 징은 제련을 거친 동(銅)으로 만들어지며 구조가 비교적 간단하다. 징체는 둥근 구면 형태의 판으로 되어 있고 주위에 테두리가 둘러져 있다. 연주자는 나무로 된 징채로 징체 중앙을 쳐서 진동하는 것으로 소리를 낸다.

가장 먼저 놋쇠 징을 사용한 사람들은 중국 서남지역에 거주한 소수민족들이었다. 기원전 2세기경이 되어 각 민족들 사이의 문화교류가 활발해 지면서 놋쇠 징이 점차 중국 내지에 전해졌다.

오랜 기간을 내려오면서 징은 사용 장소와 지역에 따라 약 30여 종의 형태와 모양을 가지게 되었다. 그중 가장 많이 쓰이고 있는 징은 대징(大鑼)과 소징(小鑼) 두 가지이다.

북(鼓)

북(鼓)은 중국에서 흔히 볼 수 있는 타악기로 비교적 일찍 발명된 악기의 일종이다. 지금까지 출토된 문물로 보면 북은 약 3,000년의 역사를 가지고 있는 것으로 추정된다. 처음에 북은 제례와 악무에 이용되었을 뿐만 아니라 적을 물리치고 맹수를 쫓는데도 사용되었으며 시간을 알리고 경보를 발송하는 도구로도 활용되었다. 사회 발전과 더불어 북의 사용범위는 더욱 넓어졌으며 지금은 민족 악대와 각종 연극, 곡예, 가무, 사자춤 공연, 용선 시합, 경축집회, 노동 경쟁 등은 모두 북 종류의 악기를 떠날 수 없게 되었다. 북은 구조가 비교적 간단해 가죽 막과 몸통 두 개 부분으로 구성되었다. 가죽 막은 북의 발음체인데 일반적으로 동물의 가죽을 몸체에 고정시켜 형성된다. 북은 가죽 막을 채나 막대기 또는 맨손으로 직접 두르려 소리를 낸다. 중국에서 북 유형에 속하는 악기는 그 종류가 아주 많다. 그중 대표적인 것으로는 요고(腰鼓), 큰북, 동고(同鼓), 화분고(花盆鼓) 등이 있다.

1. 중국의 목판세화(年畵)

민간세화는 중국에서 오랜 역사를 자랑한다. 이는 한나라(漢) 때 사악을 막는 도부(桃符)와 같은 문화(門畵)까지 그 시원을 거슬러 올라갈 수 있다.

송나라(宋, 960년~1279년) 때에 이르러 목판인쇄술이 세화제작에 쓰이기 시작하였다. 이때에 이르러 목판에 글자를 새길 수 있었기 때문에 세화는 대량 생산될 수 있었을 뿐만 아니라 시장에 판매될 수도 있어 목판세화는 송나라 때부터 규모를 형성하고 빠르게 발전하기 시작하였다.

송나라 때부터 목판세화는 내용에서 자연숭배와 신령숭배로부터 부귀와 길상, 즐거움과 경사로운 내용 나아가서는 희곡이야기와 민속풍정 등이 소재로 언급되었으며 농민들의 정감과 이상을 표현하였다. 이런 세화는 형상적 의의를 제외하고 일반적으로 언어의 방식으로 해석하여야 한다. 이것이 바로 한어가 가지는 특유한 해음(諧音, 같거나 비슷한 음)현상이다. 이를테면 박쥐를 그릴 때 그 해음은 복이고 까치를 그릴 때 그 해음은 경사를 말한다. 표현형식에서 세화는 민간회화의 수법 또는 전통도안과 결합하거나 문인화 지어는 서양회화의 장점을 흡수하였으며 목판인쇄기술을 이용하여 특정적인 양식과 체계를 창립하였다.

명나라(1368년~1644년) 말부터 청나라(1368년~1911년)에 이르러 세화는 크게 흥성했으며 서민들이 즐기는 형식으로 되었다. 이런 세화는 색채가 선명하고 경사스러우며 제재가 다양하다. 비교적 많은 형식으로는 《춘우도(春牛圖)》,《연연유어(年年有魚)》,《오곡풍등(五谷豊登)》 등이다. 바로 이때 중국에는 선명한 지역특색을 가진 여러 개의 목판세화제작 중심이 나타났다. 중국의 3대 민간목판세화의 대표주자로는 천진 양류청(楊柳靑) 세화, 소주 도화오(桃花塢) 세화, 산동 유현 양가부(楊家埠) 세화이다. 청나라 말에 와서 서방의 석판인쇄기술이 들어옴에 따라 각지의 세화는 점차 쇠퇴되기 시작하였다.

2. 중국의 민간 전지(종이오림)

구정기간 중국의 많은 곳들에서는 모두 종이오림을 붙인다. 가지각색의 도안들이 유리 창이나 문틀, 또는 책상 앞에 장식되어 명절의 경사스러운 색채를 더해준다.

종이오림은 중국에서 가장 많이 유행되는 민간예술의 하나이다. 종이오림의 기원은 현 재 고증하기 어렵다. 하지만 종이오림이 고대의 종교와 제사의식에서 비롯되었다는 설법 도 있다. 옛날 사람들은 종이로 여러 가지 형태의 동물과 인형을 만들어 죽은 사람과 함께 매장하거나 장례식에서 불에 태워 이런 종이오림이 대표하는 동물이나 인형이 죽은 사람 과 동반하기를 희망하였다. 그러나 지금으로부터 천 년 전 종이오림은 장식과 조형예술에 많이 이용되었다. 역사기록에 의하면 당나라(唐) 여성들은 종이오림을 머리장식품으로 하 거나 종이를 오려 봄 나비를 만들어 봄을 맞이하였다. 12세기의 송나라(宋) 때에 와서 혹 자는 종이오림을 선물의 장식품으로 사용하였고 혹자는 종이오림을 문과 창문, 또는 벽과 거울, 초롱에 붙여 장식하였다. 그 당시 이를 직업으로 하는 예술인들도 나타났다.

종이오림은 전적으로 수공으로 만든 것이다. 일반인들이 종이오림을 만들 때에는 통상 가위와 종이만 있으면 된다. 전문인들은 크고 작은 가위와 칼을 이용한다. 종이오림은 한 장씩 만들 수도 있고 한 번에 여러 장을 만들 수도 있다. 간단한 도안은 직접 오릴 수 있지 만 복잡한 도안은 먼저 설계한 도안을 종이에 붙인 후 수많은 칼 중에서 맞는 칼을 골라 새 기면 된다. 하지만 추호의 오차도 있어서는 안 된다.

종이오림은 풍부한 소재를 가지고 있다. 말하자면 자기가 즐기는 꽃과 새, 벌레, 물고기, 작은 동물, 민간전설 중의 인물, 고전문학작품 중의 인물형상, 경극의 탈 등이 모두가 세화 의 소재로 될 수 있다. 중국 각지 백성들의 생활습관과 심미정서가 부동함에 따라 각지의 종이오림도 각기 자기의 특색을 갖고 있다. 북방의 종이오림은 비교적 호방하고 힘차며 대 형 소재가 비교적 많다. 하지만 남방의 종이오림은 섬세하고 수려하며 남방 물고향의 특색을 갖고 있다. 그러나 어떤 소재의 종이오림이든지 모두 생동함을 강조한다.

3. 산서세화(山西年畵)

산서세화는 남과 북 두 유파로 나뉜다. 산서북방의 세화는 대동(大同), 응현(應縣)을 중심으로 하고 창문그림을 대표로 한다. 창문그림은 희곡이야기를 위주로 하고 길상을 나타내는 집짐승과 날짐승, 화초와 과일, 채소도 포함되어 있다. 산서북방의 세화는 판인묵선(版印墨線)과 수공회화로 되어 있고 종합채색인쇄도 있다. 산서남방의 세화는 흔히 보는 문신(門神), 종이말(紙馬), 중당(中堂) 등 형식이 있을 뿐만 아니라 불진지(佛塵紙)와 등화(燈畵)의 산량도 비교적 많고 높은 예술적 특징을 갖고 있다. 산서남방의 세화는 절반 인쇄하고 절반 그리는 형식으로 된 것도 있고 연한 붉은색과 도홍색, 노란색, 녹색, 검은색으로 된 것도 있다. 이곳 세화는 호방한 특색을 가지고 있다.

4. 흙으로 빚은 호랑이

　중국 서북부에 위치한 섬서성(陝西省) 봉상시(鳳翔市)에서 나는 흙으로 빚은 호랑이는 민속특성을 가진 장식품이다. 그 크기는 6㎝에서 100㎝에 이르기까지 다양하다. 이는 흙을 펄프로 된 모형에 넣어 만들어진 것으로서 몸체가 얇고 색채가 선명하다.

　채색 흙 호랑이의 제작은 먼저 흰 바탕에 묵으로 선을 그린 다음 여러 가지 색채를 바르며 나중에 식물기름을 바른다. 그 조형은 정면으로 된 호랑이 머리인데 눈과 큰 귀와 큰 입, 두드러진 눈썹, 넓은 이마를 가지고 있는 호랑이의 앞이마에는 모란꽃이나 임금 왕자가 그려져 있다. 호랑이의 두 귀와 얼굴에는 스프링으로 연결된 새와 화초, 인물이 장식되어 있다. 호랑이 두 볼의 천연색 도안은 석류, 도화 등 길상을 나타내는 내용으로 되어 있다. 석류는 다자다손을 의미하고 불수감 열매는 그 해음으로 복을 의미하며 복숭아 나무와 꽃은 사악을 제거한다는 의미를 나타내고 모란은 부귀를 상징한다. 이런 장식의 분포는 엄밀하고 질서정연하다.

5. 헝겊호랑이

헝겊호랑이는 중국민간에서 널리 유행되는 완구이다. 중국인들은 호랑이가 사악을 제거하고 재난을 방지하며 평안과 길상의 상징이며 재산을 보호할 수 있다고 여겨왔다. 음력으로 5월 초닷새 단오절기간 민간에서는 어린이들에게 헝겊호랑이를 만들어 주거나 이마에 호랑이를 그려 주군 한다. 이는 건강과 용감함을 의미한다. 헝겊호랑이의 형식은 다양하다. 외머리 호랑이가 있는가 하면 쌍머리 호랑이, 네머리 호랑이도 있고 자모(子母) 호랑이, 베개 호랑이 등이 있다.

단오절을 제외하고 음력설과 원소절, 그리고 갓난아기 삼일 때, 백일, 돌, 두 살 생일 때도 사람들은 늘 여러 가지 형식으로 된 헝겊호랑이를 만들어 사악과 질병을 제거하고 아름다운 축원을 보내준다.

1. 운건(雲肩)

운건은 수나라(隋, 581년~618년) 이후 형성된 옷 장식으로서 어깨에 장식된다. 청나라 때에 와서 운건은 사회 각 계층에 보급되고 특히는 혼례식 때 신부가 반드시 갖춰야 할 장신구로 되었다. 운건의 형식은 보통 '사합여의(四合如意)'형으로 되어 있는데 긴 띠 모양도 있다. 운건의 제작은 보통 두 겹으로 된 여덟 조각의 천을 오린 후 조각마다 꽃과 새, 풀과 벌레를 자수하거나 이야기를 수놓는다. 정교로운 운건은 오랜 시일을 거쳐 만들어진다. 그 세련된 공예는 사람들의 찬사를 자아내군 한다.

그림 중의 운건은 중국 중부 하남성(河南省)에서 생산된 것이다. 운건에는 인물과 꽃, 새, 교량 등 도안이 있다. 공예가 세밀하고 색채가 풍부하고 우아하여 민간예술의 진품(珍品)으로 되고 있다.

2. 이족 수놓이 꽃신

   중국 서남부 소수민족지역의 이족 옷차림은 매우 강한 지역특징을 가지고 있을 뿐만 아니라 이족인들의 등급특징과 나이특징, 이족인들의 전통관념, 심미특징과 민족풍속을 보여주고 있다. 이족복장은 자수와 십자수, 아플리케, 상감 등 여러 가지 수법으로 만들어진다.

   그림 중의 수놓이꽃신은 운남성 이족여성들이 만든 것이다. 쪽배와 같이 생긴 꽃신은 아름다운 조형을 나타낸다. 흰 바탕에 붉은색과 노란색, 하늘색 꽃무늬와 기타 부호를 수놓았다. 전설에 의하면 이런 뾰족하게 생긴 꽃신은 신부를 구원한 적이 있다고 한다. 하여 이족처녀들은 시집갈 때면 편안함과 아름다운 미래를 기원하여 이런 꽃신을 신고 떠난다.

3. 향낭(香荷包)

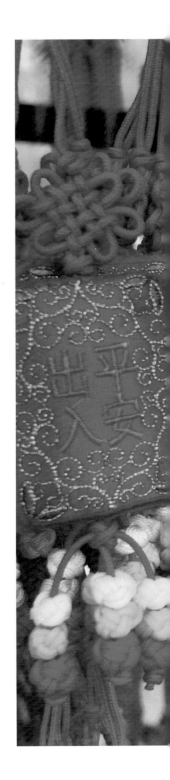

향낭은 중국민간공예품의 하나로서 작은 물건을 담는데 사용될 뿐만 아니라 장신구로도 사용된다. 향낭은 그 모양이 다양하고 풍부한 민속적 내용을 담고 있다. 단오(중국음력으로 5월 5일)에 향낭을 차고 다니면 사악한 기운을 막고 재난을 피할 수 있다고 한다. 향낭에는 쑥잎을 비롯한 중약재 향료가 들어있어 모기를 쫓고 멸균하며 건강에 유익하다. 향낭의 디자인은 여의(如意), 원보(元寶), 수도(壽桃), 박쥐, 호식오독(虎食五毒), 감귤 등이 있다. 이 모든 형상은 모두 길한 내용을 보여준다.

그림 중의 향낭은 두꺼비 모양으로 되어 있는데 그 주위에는 12간지가 장식되어 있다. 두꺼비는 상아와 달나라의 신화와 관련이 있다. 12간지는 중국 출생신앙의 형상으로서 전부 다 길상을 나타내는 짐승들이다. 이 향낭은 크기가 알맞고 공예가 정교로우며 색채가 붉고 길상을 나타내며 형상이 생동하다.

4. 반요복장

요족은 중국남방에서 생활하고 있다. 요족복장은 6, 70가지나 되며 선명한 지역차이를 가지고 있다. 광서장족자치구 전림의 반요 여성복장은 기타 소수민족과 달리 노인이나 어린이나 할 것 없이 다 같은 형식으로 되어 있다.

반요 여성복장은 전형적인 형식과 장식으로 되어 있다. 복장의 옷섶과 허리 부분, 바짓가랑이 장식이 비교적 집중되고 세밀하다. 요족복장 옷섶의 도안은 세 가지로 구성되었다. 하나는 인공자(人公仔) 식인데 인형으로 된 도안이 직선으로 장식되어 있고 다른 한 가지는 '십사절(十四節)'인데 바늘로 14번 누벼 작은 도형을 수놓으며 세 번째는 '배도곡(排到哭)'인데 이는 도안의 난이도를 말한다. 이는 요족 여성들의 뛰어난 손재주와 착한 마음씨를 보여준다.

5. 묘족의 자수(苗族刺繡)

중국 서남부에 위치한 귀주성(貴州省)에는 많은 묘족들이 살고 있다. 그들은 가지각색의 의상을 창조하였다. 이들의 의상은 평상복과 성장(盛裝)으로 되어 있는데 평시에는 평상복을 입고 명절이나 처녀가 시집갈 때면 화려한 의상차림을 한다. 의상이나 머리장식은 그 공예가 복잡하고 세밀하다. 묘족자수의 제재는 풍부하지만 용과 새, 물고기, 구리북(銅鼓), 꽃, 나비 그리고 묘족의 역사를 보여주는 내용들은 비교적 고정적이다.

그림 중의 묘족자수앞치마는 흰 바탕에 나비와 지네용이 장식되었다. 자수품은 지네용을 주요한 무늬로 하고 아래에 나비와 작은 지네 등을 수놓았다. 이는 묘족자수품의 전통적이고 전형적인 모양이다.

묘족자수품에는 사람이 용을 타는 모양과 숫소를 타는 모양도안을 흔히 볼 수 있다. 이는 묘족인들의 영용무쌍한 기백과 생활정취를 보여준다. 묘족 민간예술 중의 용을 타는 도안과 용이 깃드는 도안, 쌍용의 도안은 용을 존경하지만 두려워하지 않는 사람들의 심리를 재현하였다. 그림 중의 자수는 옷소매부분의 장식이다. 사람이 용을 타는 도안뿐만 아니라 나비와 새, 인형 인두용(人頭龍)도안 등이 있다. 도안 중간부분에 비교적 큰 봉황새변형이 있다. 사람의 형상은 가로 누워있고 크기와 모양은 물고기와 비슷하다. 나비의 조형은 지나치게 변형시켰다. 도안은 검은 색을 바탕으로 붉은색을 위주로 하며 흰색과 녹색을 장식하였다. 도안 전반은 대담하고 강렬하며 강한 시각효과를 나타내고 있다.

6. 남색 날염포(藍印花布)

남색 날염포(藍印花布)는 중국 강남 일대에서 많이 유행되는 전통적인 천이였다. 이는 농촌 개인가정들에서 짠 면포를 날염한 것이다. 전통적인 남색염료는 인디고를 물에 담가 썩힌 후 제련된 고체남색침전물로서 옥백색과 부동한 남색을 날염할 수 있다. 그 색상은 투명하고 밝으며 몸에 해롭지 않고 쉽게 퇴색하지 않는다. 과거 남색 날염포로 이불시트와 복장, 모기장, 보자기, 문발을 만들었다.

그림 중의 여자두루마기는 상해 남색 날염포관에서 소장한 복장이다. 두루마기는 새것대로 소장되어 있다. 두루마기에 장식된 수두룩한 호박은 자손만대를 상징한다. 뿐만 아니라 두루마기에는 또한 부귀모란과 장수복숭아가 장식되어 있다. 이것은 중국 강남농촌여성들의 전통적이고 전형적인 생활복장으로서 소박하고 대범하다.

7. 복대

복대는 일명 가슴 띠로서 중국 전통복장에서 가슴과 복부를 보호하는 내의다. 그 형태는 정방형이나 장방형으로 되어 있다. 대각으로 설계하여 윗 각을 베어버린 후 반원형이나 원호형으로 만든다.

복대에는 날염꽃무늬나 수놓이 꽃무늬가 있다. 날염꽃무늬는 보통 남색 날염포인데 도안은 거의 다 연생귀자, 기린송자, 연연유여 등 길상을 보여주는 도안이다. 수놓이를 한 복대도 비교적 많다. 자수의 주제는 중국민간전설 또는 일부 민속으로 되어 있다. 이를테면 유해와 황금두꺼비, 까치등매, 원앙물놀이, 연꽃 등 기타 화초와 벌레로 되어 있는데 거의 다 길상을 기원하고 사악을 제거하는 내용들이다.

8. 장명 맹꽁이 자물쇠(長命挂锁)

　　장명 맹꽁이 자물쇠는 과거 한족 어린이들이 늘 목에 걸고 있던 길상을 나타내는 장식물이다. 그 모양은 목걸이처럼 생겼는데 아래 부분에 자물쇠와 같은 은패가 걸려있다. 그 종류로는 목걸이와 배꼽 쇠이다. 갓난애가 한 달이 되면 친지들은 장명 맹꽁이 자물쇠를 선물한다. 남자애나 여자애나 할 것 없이 결혼할 때가 되어야 벗을 수 있다.

　　지난날 의료수준과 경제조건 등 원인으로 하여 많은 어린이들이 목숨을 잃었다. 하여 사람들은 애들이 명이 길고 백 세까지 살도록 자물쇠로 사악을 막아줄 것을 신령에게 기도했다. 장명 맹꽁이 자물쇠에는 보통 기린송자와 장명백세 등 길상을 나타내는 도안이 새겨져 있다.

9. 바이족복장(白族服裝)

중국 서남부에 위치한 운남성(雲南省)에는 20여 개 소수민족이 살고 있다. 여러 소수민족들은 모두 편직과 자수공예를 가지고 있다. 그들은 날염과 편직, 십자수, 자수, 회화 등 방법으로 변화무쌍한 아름다운 도안을 만들어내고 있다. 간단한 무늬나 복잡한 무늬나 할 것 없이 모두 호방하고 자연스러운 미를 가지고 있다. 약 2~3천 년의 역사를 가지고 있는 운남의 편직과 자수공예는 지금까지 계속 발전세를 유지하고 있다. 운남 수놓이에는 치마 수놓이와 손수건 수놓이, 변두리 수놓이와 국부적인 수놓이, 전폭 수놓이가 있다.

대리(大理)바이족들의 편직과 자수의 무늬는 화초도안을 위주로 하고 있다. 스카프와 앞치마, 댕기, 띠, 모자, 신발 등은 대부분 화초와 식물을 위주로 하고 있다.

그림 중의 복장은 바이족 처녀들이 평소에 입고 다니는 옷이다. 머리는 흰색으로 장식하고 긴 술이 드리워져 있다. 머리에 붉은 끈을 맨 것은 아직 미혼임을 나타낸다. 오른쪽으로 단추를 매는(右斜襟) 짙은 자주빛 상의를 입었는데 단추는 은으로 된 것이다. 내의는 연한 남색맞섶(對襟)옷이다. 치마는 허리띠에만 수놓이장식을 한다. 전반 복장은 소박하고 단순해 보인다.

10. 신발 밑창(鞋墊)

중국민속에서 옷과 신, 모자의 자수 장식은 늘 일정한 상징적 내용을 가지고 있으며 친인들에 대한 아름다운 축복과 이상이 담겨져 있다.

중국에는 '면면과질(綿綿瓜瓞)'이란 시구가 있는데 그 뜻은 즉 가로세로 뻗은 호박넝쿨에 수많은 애호박이 달려있다는 것이다. 이는 자자손손 끝없이 이어짐을 상징한다. 이런 유형의 도안은 어떤 것은 호박넝쿨에 애호박이 주렁주렁 달려 있고 어떤 것은 넝쿨 사이에 나비가 장식되어 있다. 신발받침은 색상이 강렬하고 명쾌하며 대조가 선명하다. 짙은 녹색과 청색은 침착해보이고 무늬는 간단하고 생동하며 자연스러우면서도 질서가 있어 보인다.

11. 염낭(荷包)

중국의 전통적인 복식에서 염낭은 필수적이다. 이는 작은 물품을 담는 쌈지인데 조형은 원형과 타원형, 장방형, 여의형, 석류형, 조롱박형, 꽃병형, 방승형(方勝形), 원보형, 쌍금형 등으로 여러가지가 있다. 염낭은 허리에 걸거나 허리띠와 결합돼 허리를 매는 한 부분으로 된다.

염낭의 도안은 복잡한 것도 있고 간단한 것도 있으며 화초와 새, 짐승, 벌레, 산수, 인물, 그리고 길상물고기와 시가문자도 있다. 염낭의 조형과 비례는 늘 변화되며 장식성이 매우 강하다. 염낭은 실제사용 역할 외에도 깊은 정과 아름다운 기대가 깃들어있다.

제20장
가구류

1. 자기

청화자기

청화자기(靑花瓷)는 중국 원나라(元, 1206년~1368년)시기 크게 이름을 날렸으며 중국에는 많은 청화자기를 생산하는 관요와 민요가 있었다.

민요의 청화자기 생산지는 중국 각지에 분포되어 있고 생산량이 관요보다 많았다. 제품의 풍격이 다양하고 조제품과 정제품이 있으며 상등 관리와 부자, 상인들이 사용하였고 하등품은 서민들이 사용하였다.

민요 청화자기는 그 풍격이 활발하고 소박하며 화풍이 자연스럽고 소탈하고 호방하다. 청화자기의 그림소재는 매우 많으며 사회생활과 풍속언어의 인물이야기, 산수소품, 진귀한 조류와 길상 짐승, 화초과일과 야채, 시사문장, 길상 부호 등 없는 것이 없다.

2] 옥호춘병

중국 역사상 많은 민간 도자기 가마─민요는 국영인 관요에 지속적으로 영향 주었으며 관요에 새로운 영양을 주입함으로써 일부 불후의 걸작들이 나타났다. 사진에서 보이는 조형은 아주 전형적인 '옥호춘병(玉壺春瓶)'으로서 하북의 자주(磁州) 도자기 계열에 속한다. 이런 조형은 송, 원(기원 10세기~기원 14세기) 시기에 시작하여 명, 청(기원 14세기~기원 19세기)까지 비교적 많이 구워졌으며 역대로 이런 자기제품은 사람들의 각광을 받아왔다.

옥호춘병의 조형은 간결하고 아름다우며 밖으로 펼쳐진 병아가리는 아주 편안해보이며 가는 목은 아주 깜찍하다. 자기의 둥근 배 부분은 풍만하고 밑굽은 좀 작지만 아주 안정돼 보이고 장식이 없다. 이 조형은 자금성박물관의 옥호춘병 술병과 거의 비슷하며 다만 자기 표면과 장식, 공예가 화려하지 않고 좀 거칠고 소박해 보일 뿐이다.

3| 청화어반

중국 동부의 산동 치박(淄博)지역은 역사상 중요한 도자기 산지이며 많은 도자기제조 민요(民窯, 민간 도자기가마)가 있었다.

물고기는 줄곧 장식의 소재이다. 중국어에서 '어(魚)'와 '여(餘)'의 발음이 비슷하기에 민간에서는 부유함을 뜻하며 또 많은 자식과 생명의 연속을 상징한다. 청화어반은 민간 도자기 가마로 만든 제품이며 조형이 소박하고 중후하며 테두리가 비교적 두텁고 용적이 크다. 어반의 도안은 손으로 그린 것이며 물고기의 도안은 무늬조형에 적합하다. 하지만 조형, 화법, 유약 면에서 부동한 가마, 부동한 민간예인들이 제조한 어반은 서로 다르다.

조기의 어형무늬는 비교적 세밀하며 특히 물고기비늘의 그림 모양은 그 새김이 세밀하고 반듯하며 비늘은 암홍색이다. 하지만 후기의 어형무늬는 호방하며 고기비늘은 강한 의미성을 지닌다.

2. 묵두(墨斗)

먹통은 중국 전통목공업에서 자주 쓰는 도구이다. 주로는 긴 직선을 긋는데 쓰인다.(미장공, 석공, 와공 등 업종에서 없어서는 안 되는 도구이다) 그 구조를 보면 뒷부분에 손으로 돌리는 바퀴가 있어 먹줄을 감는데 쓰이며 앞부분에는 원두 모양의 먹창(墨倉)이 있는데 그 속에 면사나 해면을 넣어두고 먹물을 부어넣는다. 먹줄은 나무바퀴를 거쳐 먹통에 나있는 작은 구멍을 통해 이끌어 내 한쪽에 고정한 다음 악기 줄을 타는 것처럼 목선을 끌어 올린후 선을 그으려는 곳에 튕긴 후 바퀴를 돌려 묵선을 돌려 감는다. 하여 고대에 먹통을 '선묵(線墨)'이라고도 불렀다.

먹통은 조형과 장식이 각양각색이고 묵창은 복숭아형, 물고기형, 용 모양 등이 있었는데 먹통 만들기는 스스로 즐기는 일종의 오락이나 또는 자신의 목공기술에 대한 자랑으로도 간주되었다.

제21장
세계유산

1. 세계유산

1] 용문석굴

용문석굴(龍門石窟)은 중국 중부의 하남성(河南省) 낙양시(洛阳市) 남부 교외 12.5km 되는 지점의 용문협곡 동서 두 절벽들에 위치하고 있다. 동쪽, 서쪽의 산 두 개가 대치하고 있고 이수(伊水)가 사이로 흘러 지나며 그 모양이 문틀과 같아서 사람들은 '이수문틀'이라고도 불렀다. 당나라 이후로는 '용문(龍門)'이라고 많이 불렀다. 이곳은 교통 요충지에 위치하고 산 좋고 물 맑고 기후가 알맞아 시인 묵객들이 즐겨 나드는 명승지이다. 또한 용문석굴 부근은 바위의 석질이 좋고 조각에 알맞아 옛사람들은 이곳을 선택해 석굴을 파기 시작했다.

용문석굴은 감숙(甘肅) 돈황막고굴(敦煌莫高窟), 산서성(山西省) 대동(大同)의 운강석굴(云冈石窟)과 함께 '중국 3대 석각예술 보물고'라고 불린다. 석굴은 북위 효문제(孝文帝, 기원 471~477년)시기부터 파기 시작하여 400여 년에 걸쳐 완성되었고 지금까지 1,500년의 역사를 가지고 있다. 용문석굴은 남북 길이가 약 1km이며 현존 석굴이 1,300여 개, 동굴 감실이 2,345개, 시문과 비석조각이 3,600여 점, 불탑이 50여 개, 불상이 97,000여 기 있다. 그중 빈양(賓阳)의 중동(中洞)과 봉선사(奉先寺), 고양동(古陽洞)이 가장 대표적이다.

봉선사는 용문석굴 중에 가장 큰 동굴로서 길이, 너비가 30여m이며 당나라(唐) 석각의 예술풍격을 대표했다. 봉선사 조각군은 완벽한 예술품이며 그중에 로사나 불상은 더욱 섬세하고 아름다운 예술 걸작이다.

고양동은 용문석굴 중에 굴착시기가 가장 이르고 내용이 가장 풍부한 동굴로 북위시기의 또 하나의 대표작이다. 고양동에는 수많은 불단조상이 있는데 이런 불단조상마다 당시 조각자의 이름과 조각 일자 및 이유를 적은 글들이 있다.

용문석굴은 또한 종교와 미술, 서예, 음악, 복식, 의약, 건축과 중외 교통 등 분야의 대량의 실물 역사자료를 보존하고 있어 대형 석각예술박물관이기도 하다.

용문석굴은 2000년 11월 30일에《세계유산명록》에 등재됐다. 세계유산위원회는 '용문 지역의 석굴과 불단은 중국 북위 말기부터 당나라(기원 493~907년)에 이르기까지의 규모가 방대하고 가장 우수한 조형 예술을 보여주었고 이런 불교의 종교소재를 섬세하게 묘사한 예술작품은 중국 석각예술의 최고 수준을 대표했다.'고 평가했다.

2) 아미산과 낙산대불

아미산(峨眉山)은 일명 '대광명산(大光明山)'이라고도 부른나. 중국 서부 시천(四川)성의 중남부 사천분지(四川盆地)에서 청해-티베트고원(靑藏高原)에 이르는 과도지대에 위치해 있고 주봉인 만불정(万佛頂)은 해발이 3,099m이다. 아미산은 우아하고 아름다운 자연 풍경과 신화 같은 불국선산(佛國仙山)으로 국내외에 이름을 떨치고 있다. 아름다운 자연경관과 유구한 역사문화가 완미하게 결합되어 '천하제일 아미산'으로 불리고 있다.

아미산은 여러 종류의 자연요소가 합치는 지역에 있다. 이곳은 지역요소가 복잡하고 생물종류가 다양하며 특이한 동식물이 많다. 완전한 아열대 식물대를 보존하고 있으며 산림 조성률이 87%에 달한다. 아미산에는 고등식물 242과에 3,200여 종이 있어 중국 식물 총 수의 1/10을 차지한다. 그중 아미산에만 있거나 아미산에서 발견되어 '아미'로 명명된 식물이 100여 종에 달한다. 아미산에는 또 여러 종류의 희귀동물들이 서식하고 있는데 이미 발견된 동물만 2,300여 종에 달한다. 이곳은 세계 생물지역 연구 등 특수한 의의를 가지는 과제 연구의 중요한 장소이다.

아미산은 '중국 불교 4대 명산' 중의 하나이다. 불교의 전파, 사원의 건설과 번영은 아미산에 여러 가지 신비한 색채를 더해 주었다. 종교문화 특히 불교문화가 아미산 역사문화의 주체를 구성하며 모든 건축, 조상(造像), 법기 및 예의, 음악, 회화 등이 짙은 종교 문화적 특징을 띠고 있다. 아미산에는 절이 많다. 그중 보국사(報國寺), 만년사(万年寺) 등은 '금정 8대 사원'으로 가장 유명하다.

낙산대불(樂山大佛)은 아미산 동쪽 기슭 서란봉(栖鸞峰)에 위치하고 있으며 고대로부터 '미륵대상(彌勒大像)', '가정대불(嘉定大佛)'이라고 불려 왔다. 당나라 개원 초년(기원 713년)에 공사를 시작하여 90년 만에 완성되었다.

아미산(낙산대불 포함)은 특수한 지리적 위치, 웅장하고 신비한 자연 경관, 전형적인 지질 지형과 완벽하게 보존된 생태환경을 가지고 있다. 특히 세계 생물지역의 교차지역과 과도지대에 위치하여 동식물 자원이 풍부하고 지역특성이 뚜렷하며 멸종위기에 처한 희귀동물들이 적지 않다. 거의 2천 년의 세월을 거치면서 아미산은 불교를 주요 특징으로 풍부한 문화유산이 창조되고 누적되었다. 아미산의 자연과 문화유산은 역사, 미학, 과학연구와 과

학보급, 관광에서 높은 가치를 가지고 있으며 인류 공동의 재부로 되고 있다.

아미산과 낙산대불은 1996년에 《세계유산목록》에 등재됐다.

3) 운강석굴(云岡石窟)

운강석굴은 중국 북부의 산서성(山西省) 대동시(大同市) 서쪽으로 16㎞ 상거한 무주산(武周山) 남쪽 기슭에 위치하고 있다. 석굴은 북위 흥안 2년(기원 453년)에 파기 시작하여 북위가 낙양(洛阳)으로 천도하기 전(기원 494년)에 대부분 완성되고 불상공사는 정광 연간(기원 520~525년)까지 지속되었다. 위로 진한(기원전 221년~기원 220년) 현실주의의 예술의 정수로부터 수당(기원 581~907년)의 낭만주의 색채의 효시로 감숙(甘肃) 돈황막고굴(敦煌莫高窟), 하남(河南) 용문석굴(龍門石窟)과 함께 '중국의 3대 석굴'로 불리며 세계적으로 유명한 석각예술보물고 중의 하나이다.

운강석굴은 기세가 웅장하고 내용이 풍부하고 다채로워 기원 5세기 중국 석각예술의 으뜸으로 불리기에 손색이 없고 중국 고대조각예술의 보물고로 불리고 있다. 굴착시간에 따라 초기, 중기, 말기로 나뉘며 부동한 시기의 풍격도 각이하다.

운강석굴은 인도 및 중앙아시아의 불교예술이 중국 불교예술로 발전하는 역사궤적을 형상적으로 기록하고 불교조상이 중국에서 점진적으로 세속화, 민족화되는 과정을 반영했다.

운강석굴은 석굴예술의 '중국식 발전'의 시작이다. 운강 중기의 석굴에서 나타나는 중국 궁전건축 양식의 조각 및 이를 기초로 발전한 중국식 불상 감실은 후세의 석굴사당의 축조에 광범하게 응용되었다. 운강 말기 석굴의 구조와 장식은 더욱 짙은 중국식의 긴축, 장식 풍격을 나타냈고 불교예술의 '중국식 발전'의 끊임없는 심화를 반영했다.

운강석굴은 2001년 12월에 《세계유산목록》에 등재되었다.

주구점(周口店)의 '북경원인'의 유적지

주구점의 '북경원인' 유적지는 북경 서남 48㎞ 지점에 있는 방산구(房山区) 주구점촌의 용골산(龙骨山)에 위치해 있다. 이곳은 산악지구와 평원이 잇닿은 부분에 위치하여 동남쪽은 화북대평원, 서북쪽은 산지이다. 주구점 부근의 산지에는 석회암이 많으며 여기에 수력의 작용으로 크고 작은 천연 동굴이 형성되었다. 산에는 동서 길이가 약 140m 되는 천연 동굴이 있는데 '원인동굴(猿人洞)'이라고 불린다. 1929년 이 동굴에서 처음으로 고대 인류 유물이 발견된 후부터 '주구점의 제일 중요한 장소'로 불리고 있다.

주구점 유적지지역은 중국 화북지역의 중요한 구석기시대 유적지로서 그중 가장 유명한 것은 주구점의 제일 중요한 장소인 '북경원인' 유적지이다. 1929년 중국 고고학 학자 배문중(裴文中)이 발굴 작업 중에 처음으로 '북경원인'의 두개골을 출토하여 세계를 놀라게 했다.

주구점 유적지는 80여 년간 비정기적인 발굴을 거쳤으며 지금까지도 과학고찰작업을 진행하고 있다. 첫 장소에 대해서는 이미 40여m 발굴했지만 이는 동굴의 절반 정도에 그친다. 주구점의 북경원인 유적지는 출토된 원인화석, 석기, 포유동물화석의 종류나 수량이 많고 불을 사용한 흔적이 많아 동시대의 기타 유적지에 비해 연구우위를 보이고 있다.

출토문물에 근거해 북경원인이 지금부터 대략 70만 년~20만 년 전에 주구점지역에서 거주했고 채집을 위주로 하고 사냥을 보충으로 하는 생활을 했음을 증명할 수 있다. 그 초기가 지금으로부터 70만 년~40만 년 전, 중기가 지금으로 부터 40만 년~30만 년 전, 말기가 지금으로부터 30만 년~20만 년 전이 된다. 북경원인은 고대 원숭이로부터 호모사피엔스(智人)에 이르는 시대의 원시 인류로 북경인의 발견은 생물학, 역사학과 인류 발전사의 연구에서 아주 중요한 가치를 가지고 있다.

주구점 북경원인은 1987년 12월 《세계유산목록》에 등재됐다.

⑤ 여강고성(麗江古城)

여강고성은 중국 서남부 운남성의 여강나시족자치현에 위치해 있으며 송나라 말기, 원나라 초기(기원 13세기의 후반기)부터 건설되기 시작했다. 운남-귀주고원에 위치한 고성은 해발 2,400여m에 달하고 도시 면적이 3.8㎢에 달한다. 고성은 자고로 유명한 시장과 요충지였다. 고성에는 총 6,200여 세대에 25,000여 명의 주민이 살고 있다. 그중 나시족이 총인구의 절대 다수를 차지하고 있고 30%에 달하는 주민들은 아직까지 동, 은그릇 제작, 모피 피혁, 방직, 양조업을 위주로 하는 전통 수공업과 상업 활동에 종사하고 있다.

여강고성 중심에 위치한 사방거리는 여강의 고대거리의 대표작으로 알려졌다.

여강고성의 옥하(玉河)수계에는 354개의 다리가 있는데 그 밀도는 ㎢당 93개나 된다. 다리의 형태와 구조는 각양각색이며 비교적 유명한 것으로는 쇄취교(鎖翠橋), 대석교(大石橋), 만천교(万千橋), 남문교(南門橋), 마안교(馬鞍橋), 인수교(仁壽橋)가 있는데 모두 명청시기(기원 14~19세기)에 건설되었다. 그중 사방거리 동쪽 100m에 위치한 대석교가 제일 특징적이다.

고성 내의 목부(木府)는 본래 여강의 세습토사 목씨의 관공서로 원나라(元, 기원 1271~1368년) 때에 건설되기 시작했다. 1998년 재건된 후 고성박물관으로 되었다. 목부의 부지면적은 46무이며 크고 작은 방이 162칸이다. 목부에는 역대의 황제들이 친히 써서 하사한 11개 편액이 걸려 있어 목씨 가문의 흥망성쇠의 역사를 보여주고 있다.

여강고성 이북의 8㎞ 되는 곳에 위치한 백사(白沙)의 민가 건축군은 일찍 송원(宋元)시기(기원 10~14세기) 여강지역의 정치, 경제, 문화의 중심이었다. 백사의 민가 건축군은 남북 방향 중심거리의 양쪽에 분포되었고 사다리 모양의 광장을 중심으로 한 줄기 샘물을 북쪽에서 광장으로 끌어들였다. 네 개의 골목이 광장으로부터 사방으로 통해 있어 특징을 보인다. 백사의 민가 건축군의 형성과 발전은 이후의 여강고성의 구조를 위해 기초를 다져주었다.

여강고성 서북 4㎞ 지점에 있는 속하(束河) 민가 건축군은 여강고성 주변의 하나의 작은 시장으로 건축군 내의 민가건물은 아주 정교하며 구조나 형태가 여강고성 사방 거리와 비슷하다. 청룡하(青龙河)가 건축군의 중앙을 가로 지나가고 명나라(기원 1368~1644년) 때 건축된 청룡교(青龍橋)는 여강 양안을 이어준다. 이 다리는 여강 경내에서 가장 큰 아치형 돌다리이다.

　여강 민가 건축은 한족, 바이족, 이족, 티베트족 각 민족건축의 정수를 융합했을 뿐만 아니라 나시족의 독특한 풍격을 보여주고 있어 중국 건축사, 문화사를 연구함에 있어서 중요한 유산으로 되고 있다. 여강고성은 풍부한 민족 전통문화를 갖고 있을 뿐만 아니라 나시족의 흥망과 발전을 집중적으로 보여줌으로써 인류 문화 발전을 연구하는 중요한 역사 자료로 되고 있다.

　여강고성은 자연미와 인공미, 예술과 경제적 적용의 유기적인 통일체로 1997년 12월 《세계유산목록》에 등재되었다.

6 황산(黃山)

　　중국 속담에는 "오악(五岳)을 보고 와서는 산을 보지 않고 황산을 보고 와서는 오악을 보지 않는다."는 말이 있다. 그 뜻을 풀이해 보면 황산에 가기 전에 중국에서 가장 대표적인 오악(五岳)─동악 태산, 서악 화산, 중악 숭산, 남악 항산, 북악 형산을 유람하고 나면 천하의 다른 산을 유람할 필요가 없다고 여기지만 황산을 유람하고 난 뒤면 오악도 갈 필요가 없다는 것이다. 이로부터 황산의 독특함과 아름다움을 상상할 수 있다.

　　황산은 중국 중남부에 위치한 황산관광지에 있으며 그 면적은 약 1,200㎢에 달한다. 황산은 산이 높고 골이 깊어 수직으로 기후변화를 이루며 운무가 많고 습도가 높으며 강수량이 많은 기후 특징을 보인다.

　　황산은 중국 여러 명산의 아름다운 경치를 한 몸에 담아 '4절(네 가지 절묘함)'로 불리며 대자연이 만들어낸 기적이라 할 수 있다. 그 첫 번째 뛰어남은 신기한 소나무이고 두 번째 뛰어남은 괴석이다. 세 번째 뛰어남은 운해이고 네 번째 뛰어남은 온천이다.

　　황산은 자연환경이 복잡하고 생태시스템이 안정되고 균형적이며 식물의 수직분포가 뚜렷하고 식물 군락이 완정하다. 또한 고산 소택지와 고산 저습지를 하나씩 보유하고 있어 녹색식물이 집대성된 곳이다. 산림 조성률이 56%에 달하고 식물 조성률은 83%에 달한다. '황산 모봉차(毛峰茶)'와 '황산의 영지(灵芝)'는 국내외적으로 유명하다. 황산은 고목과 유명한 수종이 많은데 고(古), 대(大), 진(珍), 기(奇), 다(多)로 세계에 유명하며 특히 소나무가 높은 명성을 자랑한다. 그 외 황산은 여러 종류의 희귀 동물이 서식하고 번식한다. 이런 자연경관 외에 황산은 또한 농후한 문화적 분위기를 보여준다. 역사적으로 많은 시인들과 화가들을 비롯한 예술가들이 황산을 보고 감탄하고 도취되어 수많은 예술 작품을 창작했는데 이는 황산의 아름다움을 발굴하고 더해주는 역할을 했다. 시 분야에서만 보더라도 이백(李白), 가도(贾岛), 범성대(范成大), 석도(石涛), 공자진(龚自珍) 등 중국 역대 유명한 시인들이 황산을 찬미하는 작품을 남겼으며 현존하는 작품만도 2만여 수에 달한다.

　　특이한 자연의 아름다운 경치와 문화적인 연관성으로 황산은 1990년에 세계 자연과 문화유산으로 등재됐다.

▶ 황산의 영객송(迎客松)

7 만리장성

'세계 7대 기적'의 하나로 불리는 장성은 세계에서 건설시간이 가장 길고 공정이 가상 방대한 고대 군사방어시설로 중국대륙에 7,000여㎞나 면면히 뻗어 있다. 장성의 건설 역사는 기원전 9세기까지 거슬러 올라간다. 당시 중국의 중원정권은 북방민족의 침입을 막기 위하여 변경을 지키는 봉화대(烽火臺)와 보루를 쌓고 성벽으로 연결시켜 장성을 만들었다. 춘추전국 시대에 이르러 제후들의 패권쟁탈이 끊임없었고 대국들은 방어를 위해 변경지역의 산맥에 잇달아 장성을 쌓았다. 기원전 221년에 진시황은 중국을 통일한 후 제후국들이 쌓은 장성을 연결하여 산맥을 이어주는 북방국경의 장벽을 형성해 북방 몽골대초원 유목기마병들의 습격을 방어하도록 했다. 이때 장성의 길이는 5,000여㎞에 달했다. 진나라 뒤를 이어 한나라는 장성을 10,000여㎞로 늘였다. 2,000여 년의 역사발전과정에서 중국 각 시기의 통치자들은 계속 장성을 쌓아 왔으며 총 연장길이가 50,000여㎞를 초과, 지구를 한 바퀴 돌고도 남을 정도이다.

지금 사람들이 말하는 장성은 통상 명나라(1368~1644년) 때 건설된 장성이다. 서쪽으로는 중국 서부 감숙성 가욕관(嘉峪關)에서 시작하여 동쪽으로 중국 동북 요녕성(遼寧省)의 압록강(鴨綠江) 기슭에까지 이르며 중국의 9개 성, 시, 자치구를 지나고 총 길이가 7,300㎞에 달해 만리장성이라 부른다. 장성은 방어공정으로 산을 의지해 건설되었으며 사막, 초원, 소택지를 지나는 등 그 연선지형이 복잡하다. 건축자들은 여러 가지 특이한 구조를 만들어 내면서 그 당시 중국인들의 총명과 재능을 과시했다.

현재 장성은 군사적 실용가치는 없어졌지만 독특한 건축미로 사람들의 감탄을 자아내며 참관자들의 발길이 끊일 새 없다. 장성의 아름다움은 바로 웅장하고 견고하며 크고 투박한 아름다움이다. 산맥을 따라 우불구불 뻗어간 장성을 멀리서 바라보면 끝없이 펼쳐진 산세의 윤곽을 또렷하게 볼 수 있는데 이는 마치 역동적이고 기세가 드높은 거용을 보는 듯하다. 가까이에서 보노라면 웅장한 성곽, 움직이는 듯한 성벽, 우뚝 솟은 보루와 봉화대가 고저 기복을 보이는 지형과 어울리면서 형(形), 점(点), 선(線)을 결합한 신기한 구조를 이루며 거대한 예술매력을 과시하고 있다.

장성은 역사문화의의와 관광가치가 높다. 중국 사람들은 늘 '장성에 오르지 못하면 사나이가 아니다.'라고 말한다. 중외 관광객들은 장성에 오르는 것을 자랑으로 생각한다. 중국을 방문하는 외국 지도자들도 예외가 아니다. 보존이 상대적으로 잘 되어 있는 장성으로는 북경의 팔달령(八達嶺), 사마대(司馬台), 목전욕(慕田峪)이 있으며 장성의 동쪽 끝에 위치하고 '중국의 제일 관'이라고 불리는 산해관(山海關)과 제일 서쪽에 위치한 감숙의 가욕관(嘉峪關) 등은 모두 유명한 명승지로 사철 유람객들의 발길이 끊이지 않는다.

1987년 장성은 '중화민족의 상징'으로 세계유산으로 등재되었다.

8] 돈황막고굴

중국 서북부에 위치한 돈황막고굴은 세계에서 현존하는 규모가 가장 크고 가장 완정한 불교예술의 보물고로 1987년《세계유산명록》에 등재되었다. 세계유산위원회는 '막고굴은 조각상과 벽화로 세계에 유명하며 천년을 이어온 불교예술을 보여준다.'고 평가했다.

중국 서북부 감숙성의 돈황(敦煌)시 교외에는 '명사산(鳴沙山)'이 있다. 명사산 동쪽 마루의 절벽에는 남북거리가 2㎞에 달하는 5층으로 된 수많은 동굴이 있다. 이것이 바로 세계적으로 유명한 돈황막고굴이다.

막고굴은 기원 366년부터 파기 시작했다. 여러 조대의 건설을 거치면서 동굴숫자가 늘어났고 7세기 당나라 때에 이르러서는 불사동굴이 1,000여 개에 달했다. 하여 사람들은 이곳을 '천불동(千佛洞)'이라고도 부른다.

막고굴은 역사의 변천을 거치면서 인위적인 파괴를 당했지만 아직도 500여 개의 동굴을 보존하고 있으며 약 5만㎡에 달하는 벽화와 2천여 점의 조각품을 보존하고 있다.

1900년 막고굴의 한 장서 밀실이 우연하게 발견된 후 사람들은 이 밀실을 '장경동(藏經洞)'이라고 불렀다. 길이와 너비가 각각 3m 되는 작은 굴 안에 경서와 문서, 자수, 회화와 부처존상을 그린 명주기, 탁본 등 5만 여 점의 희귀 문물들이 가득 쌓여 있었다. 이런 문물들은 기원 4세기부터 11세기에 이르는 기간의 것으로 내용은 중국과 중아시아, 남아시아, 유럽 등 지역의 역사, 지리, 정치, 민족, 군사, 언어문학, 문학예술, 종교, 의약과학기술 등 여러 사회영역에 관련되어 '중고시대의 백과전서'로 불렸다.

장경동이 발견된 후 세계 각국의 '탐험가'들은 밀물처럼 모여 들어와 20년도 안 되는 사이에 돈황의 4만여 권에 달하는 경서와 많은 진귀한 벽화, 조각품을 훔쳐 갔으며 막고굴의 문물은 막심한 재난을 겪었다. 지금 영국, 프랑스, 러시아, 인도, 독일, 덴마크, 스웨덴, 한국, 핀란드, 미국 등 나라에는 장경동 문화재 총수의 2/3에 달하는 돈황 문물이 소장되어 있다.

장경동의 발견과 함께 중국학자들은 돈황문서를 연구하기 시작했다. 1910년 중국에서 돈황문서 연구저서들이 출판되었고 이로부터《세계현학(世界顯學)》이라고 불리는 돈황학이 창립되었다. 중국학자들은 돈황학 연구에서 이미 중대한 연구 성과를 거두었다.

9) 공묘, 공부, 공림

공자는 세계에서 가장 위대한 철학가의 한 사람으로 중국 유가학파의 창시인이다. 공자를 기념하기 위해 공자의 사당, 관저, 묘지를 '공묘(孔廟), 공부(孔府), 공림(孔林)'이라 부른다. 이는 2천 년간 중국 역대황제가 공자와 유가학설을 숭배했다는 증표이며 중국역사와 세계 동방문화에서 차지하는 공자의 중요한 지위를 잘 말해준다.

'3공'이라 불리는 공묘, 공부, 공림은 공자의 고향인 중국 동부의 산동성(山東省) 곡부시(曲阜市)에 위치하고 있다.

공묘는 '중국 제1묘'라 불리며 중국에서 공자의 제를 지내는 최대의 장소이다. 공자가 사망한 이듬해인 기원전 478년에 노나라(魯) 국왕은 공자의 옛집을 사당으로 개건했으며 사당에 공자의 의관과 기물을 진열하고 해마다 제를 지냈다. 당시 '세 칸 사당'이던 것이 공자가 창설한 유교문화가 점차 중국의 정통문화로 발전됨에 따라 역대 황제들은 공묘를 증축하였고 후에는 규모가 큰 건축군을 이루었다. 18세기 초에 이르러 청나라 옹정(雍正)황제가 어명을 내려 대규모의 보수를 진행했고 현재의 규모로 발전했다.

공묘의 남북 길이는 1,000여m, 면적은 10만㎡에 달하며 방이 500여 개로 중국에서 현존 규모가 북경고궁의 버금으로 가는 건축군이며 중국고대 대형사당의 대표건축이다.

공묘의 전반 건축은 봉건사회의 최고 건축구조인 황궁의 건축구조를 사용하였으며 주요 건축은 남북 중추선을 지나고 있다. 부대시설 건축은 좌우에 나뉘어 대칭으로 분포되어 있으며 구조가 엄밀하고 일치하며 웅장하다. 공묘는 9중(겹)묘당으로 9진(줄) 정원이 있다. 정전은 대성전(大成殿)으로 9개의 칸이 있다. 9는 홀수에서 제일 큰 수자로 봉건사회에서는 황제들만이 사용하는 숫자이며 특히 건축에서 황제 외에 다른 사람이 9자를 사용하면 참수를 당하는 죄로 취급되었지만 공묘만은 예외였다. 공묘의 정전 앞에는 5중문이 있다. 봉건예의 제도에 따르면 황실건축만이 5중문을 만들 수 있다. 북경 고궁이 5중문인 것처럼 공묘도 황제예우를 사용했다.

공묘의 핵심건축인 대성전은 전체 높이가 30m, 동서 너비가 50m이며 지붕은 황금빛으로 된 누런 기와를 얹어 금빛이 찬란하고 기상이 장엄하다. 고궁의 태화전(太和殿)과 아름다움을 비길 수 있는 정도이며 '중국 3대 옛 궁전(古殿)'중의 하나로 꼽힌다.

공묘와 나란히 있는 공부는 공자의 직계후손들이 살던 곳으로 중국에서 명, 청(1368~1911)

시기의 황궁 버금으로 가는 최대 저택이다.

공부는 송나라(宋)와 금나라(金)시기(기원 12세기~13세기)에 건설되기 시작한 전형적인 귀족장원이다. 부지면적이 50,000㎡에 달하고 방과 대청이 500칸 정도 된다. 공부는 건물 배치가 특징적인데 앞부분은 공무를 처리하는 장소이고 뒷부분은 일상생활 장소이다. 대청의 건축구조는 전형적인 명청시기 관공서의 건축풍격을 띠고 있다. 공부 내에는 대량의 진귀한 역사자료와 역대 복장, 사용기구 등 역사가치가 높은 문물들이 소장되어 있다.

공림은 공자 및 그 가족의 전용묘지로 지금까지 세계에서 시간이 제일 오래고 면적이 제일 큰 가족 묘지이다. 공림은 선후로 2,500년간 지속적으로 사용되어 왔으며 부지면적이 2㎢이며 공씨 자손 묘지 10만 여기가 있다. 공림에는 한나라(漢, 기원전 206~기원 220) 때부터 시작된 묘지비석과 참배제문을 새긴 석각이 도합 5천여 개나 보존되어 있다.

공림은 중국역대의 정치, 경제, 문화의 발전 및 장례풍속의 변화를 연구하는데서 대체할 수 없는 역할을 발휘하고 있다.

1994년에 '삼공'은 유네스코 세계유산위원회에 의해 《세계문화유산》에 등재됐다.

10) 산서 평요고성

1997년 중국 북부 산서(山西)성의 평요(平遥)고성이 《세계유산명록》에 등재됐다. 세계유산위원회는 '평요고성은 중국 경내에서 제일 완벽하게 보존된 고대 현성으로 이는 중국역사의 발전과정에서 뛰어난 문화, 사회, 경제 및 종교발전의 완벽한 모습을 보여주고 있다.'고 평가했다.

평요고성은 기원전 9세기경에 건설되기 시작하였으며 전반 구조가 정방형, 면적은 2.25㎢에 달한다. 현재 평요고성의 주요 건축과 구조는 600년 전에 완성된 것으로 성벽, 거리, 민가, 점포, 사원 등 건축이 거의 완벽하게 보전되어 있어 수천 년을 이어온 중국 한(漢)민족의 전통문화사상을 구현했으며 가히 중국 명, 청(明淸, 1368~1911)시기 건축예술의 역사박물관이라 할 수 있다.

평요고성 성벽은 2,800년 전에 최초로 건설되었으며 흙으로 만들었다. 기원 1370년에 이르러 토성은 벽돌구조로 바뀌면서 더욱 견고해졌고 현재까지도 원 모습을 보존하고 있다.

성벽으로 둘러싸인 도시 내부는 곧게 뻗은 남북거리를 중추선으로 작은 거리들이 가로세로 교차되고 전반 구조가 질서 정연하며 기능구분이 분명하다.

평요고성의 민가건축은 모두 청색 벽돌과 회색 기와로 통일된 사합원(四合院)이다. 중추선을 따라 좌우로 대칭되고 주차(主次)가 분명하다. 평요에 현존하고 있는 4천여 채의 민가는 명, 청시기에 건설된 것으로 그중 400여 채는 보존이 아주 완정하여 지금까지 한족거주지역 중 가장 완벽하게 보존되어 있는 고대 민가 건축군이다.

고성 내에 현존하고 있는 6개의 사원과 거리 양측의 가게들은 모두가 원래의 실물건축이다. 황색과 녹색의 오지기와와 청기와를 올린 가옥들은 등급을 나타낸다. 고색이 짙은 이런 건축들은 명청시기의 번화했던 거리의 옛 모습을 그대로 보여준다.

평요고성은 중국 근대 금융역사에서 특수한 지위를 차지하고 있다. 1824년 중국에서 첫 환어음은행 - '일승창(日升昌)'이 출현하여 어음형식으로 전통적인 현금 지불제도를 대체했다. 그 후로부터 '일승창'의 업무는 중국에서 보급되었을 뿐만 아니라 일본, 싱가포르, 러시아 등 나라에도 전해져 '천하제일어음'으로 불렸다.

11 진시황릉과 병마용

중국 서부 서안시의 진시황릉(秦始皇陵)은 세계에서 규모가 제일 크고 구조가 세일 독특하고 내용이 가장 풍부한 황제능 중의 하나이다. 진시황 능의 순장무덤의 하나인 병마용갱(兵馬俑坑)은 고대 이집트 피라미드 등과 함께 세계 8대 기적으로 불리고 있다. 진시황(기원전 259년~기원전 210년)은 중국봉건사회의 첫 황제로 중국역사에서 논쟁이 많은 인물이다. 진시황은 처음으로 중국을 통일한 황제로서 사회경제, 문화발전을 추진시키는 조치를 취해 화폐, 문자, 도량형(길이, 용적, 무게의 단위)을 통일하고 북방 소수민족 정권의 침공을 방지하기 위해 군사방어시설인 장성도 축조했다. 이러한 조치로 진시황은 중국역사의 유명한 정치가로 평가된다. 그러나 진시황은 아주 잔혹했고 사치하고 부화방탕한 생활을 했다. 그는 사람들의 사상을 속박하기 위해 '분서갱유(焚書坑儒)'라는 야만적인 행위를 감행해 자기의 통치에 불리한 책들을 불살라 버리고 심지어는 자기와 사상과 견해가 부동한 지식인들을 생매장하는 것으로 진나라의 통치를 수호하려 했다. 진시황은 전국을 통일한 후 얼마 되지 않아 자기의 능묘를 건설하기 시작했다. 진시황릉은 중국 섬서성(陝西省) 서안시(西安市) 교외의 여산(驪山)에 위치해 있다. 능의 면적은 56㎢이며 묘지의 밑 부분은 장방형으로 되어있다. 밑 부분의 남북 길이가 350m, 동서 너비가 345m, 높이가 76m로 능의 전반 형태를 보면 피라미드 모양을 이루고 있다. 중국 고고학자들은 발굴과정에 능묘의 주위에 순장갱과 순장묘, 능묘 건설인들의 묘지 500여 개가 분포되어 있다는 사실을 발견했다. 순장갱은 진시황이 타고 다니던 동차와 말의 갱, 궁정 말을 길렀음을 상징하는 마구간 갱, 진나라 백만 용사들을 상징하는 병마용 갱 등으로 되어 있다.

세계 제8대 기적으로 불리는 진시황병마용은 아주 우연하게 발견됐다.

1974년에 당지의 농민들이 우물을 파던 중 대량의 도자기 조각들을 파냈으나 별로 개의치 않고 도자기 조각들을 버리려 했다. 마침 문화재보호부문의 직원이 현장에 있었는데 도자기 조각들을 보고는 중대한 발견임을 직감했다. 그는 이 사실을 즉시 현의 문화재관리부문 관원에게 보고했다. 이렇게 세계를 놀라게 한 병마용이 출토될 수 있었다. 지금까지 발굴한 병마용 갱에서 무사도용(武士陶俑) 500개, 나무로 만든 전차 18대, 도자기 말 100여 필을 출토했다.

문물보호기술의 제한성과 진시황 능을 더욱 잘 보호하기 위한 중국 정부의 조치 등 원인으로 아직 진시황릉의 주체능에 대한 발굴을 진행하지 않고 있다. 최근 연간에는 능묘의 순장갱에서 동마차와 같은 진귀한 보물을 포함한 50,000여 점의 중요한 역사문물이 출토 됐다. 중국 제왕능 가운데 규모가 제일 크고 매장된 보물이 제일 많은 이 능묘는 2,000년간 보존되어 왔고 중국 역사의 '증견자'로 되었다.

진시황릉의 높은 역사가치에 근거하여 1987년 유네스코는 진시황릉을 세계문화유산으로 등재했다.

12) 북경 고궁

중국 수도 북경의 중심위치에는 금빛찬연하고 장엄한 고대 건축군이 있다. 이곳이 바로 세계적으로 유명한 북경 자금성(紫禁城)—고궁(故宮)이다. 북경 고궁은 중국 고대 궁정건축의 보물로서 세계적으로 규모가 가장 크고 가장 완정하게 보존된 고대 목조 건물군이다. 1987년 북경고궁은 《세계유산명록》에 등재되었다.

북경고궁은 기원 1406년 명나라 제2대 황제 주체(朱棣)가 영을 내려 14년에 걸쳐 건설한 것이다. 1911년 청조가 멸망되기까지 500년 역사에서 24명의 황제가 이곳에서 정무를 보았다. 북경고궁은 규모가 크고 풍격이 아름다우며 건축이 휘황찬란하고 시설이 호화스럽기로 세계에서도 보기 드물다. 북경고궁은 부지면적이 72만여㎡로 남북 길이가 1,000m, 동서 너비가 800m, 사방은 10m 높이의 성벽이 둘러있고 성 밖에는 50여m 폭의 호성하(護城河)가 있다. 고궁은 봉건왕조의 예의질서와 정치규범, 윤리정신에 근거하여 건

설된 것이다. 그 전체적인 분포나 규모, 건축형식, 장식색채, 진열 등은 모두가 황제 권리의 지고 무상함과 엄격한 등급체계를 구현했다. 고궁에서 제일 중요한 건축은 태화전(太和殿), 중화전(中和殿), 보화전(保和殿) 이며 황제가 통치권리를 행사하고 성대한 의식을 거행하는 주요 장소이다. 태화전은 전반 고궁의 중심으로서 황제의 금빛어좌가 태화전에 놓여 있다. 태화전은 고궁에서 가장 아름다운 건축이기도 하다.

황궁인 고궁은 또한 대량의 진귀한 문화재가 소장되어 있다. 통계에 따르면 100만여 점에 달하는 문화재가 소장되어 전국 문화재 총량의 1/6을 차지하며 그중에는 다른 곳에서는 찾아볼 수 없는 국보도 적지 않다. 지난 세기 80년대 중국 정부는 100칸의 지하창고를 짓고 대부분 고궁문화재를 이 '지하궁전'에 보존하고 있다. 웅장하고 장엄한 고궁의 건축군은 이미 찬란한 중화문화의 상징으로 되었다. 국내외 전문가들은 고궁의 설계와 건축은 독보적인 걸작이며 중국의 유구한 문화전통을 상징하고 500여 년 전 중국 건축사들의 뛰어난 성과를 보여준다고 공인했다.

13 천단

천단은 기원 1420년에 착공했으며 명, 청(기원 1368년~1911년) 두 조대 황제들이 천신과 지신에게 제를 지내던 곳이다. 천단은 북경의 유명한 자금성 남쪽에 위치하고 있으며 면적이 자금성의 4배나 된다. 천단의 제일 남쪽은 네모난 담장을 둘러 땅(地)를 상징했고 제일 북쪽은 반원형으로 하늘을 상징한다. 이러한 설계는 중국 고대의 '천원지방(天圓地方)' 사상에서 유래한 것이다. 천단은 내단과 외단으로 나뉜다. 천단의 주요 건축물은 주로 내단의 중추선의 양편에 집중되어 있으며 남에서 북으로 환구(圜丘), 황궁우(皇穹宇), 기년전(祈年殿)으로 나뉜다. 환구는 3층 원형석대로 되어 있고 매 층마다 돌난간을 둘렀다. 이 원형의 환구는 황제가 제천의식을 거행하는 중심장소이다. 환구 북쪽의 황궁우는 원형의 단층 궁전으로 평소에는 제천 때 쓰는 신위를 모시는 곳이다. 황궁우의 주위는 원형의 담을 둘렀는데 이것이 바로 유명한 회음벽(回音壁)이다. 회음벽은 아주 기묘한 담벽으로 담벽의 한쪽 끝에서 낮은 소리로 말을 해도 담벽 다른 끝에까지 똑똑히 들린다.

천단의 다른 하나의 제사건축으로는 기년전이 있다. 기년전은 세층의 처마로 된 원형궁전으로 3층으로 된 원형단 위에 세워져 있다. 글자풀이로도 알 수 있듯이 이는 황제가 매년 여름이 되면 풍년을 기원하는 곳이다. 때문에 기년전의 건축은 농업문화와도 연관된다. 궁전의 통천주(通天柱)는 춘, 하, 추, 동 사계절을 대표하고 고대 중국인들이 하루를 12개 시간 단위로 계산했기에 1층 처마를 받치고 있는 12개 기둥은 시간 단위인 12시진을 대표하며 가운데의 12개 기둥은 일 년 12개월을 상징한다. 또한 24라는 기둥을 합친 숫자는 24절기를 상징한다. 천단은 환구와 기년전 주요건축 외에도 서쪽문 안에 있는 신악서(神乐署)와 희생소(牺牲所)가 있다. 신락서는 예악표현을 위해 악사와 무용수들이 머무렀던 곳이고 희생소는 제물용 가축을 사육하는 곳이었다.

중국 고대건축가들은 천단을 건설하면서 무한한 창조력을 발휘했다. 특히 건축색조에서 큰 발전을 가져왔다. 중국의 황실궁전은 주로 누런색상의 오지기와를 사용하여 황제의 권리를 상징했지만 천단의 건축은 하늘의 색상인 남색을 건축의 주 색상으로 했다.

천단은 1998년에 《세계유산명록》에 등재됐다.

14 포탈라궁

　포탈라궁(布達拉宮)은 중국티베트(西藏)자치구 라싸시(拉薩市) 중심의 홍산(紅山)에 자리 잡고 있다. 전반 건축은 산에 의지해 있고 규모가 방대하고 장엄하여 '세계지붕의 명주'로 불리고 있다. 포탈라궁은 티베트민족의 건축예술의 걸출한 대표작이며 중국의 가장 오랜 고대건축의 하나이기도 하다.

　포탈라궁은 티베트 역대의 달라이라마(達賴喇嘛)들이 정치, 종교활동을 진행하고 거주하던 장소로 티베트에 현존하는 가장 큰 고대 고층건축물의 하나이다. 문헌기재에 따르면 포탈라궁은 기원 7세기 토번왕조의 송첸감포시기에 건설되었으며 당시에는 홍산궁(紅山宮)이라고 불렀다. 규모가 방대하고 세 겹의 성벽으로 둘러싸였으며 1,000여 칸의 궁실로 되어 있는 토번(吐蕃)왕조의 정치중심이었다.

　5세 달라이라마가 기원 1645년부터 포탈라궁 재건에 착수했는데 주요 공정부분만 50년이 걸렸다. 그 후에도 증축을 계속하면서 선후로 300년이라는 긴 세월을 거쳤다. 포탈라궁의 외관은 13층으로 높이가 110m에 달한다. 포탈라궁은 돌과 나무구조로 되어 있으며 궁의 벽면은 전부가 화강암으로 되어 있다. 가장 두터운 곳이 5m에 달하고 벽의 기반부분이 암층까지 닿았다. 외부 벽 안에는 철물을 부어 건축의 정체성과 지진방지 능력을 높였다. 또한 황금지붕과 금빛 기발 등 장식은 고대건축이 벼락을 피하는 난제를 교묘하게 처리했다. 포탈라궁은 주로 동부의 백궁(白宮, 달레이라마가 거주하던 곳), 중부의 홍궁(紅宮, 불전 및 역대 달레이라마 영탑전) 및 서부 백색의 승방으로 구성되었다. 홍궁 앞에 높이 솟은 흰색 벽은 쇄불대(晒佛台)로 불교의 명절에 거폭의 불상융단을 걸어놓는 곳이다. 많은 건축은 부동한 시기에 건설된 것이지만 모두가 산세를 교묘하게 이용하여 전반 궁전과 사당의 건축이 웅장하고 장엄하며 서로 조화를 이루어 건축예술의 미학적인 성과가 높은 수준에 이르렀음을 보여준다. 홍궁은 전반 건축군의 주체부분이며 역대 달라이라마들의 영탑전(靈塔殿)과 각종 불전으로 구성되었다.

　1994년 유네스코는 포탈라궁을 《세계유산명록》에 등재했다.

15) 명나라와 청나라 황실 능묘: 명현릉(明顯陵), 청동릉(淸東陵), 청서릉(淸西陵), 명효릉(明孝陵), 명13릉(明十三陵), 성경3릉(盛京三陵)

명현릉은 호북성(湖北省) 종상시(鍾祥市) 동쪽으로 7.5㎞ 떨어진 순덕산(純德山)에 위치했다. 명현릉은 명세종(世宗)인 가정(嘉靖) 황제의 부황 공예(恭睿) 황제와 모후 장성(章圣) 황태후의 합장릉으로 명나라 정덕(正德) 14년(1519)에 축조되었다. 원릉(圓陵)의 면적은 1.83㎢로 중국 중남지역에서 유일한 명나라 황릉이며 또한 명나라 황릉에서 최대의 단일 능묘이다. '능 하나, 무덤 둘'의 능묘 구조는 역대 황릉에서 유일하다.

청동릉은 하북성(河北省) 준화시(遵化市) 서북쪽으로 30㎞ 떨어진 마란골짜기(馬兰峪)에 위치했으며 북경(北京)과 천진(天津), 당산(唐山), 승덕(承德) 사이에 있다. 서쪽으로 북경과 150㎞ 떨어져 있으며 남쪽으로 당산과 100㎞, 북쪽으로 승덕과 100㎞ 떨어져 있다. 능원의 크고 작은 건물은 580채이다. 청동릉에는 순치(順治), 강희(康熙), 건륭(乾隆), 함풍(咸丰), 동치(同治) 등 5명의 청나라 황제의 능이 있으며 또 효장(孝莊), 자희(慈禧), 향비(香妃) 등 161명이 묻혀있는 큰 능원이다.

청서릉은 하북성 역현(易县) 서쪽으로 15㎞ 떨어진 영녕산(永寧山) 기슭에 위치했으며 북경 서남쪽으로 120㎞ 떨어져 있다. 청나라 황릉의 하나로 하북성 준화현 동릉과 마주하기 때문에 서릉이라고 부른다. 이곳에는 옹정(雍正), 가경(嘉慶), 도광(道光), 광서(光绪) 등 4명의 황제와 그들의 비빈, 왕, 공주, 형제 등 76명이 매장되어 있다. 능묘가 도합 14기이고 또 부속 건물인 행궁과 영복사(永福寺)가 있다.

명효릉은 명나라 개국황제 주원장(朱元璋)과 황후 마씨(马氏)의 합장 능묘이다. 황후가 효성스럽고 자애롭다는 의미의 '효자(孝慈)'로 추대되었기 때문에 효릉이라고 불린다. 능원은 남경시 자금산(紫金山) 남쪽 기슭 독룡부(独龍阜) 완주봉(玩珠峰) 기슭에 위치했는데 동쪽으로는 중산릉(中山陵), 남쪽으로는 매화산(梅花山)과 잇닿은 남경 최대의 황릉이다. 또한 중국 고대 최대의 황릉이기도 하다. 중국 명나라 능묘에서 첫 자리를 차지하는 명효릉은 규모가 방대하며 명나라 초반의 건물과 석각예술의 최고의 성과를 대표하고 있다. 효릉은 명나라와 청나라 두 조대 5백여 년간 왕릉 구조와 모양새에 직접적인 영향을 미쳤다.

2003년 7월 세계유산위원회가 세계유산으로 등재했다.

명13릉(明十三陵)은 북경 창평현(昌平县) 천수산(天壽山) 기슭의 사방 약 40㎢ 되는 작은 분지에 위치했다. 전반 능묘 구역은 원래 담이 있었으며 정문은 남쪽 끝머리에 있다. 망산(蟒山)과 호욕(虎峪)은 양쪽에서 마치 용과 범이 대문을 지키는 모양새를 갖추고 있다. 13릉에서 지상 건물이 웅장한 장릉(长陵)과 지하궁전이 발굴된 정릉(定陵)이 제일 유명하다.

능묘 구역의 면적은 약 120㎢이다. 산 사이에 위치한 여러 능이 모두 산과 물에 잇닿아 있으며 배치가 장중하고 조화롭다. 명성조(明成祖) 주체(朱棣)의 장릉은 명나라 영락 7년(1409년)에 축조, 능묘 중 첫 번째 능이며 천수산 주봉 앞에 위치했다. 능은전은 장릉의 주 건물이며 조상에게 제를 지내는 중요한 장소로 1427년에 지은 웅장한 건축이다. 능은전은 3층 한백옥 기반 위에 세워졌으며 총면적이 1956㎡이다. 전내에 금줄을 박은 병목(柄木) 기둥 32개가 있는데 현재 중국에서 제일 큰 병목 전당이다.

그 후 명나라 때 축조한 인종(仁宗)의 헌릉(獻陵), 선종(宣宗)의 경릉(景陵), 영종(英宗)의 유릉(裕陵), 헌종(憲宗)의 무릉(茂陵), 효종(孝宗)의 태릉(泰陵), 무종(武宗)의 강릉(康陵), 세종(世宗)의 영릉(永陵), 무종(穆宗)의 소릉(昭陵), 신종(神宗)의 정릉(定陵), 선종(先宗)의 경릉(慶陵), 모종(慕宗)의 덕릉(德陵) 등 11개의 능이 각기 장릉 양쪽의 산기슭에 자리를 잡았다.

이런 명나라 제왕의 능묘는 면적의 크고 작음 그리고 건물의 호화로움과 간소함을 제외하고 그 건물의 배치와 구조가 기본상 같다. 평면 모양이 장방형이며 뒷면은 원형(혹은 타원형)으로 된 보성(寶城)이다. 건물은 돌다리부터 시작하여 차례로 능문, 비석과 정자, 은문(恩門), 은전(恩殿), 명루(明樓), 보성 등 순서로 배열되었다. 2003년 세계문화유산에 등재되었다.

성경(盛京) 3릉(三陵)은 청나라 초반의 세명 황제의 능 즉 요녕성 심양시 교외의 청복릉(清福陵), 청소릉(清昭陵), 무순시 신빈현의 청영릉(清永陵)을 말한다. 2004년 제28차 세계유산위원회는 이를 명나라와 청나라 황실 능침의 확장프로젝트로 삼아 세계유산에 등재했다. 성경 3릉은 명나라와 청나라 제왕 능묘의 중요한 구성부분으로서 고건물의 구축방식이나 완벽한 건축 규칙과 제도뿐만 아니라 제사제도, 능묘 관리의 직무체제 등에서 모두 명나라와 청나라 제왕 능묘와 일맥상통한다. 청나라 성경 3릉은 또 중국 동북 소수민족 제왕의 흥기과정에서 특정 역사시기의 산물이다. 때문에 능묘는 이 시기 한 민족이 사상으로부터 심미적인 취미 그리고 건물수준, 풍속습관 등에 이르는 대량의 문화정보를 남겼다.

명나라와 청나라 황릉은 능묘와 궁전, 묘원이 일체화되었으며 풍수학, 건축학, 미학을 한데 어우르고 있다. 건축 구조가 완정하게 보존되어 황실 능침의 원 모습을 반영하고 있으며 규모가 방대하다. 능침의 장소선택과 기획, 설계는 중국 전통의 풍수이론을 충분하게 반영하고 '천인합일'의 우주관을 구현하는데 치중하여 인간의 정신을 대자연에 융합시키고 있다.

    세계유산위원회는 명나라와 청나라 능침이 풍수이론에 근거하여 장소를 선택하고 수량이 많은 건물을 교묘하게 지하에 배치했다고 평가했다. 이런 능침은 인류가 자연을 개변한 산물이며 전통적인 건축과 장식 사상을 구현하고 봉건적인 중국에서 5백여 년 동안 지속된 세계관과 권력관을 서술, 해석하였다.

2. 마카오 역사도시 구역

마카오 역사도시 구역(예전에는 마카오 역사건축군락이라고 불렸음)은 마카오에 위치했으며 마카오반도의 22채의 고건물과 이와 이웃한 8개의 장소로 구성되었다. 마카오의 도시구역은 4백여 년에 걸친 중국과 서양 문화교류의 역사적 정수를 보존하였다. 도시 구역은 중국 경내에 현존한 연대가 제일 오래되고 규모가 제일 크며 제일 완정하게 보존되고 제일 집중되었으며 또 서양식 건물을 중심으로 하고 중국과 서양식 건물이 서로 어울리는 역사구역이다. 또한 서양 종교문화가 중국과 극동지역에 전파된 역사의 중요한 견증이며 더구나 4백여 년 이래 중국과 서양 문화교류의 상호보완, 다원화가 공존해 있는 결정물이다.

2005년 7월 15일, 마카오 역사도시 구역은 세계문화유산으로 되어 제29차 세계유산위원회 회의에서 '세계유산'으로 등재되었다.

16세기 중반, 중외 무역의 새로운 정세변화에 따라 명나라 정부는 마카오반도의 서남부에 있는 지역을 내어 포르투갈인을 위주로 하는 외국상인들이 거주하고 무역을 진행하도록 했다. 마카오는 이로부터 19세기 전 중국의 주요한 대외항구로 발전하였다.

4백여 년 동안 포르투갈, 스페인, 네덜란드, 영국, 프랑스, 이탈리아, 미국, 일본, 스웨덴, 인도, 말레이시아, 필리핀, 조선 심지어 아프리카지역 등 여러 지역의 사람들은 상이한 문화사상과 상이한 직업, 재능, 상이한 풍속습관에 따라 마카오 역사도시 구역에 집을 짓고 교회당을 지었으며 길을 닦고 포대를 쌓았으며 묘지를 만들고 다채로운 생활을 하였다.

외국인들은 그들의 건축 전통을 바다 건너 마카오에 가져왔으며 마카오는 근대 서양건축이 중국에 진입한 첫 도시로 되었다. 특히 포르투갈인들이 마카오에 지은 건물들은 포르투갈의 본토건물과의 긴밀한 연계를 남김없이 보여준다. 사실상 르네상스 후의 일부 주요한 건물형식과 풍격은 아시아 기타 지역의 상이한 건물특징과 결부되어 마카오에 새로운 변형체를 산생, 독특한 건축풍격을 형성했으며 많은 중국의 으뜸을 만들었다.

지난 4백여 년 동안 중국인들과 포르투갈 인들은 마카오 역사도시에서 힘을 합쳐 서로 다른 생활구역을 만들었다. 이런 생활구역은 마카오의 중국식과 서양식 건물의 예술특징을 보여주는 외 중국과 포르투갈 양국 국민들의 상이한 종교, 문화 나아가 융합된 생활습관과 상호존중을 보여준다. 중국과 포르투갈 인민이 공동으로 형성해 온 우정과 순박함, 포용의 분위기는 마카오에서 제일 가치 있는 특색으로 되고 있다.

세계유산위원회는 마카오 역사도시 구역은 '중국 나아가 극동지역에서의 서양 종교문화의 발전을 견증하고 서양에 중국 민간종교를 전파하게 된 역사적인 유래를 견증'했으며 '중국에서 현존하는 제일 오랜 서양식 건물유산이고 동서양 건물예술의 종합적 구현'이라고 평가했다.

3. 안양(安阳)의 은허(殷墟)

은허는 중국 상나라 후기의 도성 유적지이며 중국 역사상 처음으로 확인된 도성이다. 은허는 중국 하남성(河南省) 안양시(安阳市) 은도구(殷都区) 소둔촌(小屯村) 주변에 위치해 있으며 환하(洹河) 양안에 위치하고 있다. 은허는 은허 왕릉유적지와 은허 궁전, 종묘 유적지, 환하 북쪽의 상성(商城) 유적지 등을 포함하며 규모가 웅대하고 기세가 웅장한 은허유적지를 공동 구성하고 있다. 상나라는 반경(盘庚)부터 제신(帝辛)에 이르기까지 273년 동안 이곳을 도읍으로 사용했으며 중국 역사상 그 지리위치가 확정된 최초의 도성이다. 은허의 발견과 발굴은 20세기 중국 '100대 중대한 고고학 발견'에서 으뜸으로 되고 있다.

은허는 중국 역사상 문헌에서 고증할 수 있고 또 고고학과 갑골문에 의해 실증된 첫 도성 유적지이다. 때문에 은허의 도읍 안양은 중화 옛 도읍의 첫 자리를 차지한다. 기원전 1300년 반경이 은으로 천도해서부터 기원전 1046년 제신의 망국에 이르기까지 반경, 소신(小辛), 소을(小乙), 무정(武丁), 조경(祖庚), 조갑(祖甲), 름신(廪辛), 강정(康丁), 무을(武乙), 문정(文丁), 제을(帝乙), 제신(帝辛) 등 도합 8대 12명 국왕이 273년간 통치해온 이곳은 줄곧 상나라 후기의 정치와 경제, 문화, 군사의 중심지였다. 환하의 물은 시내를 완만하게 흘러 지나며 도시의 배치는 엄격하고 합리적이다. 상나라가 멸망한 후 이곳은 점차 폐허로 전락되었다.

1928년, 중국의 학술기구가 이곳에서 독립적으로 고고학 발굴을 시작한 후 선후로 상나라 궁전, 종묘 등 건물기초유적지 110여 개, 왕릉 12기, 환하 북쪽의 상성(商城) 유적지, 제사 구덩이 2,500여 곳 그리고 많은 종족 읍락 유적지, 가족무덤 군락, 수공업 작업실 유적지, 갑골 구덩이 등을 발견하였다.

이밖에 은허에서 갑골문, 청동기, 옥기, 토기, 골기 등 정교하고 아름다운 문물이 대량 출토되었다. 은허의 규모와 면적, 궁전의 웅장함, 출토문물의 정교함과 아름다움, 기이함, 그 방대한 수량은 3천 년 전 중국 상나라 도읍의 모습을 체계적으로 반영했으며 또한 이 도읍이 중국뿐만 아니라 동방의 정치와 경제, 문화의 중심지였다는 것을 충분하게 증명하고 있다.

세계유산위원회는 안양 은허는 중국에서 처음으로 문자로 기재되고 또 갑골문과 고고학으로 실증할 수 있는 상나라 말기의 도성 유적지이며 중요한 역사와 문화, 과학, 예술적 가치를 보유하고 있어 인류문명의 발전과정에서 중요한 이정표로 되고 있다고 평가했다.

4. 개평(开平) 보루(碉楼)와 옛 촌락

　　개평은 중국의 유명한 화교의 고향이며 또한 유명한 보루의 고향이기도 하다. 19세기 말, 미국과 캐나다 등 나라의 중국배척 정책으로 하여 많은 화교들이 고향 개평으로 돌아왔으며 20세기 20, 30년대에 와서 화교주택 건설의 고봉기를 이뤘다. 당시 화적들을 방어하기 위해 개평의 화교들과 촌민들은 보루를 방위와 거주용으로 그리고 중국과 서양 건축예술을 일체화한 특수한 건물로 만들었다. 보루가 제일 많을 때는 무려 3천여 채에 달했으며 지금까지 온전하게 보존된 것은 1,833채에 이른다.

　　건축풍격에서 개평의 보루는 정교하고 아름다우며 풍격이 각이하여 중국 나아가 국제적인 시골건축에서도 보기 드물다. 그 양식에는 중국 전통의 산정식(山顶式)이 있는가 하면 또 외국 특히는 유럽의 시기별 건축형식과 건축풍격이 있다.

　　건축양식에서 개평 보루는 비록 자재와 건축, 장식 등 형식에서 다르지만 보루의 문과 창문이 좁고 작으며 문과 창문을 철제로 하고 정상부의 네 변두리에는 모두 사격용 구멍을 설치하고 있는 등 공통한 특징을 갖고 있다. 사격용 구멍은 대체적으로 모두 장방형이거나 'T'자 모양이다. 보루의 정상부에는 대개 조망대를 설치하였으며 적지 않은 보루에는 또 총과 포, 돌멩이, 구리종, 경보기, 탐조등 등 장치들이 설치되어 있어 백성들의 생명과 재산을 보호할 수 있도록 만들어져 있다.

　　'개평 제1보루'라고 불리는 서석루(瑞石楼)는 개평에서 건물의 예술가치가 제일 높은 보루이다. 이 보루는 다분한 서양건물 풍격을 갖고 있으면서도 또 중국 건물의 문화요소를 주입시켰다. '서석루'라는 세 글자는 힘 있고 운치가 있다. 여러 층에는 또 '부귀, 길상', '세계 대동(大同)' 등 중국 전통적인 어휘를 조각하고 있다.

　　2007년 6월 28일 뉴질랜드에서 열린 제31차 세계유산대회는 중국의 '개평 보루와 촌락'을 《세계유산명록》에 등재했다. 개평 보루와 촌락은 국제 '이민문화'의 첫 세계유산 프로젝트이다.

5. 복건성(福建省) 토루(土楼)

2008년 7월 6일 캐나다 퀘벡에서 열린 제32차 세계유산대회에서 46채의 복건성 토루가《세계유산명록》에 등재되었다. 이 46채의 토루는 6개 군락의 4층 건물로 구성되었는데 영정현(永定县)의 초계(初溪), 홍갱(洪坑), 고북(高北)의 토루 군락과 연향루(衍香楼), 진복루(振福楼) 그리고 남정현(南靖县)의 전라갱(田螺坑), 하갱(河坑)의 토루 군락 그리고 회원루(怀远楼), 화귀루(和贵楼), 화안현(华安楼) 대지(大地)의 토루 군락이다. 이런 토루는 장방형이나 원 모양이며 원 모양을 중심으로 진주처럼 복건성 서남부의 푸른 물과 산 사이에 널려 있다.

복건성 토루는 송나라와 원나라 때에 나타났으며 명나라 말과 청나라, 민국시기에 성숙기에 들어섰다. 세계유산인 토루에서 제일 오래거나 제일 '젊은' 토루는 모두 초계의 토루 군락에 있다. 직경이 66m인 집경루(集慶楼)는 이미 600살 '고령'이며 직경이 31m인 선경루(善慶楼)의 역사는 30년 정도에 불과하다. 복건성에 현존하는 토루는 3천여 채이다.

토루 공통의 특징은 시공기일이 길다는 것이다. 통상 2, 3년의 시간을 들여야 완공할 수 있으며 심지어 수십 년간 몇 세대에 걸친 장인들의 노력을 거쳐야 한다. 토루는 토담 하단이 두텁고 상단은 좁으며 견실하고 튼튼하기 때문에 방풍과 방수, 내진기능이 뛰어나며 일부는 또 방화기능도 가지고 있다. 특히 뛰어난 내진능력은 사람을 탄복하게 한다.

토루 건축의 다른 특색은 구조가 아주 규범적이라는 것이다. 주택의 규격은 대소가 일치하다. 대부분의 토루는 대문 하나로만 출입이 가능하다. 토루의 내부에는 모두 우물이 있으며 반년 이상의 식량을 비축할 수 있어 마치 견고한 보루를 방불케 하며 도둑과 비적들을 쉽게 막을 수 있다. '천, 지, 인' 삼자가 결합된 축소판이라고 할 수 있는 토루의 역사는 시골 마을의 가족사이기도 하다. 토루의 사람들은 거개 족보가 없이도 가족의 역사를 손금 보듯 훤히 안다. 이밖에 현지에서 자재를 취하여 제일 평상적인 흙으로 높은 보루를 지었고 평범함을 신기함으로 변화시켰다. 이는 자연을 정복하는 과정에서의 학카인의 독특한 창조력을 보여준다.

1960년대 이후에는 전통적인 토루를 거의 짓지 않았다. 현재까지도 복건성 서부와 남부에는 형태가 각이한 수만 채의 토루가 보존되어 일반 주택과 공존하고 있다.

6. 오대산(五臺山)

오대산은 산서성(山西省)의 동북부에 위치했으며 태항산맥(太行山系)의 북쪽 끝머리에 속한다. 지구상에서 제일 일찍 수면에 드러난 육지중의 하나이다.

오대산은 최저 해발고가 624m, 최고 해발고가 3,061m로 화북의 최고봉이며 산이 첩첩히고 봉우리가 교차되어 있다. 대자연은 오대산에 많은 독특한 경관을 만들었다.

오대산의 다섯 주봉은 다섯 방위로 명명했다. 각기 동대, 북대, 서대, 남대, 중대로 불리며 하나의 산맥에 늘어서 있으며 남대는 독립적인 봉우리이다. 산의 바위는 거개가 편마암, 대리암, 석영암으로 구성되었으며 강도가 높고 쉽게 부식되지 않는다.

오대산은 국내외에 이름을 떨친 불교 명승지로서 사천성(四川省)의 아미산(峨嵋山), 안휘성(安徽省)의 구화산(九華山), 절강성(浙江省)의 보타산(普陀山)과 더불어 중국 불교 4대 명산으로 불린다.

오대산은 문화유산이 매우 풍부하다. 사찰이 제일 많았던 시기는 당나라 때로서 사찰 3백여 곳에 승려가 약 1만명에 달했다. 오대산의 사찰은 두 유형으로 나뉜다. 하나는 청묘(靑廟) 즉 스님들의 사찰로서 한(漢)족 전승의 불교사찰이다. 다른 하나는 황묘(黃廟)로서 티베트 불교사찰이다. 이중에 청묘가 99곳, 황묘가 7곳이다. 이런 사찰 중 국내외에 유명한 것은 동전(銅殿)이며 건축양식이 기이한 것은 무량전이다. 그리고 중국에 현존하는 최대의 사리탑이 있다. 이밖에 조각이 정교하고 아름다운 석각이 있으며 채색화도 일품이다.

오대산에는 풍부한 문화유산을 자랑하는 인문경관이 있을 뿐만 아니라 풍경이 아름다운 자연경관이 있다. 이런 경관에는 화산(華山)의 험준함과 황산(黃山)의 기이함은 없지만 여산(廬山)의 운무와 구름바다가 있으며 또 화산과 황산에서는 볼 수 없는 기이한 경관인 불광이 있다. 오대산에 오르면 일 년 사시절의 경관을 한번에 볼 수 있다.

7. 등봉(登封)의 '천지지중(天地之中)'

등봉의 '천지지중(하늘과 땅의 중심)'은 역사 건물의 종류가 많고 품위가 높을 뿐만 아니라 시간이 오래고 내용이 풍부하고 영향이 깊어 보기 드문 경관을 구성했다. 중국 고대의 예의제도, 종교, 과학기술, 교육 등 건물유형의 걸출한 대표주자이다. 또 중국 선민들의 독특한 우주관과 심미관을 제일 진실하고 심도 있게 반영하고 있다.

세계문화유산에 등재된 '천지지중'의 고건물에는 8곳에 총 11개 역사 건물이 망라된다. 여기에는 태실궐(太室闕), 소실궐(少室闕), 계모궐(啓母闕), 관성대(觀星台), 숭악사탑(嵩岳寺塔), 중악묘(中岳廟), 숭양서원(嵩陽書院), 회선사(會善寺), 소림사 상주원(少林寺常住院), 소림사 탑림(塔林), 초조암(初祖庵) 등이 있다.

주공(周公) 측경대(測景臺)와 관성대는 중국에서 현존하는 최초의 천문관측 건물이다. 측경대는 서주(기원전 1037년), 관성대는 원나라 때(기원 1276년~1279년)에 세워졌다. 곽수경(郭守敬)은 이를 중심점으로 삼아 당시 세계적으로 제일 선진적인 역법인 '수시력(授時曆)'을 관측, 추산했다. 그 정확도는 현재의 서력과 불과 26초의 차이가 있을 뿐이나 창제 시간은 3백년 앞섰다.

숭악사탑은 북위 정광(正光) 연간(기원 520년~525년)에 세워졌다. 중국 최초의 벽돌 탑이며 또한 세계 최초의 원통체 건물이다. 이 탑은 중국 건축예술과 서역의 건축예술을 결부시킨 완벽한 견증자이며 세계 건축사에서 대체할 수 없는 지위를 갖고 있다.

소림사 상주원은 북위 태화(太和) 19년(기원 495년)에 세워졌다. 이곳은 불교 선종의 본산과 소림무술의 발원지로서 해외에서도 유명하다. 사찰에는 명나라와 청나라 건물 30여 채가 현존해 있으며 건물마다 역사적 이야기를 담고 있다. 5백 나한, 소림 권술, 13명의 소림승려가 진왕을 구한 이야기 등 벽화와 현존하는 수백 기의 비석 등 문물은 모두 중외 문화교류, 융합, 혁신과 발전에서 아주 귀중한 실물자료이다.

소림사 탑림은 기원 689년부터 1803년에 이르는 고탑 241기와 현대 탑 2기를 보존하고 있다. 중국에 현존하는 최대의 고탑 군락이며 '중국 고탑의 예술박물관'으로 불리고 있다.

소림사 초조암은 송나라(宋, 기원 960년~1279년) 때에 세워졌다. 이 건물은 현존하는 송나라 벽돌 및 목조 건물의 보기 드문 작품이며 중국의 건물사에서 경전으로 꼽힌다. 중국 선종의 시조인 달마를 기념하기 위한 건물로 세인의 주목을 받는 종교 성전이다.

회선사는 북위 효문제(孝文帝)시기(기원 471년~499년)에 세워졌다. 사찰에는 원, 명, 청 시기의 건축 9채가 현존하고 있다. 사찰은 당나라 천문학자 일행 스님의 출가, 수련의 장소였다.

숭양서원은 북위 태화 8년(기원 484년)에 세워졌으며 송나라(기원 960년~1279년) 때에는 전국 4대 서원의 으뜸으로 되었다.

한나라 세 궁전(태실궐太室闕, 소실궐少室闕, 계모궐啓母闕)은 동한 때(기원 118년~123년)에 세워졌다. 단 하나 남은 중국 최초의 사찰궁궐이다.

중악묘는 늦어도 한무제(기원전 156년~87년) 때 이미 존재했다. 국내에서 현존하는 규모가 제일 크고 규격이 제일 완정하게 보존된 도교 고건물 군락이다.

제34차 세계유산위원회는 이 건축 군락이 세계유산의 보편적 가치를 확실하게 갖고 있기에 《세계유산명록》에 등재하기로 했다.

8. 항주(杭州) 서호(西湖)

항주는 아름다운 서호 산수로 세상에 이름을 떨쳤다. 예로부터 '인간세상의 천국'이라는 말로 이 아름다운 도시에 대한 사람들의 찬미를 표현했다.

서호는 절강성 항주시 서부에 위치했다. 예전에는 무림수(武林水)로 불렸으며 또 서자호(西子湖)로 불리기도 했다. 삼면이 산에 에둘려 있으며 면적이 약 6.5㎢, 남북 길이가 약 3.2㎞, 동서 너비가 약 2.8㎞이다. 구름과 산, 아름다운 물은 서호의 색깔이며 산수와 인간의 어울림은 서호 명승구의 격조를 이룬다. 서호의 기묘함은 호수를 둘러싸고 있는 산 그리고 산을 병풍으로 삼은 호수, 호수와 산의 어우러짐에 있다. 서호의 아름다움은 청명한 날의 맑은 물결과 비 내리는 날의 몽롱함에 있다. 비가 내리든 맑은 날씨든 서호는 모두 아름다운 풍경을 자랑한다. 파리에서 열린 제35차 세계유산대회는 항주 서호를 정식으로 《세계유산명록》에 등재했다.

'항주 서호의 문화경관'은 9세기에 시작되어 13세기에 형성되었으며 18세기에 흥성했고 지금까지 답습, 발전되었다.

서호의 호수구역은 두 언제인 소제(蘇堤)와 백제(白堤)의 아름다운 풍경으로 유명하다. 소제와 백제는 서호를 가로지르며 서호를 서리호(西里湖), 소남호(小南湖), 악호(岳湖), 외호(外湖), 내호(里湖) 등 다섯 부분으로 갈라놓고 있다. 아침에 해가 솟아오를 때면 짙은 안개가 연기처럼 피어오른다. 호수에 안개가 떠오를 때는 '안개가 다리와 나무를 감도는' 아름다운 풍경이 나타난다. 이 풍경은 서호 10경 중의 하나이다.

호수의 둘레는 약 15㎞이다. 서호의 평균 수심은 2.27m이며 저수량은 1429만㎥이다. 호수는 고산(孤山)과 소제, 백세, 양공제(楊公堤)에 의해 다섯 개의 수면으로 나뉜다. 이중 외서호의 면적이 제일 크다. 고산은 서호에서 제일 큰 자연 섬이다. 소제와 백제는 호수의 수면을 가로지르며 소영주(小瀛洲), 호심정(湖心亭), 원공돈(阮公墩) 등 세 개의 인공섬이

외서호의 가운데 우뚝 서 있다. 석조산(夕照山)의 뇌봉탑(雷峰塔)과 보석산(寶石山)의 보탑(保塔)은 호수를 사이에 두고 마주 서 있으며 이로써 '하나의 산, 두 개의 탑, 세 개의 섬, 세 개의 언제, 다섯 개의 호수'라는 구조를 이루고 있다.

항주 서호는 아름답고 우아한 호수와 산 그리고 풍부한 문화예술을 일체화한 명승지이다. 호수의 연안에는 특색이 있는 공원과 풍경지가 90여 곳에 달한다. 유명한 '서호 10경'에는 소제춘효(蘇堤春曉, 소제의 봄빛), 곡원풍하(曲院風荷, 곡원의 연꽃), 단교잔설(斷橋殘雪, 다리 위의 잔설), 유랑문영(柳浪聞鶯, 춤추는 버드나무에서 우짖는 꾀꼬리), 화항관어(花港觀魚, 꽃물결 속 물고기 보기), 뢰봉석조(雷峰夕照, 석양이 비낀 뇌봉탑), 쌍봉삽운(雙峰揷云, 두 산봉우리에 비낀 구름), 남병만종(南屛晚鐘, 남쪽 병풍산의 저녁 종소리), 삼담인월(三潭印月, 세 호수에 비낀 달)이 있다. 이런 풍경은 서호를 오색이 찬연한 꽃과 물의 세계로 만들며 서호가 춘하추동 계절마다 색다른 경치를 뽐내게 하고 있다.

세계유산위원회는 '항주의 서호 문화경관'은 문화경관이 걸출하며 중국 경관의 미학사상을 확실하게 전시하고 중국 나아가 세계의 원림설계에 영향이 크다고 인정했다.

9. 원나라 상도(上都) 유적지

원나라 상도 유적지는 내몽골자치구 실린골맹 정남기 상도진(上都鎭) 동쪽으로 20㎞ 떨어진 섬전하(閃電河) 북쪽 기슭에 위치했다. 몽골어로 '조나만수무'라고 부르는데 원나라의 첫 도성이다.

상도는 쿠빌라이가 황제로 되기 전의 '용흥의 땅(龍興之地)'이다. 상도는 1256년에 축조를 시작했다. 1260년, 쿠빌라이는 여기에서 회의를 소집하고 칸(汗)으로 등극했으며 중원 왕조의 옛 제도를 본따 원나라 중통(中統)을 세웠다. 이곳은 원나라가 세운 도읍 중 역사가 제일 오래며 구조가 제일 완정하고 제일 잘 보존된 유적지이다.

상도는 원나라의 첫 도읍으로서 아주 중요한 역사적 지위를 가진다. 원나라 황제는 해마다 반년 동안 상도에서 피서하고 사냥을 했으며 정무를 처리했다. 원나라의 11명 황제 가운데서 원세조(元世祖), 원성종(元成宗), 무종(武宗), 천순제(天順帝), 문종(文宗), 순제(順帝) 등 6명의 황제가 상도에서 등극했다. 이로써 상도에 대한 당시 통치자들의 중시 정도를 볼 수 있다.

2012년 6월 29일, 제36차 세계유산위원회는 중국 원나라 상도 유적지를 《세계유산명록》에 등재했다. 세계유산위원회는 원나라 상도 유적지는 초원 도읍 유적지로서 문화융합의 특징을 전시했으며 북아시아지역 유목문명과 농경문명의 충돌과 융합을 견증했다고 인정했다.

10. 홍하의 하니(哈尼) 제전(梯田)

홍하의 하니 제전 문화경관은 운남성 홍하 하니족이족자치주 원양현(元陽縣)의 쇠뢰산 (衰牢山)에 위치했다. 하니 제전은 지금까지 1,300여 년의 역사를 가지며 규모가 방대하다. 운남성 남부 홍하주 원양, 홍하, 금평(金平), 녹춘(绿春) 등 네 개 현에 분포되었고 총면적이 약 100만 무이다. 산비탈에 만들어진 제전은 등고선처럼 해발 2,000m의 산정에서 산기슭 까지 구불구불 이어진다. 제전의 상하 층수가 제일 많은 곳은 3,700여 개 되며 경사가 심한 곳은 45도에 달한다. 제전의 아름답고 웅장한 경관은 사람들의 감탄을 자아낸다.

이미 세계유산을 신청한 유산구역 면적은 16,603 헥타르이며 완충구역 면적은 29,501 헥타르로서 제전이 제일 집중되고 보호가 제일 잘 된 패달(浿達), 다이수(多依樹), 노호취 (老虎嘴) 등 세 구역을 망라하고 있다. 이곳에는 제일 대표적인 논밭 제전 그리고 제전이 의 존하는 수원지 수림, 관개시스템, 민족 마을 등이 있다.

홍하의 하니 제전에서 생활하고 있는 하니족은 대부분 해발 800~2,500m의 산간지대 에 거주하면서 주로 농업에 종사한다. 제전의 벼 문화가 특별히 발전하였다. 높은 산과 깊 은 골짜기의 어려운 생존공간에서 하니족은 산간 제전 경작의 풍부한 경험을 쌓아왔다. 그 들은 상이한 산세와 토질에 따라 둑을 쌓고 고랑을 팠으며 '산이 높으면 물도 높은' 자연조 건을 이용하여 도랑을 파서 샘물과 시냇물을 제전에 끌어들였다.

세계유산위원회는 홍하의 하니 문화경관은 운남성 남부에 위치하고 높은 쇠뢰산에서 홍하 연안을 따라 이어진 아름다운 제전으로 유명하다고 평가했다. 지난 1,300여 년 동안 하니족 사람들은 복잡한 관개시스템을 발명하고 산 위의 물을 초목이 무성한 산꼭대기에 서 여러 층의 제전에 흘러들게 했다. 그들은 또 물소, 소, 오리, 물고기 등을 포함한 완정한 농경체계를 창조하였으며 현지 주요한 곡물인 홍미(紅米)의 생산을 지지했다. 현지 주민 들은 일, 월, 산, 강, 산림 그리고 불을 포함한 기타 자연현상을 숭배하며 산정의 수림과 제전 사이에 위치한 82개 촌락에 거주한다. 이런 촌락은 전통적인 풀집인 '버섯 모양의 집' 유형이 특색이다. 제진을 위한 유연한 관리시스템은 특수하고 오랜 사회와 종교 구조의 기초 위에 구축되어 인간과 환경의 고도의 조화로움을 구현하고 있다.

제22장

세계자연유산

1. 구채구(九寨溝)

　구채구는 청해-티베트고원 동남쪽 가르나(尕爾納) 산봉 북쪽 기슭에 있으며 해발 2,000~3,106m이고 세계 고한(高寒) 카르스트 지형에 속한다. 구채구는 백수구(白水溝) 상류인 백하(白河)의 지류 골짜기이며 9개의 티베트 마을로 유명해졌다. 총면적은 약 62㎢로 52% 정도의 면적이 원시림이다. 이곳에는 전죽(箭竹)과 각종 기이한 화초들이 자라고 있으며 판다, 금사원숭이, 흰 입술 사슴 등 많은 야생 동물도 서식하고 있다. 해발 2,000~3,000m의 구채구는 비취빛 고산 호수, 일해(迭海), 폭포, 채색의 숲, 설산, 티베트 풍속 등 5대 자랑으로 국내외에 유명하며 '꿈속의 선경', '동화의 세계'란 미칭을 갖고 있다. 구채구는 주로 민산산맥(岷山山脈)에서 'Y'자형으로 분포된 일칙구(日則溝), 칙사와구(則査洼溝), 수정구(樹正溝) 등 세 갈래 계곡으로 구성되었다. 그 주요 경관은 수정, 일칙, 칙사의 세 갈래 계곡에 분포되어 있으며 계곡에는 수정풍경구, 일칙풍경구, 장해(長海)풍경구, 보경(寶鏡)풍경구 등 5대 풍경구가 있다.

　구채구풍경구는 기후가 알맞아 겨울에는 춥지 않고 여름에는 시원하며 사계절이 아름다워 세계 최고 관광풍경구의 하나로 꼽힌다. 구채구의 원초적이고 수려한 경치는 주로 수정구의 주요 계곡과 칙사와구, 일칙구 두 갈래 지류 계곡에 분포되어 있다. 자연경치의 주요 특징은 고산 호수와 폭포군락이며 호수, 폭포, 하천, 계곡, 설봉, 산림, 티베트 풍속 등을 일체화했다. 구채구풍경구는 1992년에 세계자연유산으로 등재되었다.

▶ 사천성 구채구의 아름다운 경치

2. 황룡(黃龍)

황룡은 아베(阿坝)티베트족(藏族) 창족(羌族)자치주 송반(松潘)현 경내에 위치해 있으며 구채구와 잇닿아 있다. 황룡은 채색지(池), 설산, 협곡, 산림 등 "4대 절경"으로 유명하다.

사시장철 눈으로 덮인 민산(岷山) 주봉 설보정(雪寶鼎) 기슭 해발 3,145~3,578m 구간에 길이가 3.6㎞에 달하는 황금빛 석회암이 흘러내리듯 뻗어 있는데 마치도 황금색의 큰 용이 원시산림에서 튀어나온 듯하다.

황룡은 지형적으로 중국 계단식지형의 제2단계의 둔덕지모에 속하며 청해-티베트고원 동부 변두리와 사천(四川)분지 서쪽 산지대와 잇닿아 있다. 수문학적으로는 부강(涪江), 면강(岷江), 가릉강(嘉陵江) 삼강의 발원지 분수령이며 기후적으로는 북아열대 습윤 지대와 청해-티베트고원-사천서부 습윤 지대의 변두리에 있다. 식생학적으로는 중국 동부 습윤 산림구역으로부터 청해-티베트고원 아(亞) 고산 침엽수림과 습지초원 관목구역의 과도 지대에 속한다.

이곳에는 세계적으로 보기 드문 석회암경관인 황룡 석회암경관이 있으며 유형이 구전하여 명실공이 천연적인 석회암 박물관이라 할 수 있다. 황룡구의 석회암 분포는 길이가 무려 3,600m이며 가장 긴 석회암은 길이 1,300m, 너비 170m에 달해 세계적으로도 찾아보기 힘들다.

이곳에는 또 중국 최동부의 빙하유적이 남아 있다.

황룡은 1992년 12월에《세계자연유산명록》에 등재되었다. 세계유산위원회는 황룡풍경구가 수많은 설봉과 중국 가장 동부의 빙하로 구성된 산골짜기라고 평가했다. 이곳에서 여행객들은 고산경관과 수많은 상이한 산림생태계를 볼 수 있으며 장관을 이루는 석회암 구조와 폭포, 온천 등을 만날 수 있다. 이 지역에는 또 판다와 사천 들창코 금사원숭이 등 멸종위기에 처한 많은 동물이 서식하고 있다.

3. 무릉원(武陵源)

　　무릉원은 중국 중부 호남(湖南)성 서북부에 위치했으며 장가계(張家界)시의 장가계산림공원, 자리(慈利)현의 삭계욕(索溪峪)자연보호구, 상식(桑植)현의 천자산(天子山)자연보호구로 구성되었다. 총면적은 500㎢이다. 무릉원은 세계적으로도 보기 드문 석회암풍림지모에 속한다. 전반 풍경구 내에는 계곡이 종횡으로 엇갈려 있고 석회암 산봉이 우뚝 솟아 있으며 녹색의 숲이 울창하고 짐승과 산새들이 무리를 이룬다. 무릉원은 "대자연의 미궁", "천하제일 기산(奇山)"이란 미칭을 갖고 있다. 무릉원의 "5대 절경"으로는 기봉(奇峰), 괴석(怪石), 깊은 협곡, 수려한 물, 종유동굴이다.

　　장가계는 일명 청암산(靑岩山)이라고도 불리는 중국 최초의 산림공원이다. 이곳에는 3,000개의 기봉이 우뚝 솟아있으며 석회암 산봉우리의 변두리는 도끼로 잘라놓은 듯 깔끔하고 형태가 각이하다. 좁은 틈새를 이룬 협곡에는 1년 사계절 강물이 흐르면서 한 폭의 기이하고 아름다운 수채화를 만든다. 주요 관광명소로는 황사채(黃獅寨), 요자채(腰子寨), 원가계(袁家界), 사도구(砂刀溝), 금편계(金鞭溪) 등이 있다.

　　삭계욕은 원래 상덕(常德)지역 자리현에 속했지만 1988년 8월 대용(大庸)시 무릉원 구정부가 설립되면서 무릉원 행정관할구역에 속했다. 삭계욕의 경관은 산과 물이 위주이다. 산이 기이하고 물이 맑을 뿐만 아니라 아찔한 다리, 깊고 조용한 동굴들도 있다. 또 십리화랑(十里畵廊), 서해(西海), 백장협(百丈峽), 보봉호(寶峰湖), 황룡동(黃龍洞) 등 200여 개의 관광명소가 있다.

　　천자산은 무릉원풍경구에서 지세가 가장 높은 곳에 있으며 그중 주봉의 해발은 1,250m 이상이다. 높은 산봉에 올라 내려다보면 숲이 울창한 산봉들이 끝없이 펼쳐져 있으며 자욱한 운무가 산허리를 감돌아 그 경관이 실로 장엄하면서도 생동하다. "운무(雲霧)", "월야(月夜)", "하일(霞日)", "동설(冬雪)"은 천자산의 4대 기관이며 그 경관을 보면 마음이 탁 트

이는 느낌이다.

장가계, 삭계욕, 천자산은 각자의 특색이 있지만 서로 떼어놓을 수 없이 함께 어울린다. 아울러 무릉원의 "웅장하고 기이하며 험준하고 유유하며 수려하고 야생적인" 풍경이 형성되었다.

무릉원은 또 녹색 보물고와 천연 동물원으로 불린다. 무릉원의 식피는 중아시아북부 상록활엽수림에 속하며 산림 조성률은 95% 이상이다. 끝없는 원시 재생림에는 1,000여 종의 식물이 자라며 그중 목본식물이 93과(科) 510여 종으로 유럽의 수목종류보다 한 배 이상 많다. 유명한 희귀 수종으로는 은행나무, 비둘기나무, 주목나무, 비자나무, 은작(銀鵲)나무 등 190여 종이 있다.

무릉원은 1992년에 《세계유산 명록》에 등재되었다.

4. 삼강병류(三江并流)

'삼강병류'란 청해-티베트고원에서 발원하는 금사강(金沙江), 난창강(蘭滄江), 노강(怒江) 세 갈래 강물이 운남(雲南)성 경내에서 북에서 남으로 병행해서 흐르는 170여㎞구간을 말한다. 세 강은 담당력가산(擔當力卡山), 고려공산(高黎貢山), 노산(怒山), 운령(雲嶺) 등 험산준령을 흘러 지나며 세계적으로 보기 드문 '세 강물이 나란히 흐르지만 겹치지 않는' 기이한 자연지리경관을 형성한다. 이 중 난창강과 금사강간의 최단 직선거리는 66㎞이며 난창강과 노강 사이의 최단 직선거리는 19㎞ 미만이다.

'삼강병류' 지역은 '세계생물의 유전자고'로 간주된다. 이곳에는 고등식물 210여 종, 1,200여 속(屬), 6,000여 종이 자라고 있다. 그 면적이 중국 국토면적의 0.4%밖에 안되지만 중국 20%이상의 고등식물과 25%의 동물 품종을 보유하고 있다. 현재 이 지역에는 운남 금사원숭이, 영양, 눈표범, 방글라호랑이, 검은 목 두루미 등 77종의 멸종 위기에 처한 국가급 보호동물이 서식하고 있으며 삼나무, 사라나무, 주목나무 등 34종의 국가급 보호식물이 자라고 있다.

이곳에는 포유류 동물 173종, 조류 417종, 파충류 59종, 양서류 36종, 담수어 76종, 나비류 곤충 31종이 서식하고 있다. 이런 동물 숫자는 중국 총숫자의 25% 이상을 차지한다. 이는 중국 나아가서 북반구와 세계적으로도 유일한 것이다.

이 지역은 또 16개 민족의 집거지이다. 따라서 세계적으로 보기 드문 다민족, 다어종, 다종교 신앙과 풍속습관이 병존하는 지역이기도 하다. 장기간 '삼강병류' 지역은 줄곧 과학자, 탐험가, 여행객들이 동경하는 지역이었다. 이들은 이곳의 높은 과학적 가치와 미학적 의미, 소수민족의 특이한 문화를 높이 평가했다.

2003년 6월 유엔 세계유산위원회는 '삼강병류'를 《세계유산명록》에 등재했다.

▶삼강병류의 협곡

5. 사천(四川)판다 서식지

중국 사천성 경내의 사천판다 서식지는 와룡(卧龍), 사고낭(四姑娘)산, 협금산맥(夾金山脈)에 걸쳐 있으며 면적이 9,245㎢이고 성도(成都)시, 아안(雅安)시, 아베(阿壩)티베트족챵족자치주, 감제(甘孜)티베트족자치주 등 4개 행정구역의 12개 현과 현급시를 포함한다.

사천판다 서식지는 국제보존협회(CI)가 선정한 세계 25개 생물다양성 대표지역의 하나이며 '살아있는 박물관'이라 할 수 있다. 이곳에는 10,000여 종의 고등식물이 있으며 판다, 금사원숭이, 영양 등 진귀한 동물들도 있다.

판다의 고향인 와룡자연보구는 아베티베트족챵족자치주 문천(汶川)현 경내에 있다. 높은 곳에서 내려다보면 마치 청룡 한 마리가 산을 감고 있는 듯 하여 와룡이라 불린다.

사고낭산(四姑娘山)은 소금현(小金縣)과 문천현의 접경지대에 있으며 횡단(橫斷)산맥 중 네 개의 이어진 산봉우리로 구성되었다. 이곳은 판다보호를 중심으로 하는 와룡자연보호구와 미래라(米來羅) 단풍풍경구와 잇닿아 있다.

소금현의 남부에 위치한 협금산(夾金山)은 공래(邛崍)산맥의 지맥으로 해발이 4,114m이며 유명한 국가급 풍경명승지 사고낭산과 잇닿아 있다. 동쪽으로는 와룡자연보호구와 잇닿아 있고 총면적은 20,700헥타르이며 목성구(木城溝)와 목이채구(木爾寨溝) 두 자연생태구역으로 구성되었다.

2006년 7월 제30차 유엔 세계유산총회에서 '사천판다 서식지'가 《세계자연유산명록》에 등재되었다.

6. 삼청산(三淸山)

삼청산은 중국 강서성(江西省) 상요시(上饒市) 옥산현(玉山縣)과 상요 덕흥시(德興市) 접경지대에 있으며 회옥(懷玉)산맥의 주봉이다. 옥경(玉京), 옥허(玉虛), 옥화(玉華) 세 산봉이 우뚝 솟아 마치 도교의 삼청이 앉아 있는 듯하다고 해서 얻어진 이름이다. 세 산봉 중 옥경봉이 해발 1,819m로 가장 높다.

삼청산은 14억 년의 지질변화운동을 거치면서 세월의 풍상 속에서 유일무이한 화강암 산봉 지모를 형성했다. '기이한 산봉과 괴석, 고목과 화초, 맑은 연못과 날아 내리는 폭포, 구름바다와 운무'는 4대 자연절경이다. 삼청산은 자연산악풍경이 일품이며 도교 인문경관 역시 특색이 있다.

삼청산의 고목과 화초는 삼청산풍경구 4대 자연경관의 하나이다. 이곳은 식물자원이 특히 풍부하여 천연식물원이라 할 수 있다. 또 대부분 고목의 수령이 수백 년이고 천 년 이상의 수령을 자랑하는 고목도 수없이 많다. 삼청산의 희귀 수목으로는 삼청송(三淸松), 백두삼(白豆杉), 향과수(香果樹, Henry Emmenopterys), 화동황삼(華東黃杉), 화동철삼(華東鐵杉), 복건(福建) 측백나무, 목련(木蓮), 고산황양(高山黃楊)나무 등이다. 이런 나무 품종들은 높은 경제가치와 관상가치를 가지고 있다.

2008년 7월 8일 제32차 세계유산총회에서 삼청산은 《세계유산명록》에 등재되었다.

7. 중국단하(丹霞)

▶ 신강 하미의 단하

'단하'란 특수한 지모특징을 보이고 독특한 붉은색을 보여주는 지모경관을 말하는데 '장미색의 구름' 또는 '짙은 붉은색의 노을'이라 불린다. 주로 적색의 사암과 역암으로 구성되었고 건조하고 뜨거운 기후로 하여 형성된 산화육성호수퇴적의 환경에서 형성된다.

지질과 지모학적 차원에서 단하는 서태평양 활성 대륙변두리가 단절된 곳의 분지에 두껍게 쌓인 침적물로 생긴 지모경관이라고 정의할 수 있다. 이런 침적단층은 이 지역 지각의 상승과 심한 단열, 흐르는 물의 절단과 침식, 지각 변동, 풍화와 용식을 거치면서 무수한 봉우리와 절벽, 협곡 등 기묘하고 아름다운 절경을 만들어 냈다.

'중국단하'는 2010년 8월 34차 세계유산총회에서 《세계유산명록》에 등재되었다. 세계유산명록에 등재된 '중국단하'지모에는 호남 랑산(崀山), 광동 단하산(丹霞山), 복건 태녕(泰寧), 강서 용호산(龍虎山), 귀주 적수(赤水), 절강 강랑산(江郞山) 등 중국 남방 습윤 지대 6개 유명한 단하지모풍경구가 망라된다.

약 400종의 희귀한 멸종위기생물 물종이 서식하고 있는 이 곳은 세계 야생생물 다양성 보호와 멸종위기생물 물종 자원의 관건지대이기도 하다.

8. 징강모천산(澄江帽天山) 화석지대

징강동물화석군체는 주로 옥계시(玉溪市) 징강현(澄江縣) 무선(撫仙)호숫가에 위치해 있다. 징강동물화석군체는 현재까지 세계적으로 발견된 가장 오래되고 보존이 가장 훌륭한 다종류 동물화석군체로 해면동물에서 척추동물 그리고 멸종한 동물에 이르기까지 모두 대표 화석이 있다. 이런 동물들은 일찍 5억 3천만 년 전의 캄브리아기 초기 바다에서 살았다. 각 부류의 동물 연체구조는 보존이 완정하고 형태가 천태만상이며 살아있는 것처럼 생동하다.

징강동물화석의 매장지는 고대 수심이 옅은 바다구역이다. 바로 이처럼 지극히 특이한 자연조건과 특수한 환경으로 5억 3천만 년 전에 생활하던 각종 바다 동물 화석들이 생생하게 보존될 수 있었고 희귀보물이 되었으며 연체동물을 보존한 화석 군체를 형성할 수 있었다.

지금까지 발견된 징강동물화석은 도합 120여 종이며 해면(海綿)동물, 강장(腔腸)동물, 선형(線形)동물, 새예(鰓曳)동물, 동문(動吻)동물, 엽족(葉足)동물, 완족(腕足)동물, 연체(軟體)동물, 절지(節肢)동물, 척삭(脊索)동물 등 10여 개 동물 종류와 일부 종류가 불분명한 기이한 군체들이 포함된다. 이밖에 공생하는 여러 가지 수초가 있다.

2012년 7월 1일 러시아 상트페테르부르크에서 진행된 세계유산위원회 제36차 회의에서 징강화석지대는 순조롭게 《세계유산명록》에 공식 등재되어 중국 최초의 화석류 세계유산이 되었으며 중국 화석류 자연유산의 공백을 메웠다.

9. 신강천산(新疆天山)

　　2013년 6월 21일 캄보디아 수도 프놈펜에서 소집된 제37차 세계유산총회는 중국 '신강천산'을 세계자연유산명록에 등재한다고 공표했다.

　　천산은 세계 7대 산계(山界)의 하나에 속하며 세계 온대 가뭄지역의 최대 산맥, 세계 최대의 동서주향의 독립적인 산맥이기도 하다. 신강천산 세계자연유산은 창지(昌吉)회족자치주의 바고다(博格達), 파음궈룽(巴音郭楞)몽골자치주의 파음브루크(巴音布魯克), 악수(阿克蘇)지역의 튀무르(托木爾), 일리(伊犁)카자흐자치주의 커라준(喀拉峻)−쿠얼드닝(庫爾德寧) 등 네 개 구역으로 구성되었고 총면적은 5,759㎢이다. 신강의 3대 강인 시얼하(錫爾河), 초하(楚河), 일리하(伊犁河)가 모두 이곳에서 발원한다.

　　천산산맥은 해발 5,000m이상의 산봉이 약 수십 개에 달하며 운무가 자욱한 산 정상은 일 년 내내 적설이 덮여 있다. 멀리 바라보면 웅장하고 장엄하면서도 신비하다. 그중 보고다산봉은 해발 5,445m로 천산 동부 보고다산의 최고봉이다. 산봉의 3,800m이상부터는 일 년 내내 흰 눈으로 뒤덮여 '설해(雪海)'란 미칭을 가진다.

　　보고다의 산중턱에는 '천지(天池)'라고 부르는 호수가 있는데 해발 1,900m, 수심이 약 90m이다. 호수 물은 모두 빙설이 녹아서 형성된 것으로 맑고 투명한 큰 거울과 같다. 하얀 설봉, 푸르른 가문비나무들이 호수 물에 비껴 아름다운 화폭을 그리는 이곳은 신강의 관광명소이다.

　　비록 천산산계의 수많은 설봉이 일 년 내내 빙설에 묻혀 있지만 3,000m설선 이하에는 풍부한 동식물 자원이 분포되어 있다. 이곳에는 칼라듐, 지치, 사리풀, 정가, 상당인삼, 익모초 등 각종 약용식물 80여 종이 자라고 있다. 이외 천산에는 진귀한 야생동물이 많이 서식하고 있으며 해발 3,000m 이하의 산속과 산지의 깊은 숲속과 초원은 각종 날짐승과 들짐승들이 서식하고 번식하는 천연 장소이다. 이곳의 마모트, 수달, 큰 뿔 양, 스노 레오파드, 스라소니, 천산사슴, 천산영양 등은 모두 보호동물에 속한다.

10. 중국 남방 카르스트

중국 남방 카르스트는 그 면적이 50,000㎢로 주로 운남(雲南)성, 귀주(貴州)성, 광서(廣西)자치구에 위치했으며 여파(荔波) 카르스트, 석림(石林) 카르스트와 무릉(武隆) 카르스트가 포함된다. 카르스트란 석회암과 백운암을 위주로 하는 탄산염 암석 위의 지모를 말한다. 중국 남방 카르스트는 3억년전부터 50만년전에 형성되었으며 총면적은 1,460㎢이다.

운남 석림 카르스트는 중국 운남성 석림 이족(彝族)으로 자치현에 위치했으며 '노남석림(路南石林)'으로도 불린다.

중경(重慶)시 무릉구 경내에 위치한 무릉 카르스트는 천생삼교(天生三橋), 천구천갱(箐口天坑), 부용동(芙蓉洞) 세부분으로 나뉘며 천생교(자연다리), 천갱틈(하늘웅덩이), 종유동 등 입체적인 카르스트 경관이 대표적이다. 그중 부용동은 대형 석회암 동굴로 길이가 2,400m이고 동굴이 높고 커서 너비와 높이가 30~50m이다. 동굴벽에 있는 각종 형태의 권곡석(卷曲石), 방해석(方解石), 석고결정체는 세계적으로도 보기 드문 것이다. 무릉 천생교풍경구에서는 천룡교(天龍橋), 청룡교(青龍橋), 흑룡교(黑龍橋) 등 세 개의 기세 높은 궁형 돌다리가 유명하며 아시아 최대의 자연다리 군락에 속한다.

중국 남방 카르스트는 2007년 6월《세계유산명록》에 등재되었다.